택견사 【古代史編】

김영만 지음

도서출판 ㈜글샘

백제의 금동대향로에 나타난 맨손무예(출지. 문화재청)

머 리 말

택견 고대사에 대해 쓰려하다 보니 워낙 자료가 적어서 한국사에 대해 좀 더 면밀히 관심을 지니고 바라볼 기회가 있었다.

택견은 고려시기에 수박으로 불린 시절이 있었고, 이 수박은 고려가 몽골의 침입을 받아 항전하던 시기 끝 무렵 삼별초를 따라 오키나와로 이전된 심정적 여러 자료가 있었으나 후에 찾아낸 결정적인 자료는 전통적인 상투를 한 머리 모양에 우리 복장을 한 모습의 그림이 그려진 『유구 무비지』라는 책이 오키나와에서 발견되었고 또 여기에 나열한 수법이나 표기들이 중국의 『기효신서』 등에서도 발견되었다. 뿐만 아니라 『무비지』에는 조선세법이 수록되어 있으며 『무비지』 권경 내에는 이두식 표기 '가자架子'가 가감 없이 그대로 실려 있어서 우리의 무예가 중국에까지 영향을 미쳤음을 깨닫게 되었다.

이 '가자'에 대한 해석을 두고 무학武學에서 구결口訣은 해석에 필연적인 한계가 있다 하였으되 직역도 불가한 것이 관례라 하여 '가자架子'를 달리 해석하지 않고 그냥 쓰고 있다. 그러나 이두표기를 이해하면 오히려 쉽게 해석된다.

『계림유사鷄林類事』1)에서 고려어의 한자 차음표기로 '두왈말斗曰抹'·'궁왈활弓曰活'·'백왈온百曰溫'·'산왈매山曰每' 등이 있다. 궁왈활弓曰活에서 '활'의 한자는 '활活'이다 또한 '사왈활삭射曰活索'이다. 이러한 사실을 근거로 거슬러 가다보면 우리 무예들의 흔적을 찾을 수 있다.

---

1) 1103년 사신을 수행하여 고려에 온 손목은 고려의 토풍土風·조제朝制 등과 함께 고려어高麗語 약 360 어휘를 채록하여 편찬했다. 현재 단행본으로는 전하지 않고, 청 세종 때의 『고금도서집성古今圖書集成』, 조선 정조 때 한치윤이 지은 『해동역사海東歷史』 등에 실려 전한다.(다음백과)

무비문武備門 창법가鎗法歌에 설인귀薛仁貴에 대한 기록이 있다. 설인귀가 고구려 정벌을 나가서 무예서가 있는 것을 알고 마가창馬家鎗의 문서를 얻었다는 매우 중요한 기록이 있다. 설인귀를 '친부親父'라 칭한 것을 보면 안동도경략이었던 설눌薛訥이 쓴 것으로 보인다.

설인귀薛仁貴는 고구려 사람이다. 즉 무비문에 나온 마가창은 고구려 창법이다.

비록 한정된 자료지만 우리나라와 중국 그리고 일본과의 관계설정을 통해 이 내용을 풀어서 설명하고자 했다. 언급한 내용 이외에도 몇 내용이 있으나 차차 풀어서 설명하기로 한다.

현재 우리나라에서 가르치는 역사의 많은 부분은 과거 우리나라와 각축을 하며 살았던 중국조차도 소홀히 하지 않고 꼭 동이전과 동이열전에 필히 기재를 하였는데 그런 과거는 어디로 사라진지 오래되었고 대부분의 역사가 한반도 내에 쪼그라들어 과거 중국 대륙을 호령하던 모습은 사라지고 없는 형편이다.

그러다보니 우리나라의 역사에 대한 공부를 새로이 하게 되고 도처에 진실 된 우리역사를 언급하고 있는 많은 분들이 있음을 알게 되었다.

우리민족은 그리 전쟁을 즐겨하지 않지만 도전해오는 외적의 침입에 방어하는 능력만은 아주 뛰어났다. 그래서 중국의 수·당과 같은 대군의 침입을 여러 번 버텨냈고 인류 역사상 가장 강력한 군대인 몽골군을 맞이하여 30년 동안 6차례나 침입했으나 정복하지 못했다. 몽골과 강화講和가 되어도 삼별초군三別抄軍은 진도와 제주도로 이동하면서 투항하지 않고 항쟁을 계속했다.

몽골은 제4대 홀필열忽必烈 시대에 송宋나라를 정복하고 인도印度를 제외한 아시아 대부분과 동유럽에 걸친 대제국이 건설되기에 이른다. 동서의 사가들은 몽골제에 대해 전무후무한 대제국이라 칭해 왔다. 이런 대제국大帝國에 대해 고려가 능히 그 침략에 맞서고 강력하게 저항했던 것이다. 몽골군을 맞아 싸운 고려군은 최우崔瑀 일가를 중심으로 한 무신武臣들이다. 그런데 그 무신들이 물러나고 문관들이 정권을 장악한 후에는 몽골에 화和를 청하니 홀필열忽必烈이 놀라면서 "천의天意"라고 말했다. 당시 몽골은 고려를 무력으로는 굴복할 수 없다고 생각해 몽골의 왕녀를 고려 충렬왕忠烈王에게 출가시키는 우호정책을 취했다.

고려는 실제로 자주독립을 보전한 역사였다. 『신원사열전新元史列傳』(第146 高麗)을 보면 몽골 황제 홀필열忽必烈이 "천하에 군신君臣, 민중, 사직社稷을 그대로 보전한 나라는 오직 고려뿐이라"고 말했다.

몽골의 입장에서 고려는 경이적인 나라였다. 모든 면에서 몽골의 상대가 아니고 왕조까지 항복했는데도 30년 동안이나 끈질기게 저항했다.

역사적으로도 전쟁에 패한 나라가 공주를 시집보낸다거나 볼모로 보내지만, 몽골은 이러한 사례가 뒤집힌 것이다.

항복의 조건도 몽골이 고려의 주권과 풍속을 고치도록 강요하지 않겠다는 이른바 불개토풍不改土風의 합의를 끌어낸 것이다.

현재 무예사武藝史를 전공하는 사람들은 필히 고어古語에 관심을 기울여 다른 나라 어휘 속에 살아남은 이두 문자나 고어를 찾아내어 우리 무예사를 일부나마 복원하여야 한다. 모든 것을 다 알 수는 없으나 최소한의 노력을 통해 전문가들과 어느 정도 대화는 나눌 수 있어야 학문 간의 통섭通涉이 이루어질 것이다.

관심을 가지고 꾸준히 들여다보게 되면 중국과 일본의 용어 속에는 우리나라와 관련된 용어들이 살아있음을 알 수 있다.

무예도 문화여서 나라 간에 주고받는 것이 적지 않은데 특히 일본에 의한 강점기와 이후에 그 내용을 답습한 식민사학자들의 노력으로 한없이 쪼그라드는 바람에 무심코 지냈지만, 그들 속에는 아직도 우리의 역사와 문화들이 많이 남아있다.

이미 지난 일들을 새삼 밝힌다고 찬란했던 과거가 되돌아오지 않는다. 그러나 중국과 일본이 과민하게 반응하고 그들의 과거를 덮으려고 하는 데는 분명 이유가 있을 것이다.

여기 내용은 기존의 있는 자료를 가감 없이 인용하려고 했다. 물론 보는 사람에 따라 달리 해석하는 이들도 있으리라 본다.

하지만 상식선에서 납득이 가능한 내용을 터무니없는 주장을 앞세워 호도하는 일들은 바로잡는 게 바른 일이라 본다. 여기 많은 내용들은 우리 민족에게는 당연한 일들이어서 특별히 주장한다는 자체가 의미 없는 일이었다. 그런데 현대에 와서 어느 날부터 주변국에 의해 왜곡되기 시작하여, 오히려 우리 민족의 정체성까지도 심각하게 훼손하고, 우리 자신도 의문을 지니게 할 정도로 공격을 받고 있다. 이러한 것들은 우리나라에 대한 중국과 일본의 콤플렉스가 아니고는 도저히 납득되지 않는 것이다. 우리나라에서는 별반 주장도 하지 않은 내용들이 그토록 그들의 자존심을 건드린 것인가 하는 의구심은 우리 문화에 대한 시기심이 아니고는 이해할 수 없다.

본서에서 한·중·일 관계에 대해 장황하게 언급한 앞부분은 우리 문화가 뛰어나다는 것을 강조하려는 것에 앞서 그간 외세문화에 치여 우리의 소중한 부분들을 잊고 있었다는 것과 그들에 의해 그릇된 인식이 심어진 부분들이 이들과의 비교를 통해 결코 자기비하에 휘둘릴 필요가 없다는 점을 언급하고 싶어서이다.

다른 한 가지는 우리 역사와 문화를 연구하는 데 있어서 우리나라의 역사자료가 분명히 있음에도 불구하고 근거도 없는 일본학자들의 주장이 공공연히 통용되고 역사 교과서의 내용에 그대로 수록되고 있다는 사실이다. 일본인들의 그간 행태로 보아 남의 나라 역사에 대해 시시콜콜 떠든다는 것은 간섭하기 좋아서가 아니라 자신들을 높이고 우리나라를 깎아 내리려는 의도가 분명한데도 그것을 의심 없이 수용하려는 강단사학계는 분명 문제가 있다. 그들이 주장하는 그 근거들은 역사학자로서 터무니없거나 전혀 근거가 없는데도 맹목적으로 추종하는 태도는 장차 역사학계의 판도를 뒤집어 놓을 계기 뿐 아니라 후대에 오랫동안 질타를 받을 것이다.

러시아 고대사 세미나 중 유 엠 부찐은 다음과 같이 일침을 날렸다.

"일본이나 중국은 없는 역사도 만들어내는데 한국인은 어째서 있는 역사도 없다고 하는가? 도대체 알 수 없는 나라이다."

그의 저서 『고조선古朝鮮』에서 이렇게 말했다.

"한대漢代 이전에 현토와 낙랑 지역에 이르렀던 조선의 영역은 한 번도 중국의 제후국諸侯國이 된 적이 없을 뿐만 아니라, 연燕나라나 주周나라에 예속된 적이 없다."

이런 이야기를 우리나라 역사학자도 아닌 러시아 역사학자의 입에서 들어야 하는 사실이 부끄러울 뿐이다.

단재 신채호는 『조선상고사』에서 우리나라는 고대에 진귀한 책을 태워버린 때는 있었으나 조작한 일은 별로 없었는데 위서僞書 많기로는 지나 같은 나라는 없다고도 하였다.

아울러 우리나라 책은 각 씨족의 족보 가운데 그 조상의 일을 위조한 것 이외에는 그다지 진위의 변별에 애쓸 필요가 없으며 근래에 천부경天符經, 삼일신고三一神誥 등이 출현하였으나 누구의 변박辨駁도 없이 위작으로 치부하는 행태도 없지 않다. 이를 위시한 내용들은 다 자체만으로도 심오한 철학을 담고 있는데 구태여 위작이니 위서로 폄하하려함은 그들의 그릇이 너무 옹졸한 것이 아닌가 하는 의구심을 일게 한다.

역사학을 실증주의의 입장으로 해석하고, 기록하는 것은 매우 중요하다. 하지만 우리가 잊지 말아야 할 것은 실증주의라 할지라도 기존의 자료를 무조건 수용할 수만은 없다는 사실이다. 뿐만 아니라 자신이나 집단이 만들어 놓은 일정한 틀 안에서 바라보려는 시각에서 벗어나지 않으면 집단 무의식에 빠져 핵심을 간과하고 뿌리 한 토막을 부여잡고 그것만이 모든 것인 양 나머지를 배제하려는 경향이 있다는 것이다.

우리나라도 마찬가지지만 새로운 왕조가 들어서게 되면 이전 왕조의 많은 부분은 부정되는데 이국異國의 역사는 더할 나위 없다. 사서史書를 기록하는 입장도 기록자의 입지가 전혀 반영되지 않는다는 법도 없다. 하물며 남의 입장에서 바라보는 우리의 역사는 더할 나위 없다. 역사에 있어 이러한 갭은 교차 검증이 필요하지만 그나마 충분한 자료가 있다면 다행이나 없다면 쉽지 않다.

그래서 역사학에는 풍부한 상상력이 필요할 때가 있다. 여러 요소를 고려하여 빠진 퍼즐을 맞추려는 시도가 중요한 것이다. 이러한 시도가 왜 중요하냐면 지엽말단에 너무 매달리다 보면 나무는 보되 숲을 보지 못하는 경향에 빠져들게 된다. 물론 그러한 시도가 여러 사람들의 의도와 전혀 맞지 않는 경우가 대부분일 수 있다. 그렇다 하더라도 단편적인 내용을 부각해 부정적인 시각을 드러내기보다 자신이 추구하는 새로운 이론을 제시하는 것이 훨씬 더 설득력이 있을 것이다.

'무예武藝'는 문화의 한 분야로서 인류의 문명 발달과 함께 발전한 신체문화이며, 더불어 다양한 인문적 가치를 지닌 무형의 인류문화유산으로 인정받고 있다.

본서는 무예인문학 관점에서 문사철文史哲이라는 틀에서 문화라는 광의적인 입장에서 접근하였다. 과거 전쟁의 수단으로 무예의 역할이 매우 중요한 자리를 차지했던 반면 인류가 과학화와 첨단화 되면서 인류에게 있어서 무예라는 효용가치가 절하되고 대신에 문화의 한 영역으로 자리매김하면서 교육, 호신, 건강, 영화, 스포츠화 등 문화콘텐츠로서의 다양한 가치를 드러내고 있다. 이에 무예를 전통적인 문사철文史哲 중심의 '인문학Humanities' 관점에서 바라볼 필요가 있다. 인문학은 학문 가운데서도 가장 오랜 역사를 가진 학문으로 인간의 삶을 사고하는 학문적인 탐구를 시작하면서 생겨난 분야로, 무예인문학은 문화, 역사, 철학뿐만 아니라 무예인으로서 참된 삶을 연구하는 학문이라 할 수 있다.

또한 본 서는 택견의 인문학적 토대로 문화, 역사, 철학 등 인문학의 접근으로 나가는 계기를 마련하고자 택견 고대사뿐 만 아니라 철학, 문화콘텐츠로서의 가치를 제고하려는 시도를 하였다. 즉 비체계적인 구전문화에서 체계적인 기록문화로 거듭나는 계기를 마련하려 하였다.

문화콘텐츠는 원천소스가 중요하다. 무예의 유기적인 연관성을 증대로 인해 하나의 원천소스로 여러 기술을 부흥시키는 원소스 멀티유스(OSMU: One Source Multi-Use)의 시대가 도래한 것이다.

무예의 역사적 인문 가치와 방향에 대해 논의해 보면, "역사"란 '과거에 일어났던 일들'을 지칭하는 단어로 사용되고 있다. 하지만 인문학의 한 영역인 역사연구는 단순히 '일어났던 일들'을 지칭하는 단어로만 사용되지 않았다.

특히, 무예의 역사적 인문 가치로 선사시대를 비롯해 삼국시대, 남북국시대, 후삼국 시대, 통일신라, 고려시대, 조선시대, 임진왜란을 둘러싼 대외관계, 근대 개항과 독립운동 등 다양한 소재를 무예의 인문학적 접근으로 무예사를 되돌아본다면 역사적 인문가치가 상승할 것이다.

무예의 역사적 인문 방향은 오늘날 국제화 시대 속에서 무예를 통한 외교의 중요성에 대한 역설로 과거의 역사를 기저로 현재와 미래에 청소년들에게 무와 문의 중요성을 인문학적으로 풀어갈 필요성이 있다. 세계 유일의 분단국가인 우리나라를 비롯해 한반도가 전 세계적 주목을 받고 있는 상황에서 우리의 과거 역사를 통한 국제 외교와 역사의식의 중요성을 되살려 무예 역사인문의 가치를 더 높이는 시도를 제고해야 한다.

　이 책을 쓰기 위해 많은 영감을 주신 한당 선생님, 한가람역사문화연구소 소장 이덕일 선생님, 재야 사학자 농초 박문기 선생님과 한일관계에 오랜 세월을 바친 코벨 박사 그리고 여기에 다 적지 못한 많은 분들께도 감사를 드립니다.

　고대사의 단초를 마련해주신 박정진 교수님과 대한본국검예협회 임성묵 총재님께 깊은 감사의 인사를 올린다.

　송덕기 선생의 소중한 택견 기술을 택견사에 기록할 수 있도록 사진을 남겨주신 김수 총재님(Grandmaster Kim Soo)께 감사드리며, 그의 제자 Alberto Borjas Sabeom 사범님께도 감사드린다.

　현암 송덕기 선생님의 위대태견 원전原典 『한국의 옛무예 태견 〈위대편〉, 〈아래편〉』과 『태껸〈원전 제작 비화〉』에 태껸춤 등을 세상에 빛을 보게 해주신 김정윤 선생님께 깊은 감사를 드린다.

　송덕기 선생님의 택견 원형의 기술을 고스란히 전수하여 택견 고대사의 연구의 중요한 단초를 마련해주신 고용우 선생님께 감사드리며, 제현의 송덕기 선생님의 태껸의 명맥을 이어주시고 연구에 도움을 주신 분들께 깊은 감사의 인사를 올린다.

　마지막으로 이 저서가 출간하기까지 병고에도 택견의 과거와 현재 그리고 미래를 함께 고민하고 방향을 제시해주신 권찬기 선생님께 감사드리며, 또한 출판을 도와주신 도서출판 (주)글샘 이기철 대표님께도 감사드린다.

수박희 춤무덤 4세기말~5세기초 (사진제공: 김용만 사학자)

광개토대왕의 전사들 삼실총 공성도 (출처: gorekun.log)

고구려 광개토대왕의 군악대 (출처: gorekun.log)

안악제3호무덤 4세기중엽 광개토대왕의 전사들의 행렬도 (출처: gorekun.log)

목 차

제1장 서 문 ··· 1
  1. 들어가는 말 ··· 3
  2. 무예에 대한 인식 ··· 10

제2장 아시아의 문명을 연 한민족 ··························· 13
제1절 인류의 시작 ··· 15
  1. 단군 이전의 역사개요 ····································· 15
  2. 단군과 그 시대성에 관한 문제 ····················· 17
    1) 인류역사의 시작과 최초 전쟁에 관한 문헌 ······ 17
    2) 단군과 그 이전의 역사 ································· 28
  3. 우리문화의 약술略述 ·· 37
  4. 동이족이 중국문화의 시원 ····························· 39
  5. 동이족의 문화 흔적 ·· 43
    1) 침술과 경락 ··· 43
    2) 용과 여의주 ··· 44
    3) 우주인, 우주선은 존재한다. ························ 45
    4) 인간의 여의주 ··· 48
    5) 하느님 ··· 49
  6. 진인사대천명盡人事待天命 ································· 57
  7. 역사의 기록 ·· 60

제2절 고대 중국과 한국의 역사적 관계 ················· 64
  1. 중국의 시원은 동이족 ····································· 64
  2. 조선 역사의 정설 ·· 69
  3. 문화콘텐츠의 확대해석 ··································· 73
  4. 한자는 한국어 ·· 76
  5. 지구의 단전 동방예의지국 ····························· 81
    1) 동방예의지국 ··· 81
    2) 지구의 난선 한반도 ····································· 93
    3) 우리는 천손민족 ··· 99

    6. 동북공정과 한복 ··· 105
    7. 중국 속의 삼국과 고려 ·· 107
    8. 중국의 역사와 우리와의 관련 ······························ 113
    9. 금사金史와 청사靑史는 우리 역사의 편린 ············ 115
    10. 우리민족이 지닌 발군의 수성능력 ······················ 129
제3절 백제의 전쟁사 편린 ·· 136
    1. 백제의 강역 ··· 136
    2. 백제와 일본 백강전투 ·· 141
    3. 백제의 흔적, 일본 내의 조선식 산성 ················ 149
    4. 잊혀진 땅 백제 22담로의 비밀 ·························· 155
제4절 코벨의 부여기마족과 왜 이야기 ···························· 164
    1. 부여기마족과 왜 ··· 164
    2. 일본 내 분국설 ··· 167
    3. 분국들의 기록 흔적 ·· 179
    4. 대성동 고분과 코벨 ·· 183
제5절 가야 전쟁사의 편린 ·· 189
    1. 가야 고분의 특징 ··· 189
    2. 가야의 여전사女戰士와 수박 ······························ 191
    3. 일본 무사들의 할복과 일본에 전해진 가야의 순장풍습 ··· 198
    4. 고조선 문화의 일본 전래와 일본의 삼종신기(三種神技) ····· 204
제6절 일본 속의 한국문화 ·· 207
    1. 『삼국사기』에 나오는 왜倭와의 관계 ················ 207
    2. 일본 속의 백제 ··· 213
    3. 한국인의 고유문화 ·· 214
    4. 일본의 시작 ··· 218
    5. 신황기神皇紀 ··· 222
    6. 일본 국민성의 형성에 대한 배경 ······················ 224

제3장 고대 한국무예의 중국과 일본에 전래 ············ 237
제1절 고대 한국무예의 중국과 일본 전래설 편린 ·········· 239
    1. 중국과 일본에 퍼져 있는 한국무예의 흔적 ······ 239
    2. 한국무예가 중국 무술에 영향을 미친 편린 ······ 240

3. 한국 무예의 일본 전래설 ····································· 246
제2절 택견 고대사 개론 ·· 252
제3절 당수의 중국 기원설에 대한 재논의 ·························· 256
  1. 들어가기 ·· 256
  2. 선행연구에 대한 재논의 ··· 259
  3. 오키나와 삼별초의 관련성 ······································ 263
  4. 오키나와 한국문화의 유사성 ··································· 273
  5. 당수(가라테)의 명칭에 대한 재논의 ·························· 281
  6. 맺음말 ··· 290
제4절 삼별초의 오키나와 가라테 기원설 ··························· 293
  1. 들어가는 말 ··· 293
  2. 유구왕국에 이식한 삼별초의 무예 ···························· 303
    1) 『유구무비지琉球武備誌』의 탐구 ···························· 303
    2) 『유구무비지琉球武備誌』에 나타난 고려高麗의 이두문자吏讀文字 308
    3) 『유구무비지琉球武備誌』에 나타난 고려高麗의 수박手搏 · 310
    4) 『유구무비지』에 등장하는 인물의 용모 ··················· 313
    5) 『유구무비지』의 동작 해석 ·································· 319
    6) 『유구무비지琉球武備誌』와 택견의 동작 비교 ············ 321
  3. 맺는말 ··· 375
  4. 수박의 발생시기와 주변국에 끼친 영향 ···················· 380

제4장 고무예 택견 기운의 비밀 ··································· 385
  1. 들어가는 말 ··· 387
  2. 기운을 모으는 법(縮氣) ··· 390
    1) 소주천 수련과정 ··· 395
    2) 좌식坐息 ··· 400
    3) 수련자의 필히 참조사항 ······································ 402
    4) 운 기 ··· 404
    5) 집중의 의미 ··· 405
    6) 신마心魔 ··· 406
    7) 내관반청법 ·· 418
    8) 가늘고, 길고, 깊게 ··· 421
    9) 심 법心法 ··· 423

10) 기운용 ··· 425
　　　11) 기공과 춤 ·· 425
　　　12) 기운용과 심력心力 ································ 428
　　　13) 기운용 요령 ··· 430
　　　14) 파장 운기 ·· 433
　3. 택견의 기운을 쓰는 흔적 ······························· 436
　4. 관념법觀念法 ·· 443
　5. 약 공藥功 ·· 448
　6. 내력을 키우는 법 ·· 451
　7. 맺음말 ·· 454

제1장 서 문

고구려 고분벽화 각저총

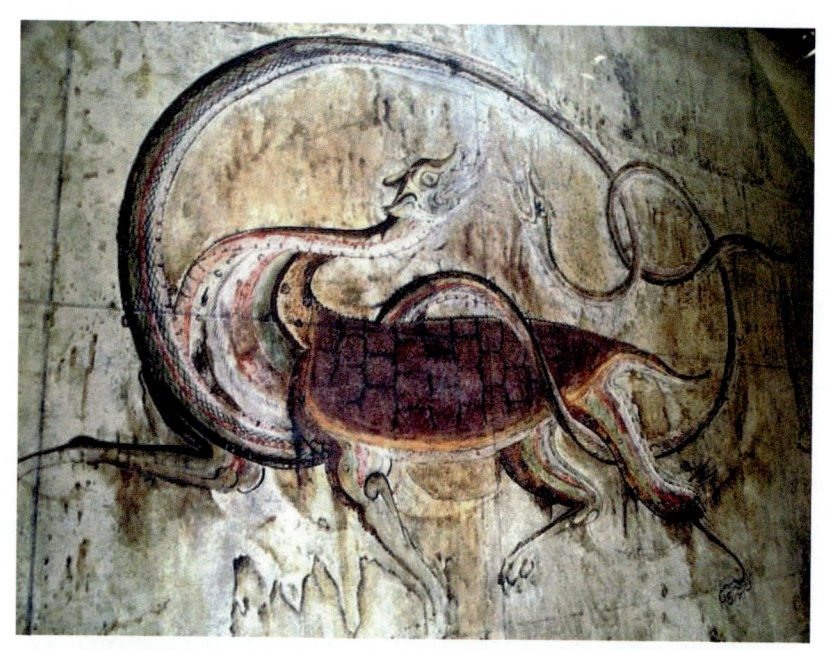

현무 강서큰무덤 7세기

1. 들어가는 말

원래 택견에는 공격용인 살수殺手, 즉 위험한 동작들이 많이 있었으나 사회적인 견제작용 때문인지 세월이 흐르면서, 살수는 많이 사라지고 대신 활수活手, 즉 보호용의 동작이 많이 늘었다고 한다. 그래서 송옹도 제자들에게 살수를 가르쳐 주기를 꺼린다. 그러나 택견에 관심이 있고 원리를 파악한 사람은 가르쳐 주지 않아도 어렴풋이 기운 쓰는 법을 깨닫게 된다. 여기서는 택견의 기운 쓰는 법에 대해 논하기로 한다.

기운을 쓰는 법은 원래 기운을 쓰기 위한 목적으로 사용된 것은 아니지만 사람들의 염원으로 반복, 수련하다 보니 얻어진 부분도 있지만, 정신수련과도 관련이 있다.

예로부터도 사람들은 왜 인간으로 태어났는가에 대한 의문이 있었다. 그것에 대한 의문은 현대에도 달라지지 않았지만, 오히려 현대에는 과학과 문명이라는 소용돌이에 묻혀 어느 정도 잊힌 바가 없지 않으면서도 반면에 그 반작용으로 인해 드러나는 계기가 되었다.

사람들은 한정된 수명으로 인해 개인의 수명이 끝이 나면 단절된다고 생각하게 된다. 그래서 역사의 기록을 통해 되돌아보게 되는 습관을 지니게 되고 실제로 역사적인 기록은 중요하게 취급되며 조선왕조실록만 해도 유네스코가 정한 세계기록유산으로 1997년 등재되었다.

하지만 지구에는 인류의 무형유산만 존재하는 것은 아니다. 보이지 않은 수많은 유산들이 각 나라의 문화로서 산재해서 내려오고 있으며 각자의 인언에 따라 흩어져 있는 문화를 접하고 자신의 것으로 수용하면서 조금씩 실제에 다가가고 있다.

근기根器라는 용어가 있다. 사전적 풀이로 타고난 성질과 재간이라는 의미인데 흔히 이를 부모로부터 물려받은 것으로도 해석한다. 하지만 이는 다가 아니다, 좋은 부모 밑에서만이 근기를 이어받을 수 있는 것은 아니다. 불가佛家에서 말하는 근기根器는 현생의 노력도 중요하지만 이전의 삶에 따른 노력과도 연관이 있는 것이다.

흔히 사람들은 부귀영화를 가장 큰 덕목으로 여기지만 부귀영화를 누리는 사람들에게 삶의 철학은 절실히 잘 와 닿지 않는다. 오히려 빈한한 상황이 더 많은 사색을 갖게 하고 몸으로 절절히 체험하게 하는 것이다.

우리가 흔히 천지 만물 모든 것에서 취할 점이 있다는 것이 이와도 연관이 있으며 소위 '아는 만큼 보인다'는 표현도 이와 다름없다.

여기서는 인간이 근원적으로 태어난 목적이나 근원적인 의문에 대한 답보다 수련 과정에 부수적으로 얻어지는 단편적인 부분과 택견과의 연관성에 대해 논하고자 한다.

여기서 번잡하게 우리나라와 중국과 일본과의 관계에 대해 장황하게 삽입한 부분도 우리 민족의 형성된 배경이 서로 간에 영향을 주고받았다는 의미이며 이는 현대에 와서도 크게 다를 바가 없다.

좁은 우물 안에만 갇혀 있다 보면 모든 세상이 보이는 부분이 모두 다인가 싶지만, 그 틀을 벗어나게 되면 더 큰 세상을 볼 수 있다는 의도이다.

특히 한 시절 어려운 과정 속에 살았던 우리나라는 그 과정에 의도적으로 많은 부분이 훼손되었고 실체를 잊고서 중국인들이 왜곡되게 서술한 내용을 그대로 받아들이게 되었다.

음양오행이나 팔괘는 모두 우리 동이족이 만든 것이었다. 태극을 국기에 넣은 국가는 우리나라 밖에 없다. 삼황三皇 오제五帝는 모두 동이족이었고 중국인들은 동이족을 폄하하여 태호 복희伏羲를 그의 동생 여와女媧 사이를 부부로 만드는 어리석음을 범하였다.

이러한 인식을 바꾸고자 다소 장황하기는 하지만 중국과 일본과의 관계에 대해서 조금 세밀한 내용을 첨부하였다.

현재의 택견은 마치 춤을 추는 듯한 동작들이 있지만, 일반인들은 그 진의를 잘 모르고 있다. 아울러 손질에만 싸움수가 대부분이라는 생각이 있지만, 그도 일부만 바라본 시각이고 택견이 전해오는 과정에 단편적이고 외부에 드러난 면모만 전달되었기에 생겨난 오류다.

현대에도 택견의 비전기술은 외부로의 노출을 극도로 꺼렸다. 김정윤은 "송 선생(송덕기)은 필자의 스튜디오에서 촬영을 할 때 낯선 사람이 있으면 시연을 하지 않았다. 그리고 스튜디오 문 앞을 누군가 지나가기라도 하면 시연을 멈추고 '누구냐'고 묻기도 했다. 낯선 사람에게 기술이 노출되는 것을 아주 싫어하는 눈치였다"는 기록과 고용우의 인터뷰에서 "송덕기 할아버지는 수련 중에 누가 지나가면 눈을 깜빡깜빡하시면서 동작을 멈추고 남들에게 기술을 노출하는 것을 아주 싫어하셨지요."라고 말했다. 실제 위대태껸을 배워보면 겉으로 드러난 개략적인 수법은 현대의 다른 무예에 별반 크게 차이가 없는 듯하다. 그럼에도 불구하고 가급적 비밀을 유지하려 했던 이유에 대해 명료하게 드러난 점은 확연치 않다. 그러나 그 가운데 추측해 볼 수 있는 것은 그 과정에 따르는 기운의 운용에 있지 않았나 하는 생각이다.

고용우는 인터뷰에서 '옛법'에 대해서 다음과 같이 진술하였다.

옛날부터 내려오는 기법을 '옛법'이라고 해요. 할아버지(송덕기 옹)는 어쩌다 한 번씩 말씀을 하시는데 옛법이라고 했는데 임호 선생에게 옛법이라는 애기는 들었을 거예요. 그 이전에 택견의 모체된 근본 기술이 있을 것이 아니냐고 나는 수박으로 보거든요. 수박이랑 택견이 다른 기술이라고 보시잎

거든요. 옛날의 모체 되는 기술이 옛법이라고 봐야 되지 않는가 위험한 기술이나 살상기술만 아니고 옛날에 형태로 있었던 것…품밟기라든가 옛법과 택견을 구분해서 보면 안 돼요. 처음에 품밟기 배우고 손으로 치고 발로 차는 것을 배웠지…발길질에 옛법곁치기나 옛법도끼발 등이 있어요. 오래전부터 전해 내려오는 기법을 옛법이라고 해요. 주먹으로 여기를 쳐서(목)을 칠 때도 옛법이라고 해요. 그러니까 택견의 변천 과정을 겪지 않았나. 그 모체는 수박에서 나왔다고 보면 되고 옛법이 택견이고 택견이 옛법이고 같은 거예요. 옛날부터 내려오는 거예요.

즉 옛법은 과거의 수박을 말함인데, 현재 전해오는 주먹질도 살상법에 속한다. 고려의 이의민이 주먹으로 서까래를 치는 것이나 두경승이 주먹이 벽에 파묻힐 정도의 타격 혹은 이의민이 의종의 등뼈를 꺾어 살해하는 수법은 모두 살법이다.

그러나 여기서 언급하고자 하는 것은 이러한 위력에 의한 살법이 아니라 기운으로 쳐서 사람을 살상하는 법이다.

특히 택견의 위험한 살수는 소정의 품성을 갖추지 않으면 전하지 않는다는 비인부전非人不傳 탓에 거의 알려지지 않고 다만 흘러가는 식의 표현으로 '섬뜩할 정도로 치명적인 타법'으로 알려졌지만, 깊은 내용은 구전심수口傳心授되었기에 그 누구도 모르고 다만 그러려니 할 뿐이다.

이런 택견의 살법은 금세기에 이르러 치안이 충분히 유지되고 있어서 어느 정도 공개가 가능해진 것이 아닌가 하는 생각이다. 지금은 누군가를 해하면 즉각 구금되어 상응하는 벌을 받는 시기이므로 일부를 공개하더라도 큰 위해요소가 되지 않을 것으로 생각한다.

특히 익히고자 하는 이들은 '큰 힘에는 큰 책임이 따른다.'라는 사실을 항상 염두에 두어야 하고 몸을 닦는 수련이 동시에 마음을 병행해서 닦는 것이 우리 전통수련의 중요한 방편임을 잊어서는 안 된다. 이는 호흡수련에서도 수련[運氣]와 수심修心이 분리되지 않고 동전의 양면과 같아서 더불어 나아가는 것이다. 흔히 사람들은 무武라는 개념에 위력威力이라는 선입견을 지니지만 동시에 수심이라는 요소도 포함되어 있다는 사실을 깨달아야 한다. 즉 수련이 깊어질수록 소양이 깊어지는 것은 자명한 사실이다.

택견의 살법은 기운을 모으고 운용하고 발출하는 방법이다. 힘은 타격 후에 리바운드 되어 가한 자에게 되돌아오지만, 기운은 바깥으로 뻗어 나간다. 물론 더 깊게 따지면 뻗어 나간 기운도 언젠가는 자신에게 되돌아온다.

하지만 무턱대고 연습한다고 쉽게 되는 것은 아니다. 뿐만 아니라 그 과정에 주의해야 할 점도 없지 않다. 특히 기운은 육안으로 구분되는 것이 아니어서 모으고 운용하고 발산한다는 자체가 마치 뜬구름 잡는 소리로 들릴 수밖에 없다. 그래서 오랜 세월 신뢰관계에 있어야 하고 대놓고 노출할 수 있는 것이 아니라 비밀리에 구전심수口傳心授로 이어질 수밖에 없었다. 특히 인품이 뒤따르지 않을 경우에 이성을 잃고 치는 수법은 본인 자신도 제어가 되지 않기 때문에 상대를 극단적인 상황으로 몰아갈 수 있다. 어떤 경우라도 스스로 내치는 기운을 제어할 수 있어야 한다.

다른 한 가지는 조선 시대부터는 지방 인사가 보통 수준보다 조금이라도 우수한 인재가 있으면 이 인재를 이용하기보다 먼저 모해하는 관계로 고래古來의 체력 증진법이나 체술體術을 통한 인재 양성을 표면적으로 드러내기 어려웠고, 어느 국한된 사람만 택해서 대대로 그 제자나 자손들에게만 형식을 알게 할 정도였다. 그래서 완전무결한 비법은 스승을 통한 구전심수口傳心授를 받는 외에는 다른 법이 없을 정도로 비밀에 부쳐졌다.

실제로 유구에 전해진 고려의 수박手搏이 수록된 『유구무비지琉球武備誌』도 '사자상전師子相傳'이라 하여 스승과 제자 사이에 은밀히 전해져 1930년을 기점으로 유포되기 시작했다. 그래서 명맥을 이어오기 어려웠으며 실제 특출한 힘을 지니고 있으면 음해를 받기 십상이었다. 그래서 쉬쉬하다 보니 명맥이 끊겨버리고 문화에서 사라졌던 것이다. 그러나 우리보다 훨씬 못한 중국에서는 오히려 과장, 포장되어 하나의 뚜렷한 문화로 취급되고 있는 터이다. 그들을 따라 할 필요는 없지만 우리 고유의 문화를 애써 감출 필요도 없는 것이다.

우리가 경기의 승부에 집착을 하는 것은 음양 사이에 조화를 추구하는 것이기도 하지만 이기고 짐이 없으면 변화나 발전이 없는데 실제 승부 자체가 조화이기 때문이다.

본서에서 이웃 나라인 중국과 일본에 관한 내용을 포함하여 쓰지 않을 수 없었던 게 두 나라에 투영된 모습도 필요하지만 오랜 세월 이웃하면서 주고받은 게 많기 때문이다.

중국이나 일본은 우리와 이웃 나라여서 오랜 세월 동안 잦은 갈등구조를 지닐 수밖에 없었던 상황도 있지만 유별나게 헐뜯는 현재 상황은 역사 깊숙이 내재한 그들의 콤플렉스로 해석될 수밖에 없다. 실제 우리는 대부분 그들의 수많은 침략 때문에 늘 피해를 받아 왔다고 느끼고, 현재까지도 그 상황은 변함이 없다.

중국은 소수민족의 모든 역사를 자기네 역사 안에 두려고 고구려, 발해니 모두 소수민족이니 하는 터무니없는 핑계를 빌미로 동북공정을 통해 자기네 역사 안으로 편입하려는 무모한 욕심을 부리고 있다. 남북관계가 급변할 시점에 이르러 북한의 북쪽을 밀고 들어와 차지하고 동해로 함대가 진출하려는 야욕도 지니고 있어서 심히 우려된다.

특히 일본은 임진왜란을 포함하여 근대에 일제강점기 동안 수많은 만행을 저지르고도 우리나라를 정치적으로 극도로 미워하고 있으니 그 적반하장은 이해할 수 없다.

이들 모두는 아무리 좋게 해석하려 해도 전혀 납득이 되지 않는 것이다. 그러나 이는 삼국 간에 있는 오랜 역사에서 답을 찾아볼 수 있는 것이다. 그들은 오랜 역사 속에 받아온 집단 피해망상증으로 인해 그 보상심리가 지금에 와서도 두드러지고 있다.

중국과 일본은 우리 민족에게서 많은 문화를 배워갔다. 흔히 사람들은 우리나라가 중국에서 많은 문화를 받아들이고 흡수했다고 믿고 있지만 오랜 역사 기록들을 살펴보면 오히려 반대인 경우가 대부분이다. 일본은 아예 우리민족이 주도적으로 건설한 나라이고 상류층의 문화 속에는 우리나라 문화가 아직도 남아 있다.

우리 역사기록이 많이 남아 있지 않음에도 이럴 진 데 감춰진 역사는 더 말할 나위 없다. 그래서 현재까지도 이러한 열등감 속에 성향이 지속하는 것이 아닌가 하는 생각이다. 우리가 결코 뭐라 하지 않는데도 이러한 성향은 열등감 이외에는 달리 해석할 수가 없다.

이와 관련된 내용은 차차 풀어서 설명하기로 한다.

2. 무예에 대한 인식

대개 사람들은 비교하기를 좋아해 누가 힘이 세냐? 어떤 무술이 강하냐? 는 등 비교하는 측면이 강하다. 무언가 순서를 매겨 정리하려는 의식이 자리 잡고 있다. 그러다 보니 많은 무예인들이 절차탁마切磋琢磨하는 노력을 기울이는 계기가 되기도 했고 나름대로 특색 있는 무술로 발전하는 계기도 되었다.

하지만 인간이 아무리 노력을 하여도 육신이라는 굴레 때문에 인간의 동작은 한계가 있고 다른 한편 그 한계를 조금이라도 벗어나기 위해 노력하는 관계에 있다.

다른 한편 인간들은 자신이 지니고 싶은 능력을 소설이나 영화 등의 줄거리 속에 집어넣어 대리만족을 꾀하기도 했다. 그러한 가운데 사람들의 꿈은 점점 부풀어 조금씩 확대 과장하는 포장에 치중하는 경향도 생겨났다. 이러한 경향은 여러 경로를 통해 증폭, 확산하였는데 이러한 왜곡된 현상이 꼭 나쁘다고만 할 수 없다. 인간이 생각하고 나아가는 길에 눈에 보이는 것만이 모두라고 하는 생각은 더 이상 발전의 여지가 없기에 꿈과 희망 그리고 새로운 미래를 위해서는 이런 문화적 확대와 확산은 매우 중요한 역할을 하는 것이다.

이는 무예에서도 마찬가지이다.

음양은 만물의 근본으로 고정되거나 정체되지 않고 끊임없이 흐르고 바뀌게 된다. 남녀관계처럼 서로 대립하기도 하고 때로는 서로 의존하면서 통합되기도 하지만 그 속에는 항상 조화로움과 평형의 힘이 자리 잡고 있다. 이러한 평형은 음양의 상대적 평형이라 할 수 있다.

이러한 음양의 속성도 태초에 음양이 처음 출현했을 때 만약 둘의 비율이 시소seesaw의 균형점처럼 1:1로 동등하게 탄생하였다면 생기지 않았을지 모른다.

처음 무극의 세계 안에서 음이 득세한 환경으로 파생되어 조화를 추구하는 속성으로 인해 음이 양을 쫓는 형국을 만들어 만물의 파생이 하나씩 이루어진 것이다.

처음 음이 득세한 환경은 조화(안정)를 추구하는 새로운 변화를 불러일으키는 단초2)가 되어 불안정성이 극도에 달했을 때 대폭발과 함께 목木이 먼저 탄생을 하고, 목의 탄생으로 인해 생겨난 변화 환경에서 화火가, 역시 변화된 환경에 기인하여 토土, 금金, 수水 순으로 탄생이 이루어졌으며3) 더 이상 폭발이 일어나지 않는다는 것은 그것으로 현상계의 안정이 유지된 것이다.

순수한 음양과 오행으로 이 세계는 자신의 틀을 유지하며 분화, 발전할 수 있는 토대가 형성되었다.

사실 인간은 나이를 먹으면서 자연스러운 노화 현상 때문에 신체활동이 줄어들게 되는데 이는 바로 흥망성쇠의 한 단면을 보여주는 것이다.

음양오행은 불안정 속에서 끊임없이 안정으로 나아가려는 가운데 목화토금수의 끝없이 언밸런스가 이어지면서 끊임없이 인간에게 자극과 각성을 주면서 흘러가는 것이다.

그 어떤 나라나 민족도 영원한 성쇠에 머물러 있는 곳은 없다.

---

2) 쉽게 이해하자면 역본설(力本說; 자연계의 근원은 힘이며 힘이 물질·운동·존재·공간 등 일체의 원리라고 주장하는 설)로서도 설명이 갈음될 수 있다.
3) 즉 음양의 불균형이 극도에 달함으로써 폭발과 더불어 새로운 합(정·반·합에서의 합)을 낳게 되고 이 새로운 합이 개재된 음양의 새로운 환경은 또 다른 불균형을 초래하여 또 다른 폭발로 이어지면서 오행을 낳는데, 오행은 이러한 음양의 불균형 상태를 수반한 특성을 보인다는 것이나. 여기서 음양의 불균형이 극도에 달한다는 것은 무극을 바탕으로 생성된 음양이 불균형을 이룰 때 균형(조화, 안정)으로 가는 에너지는 무극으로부터 공급받는다고 한다.

무예도 마찬가지이다. 주지하다시피 과거 무예의 역할은 지금과는 그 용처가 많은 차이가 있었으나 현대에 이르러서는 거의 문화콘텐츠로서의 역할이 더 크다.

아울러 과거 아무리 뛰어난 무력을 지닌 나라도 한시적인 번영을 누리는데 그쳤다.

과장된 소설을 통해 사람들은 꿈을 키웠지만 반면에 그 꿈을 이용하여 순수한 돈벌이에 이용한 이도 적지 않다. 즉 과장을 현실인 양 선전하고 사람들을 끌어들여 돈벌이로 이용하는 것이다.

물론 드러나지 않는 기술을 지닌 사람들도 없지 않을 것이다. 이런 사람들은 결코 기술을 드러내지 않고 은밀히 전수받고 또 은밀히 전수하는 것이다. 그러다 보면 꾸준히 지속하지 못하고 실전되는 경우도 있을 수 있다.

제2장 아시아의 문명을 연 한민족

제1절 인류의 시작

1. 단군 이전의 역사개요

우리나라의 역사를 언급할 때 흔히 단군을 언급한다. 그렇다면 단군 이전의 역사는 없는 것인가에 대한 의문을 지닐 수 있다. 즉 어느 날 하늘에서 단군이 뚝 떨어져 시작되었다는 생각인데 그것은 아니다. 단군이 우리 민족의 시조임은 틀림없으며 이는 일제강점기 시대에 일본 자국의 역사에 대해 우월성을 드러내기 위해 꾸준히 조선에 내려오던 역사의 흔적들을 신화로 치부하여 조작하였으며 그 흔적들은 아직도 무수히 많이 남아있다. 심지어는 일본 내에조차도 단군의 흔적이 남아있다. 단군은 신화도 아니며 상세한 기록들은 일본이 빼앗아 갔지만 그래도 살아남은 기록들이 아직도 무수히 많이 남아있다.

단군 이전의 기록이 없느냐 하면 그도 아니며 단지 단군을 시조로 삼는 것은 그 이전의 시기는 단순히 동이족 전체의 역사이어서 현재 수없이 많은 민족으로 분화된 상황에서 단순히 우리 민족만의 역사로 치부하기에는 다소 이기적인 문화독점과도 관련이 있어서 크게 적절치 않은 부분이 있다.

단군조선은 이전의 시대에서 분화되어 우리 민족의 시조로 취급되지만 그렇다고 해도 단군 이전의 역사가 우리 역사의 일부임은 부인할 수 없는 사실이기도 하다.

단군은 역사적으로 실제 인물이기도 했지만, 일본에 의해 신화로 조작되기도 했었다. 그런데 많은 학자들은 전문가임을 내세워 자신의 논리를 남들에게 강세로 주입하려는 시도를 끊임없이 하고 있다. 신학든 믿기 어려운 이야기이든 내려오는 이야기늘을 그내로 받아들이려는 자세는 보이지 않고 어떻게든 자신의 입장을 집어넣어 결론을 내려야 한다는 강박관념에 사로잡혀 있다. 마치 오래된 논리에 자신만이 종지부를 찍어야 한다는 강박관념이 그들 스스로 덫에 빠져 있는 듯하다. 이는 참으로 어리석음의 극치로서 자신 이후에 뛰어난 역량을 지닌 후학들이 존재할 가능성은 안중에도 없는 듯하다.

인간은 당연히 인간의 논리로 생각하겠지만 인간의 논리로 받아들일 수 없는 일들이 세상에는 너무나도 많다. 그럼에도 불구하고 일부 전문가연하는 사람들은 자신만이 결론을 내려야 하고 결론을 내리지 않으면 안 된다는 강박관념에 사로잡혀 있다. 인간이란 무엇이고 왜 살아가는 것인가? 에 대한 기초적인 대답조차 선뜻 하기 어려운 현실에도 불구하고, 모르는 사실은 있는 그대로 인정해야 그나마 순조로운 출발을 할 수 있다. 사람들은 겸손이라는 자세가 출발의 시발점이라는 사실을 잊고 있는 듯하다. 더 많은 사실을 깨치고 얻기 위해서는 남을 인정하고 주변을 인정하는 속에 있음을 알아야 한다.

여기서는 이와 관련된 이 역사에 대해 역사 자료를 근거로 하여 간략히 소개해본다.

2. 단군과 그 시대성에 관한 문제

1) 인류역사의 시작과 최초 전쟁에 관한 문헌

『삼성기 전 하편三聖記全 下篇』4)에 우리민족의 시발始發인 한국桓國 시대의 한인桓因부터 7세 한인桓仁=桓因까지의 역년歷年은 3301년이며, 배달환웅倍達桓雄은 신시神市5)에 도읍하여 뒤에 청구국靑邱國으로 옮겨 전한 세대는 18세이며 역년歷年은 1565년을 누렸다고 하였다.

여기서 『동국통감東國通鑑』의 당요唐堯 무진년戊辰年(서기 전 2333)을 합산하고 올해 서기 2021년을 고려하면 우리의 역사는 환인 1세에서 현재까지는 대략 9220년이 된다.

물론 한인, 환웅의 시기에는 민족의 구분이 없었다.

한민족 입장에서는 우리만의 역사라고 이야기하고 싶지만 단지 장자長子민족으로서 이 내용을 전달할 의무를 지닐 뿐 실상 따지면 모든 인류의 역사라고도 할 수 있다.

그 기록이 그대로 남아서 편린으로 이어져 인류의 역사기록으로 골격만 전해진 것이다.

세월이 흐르면서 사람들이 많이 늘어나고 분화되면서 점차 민족에 대한 구분이 생겨났다.

기원전 2,700년 경 헌원이 유망을 시해하고 황제라 칭하고 있었다. 이

---

4) 신라의 승려인 안함로安含老와 원동중元董仲이 저술한 각각 상권 하권으로 한인桓仁=한인桓因 한웅桓雄 단군檀君에 대한 이야기를 담고 있다.
5) 한웅천황이 태백산 신단수神檀樹 아래에 인간 3000명을 거느리고 세운 도시이며 상고시대, 즉 고조선의 건국지이다.

에 난리를 다스리고 유망제의 원수를 갚기 위해 치우蚩尤가 탁록涿鹿으로 나아가 최초의 전쟁인 구혼대전九渾大戰을 일으켰다.

경주 안압사에서 출토된 귀면와

신라시대의 귀면와

6세기 중국 북위시대 영령사에 출토된 귀면문 수막새

송宋나라 장군이 쓴 『운급雲笈』의 「헌원기軒轅記」편에는 '치우가 비로소 갑옷과 투구를 만들어 사용했으나 당시 사람들은 이를 알지 못하고 구리 머리와 무쇠 이마라 하였다.'6)

이 설화는 『술이기述異記』에도 기록됐는데 '치우의 귀와 옆 수염이 검극劍戟과 같으며 머리에 뿔이 있어서 헌원의 군사와 싸울 때 뿔로써 사람을 받았으므로 사람이 능히 앞을 향하여 오지 못했다.'7)

이후에도 황제黃帝 헌원이 다투는 탁록대전涿鹿大戰, 흉려대전凶黎大戰, 악양대전岳陽大戰이 이어진다. 결국 헌원은 탁록에서 사로잡혀 군신의 맹세를 하고 장안 유역으로 쫓겨나 장안 북쪽 황릉에서 죽는다.

이 기록들은 『규원사화揆園史話』, 『태백일사太白逸史』의 「신시본기」에 실려 있으며 중국 측 사서 『산해경山海經』, 『사기史記』, 『상서商書』, 『사기집해史記集解』,

---

6) 蚩尤 始作鎧甲兜鍪
7) 秦韓問說 蚩尤 耳鬢 如劍戟 頭有角 與軒轅鬪 以角觝人人不能向

『한비자韓非子』, 『로사路史』, 『태평어람太平御覽』, 『사기정의史記正義』등 여러 곳에서도 확인되는데, 다만 『산해경山海經』을 제외하고 중국사서에서는 그들의 조상이라는 황제에게 유리한 표현을 하고, 치우는 불리하게 적어놓은 게 일반적이다.

하지만 그들의 시조라는 황제도 실제 동이족이었음이 후에 밝혀지게 된다.

우리나라의 일부 사서에 대해 위서僞書 논란이 있는 경우가 있다. 여기에서 인용한 『사기史記』의 내용도 모든 내용이 다 맞지 않다. 천하의 모든 일들을 다 직접 살펴볼 수도 없고, 모든 일을 잘 쓰려고 노력하지만, 뜻대로 쉽지 않다. 특히 중국은 춘추필법으로 자신들의 입맛에 맞추려고 하다 보니 현재에 교차검증을 통해 확인하고 실제로 입장이 다른 우리나라에서는 달리 해석하기도 한다.

세계적인 석학이 저술한 논문이나 서적도 새로운 이론이 나오게 되면 오류가 생길 수밖에 없다. 그렇다고 그것만을 꼬집어 위서라고 하지는 않는다. 취할 것은 취하고 버릴 것은 버리면 되는 것이다. 『태백일사』나 『화랑세기』에 대한 학자들의 태도도 마찬가지이다. 일부학자들이 위서로 단정 짓는 내용은 때로 그들의 기준이 얼마나 편협적이고 단편적인가 하는 수준을 보여준다. 그들보다도 더 뛰어난 전문가들이 판단을 내려도 그들은 결코 믿지 않는다. 단적인 예를 들어 하느님이 옆에 내려와 이런저런 이야기를 들려준다고 하더라도 프레임에 갇힌 사람들은 이를 믿지 않는다.

학문을 학자들은 절대라는 표현을 사용하는데 신중을 기해야 한다. 자신과의 견해가 맞지 않는다고 도외시하여 소통을 거부하는 것은 학자로서 바람직한 태도가 아니다. 그 어떤 진리라도 상황에 따라 혹은 시간의 흐름에 따라 달라질 수 있음을 깨달아야 한다.

이것을 인식하지 못한다면 무지와 몽매이다.

중국 최초의 국가라는 하夏나라가 건국(BC 2205)되기까지 아시아에는 이족夷族 이외에는 없었다.

즉 중국의 역사기록을 모두 인정한다고 해도 하나라 이전에는 아시아에 중국과 관련된 국가는 하나도 없었음이 확인된다.

그러나 우리나라의 기록에는 그보다 훨씬 이전인 BC 6,900년 전에 『삼성기』에 환인 시대가 있었음을 기록으로 말해주고 있다.

그러면서도 중국에서는 이들 나라 이름을 적시하지 못하고 장안을 중심으로 북쪽을 북이, 동쪽을 동이(구이, 우이 등), 남쪽은 남이(남만), 서쪽은 서이(서융)로 불렀다. 사실 이들 모두가 한민족이었다. 아직도 북방민족에 같은 피가 흐르고 있다든가, 묘족, 백족이나 그리고 티베트에 동이족의 피가 흐르고 있다는 것은 바로 이들 두고 하는 말이다.

특히 산동성 일대는 화하족들에 비해 체형도 다르고 우리민족과 기질이 닮은 부분이 적지 않다. 산동인은 중국인 중 술을 좋아하고 가장 호탕한 사람으로 '산동대인山東大人'이라 칭하기도 하지만 한편 경멸하기도 하여 중국인들이 남을 경멸할 때 쓰는 '몽둥이'(棒子)를 붙이는 경우가 있다. 외국인으로는 유일하게 한국인을 '고려몽둥이'(高麗棒子)라고 부르고, 내국인으로는 산동인을 '산동몽둥이'(山東棒子)라고 부른다. 혹자들은 우리나라 사람들의 기질과 연관해서 과거 백제문화권과 결부 지어 설명하기도 하지만 의외로 직간접적인 증거들이 수도 없이 많다.

황제 헌원도 중국인들은 그들의 시조로 알고 있지만, 그의 아들 소호가 동이족이어서 같은 동이족이다. 아들이 동이족이라고 수많은 역사기록에 쓰여 있는데 아버지는 하화夏華족이라는 논리는 터무니없는 주장이다.

『사기』에 사마천이 하화족의 시원始源을 기록하려 하다 보니 당시 치우와 적대관계에 있던 헌원을 불가피하게 넣지 않을 수 없어서 확실히 동이족으로 알려졌던 소호를 적당히 얼버무려 넣을 수밖에 없었다.

이러한 부분의 기록이 『삼성기』에 현재 남은 것은 우리가 바로 천손민족의 장자이기 때문이다.

비록 많은 흔적들이 사라지고 한없이 쪼그라들었지만 천손민족으로서 장자였기에 그 고통을 감내하였다.

우리가 과거의 흔적을 찾아내 다시 세상에 드러내는 것은 우리 한민족만 잘 먹고 잘 살기 위한 것이 아니라 모든 인류가 원시반본原始返本하는 자세로 돌아가 그 근본을 되찾자는데 있다.

아래의 한桓국 12연방 중 역사 기록에 보이는 것은 『진서晉書』 4이전四夷傳에 비리국, 양운국, 구막한국, 일군국 등이 보이며 『당서唐書』 북적전北狄傳에는 우루국이, 『삼국사기』에는 구다국句茶國, 매구국賣溝國이 보인다.

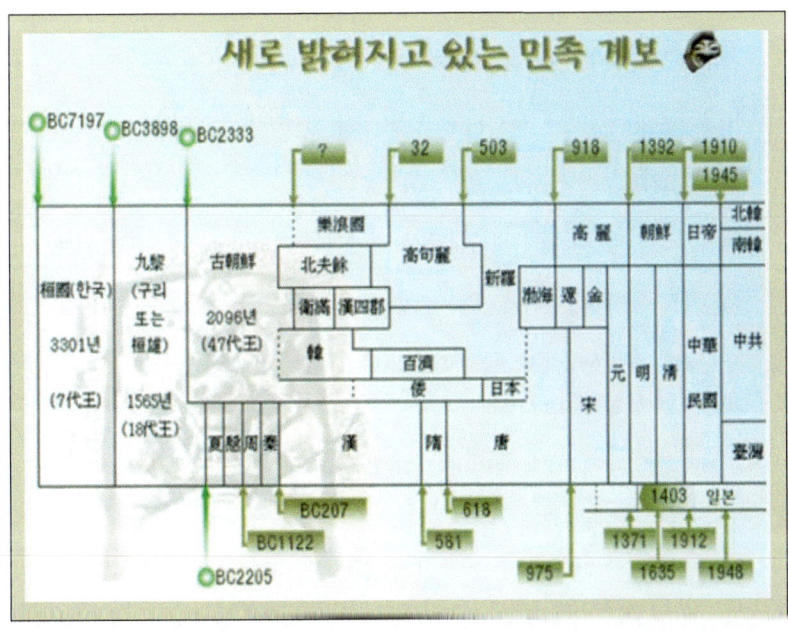

(출처: 송준희, 2012.)

민족 사서에 기록한 역사

국호	시대	제왕호	제왕역대	개국년
한(한국) 桓(桓國)	한인	한인	7대	과학적 증빙이 어려우나 한국 12연방 중 일부 국가가 중국 정사에 나온다(진서 사이전 등)
구리 九黎	한웅 배달 신시神市	한웅	18대	B.C 2700년 대 치우천황의 실존을 증빙하는 자료제시 (사서기록, 중국 내 현존하는 유물유적)
고조선	단군	단군	47대	단군의 유적은 없으나 단군시대에 대사상가였던 '기자'의 유물이 대륙에 있어 증빙가능

(출처: 이을형, 2019; 송준희, 2012.)

비리국은 숙신의 서북에 있는데 말을 타고 이백일을 가야 있다. 거기에 가옥이 이만호가 있다.

裨離國在肅慎西北, 馬行可二百日, 領戶二萬

양운국운 비리국에서 마을 타고 또 50일을 가야하며 가옥이 이만호가 있다.

養雲國去裨離馬行又五十日, 領戶二萬

구막한국은 양운국에서 또 100일을 가야하며 가옥이 오만여 호가 있다.

寇莫汗國去養雲國又百日行, 領戶五萬餘

일군국은 구막한국에서 또 150일을 가야 하는데 이를 계산해 보니 숙신에서 5만여 리를 가야 한다.

一群國去莫汗又百五十日, 計去肅慎五萬餘裡

『삼국사기』고구려본기 대무신왕조에 구다국句茶國과 매구곡買溝谷이 보이는데 이는 환국桓國 12연방 중 '구다천국'과 '매구여국'의 잔영으로 보인다.

아래 그림은 중국 책에 표현되어 있는 '황하 유역 원시사회 부락분포'이며 이들이 위치하고 있는 지역은 이족夷族의 땅이며 대부분 논농사를 지을 수 있는 곳이다.

구리환웅시대의 첫 환웅은 거발한居發桓으로 신시神市에 도읍하고 나라를 배달이라 하였다. 역법曆法을 만들어 365일을 1년으로 하였다.

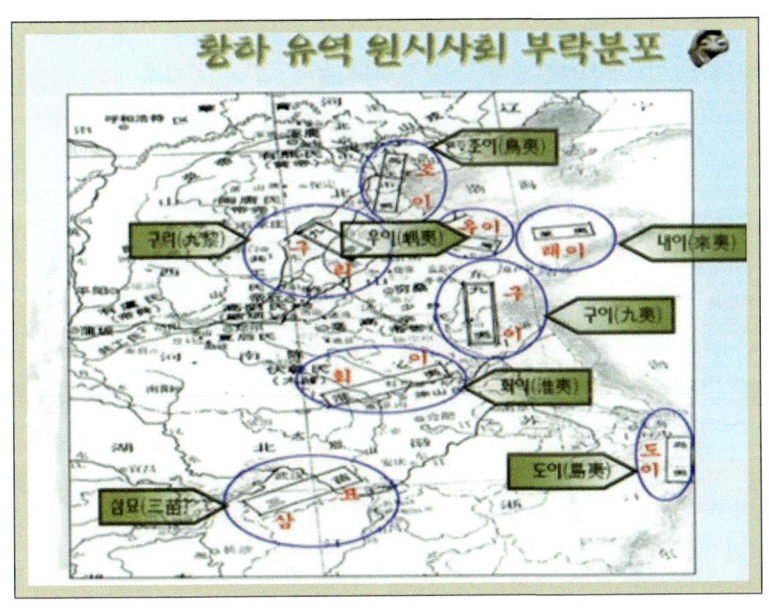

환국 (출처: 송준희, 2014)

5대 태우의太虞儀 환웅의 막내아들이 삼황 중에 복희씨로 팔괘八卦를 만들고 환역桓易을 지었다.

8대 안부련安夫連 환웅의 신하의 한사람이 황제 헌원의 직계 조상인 소전 小典으로서 강수에 보내 군사를 감독하게 하였다. 그리고 소전을 따라갔던 소전의 아들 염제 신농씨가 여와女媧 뒤를 이어 왕이 되었다.

14대 자오지慈烏支 환웅은 치우蚩尤 환웅으로도 불리며 창과 투구 등 쇠로 만든 병기로 유망과 헌원을 이겼다. 그리고 자부선생紫符先生이 삼황내문三皇內文을 헌원에게 주었다. 이때부터 중국의 역사가 시작 되었다.

칠성력이 시작되었으며 청구로 도읍을 옮겼다.

15대 치액특蚩額特 환웅은 티베트까지 영역을 넓혀 800년 간 지배한다.

이 시기에 서양의 문명사를 보면 5대 태우의 환웅 시기(BC 3512)에는 수메르인이 메소포타미아로 진출했으며 이집트 나일강 유역의 도시국가가 형성(BC 3,500경)되었다.

12대 주무신 환웅 시기(BC 2,879)에는 메네스왕이 상, 하 이집트를 통일했다(BC 2,850경).

14대 자오지(치우) 환웅 시기(BC2707)에 중국 시조 황제 헌원이 즉위했다(BC 2,679경).

15대 축다리 환웅 시기(BC 2,509)에는 메소포타미아 우르 제1왕조가 성립되었다(BC 2,500). 또 이집트 제5왕조가 성립되었다(BC 2,480경).

18대 거불단 환웅 시기(BC 2,381)에는 이집트 제6왕조가 성립되었다(BC 2,350).

이러한 동서비교는 아시아가 이 당시 석기시대가 아니었고 강력한 국가가 형성되고도 남을 시기였다는 점을 언급하는 것이다.

아울러 중국 역사의 시조라 불리는 황제 헌원이 등장하며 사마천의 『사기史記』가 시작되는데 헌원이 상대하는 상대국이나 인물은 이미 존재하고 있었다는 것이다.

여기서 치우 환웅에 관한 이야기는 상당량 실려 있다.

소위 말하는 민족 경전인 천부경天符經은 우리 민족만의 것은 아니다. 모든 세계인의 재산이다. 그 어디에도 우리 민족만의 것이라는 내용은 없다.

천부경을 접하게 되면서 인간으로 태어나 최초로 근본을 자각하게 되는 계기가 되는 것을 의미하는 것이며 이는 우리만의 전유물은 아니다.

중국인들은 지존심이 높다고 하지만 그 이면에는 수많은 전란 속에 휩쓸려 왔으며 새로운 왕조가 들어설 때마다 이전의 왕조가 부정되고 새로운 질서에 합류하도록 강요되었다.

과거에 전쟁이라는 것은 남이 지은 농사를 약탈하고 노동력을 빼앗는 것으로써 결국 위정자들의 배만 불리고 백성들만 죽어나는 것이었다. 지금의 중국은 국토가 넓다고 하지만 그도 신라 김(金)씨[愛新覺羅]인 청나라가 만들어 준 것이고 오랜 기간 수많은 외침을 받았으며 그 전란의 고통은 고스란히 국민들의 몫이었다.

따라서 가급적 남의 일에 관여하지 않는 것이 몸에 배여 웬만한 일에는 끼어들려 하지 않는다. 그래서 남의 위기를 보고도 분란에 휘말리기 싫어서 가급적 간섭하려 하지 않는다. 중국 여행객들이 외국에 나가면 큰소리로 떠들고 남의 눈치를 보지 않는 것은 그들이 역사 이래로 그토록 자유를 누린 적이 거의 없었기 때문이다. 그간 오랜 세월 억압에 쌓인 반작용으로 해석하면 된다. 물론 이 억압은 공산주의 체제 하에서 은연중에 아직도 남아 있는 것을 주변국들은 모두 알고 있다.

동이족의 한 갈래인 묘족은 타이완과 세계에 흩어져 있는 화교들이 대부분이다. 티베트로 갈라진 치우의 후손도 아직 치우와 관련된 문화나 언어의 습속을 지니고 있다.

김정민 박사의 알타이계 역사관은 다음과 같다.

북방 유목민족들은 이동이 잦기 때문에 왕권지배체제가 발달하지 않는데 그 이유는 가축들의 먹이 확보를 위하여 유목생활을 하는데다가 이동이 편하여 쉽게 통제에 따르지 않는 경향이 많다고 한다.

반면 농사를 짓고 정착생활을 하는 나라는 토지에 묶여 있으므로 왕권이 강화될 수밖에 없고 이를 노리는 주변 때문에 전쟁이 잦을 수밖에 없었다고 한다.

특히 북방 유목민들은 부족연합들이 부족한 식량을 얻기 위해 중국을 자주 침략했는데 중국 왕조에서는 이를 무마하기 위해 불가피하게 조공외교로서 이들에게 규칙적으로 조공을 바쳤다. 중국 왕조에서 조공을 바치지 않으면 비로소 이때 부족연합들을 모으고 합세해서 중국을 침략하는데 중국의 왕조가 북방민족의 수많은 침입을 받은 이유가 그것이며 심지어는 그네들이 자기네 역사라고 주장하는 수隋와 당唐을 포함하여 금金, 원元, 청淸나라 등 북방 유목민들인 기마족들에게 지배를 당한 더 많은 역사를 가지고 있다. 크게 드러난 것만 보아도 이러하니 짧은 기간 동안 중국 대륙을 지배한 북방유목들의 지배역사도 적지 않다.

이 내용들을 중국 측의 춘추필법春秋筆法으로 사가史家들은 당연히 감추었으며 단지 그 세력들이 평시에는 드러나지 않는데 세력을 합치면 큰 힘을 나타내어 휩쓸고 정복한다는 내용들이 있다.

농업국인 중국 측은 땅을 이고 피할 수도 없었으므로 조공을 바치거나 아니면 고스란히 당할 수밖에 없었다.

조공외교에 대해 한마디 부언하자면, 중국의 춘추필법은 많은 나라들이 조공을 바쳤다고 기록하고 있으나 당시 조공자체가 외교였다. 물론 조공외교를 통해 근린관계를 유지할 수는 있으나 저렇게 수도 없이 바뀌는 왕조를 통해 대치를 통해 균형을 유지하는 것보다는 조공외교가 오히려 실리적인 측면이 있었다.

신채호는 『조선상고사』에서 우리나라 형세가 강성하여 지나에 대하여 강성으로 맞설 때도 저에게 보낸 국서에 우리를 낮추어 한 말이 많이 있었거니와, 그들은 다른 나라가 사신을 보내면 반드시 내조來朝 (조공 왔다)라고 썼음은 지나인의 병적인 자존심에 의한 것이니, 이는 근세 청조淸朝가 처음 서양과 통할 때 영英·로露 등 여러 나라가 와서 통상한 사실을 죄다 "모某국이 신하를 일컫고 공물을 바쳤다某國稱臣奉貢."고 썼음을 보아도 가히 알 수 있는 일이니, 그네의 기록을 함부로 믿어서는 안 된다고 하였다.

조공외교에서 예를 들어 명나라는 삼 년에 한 번 조공하는 '삼년일공三年一貢'을 주장했지만 조선은 1년에 세 번 조공하는 일년삼공一年三貢을 주장했다. 조공무역朝貢貿易이라는 말에서 보듯이 조공은 일방적 행위가 아니라 조공이란 형식 속에서 교역품을 맞바꾸는 행위였다. 조공의 원칙은 '조공이 있으면 사여(賜與)가 있다'는 것이다. 조선에서 조공품朝貢品을 전달하면 그 대가로 사여품賜與品을 내려야 했는데, 사여품이 조공품보다 많은 것이 원칙이었다. 상국上國이란 체면 유지비용이자 평화 유지비용이었다(이덕일).

즉 조공을 받는 게 좋은 점만 있는 것이 아니라 그 이상 상응하는 사여품을 챙겨 주느라 여간 성가신 일이 아니었기 때문이다.

2) 단군과 그 이전의 역사

19세기 초 단군왕검(단군)의 초상화(Pinterest, Inc)

『삼국유사』에는 위서魏書에 이르기를, "지금으로부터 2천여 년 전에 단군왕검壇君王儉이 있어 아사달阿斯達에 도읍을 정하였다. 나라를 개창하여 조선朝鮮이라 했으니 고(高- 요임금)와 같은 시대이다."하였으며, 서거정의 『동국통감東國通鑑』 외기外紀에는 "동방東方에는 최초에 군장君長이 없었는데, 신인神人이 단목檀木 아래로 내려오자 국인國人이 세워서 임금으로 삼았다. 이가 단군檀君이며 국호國號는 조선朝鮮이었는데, 바로 당요唐堯 무진년(戊辰年; 서기 전 2,333)이었다."고 전하고 있다.

또 다른 기록 『삼성기 전하편』에는 이들 기록 이전의 내용이 수록되어 있는데 "한인桓因은 7세에 전하여 역년 3301년", 신시역대기神市神市記에서는 "배달환웅倍達桓雄은 천하를 평정하여 차지한 분의 이름이다. 그 도읍한 곳을 신시神市라고 한다. 뒤에 청구국靑邱國으로 옮겨 18세 1565년을 누렸다."고 한다.

여기서 『동국통감』의 당요唐堯 무진년(戊辰年; 서기 전 2,333)을 합산하여 임승국(1986)은 발간 당시를 고려하여 우리 역사를 한기桓紀 9,185년으로 환산

하였는데 2,021년을 고려하면 9,220년이 된다.

여기서 왜 이렇게 모호한 과거에 대해 셈법도 복잡한 계산을 하고 있느냐는 반문이 있겠지만 인류역사 초기의 시대적 상황을 현재와 연관 지어 생각해 볼 필요가 있다.

이덕일은 고구려 벽화나 중국 산동성에서 발견된 무씨사석실武氏祠石室 화상석畵像石에서도 단군신화와 관련된 흔적을 볼 수 있다고 하였다.

장전 1호분은 단군신화의 재미있는 변형을 보여주고 있다. 나무 아래 굴 속에 곰 한 마리가 웅크리고 있다. 단군신화에 나오는 대로 사람이 되기 위해 마늘과 파만을 먹으며 100일이 가기를 기다리고 있다. 굴 바깥에는 마늘과 파만으로 배고픔을 견딜 수가 없어서 굴을 뛰쳐나간 호랑이가 묘사되어 있다.

각저총 벽화에는 두 씨름꾼이 맞붙어 싸우는 왼쪽 나무 아래 곰과 호랑이가 등을 돌리고 서있다. 나뭇가지 아래 수많은 열매와 형상들은 두 부족의 싸움에서 승리한 쪽이 가질 수 있는 전리품을 상징하는 단군신화의 내용을 가리키는 것이다.

산동성에 기원전 2세기경에 만들어진 것으로 추정되는 무씨사석실의 첫째 단에는 환웅이 하강하는 모습이 묘사되어 있으며, 둘째 단은 환웅이 비, 구름, 바람을 관장하는 우사, 운사, 풍사를 대동하고 지상을 다스리는 모습을 그리고 있다.

셋째 단은 곰족과 호랑이족의 생활 모습과 환웅의 아들인 단군의 탄생을 보여주고 있으며, 넷째 단은 단군이 홍익인간, 제세이화의 이념으로 세상을 다스리는 장면을 보여주고 있다.

이는 단군신화의 내용이 한반도와 만주는 물론 당시 동이족의 영토였던 현재의 중국 본토에까지 널리 알려진 설화임을 보여준다.

따져보면 단순한 설화를 도처에 그려 놓을 리는 없는 것이고 신화로 치부되기보다 그 지역에 살던 사람들이 극히 중요하면서도 사실적인 내용을 상징적으로 그려 놓은 것이라 역사기록보다도 더 의미가 있는 명확한 것이라 할 수 있다.

사람들은 신화神話라고 하면 현실과 무관하게 전해오는 다소 허황한 이야기로 치부하며 역사적 사실과 무관한 것으로 취급하기 마련이다. 그러나 별반 연관이 없는 이곳저곳에 그림으로 남겨 놓았다는 것은 단순히 상징적인 의미를 떠나 그대로 전달하고자 하는 의미도 포함된 것이다.

흔히 한민족이 환웅의 후손이라고 하는데 한민족만이 그들의 후손이 아니라 세계 인류 모두가 그들의 후손이다. 지금의 언어로 표현하자면 부족장 같은 상위세력이 있어 그 세력 싸움에서 밀려난 사람들이 변방으로 밀려나게 된다. 또 환웅 이전에 환인 시대가 있었으니 환인은 무리들이 장기집권하며 다스렸던 족장들을 의미한다.

모두 일곱 명의 환인이 하늘의 명을 받고 시차를 두고 내려와 통치했다. 즉 후계자 세습하듯이 연결되어 존재했던 것이 아니었다. 예를 들면 한 명의 환인이 석기시대를 열면 그 문명이 지속하여 내려오다가 또 다른 환인이 내려와 청동기시대를 여는 식으로 환인의 맥이 이어졌다.

이렇게 환인이 7대까지 내려오게 되자, 세력이 너무 커져서 환웅이라는 각 방면의 뛰어난 인물들이 나오게 된다. 이들이 18대 정도까지 내려왔으나 같은 곳에 있었던 것이 아니고, 3명의 환웅이 밖으로 나가 문명을 펼치게 되는데, 그 정통 원류가 태백산으로 들어온 한민족의 기원이 된다. 백두산족은 문명의 근원을 창출한 민족이다. 인간이 살아가는데 필요한 불, 창 등 모든 근원이 백두산족으로부터 시작되었다.

대곤륜산에서 기원을 둔 인류는 동쪽으로 이동한 백두산족으로부터 그 역사[先史]가 시작되었으며, 이로부터 동방은 선천 문명의 전반을 주도하게 되었고, 서방은 선천문명의 후반을 주도하게 되었다. 이들 문명은 영구히 지속하는 것이 아니라 원시반본原始返本한다.

단군신화에 대해 "곰이 사람이 될 수 없다." 하여 신화라는 이름으로 못박고 있으나 그때에는 '남과 여'라는 말 자체가 없었다.

굳이 표현한다면 '사람'이라는 말뿐이었다(이 당시의 상황은 인간의 언어로 표현하면 들어맞는 말이 하나도 없다. 환인에서 환웅으로 이어지는 시대는 신명들의 뜻이 직접 지상에 펼쳐지는 신명기였기 때문이다).

환웅이 이 땅에 왔을 때 문명의 혜택을 받지 못한 인류가 남자는 호랑이 가죽을, 여자는 곰 가죽을 입고 생활하고 있었다. 그들이 환웅의 문명권으로 들어오고 싶어 하자, 환웅은 문명계로 들어오게 하기 위해 동굴 속에서 100일 동안 수련을 하여 자신을 밝힐 수 있게끔 하였는데, 남자는 견디지 못하여 뛰쳐나오고 말았고 여자가 이 시험을 견뎌내게 되었다. 이를 본 환웅이 이들에게 도를 펼치기 위해서는 토착민인 이 여인과 결혼을 하는 것이 좋겠다고 생각하여 여자를 아내로 받아들이니 이때 태어난 아기가 바로 단군이다.

거듭 말하지만, 지금의 언어로 그 당시를 표현하려면 들어맞는 말이 하나도 없다.

현재 몇 줄의 신화로만 알려지는 내용을 장황하게 언급하는 것은 어쨌든 우리 민족은 세세연년 이어져 삶을 살고 있는 것이고 기록이나 문서가 없어도 거의 알지 못하지만 분명한 중간시작점은 있었다는 것이다. 여기서는 이러한 사실을 믿고 안 믿고를 떠나 이러한 시각에서 더듬어 나가다 보면 많은 실마리가 풀리는 계기가 될 수도 있다는 것이기도 하고 그에 상응하는 자료도 찾을 가능성이 나올 수 있다는 생각이다.

글이나 문서는 오랜 세월 전달과정에 훼손되기 쉬우나 돌에 새겨진 그림은 훨씬 더 간단명료하게 전달될 수 있다. 사람들은 자신들의 구미에 맞게 구체화한 기록으로 확인을 바라지만 때로 그림이 더 사실적으로 묘사될 수 있다.

단군의 이야기를 꺼내는 것은 현대인들이 시대적 조건인 시대성을 무시하고 자의로 해석하는 성향이 농후하다는 것이다. 단편적으로 전해지는 신화에 집착하는 것도 문제가 될 수 있겠지만 시대성을 항상 염두에 두어야 하며 정말 의미 있는 것들은 언젠가 그 전모가 드러날 계기가 있으리라는 생각에서이다. 사실 있는 그대로 혹은 전해져 오는 그대로 믿으면 되는데도 불구하고 현대인들은 자신 혹은 무리의 도그마에 빠져 불필요하고 사소한 일에 너무 집착하는 경향이 있다.

특히 개인적인 욕심을 위해 혹은 자신의 논지를 강력하게 주장하기 위해 소모적인 논쟁으로 삶을 허비하기도 한다.

그런 의미에서 따로 언급하는 것이다. 큰 그림을 어느 정도 먼저 염두에 두고 퍼즐을 맞춰 가면 오히려 쉬운데 크게 볼 줄 모르고 너무 개인적이고 편협한 생각으로 중요한 사건마저 소홀히 취급하는 우愚를 반복되는 실수를 초래하는 것이다.

단군은 백제 유민을 포함하는 우리의 조상들이 많이 건너간 일본에서도 그 흔적을 발견할 수 있다고도 하였다.

일본 규슈 후쿠오카현에 우치한 히코산(英彦山)이 있고 여기에는 환인, 환웅, 단군을 모시는 신궁이 있다. 1993년 5월, 서울에서 개최된 한국학술회의에서 신앙 연구가인 나카노 하타노(中野幡能, 1913~2002) 교수는 '단군신앙과 일본 고대 종교'라는 주제로 발표하면서, 일본에는 단군이라는 이름이 살아남지 못했으나 백산白山이나 환웅桓雄이란 이름은 살아남아서 전해지고 있다고 했다. 소에다정청(添田町役場)에서 펴낸 『영언산英彦山을 탐구한다』(1985, 添田

役場 編)에 보면, 일본 영언산 신궁(神宮)에 모셔있는 환웅상이 우리나라에서 건너갔음을 분명히 밝히고 있다.

히코산에 관한 13세기의 기록인 『히코산유기(彦山流記)』를 보면 '히코산 산신이 진단(震旦國)에서 왔다'고 기록되어 있다.

본문은 다음과 같다.

영언산을 비롯한 일본 북규슈의 여러 산에는 백산신(白山神)이 모셔져 있다. 이것은 한국의 산악신앙의 영향을 받은 것이다. 한국의 산악신앙이란 단군신앙을 말하는 것으로 백두산을 중심으로 널리 분포되어 있다. 신앙의 대상은 환인·환웅·환검(단군)의 삼신(三神)인데, 그중에서도 환웅은 인간 세상을 교화하기 위하여 태백산에 내려온 신으로서 고대 조선을 개창했다 하여 민중의 신앙이 두터웠다. 이 한국의 환웅신앙이 일본 영언산에 전파되어 등원환웅(藤原桓雄)이 되고 일본 환웅신앙이 되었다. 그 때문에 백산신앙이 따라 들어오지 않을 수 없었을 것이다.

다야마 신사(玉屋神社)에 모셨던 후지와라 환웅(藤原桓雄)(안창범, 2007)

문화라는 것이 숭요하시반 따질만한 대상이 아니라고 여겼기 때문이기도 하다. 문화는 교류하는 것이고 영향을 준 쪽에서 구태여 언급하지 않는다는 것은 당시로써는 별반 중요하지 않을 수도 있다는 것이다.

하지만 세월이 흘러 이러한 사실이 모호해지자 자신들 문화의 우수성을 드러내고자 거꾸로 영향을 받은 쪽에서 오히려 억지를 부린다면 반박하지 않을 수도 없는 노릇이다.

중국과 일본은 우리나라와의 관계가 그리 좋지 않다. 물론 가까이 이웃한 나라여서 여러 이해관계가 역사적으로도 오랫동안 얽힌 원인에도 있겠지만 따지고 보면 거의 우리나라가 그들에게 피해를 준적은 없는데 비해 우리나라는 거의 오랫동안 피해를 당해 왔음에도 불구하고 이런 현상이 두드러진다.

그것은 바로 우리의 전통적 오랜 문화가 그들 두 나라에 막대한 영향을 끼쳤기에 세상이 바뀐 지금에 와서 그들의 어두운 과거를 덮으려는 시도가 없지 않다. 역사적으로 오히려 그들의 잘못이 대부분인데도 불구하고 그들이 무조건 우리나라를 깎아내리려는 시도는 그 이외에는 달리 설명할 길이 없다. 즉 콤플렉스에 대한 반작용에서 나온 것이다. 그래서 우리 문화와 관련된 것이든 아니든 무조건 우선 깎아내리고 보는 것이다.

누구든 콤플렉스는 지니지만 감추기 위해 과도하게 표현하여 주변에 손해를 끼친다면 그도 해악이다.

단군에 대한 편견은 특정 종교에서도 한몫했다.

1907년도나 그 즈음에 발행된 역사 교과서에 고조선을 최초의 나라로, 단군을 공식적으로 국조로 실려 있다. 그리고 실존 인물로 알려져 있다. 즉 조선왕조조차 단군을 국조로 모셨다. 그러나 일제의 상고사 말살 정책으로 인해 전설로 치부되었다. 그들이 말하는 일본 기원은 2600년인데 우리역사의 축소와 단군조선을 전설로 치부해 자신들의 우수성을 드러내고자 한 것이다.

이후에 이 논리는 특정 종교와 결합해 우상숭배라는 예기치 못한 방향으로 흘러갔다.

조상을 모시는 것은 당연한 처사이거늘 우상숭배로 폄하하는 것은 상식적으로 납득이 되지 않는 일이다.

이러한 사실은 일제강점기 일본의 치밀한 계획 하에 집요하게 오랫동안 이루어졌는데 그 과정은 근래에 알려졌다.

일제강점기 이후 일본이 역사 왜곡을 위하여 가장 먼저 한 것은 조선의 역사서를 압수, 수거, 폐기하고(조선총독부 관보, 1910년 11월, 명치 43년) 조선의 공식 역사서 51권을 압수목록을 공지했다.

조선사편찬위원회(1922~1925, 이마니시 류가 위원으로 포함), 조선사편수회(1925~1945, 이마니시 류, 윤영구, 이능화 포함, 대부분 일본인이었음, 이병도, 신석호와 임나에 대한 연구로 유명한 쓰에마쓰 야스카즈는 수사관보로 참여)가 만들어지기 전 1920년에 심상소학역사보충교재尋常小學歷史補充教材 아동용, 교수참고서를 만들어 보급한다. 즉 조선사편찬위원회를 만들기 이전에 일본에서 조선의 역사 왜곡을 위하여 이러한 자료를 미리 만든 것이다. 현재 알려지고 있는 우리 강단 사학계 역사 내용은 이미 이 당시에 일본에서 확립된 자료를 답습한 것이다.

1919년 3·1 독립운동을 거치면서 조선총독부는 보통 학교 연한을 지금까지의 4년에서 6년으로 연장함과 동시에 내지인 대상으로 소학교에서만 행해지고 있던 '국사' 교육을 조선인 아동에게도 실시하기로 한다. 이 자료는 조선총독부 학무국의 역사교과서 편찬과 '국사/조선사'교육(나가시마 히로키 永島廣紀, 제2기 한일역사 공동연구 보고서 제6권)에 수록되어 있다. 즉 조선은 이미 오래전부터 중국의 식민지, 일본의 식민지였다는 사실을 1919년에 시작하여 1920년부터 1945년까지 아동들에게 가르쳤다는 것이다.

아울러 1923년 조선사학회를 조직, 조선사 왜곡작업에 대해 본격적으로 대중화 작업을 시작하였다. 1924년 경성제국대학을 설립, 단군을 신화화하고 기자조선, 위만조선, 한사군 등이 평양에 있었고, 남쪽은 임나일본부가 지배하고 있었다는 역사 왜곡을 시작하였다. 1925년 사담회史談會, 조선사학동고회朝鮮史學同攷會, 1930년 청구학회青丘學會가 만들어져 한국사를 일본의 지방사地方史 일부분으로 취급, 일제의 식민통치 후반기 지배이데올로기를 제공해 준 가장 방대하고 적극적으로 활동했는데 여기에 이병도와 신석호가 참여했다. 이후에 식민사학을 탈피하고자 만든 학회가 진단학회인데 그럼에도 불구하고 여기에 많은 논문들은 청구학회의 논문을 답습하고 있다.

이렇게 식민사관을 일반 대중에게 보급하면서 공권력을 동원하며 법으로는 '배달', '4천 년 역사', '환웅(환왕)', '무궁화' 등의 내용은 삭제하도록 하고 그 내용이 담기면 출판을 불허하였다.8)

이토록 조선사를 왜곡하기 위하여 보통 학교(현재의 초등학교), 그리고 대학과 학술연구단체를 만들고 법으로 통제하였다.

일본이 우리나라의 역사를 철저히 계획적으로 왜곡하기 이전 조선의 역사에 있어 단군은 당연한 시조였으며 종교적 색채는 전혀 없었다.

일본의 야욕이 얼마나 철두철미하게 이루어졌는지 아직도 그들에게서 지원을 받은 식민사관 학자들에 의해 아직도 집요하게 놀아나고 있다.

---

8) 조선출판경찰월보 제2호/사조 - 언문 소년소녀의 경향/1928년 10월 경성지방법원 문서

3. 우리문화의 약술略述

이덕일(2020)은 우리민족 문화와 직접적인 요하문명권에 대해 아래와 같이 제시하고 있다.

시대별 형성 문화

형성시기(BC)	시대구분	문화이름	유적위치
8천년~7천년	신석기	신락문화	요녕성 심양 북쪽
7천년~6.5천년	신석기	소하서문화	내몽골 벽봉 부근
6.2천년~5.2천년	신석기	흥륭화문화	내몽골 적봉 오현가 부근
6천년~5천년	신석기	사해문화	내몽골 접경 사해
5.2천년~5천년	신석기	부하문화	적봉 오한기 부하
5천년~4.4천년	신석기	조보구문화	내몽골 난하 및 하복성 북부
4.5천년~3천년	신석기/동석병용시대	홍산문화	내몽골 적봉~요녕성 조양
3천년~2천년	동석병용시대	소하연문화	적봉시 소하연 유역
2.2천년~1.5천년	초기청동기시대	하가점하층문화	적봉시 맹극하(孟克河)유역

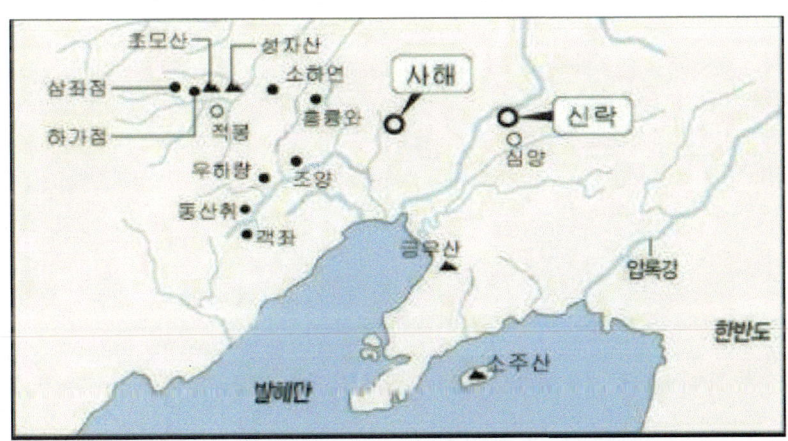

위 유물들이 발견된 지역은 요하문명권은 오랫동안 여러 문명들의 흔적들이 나타나는 지역들이다.

서기전 8,000~서기전 7,000년경의 신락문화와 서기전 2,200년~1,500년의 하가점 하층문화까지는 연속성이 있는 문화이다. 홍산문화는 신석기와 청동기가 함께 사용되는 동석병용銅石倂用의 소하연문화로 이어졌다가 청동기문화인 하가점 하층문화로 이어진다. 신석기 문화에서 청동기시대로 이어지는 동이족 고대 국가 형성의 계보를 말해준다.

이들 시기는 『삼성기』에 나오는 환인 시대의 기록을 감안하면 약 9,200여 년 전으로서 어느 정도 맞아 들어간다고 할 수 있다. 당시는 완전히 문명의 여명기였으므로 이 유적 중 후대에 나오는 일부는 현재 우리나라에서 나오는 옥장신구도 있고 적석총이나 비파형 청동검도 있어서 이들 유물은 전형적인 북방민족의 유물이라 할 수 있어서 우리민족의 유물이라 할 수 있다.

이들 유물 가운데 홍산문화에서 발견되는 한국인들의 전형적인 유물을 예로 들자면 적석총, 고인돌, 옥기玉器, 옥귀걸이, 곡옥, 빗살무늬토기, 복골, 암각화, 천제문화(천신단), 원통형토기, 삼족기, 영봉문화, 체도문화, 옥누에, 온돌, 여신과 곰 토템, 비파형동검, 치雉[9]가 있는 산성 등이다.

---

9) 주로 고구려의 산성에서 볼 수 있는 구조로 위에서 바라보면 일직선 성벽에서 돌출된 치(雉)처럼 'ㄷ'자로 성벽이 돌출된 것으로 성벽을 기어오르는 적군을 공격하기 쉬운 구조이다. 치는 활을 주로 사용하여 방어할 때 매우 유용한 구조물이다. 이는 현재 수원 화성에서도 볼 수 있다.

4. 동이족이 중국문화의 시원

중국은 근래에 자신감을 갖고서 고구려 문화까지 자신의 문화로 흡수하는 동북공정을 보이고 있다. 심지어 발해의 황후묘 같은 경우는 유물이 나왔음에도 철저히 비밀로 접근을 금지하고 발해를 자국 내 소수민족 세계문화유산으로 등재하고자 비밀리에 추진하고 있다. 떳떳하다면 왜 굳이 철저히 감추고 이런 일을 비밀리에 진행할까? 그들은 역사적 유물을 통해 그들 조상 하화족이 역사의 주류가 아니었던 것을 깨닫고 동이족의 역사를 무리하게 편입함으로써 천하의 모든 것은 내 것이라는 아주 위험한 발상을 하고 있는 것이다.

5천년 중국 역사에서 한족漢族이 세운 통일국가는 한·송·명 세 나라로 이들의 존속기간을 다 합쳐도 겨우 천년이 조금 넘을 뿐이다. 즉 중국 역사의 대부분이 한족의 역사가 아니라는 것이다. 혹자는 왜 수·당나라가 포함되지 않느냐고 반문할 수 있다. 비록 수·당의 역사가 중국의 역사로 편입되었으나 한족의 역사에 포함될 수 없는 이유는 수·당의 왕실이 한족이 아닌 북방민족인 선비족鮮卑族이기 때문이다. 더군다나 원元은 몽골족이, 금金이나 청清은 우리나라의 신라 김金씨가 세운 나라이다.

앞에서도 언급했지만 북방 유목민들은 기마족이어서 유목으로 삶을 이어가기 때문에 초원을 따라 이동이 잦아 벼농사를 지을 수 없어서 그 식량을 중국왕조의 조공을 통해 확보하였다. 조공이 도착하지 않으면 굶주리기 때문에 삶을 이어가기 힘들어서 부족연맹을 결성, 침략으로 이어질 수밖에 없었던 것이다.

특히 북방 유목민들은 이동이 잦아서 절대왕조가 쉽게 성립되지 않으나 조공이 도착하지 않아서 어려운 경우만큼은 단합하여 침략하거나 정복하였던 것이다. 오히려 땅에 매여 농사를 짓는 민족들은 땅을 떠날 수 없어서 절대왕정이 쉽게 성립되고 그 상황을 모면하기 위해 조공을 바쳤던 것이다.

이런 내용은 당대나 이후의 사가史家들이 춘추필법春秋筆法에 따라 자신들 불리한 내용은 감추기 위해 전혀 기록하지 않아 묻혀 온 것이다. 우리나라 선조들이 현재 산동성 일대에서 점차 물러나 한반도와 북부 일대로 물러난 이유도 이와 관련이 있는 것이다.

중국이 왜 북방 기마민족의 침입을 많이 받았는가 하는 이유는 바로 여기에 있는 것이다. 약속한 식량이나 조공을 제때 바치지 않으니 응징 차 약탈을 위해 침입을 하고 정복을 하는 것이다.

과거 중국 대륙에서 농사를 지을 땅은 강을 끼고 있는 범람원 대지 밖에 없었으므로 부족한 곡물을 필요로 하는 북방 유목민족들에게 있어서는 당대의 중국왕조가 아주 좋은 먹잇감이었다.

이러한 사실을 감추고 중국은 그들이 자신들을 침략해서 지배한 나라까지 자신들의 역사로 끌어들이려 함은 스스로도 터무니없는 짓임을 잘 알고 있을 것이다. 무리하게 끌어들인 나라로 인해 자체 내에 분국分國이 일어나는 계기가 될 수도 있다는 가능성은 전혀 염두에 두지 않아 마치 영원할 것으로 믿는 듯하다.

실제 중국의 이런 내심에는 역사를 연구할수록 동이족이 중국을 먼저 지배했었고 그 자료는 지울 수 없는 역사서에 수없이 나타나고 있기 때문이다.

차라리 그들이 모두 화하족인 양 감추려 하지 말고 동이족의 일족이었음을 선포하고 동이족의 장자인 우리역사로 귀속되는 게 현실성 있는 조치이다.

중국에서 통상 삼황오제라 하여 전설 혹은 역사적 인물로 삼는데 『사기史記』에서는 삼황三皇을 언급하지 않아서 주석을 단 학자들이 자신들의 의견을 피력해 넣는 경우가 있었다. 사마천도 삼황을 몰라서 언급하지 않은 게 아니라 그들이 동이족이었기 때문에 동이족을 시조로 한다는 자체가 본인의 의도와는 맞지 않았기 때문이다.

삼황三皇은 복희씨伏羲氏, 신농씨神農氏, 수인씨燧人氏를 이르기도 하나 복희, 신농, 황제黃帝를 일컫기도 하는데 이들이 사마천의 『사기史記』에서는 배제되어 오제五帝로만 표현되거나 현대에서는 다소 달라지기도 하는데 그 이유는 그들이 모두 동이東夷인이었기 때문이다.

그들은 중국이라는 나라를 항상 중심에 두어 화하華夏족의 우수성 드러내야 하는데 그 근원이 동이족이라는 사실은 감추고 싶었던 것이다.

사마천의 『사기史記』에서 황제를 맨 앞에 내세워 그들의 시조로 모셨지만, 실제 그의 장자 소호는 동이족이어서 황제는 화하족華夏族이라는 부자간임에도 족속이 다르다는 이상한 논리가 성립되는 것이다.

소호를 지우고 사람들이 잘 모르는 창의의 아들인 황제 손자 제전욱이 재위를 이은 것으로 바꿔 놓았다.

이런 식으로 사마천은 동이족의 역사를 한족으로 바꿔서 한족의 중국사를 시작했다. 그것이 바로 『사기史記』이다.

진시황의 병마용갱에서 나온 병마용의 병사들은 대부분 동이족의 상징인 상투를 틀고 찰갑(비늘갑옷)을 입고 있다. 병마용갱에서 발굴된 전차는 고조선 시대에 만들어진 바큇살이 30개인 전차와 같은 모습이다. 토용들의 상투 튼 머리는 그들이 동이족 또는 고조선과 깊은 관련이 있다는 사실을 말하고 있다. 하얼빈 사범대 왕홍쥔(王洪軍) 교수는 진秦나라 사람이 상(商: 은나라)나라 사람과 같은 동이족이라고 주장했다. 주나라 성왕成王은 상(商: 은)나라 유민의 반란을 진압한 뒤 지금의 동부 산동성 상개商盖의 동이족을 서부 간쑤성(甘肅省) 지역으로 강제 이주시켰는데, 이들이 바로 진나라의 조상이 되었다는 것이다.

진시황의 진나라는 소호少昊 김천씨의 후예가 세운 나라라고 기록되어 있다. 소호씨는 산동반도에 있던 고대 동이족의 임금이었다. 바이두백과에서도 소호는 황제의 큰아들이고 어머니는 누조이다. 최종적으로 동이족의 수령이 되었는데 금천金天씨라고 부른다.

『사기史記』 봉선서封禪書에는 진秦나라의 제후 양공이 자신의 조상인 소호(少昊; 白帝)에게 제사 지냈다는 기록이 있다. 진秦이 소호 김천씨의 후예임을 명확하게 증명하는 것이다.10)

소호는 최초의 나라를 세운 게 지금의 산동 일조, 후에 다시 곡부에 도시를 세웠다. 주요 활동지가 산동 하택이다. 그러면서 화하의 뿌리가 되고 공동인문시조라고 은근슬쩍 모호한 표현을 하고 있다.

도대체 공동인문시조라는 터무니없는 표현이 말이 되는 소리인가?

실제로 산동성, 강소성, 곡부, 하남성 일대가 전부 동이문화권이었고 산동성이나 곡부에는 동이문화박물관까지 만들어 놓았다.

8,500년 전의 후리문화부터 6,500년 전 북산문화, 대문구문화, 용산문화까지를 모두 동이문화이어서 한족문화는 없다.

산동성 하택시 조현에 위치한 병사가 기자묘가 있는데 조현은 산동성 서남 지역이고 하남성 상구商邱와 접해 있으며 기자묘는 현재 잘 알려지지 않았다. 비석에는 만력제와 건륭제가 수선했다는 기록이 있다.

---

10) 진 양공은 제후가 되었음에도 거처를 서쪽 변경에 두고, 스스로 소호신(少皞神)에 대한 제사를 주관해야 한다고 여겨, 서치(西畤)를 만들어 백제에게 제사했다. 秦襄公既侯 居西垂 自以爲主少皞之神 作西畤 祠白帝(『史記』 卷28 封禪書)

5. 동이족의 문화 흔적

1) 침술과 경락

모두 침針이라고 하면 중국이 발원지로 알고 있는데, 역사를 거슬러 올라가면 최초 침의 발원지는 고조선 시대로 되어있다. 문헌에 나와 있기를 돌로 침을 만들어 썼다는 기록이 있다.

이 기록의 의미는 석기 시대부터 침을 썼고, 중국은 그러지 못했다는 뜻이다.

종주국의 체면이 있어서인지 다행히 침만큼은 한국의 사암오행침이 압도적으로 우수하다. 중국엔 오행침의 원리나 근거를 문헌에서 볼 수 없다. 그러나 경혈에 관한 기록은 대개 난경難經이나 마왕퇴 기록을 들먹이며 중국을 먼저 떠올린다. 경혈 자체가 어려운 한문으로 표기된 탓으로 그 접근이 어려운 탓도 있지만, 특별히 기록문화로 남지 않았기 때문에 생긴 오류이다.

중국의 의학서로 진·한대에 걸쳐 정리된 것으로 추정되는 『황제내경』가운데 영추도 황제가 지은 것으로 알려져 있으나 본디 이 영추는 고려에서 온 『침경』이 둔갑한 것이다.

경락기원 학설에 관한 가설을 살펴보면 몇 가지가 있으나 여기서 내경반관 기원론은 단전호흡을 하다 보면 경락의 흐름을 알 수 있고 이 흐름도 규竅라 하여 막히는 곳이 있다. 뿐만 아니라 앞서간 사람들이 체크해보면 처음부터 자연스레 뚫리는 것이 아니라 저수지의 물이 차서 넘치듯 조금씩 이동하는 통로가 생기는데 대개 일부 혈穴자리에서 막힌다.

나중에 가서 훨씬 익숙해지면 이들 각 경혈 자리에 기운을 집중해서 그 느낌을 확인해 보는 방법도 있다. 혹은 영안이 열린 사람은 내관內觀으로 직접 볼 수도 있고 단계가 높아져 도안道眼이 열리면 더 확실하다. 그리고 현재 나와 있는 경혈도와 대비해 실제 운기를 해보면 손가락에 부분적으로 미세한 차이가 있는 부분이 확인되기도 한다. 그래서 이 경혈 자리는 처음부터 하나하나 경험에 의해 체득한 것이 아니라 어떤 의미에서 인간사고의 한계를 넘는 부분이 있지 않나 하는 생각이 들 정도이다.

인간이 창조된 후 태생적으로 어느 정도 단전호흡을 지니고 태어나지 않았나 하는 생각이며 아이들은 3살까지 전신으로 단전호흡을 하며 7살까지는 전신주천의 경맥도 열려 있다가 닫히게 된다. 갓난아이들은 숨 쉴 때마다 백회부분이 들썩거리는 것을 알 수 있다. 여기서 7살까지 경맥이 열렸다가 이후에 차츰 닫히는 것을 심안心眼으로 보지 않고 어찌 알겠는가.

2) 용과 여의주

용龍은 동서양의 전설에 모두 나오는 동물이다. 하지만 화석이라도 모두 직접 본적이 없는 상상의 동물이다. 단지 서양의 용은 날개가 달려 그 날개로 날아다니며 불까지 뿜어대는 해수害獸로 표현된다. 하지만 동양의 용은 날개가 없어도 날아다닌다. 이는 마치 서양의 천사가 날개로 날아다니듯 상상의 존재에 현실을 입힌 것이다. 그러나 동양의 용이나 선녀는 날개가 없이도 잘 날아다닌다. 우리나라에 나오는 선녀는 단지 날개옷이라는 각색을 입힌 것이다. 본적도 없고, 존재하지도 않은 용을 단순히 상상만으로 그리고 공통적으로 표현한 것일까? 그렇지 않다. 용은 실존하되 인간이 상상하는 이상의 도계道界에 존재하는 동물이다. 다만 인간의 눈에 보이지 않을 뿐이다.

우리나라에는 많은 지룡地龍들이 있으며 우두머리로서 황광지룡이라는 하늘의 용이 한반도에 내려오게 되면 장마가 온다. 이때 내려치는 번개는 정화작용을 하는데 이 원리를 이용한 공기 정화기가 시중에 나와 있는 것으로 알고 있다.

용은 입안에 여의주를 물고 있으며 발톱은 세 개다. 어떤 그림에서 다섯 가락의 발톱이 그려진 경우도 있는데 발톱이 셋보다 더 많은 용은 가짜다.

그에 비해 인간은 상·중·하단전에 각각 여의주가 세 개나 있어서 용을 별도로 모시지는 않는다. 용을 특별한 존재로 알았기에 모셔야 하는 게 상식적인가 하는 생각도 없지 않겠지만 오히려 모시는 게 잘못된 것이다. 인간에게 비록 여의주가 세 개 있으나 이를 인식하지 못하는 한 무용지물無用之物인 셈이다. 양 눈이 여의주인 천황조라는 짐승도 있다. 더 이상은 황당무계한 말로 치부될까 하여 이만 그치지만 이보다도 더욱 세세한 표현과 습성들이 있는데 이를 도안道眼으로 보지 않고 어찌 상세한 표현을 할 수 있을까?

3) 우주인, 우주선은 존재한다.

여담 한 마디, 우주인이나 우주선은 있다. 외계인들은 자원을 얻으려 지구를 항상 침략하는 정복군으로 나오지만 어두운 우주를 헤치고 고작 자원이나 얻으러 오는 침략군이 아니다. 그들도 어두운 우주를 거치기에는 너무도 두려운 것이다.

물질로 존재하는 우주인은 없다. 사람들은 항상 자신에 빗대어 모든 것을 판단하는데, 지구에서도 모든 것이 물질로만 통용되는 것은 아니다. 사후세계를 믿든 믿지 않던 눈에 보이지 않는 천사를 믿거나 조상을 모시는 기제사를 지내는 경우도 있고 각 종교마다 제마除魔나 천도의식을 진행하는 종교인도 있다. 컴퓨터를 통해 상거래가 이루어지고 누군가와 대화를 나누는데 물질로서 눈에 보이지 않는다고 해서 이러한 사이버세계가 없다고 단정하는 이는 거의 없다. 현대에 있어 눈에 보이지 않는 이 사이버세계의 역할은 점차 훨씬 커지고 있다.

즉 사람들이 늘 생각하는 물질로 이루어지는 세계만 있는 것이 아니라 다른 형태의 세계들도 다양하게 존재하는 것이다.

사람들은 항상 현재의 자신을 기준으로 생각하며 또 그에 맞추기 위해 광속 이상의 우주선을 창조해 내었지만, 물질계에서는 존재하지 않는다. 구태여 언급하자면 그나마 마음이라고 할 수 있다. 마음은 순간적으로도 생각만으로 무한대로 뻗어갈 수 있다.

우주인과 우주선은 육신이 없는 일종의 영체이며 생각만으로 움직인다. 그들이 지구에 오는 것은 몸이 없는 그들에게 있어 지구는 특별한 공간이기 때문이며 우주선이 보일 때는 그 빛이 약할 때이고 순간적으로 사라지는 것은 그 자리에 있어도 빛이 강해지기 때문이다.

그들이 구태여 우주선을 통해 오는 것은 그들도 우주가 무섭기 때문이기도 하지만 우주선을 통해 오는 것 자체가 능력이기 때문이다. 끝없는 우주를 넘어 고작 자원이나 훔치러 온다는 발상 자체가 비논리적이다. 항상 흑백논리로 침략자라는 생각 이전에 다양한 생명체 중에 하나라는 개념으로 생각하고, 대해 주게 되면 이해의 폭이 훨씬 커질 것이다.

하지만 현실은 다르다. 사람들은 실체를 알기 원하지만 받아들이는 것은 자신의 눈높이나 기대치로 왜곡하려는 현상이 없지 않다. 그래서 문화콘텐츠라는 말도 존재하는 것이다. 그래서 실체에 살을 저마다 붙여 키워나가고자 한다.

그래서 송형석은 "서구인들은 실제 무술가가 되기보다는 무술가처럼 보이기를 원한다. 사회가 점차 스펙터클화되면서 사람들은 실제 내용보다 내용을 포장하고 있는 껍데기에 관심을 갖기 때문이다. 현재 스펙터클사회에서는 실제로 능력이 있는 사람보다는 능력 있는 것처럼 보이는 사람이, 실제로 건강한 사람보다는 건강하게 보이는 사람이 선호되고 있다. 이러한 논리로 서구인들은 실제로 강하고 공격적인 무술보다는 그저 강하고, 공격적인 것처럼 보이는 무술을 원한다고 할 수 있다."고 하였다.

인간이 꿈을 지니고 또 그 꿈을 실현하기 위한 노력을 한다는 것은 인간에게 나아갈 길을 안배한 조물주의 얼마나 미묘한 섭리인가?

그렇다 하더라도 사람들은 자신의 생각을 바꾸지는 않는다. 현실 세계라 하여 모든 것이 진실만이 존재하는 것은 아니기 때문이다.

때로 사람들은 자신의 눈으로 보고도 믿지 않는 경우가 많다. 자신이 생각하고 원하는 것만 받아들이는 경우가 대부분이기 때문이다.

우주인이 정복군이 되어 지구를 침략하는 스토리야말로 극적인 자극을 끌어낼 수 있고 이러한 가상의 스토리를 통해 지구인들의 상상력이 풍부해질 수 있고 지구인들이 단결할 수 있다면 금상첨화이다.

그래서 결론은 '우주인과 우주선은 존재하되 다른 한편 존재하지 않는다'이다.

인간이 달에 유인우주선을 보내지 않는 이유 중의 하나가 더 이상 호기심을 충족시킨다거나 자원이 있다거나 혹은 자원이 있다 한들 개발 가치가 없기 때문이다. 단지 후발국들은 자신의 존재를 드러내는 방편으로 활용할 뿐이다.

나온 김에 하나 더, 블랙홀은 빛까지 빨아들여 검은색으로 알고 있으나 차갑고 가까이서 보면 밤색이다. 화이트홀은 밝은색 계통으로 미색과 백색 사이 색이다. 이들은 우주와 우주를 연결하는 통로이다.

사람들이 얼마나 이상한 존재인가 하면 보이지도 않는 존재를 느끼기도 하고 눈앞에 보이는 존재소자 믿지 않는 것이 사람이다.

사람들은 항상 자신을 기준으로 생각하지만, 자신이 모르는 세계뿐 아니라 상상하지 못하는 세계도 있다는 사실을 염두에 두어야 한다.

상상하지 못하는 세계란 인간사고의 한계를 훨씬 뛰어넘는 세계를 의미한다. 인간의 마음은 미치지 않는 곳이 없지만, 상상을 불허하기 때문에 그 마음조차도 닿지 못하는 세계가 많다.

물론 이러한 사실을 안다면 나쁠 것도 없지만 설혹 모른다 해도 아무런 문제가 생기지 않는다. 단지 알면 더 넓은 시야를 갖게 되고 좀 더 자신의 실체에 대한 궁금증과 더불어 더 큰 노력을 수반하게 된다.

4) 인간의 여의주

말이 나온 김에 여의주 관한 짧은 설명을 해 보자.

여의주는 일종의 내단內丹으로 내단이란 첫째, 사람의 마음, 둘째, 천지자연의 기운, 셋째, 무형의 기, 넷째, 신명의 의지, 이러한 것들이 모여 형성된 것이며 수련자의 수련 경지에 따라 여의주는 작용을 할 뿐이지 여의주 스스로는 아무것도 할 수 없다.

여의주는 스스로 약간씩 움직이며 회전하기도 하지만 수련을 하지 않으면 때가 타 시커멓기도 하고 열심히 수련을 통해 닦으면 황금색도 아니고, 하얀색도 아닌 눈부시게 빛나는 색으로 닦인다.

그리고 운기 과정이 끝나면 그 이후의 과정을 거쳐 양신을 거쳐 한참 더 나아가서 궁극에 도달하는 세계가 있기 때문이다. 깊이 있게 들어가면 앞에 언급한 과정들은 사실 별반 중요하지도 않은 스쳐 가는 체득과정이어서 근거나 기록을 남길 특별한 이유가 없는 것이다. 또 미리 알려주게 되면 선입견으로 인해 도중에 왜곡될 수도 있다.

이런 과정을 거치고 있거나 어느 수준까지 도달한 사람들은 적지 않다. 드러나지 않는 것은 공부 중이기도 하지만 드러내는 것 자체가 공부가 미숙하다는 생각이기 때문이다. 오히려 모르는 이들이 약간의 단서만 주워듣고 별일인 양 호들갑을 떨고 과장해서 표현하고 기록으로 남기는 것이다. 실체를 모르는 경우에 오히려 호기심이 증폭해서 마음껏 상상의 나래를 펼쳐 현실과 결합하는 것이라 할 수 있다. 전설을 거슬러 올라가보면 핵심적인 모티브가 있다. 하지만 이런 경우에는 핵심적인 모티브가 없을 뿐 아니라 그냥 허구가 허구를 낳은 것에 불과한 것이다. 오히려 실체를 모르는 후대사람들이 실체를 전설인 양, 허구를 실체로 오도하는 것이다.

그래서 중국에서는 선도 수련에 대해 고작 술수나 부리는 수련법으로 치부하는 것이 일반적으로 알려지게 된 것이다. 수련이라는 것은 이런 도중에 조금씩 맛보게 되는 술수가 아니라 인간의 원초적이고 근원적인 모색과 원래의 자리로 되돌아가는 여정이라 할 수 있다.

5) 하느님

조선 말기 즈음에 천주교와 개신교가 국내에 소개되었는데 폐쇄되어 있던 조선에 이들 종교는 신선한 충격으로 다가왔다. 오랜 세월 폐쇄된 사회에서 살아왔던 양반들에게 새로운 학문으로 다가왔고 차별받는 여성이나 계층에서는 차별이 없다는 사실에 더 큰 충격을 주었다. 미국의 선교사이자 의사 알렌Allen, Herace Newton은 내가 보기에 기독교가 조선에서 인기를 끈 이유 가운데 하나는 사람들에게 관료 계급과 대등해질 수 있는 기회를 준다는 사실 때문인 것 같았다고 기록하고 있다.

그러나 더 큰 충격은 조선인들에게 근접조차 어려웠던 절대자이자 막연한 하느님에서 한층 구체화한 하느님으로 성경이라는 매체를 통해 현실적으로 다가왔기 때문이다.

기독교에서 사용되는 하나님의 용어는 이미 오래전부터 우리나라에서 사용되었다. 당초에 여호와의 호칭으로 하나님을 쓴 것은 오래전부터 이어온 한국의 고유신의 명칭을 차용 혹은 탈취한 것이 분명하다고 하였다.

19세기 후반 당시 가톨릭에서 'God'을 중국에서 한자어 '상제'로 번역하였고, 한국에서도 '신적 존재'를 '상제, 신, 천주' 등의 한자어를 사용하는 용례가 있었음에도 존 로스J.Ross역에서는 고유어 '하느님(1882), 하나님(1883, 1887)'으로 번역하였다.

그간 한국인에 있어서 하느님은 지고무상한 신성의 영역이어서 감히 우러러 조차도 대할 수 없는 신성한 존재였으나 서양인의 God은 훨씬 구체화되어 있어 폭넓고 깊게 그리고 쉽게 수용하게 된 계기가 되었다.

순교의 배경에 우리나라 사람들은 구체화한 하나님에 대한 당연한 의무이자 대의명분이 작용하고 있었다. 당연히 그런 하나님을 위해 기꺼이 목숨까지 포기할 수 있는 경우도 생겨날 수 있는 것이었다.

그런 종교가 이제는 한민족을 잡아먹으려 하고 있다. 한민족의 하느님은 모든 종교의 신神을 포괄하고 있었는데 어느 날 들어온 서양의 God이 모든 민족의 신神이자 가장 우러러보던 하느님을 잡아먹고 있는 것이다. 태양이 만물을 가리지 않고 비추듯 하늘은 언제나 공평무사한 것이다. 다른 신을 섬기든 말든 공평무사한데도 서양의 하느님은 쩨쩨하게도 가리는 게 무척 많고 한민족의 조상인 단군마저 사람인데도 불구하고 여타 신으로 몰아 공격을 하는 것이다.

이것은 신神에 문제가 있는 것이 아니라 사람에게 문제가 있는 것이다.

조선 말기와 이후 기독교인들의 정신과 맥락을 보면 참으로 훌륭한 선각자들이 많았다. 당시는 조선의 하느님이나 서양의 하느님이 구분되지 않을 정도로 거의 일치했었다. 즉 조선의 하느님과 서양의 하느님이 다름 아니었다는 의미이다.

그런데 현대의 하느님은 너무나도 변해있어서 상식적으로도 이해가 어렵다.

오래전에 우리나라에 유입되었던 도교나 불교도 한국화를 거쳤다. 차주환은 도교는 우리의 고유한 신앙과 습속에 조절되어야 했고, 또 먼저 전래한 유교 및 불교와의 조정이 불가피했으므로 우리에게 받아들여진 도교는 여러모로 변모되지 않을 수 없었다고 하였다. 독일 출신의 한국관광공사 사장 이참李參은 한국은 원래부터 다원주의 문화를 가진 나라로서 한국은 샤머니즘, 불교, 유교, 기독교를 차례로 받아들여 한국화하고 꽃을 피우고, 평화공존 하는 세계에서 유일한 나라라고 하였다.

최중현은 이것은 이미 언급된 바와 같이 기독교도 별반 다르지 않다. 샤머니즘의 끈질긴 생명력은 유입된 외래종교들이 우리나라에 들어와 국가의 보호 속에서 찬란한 융성의 길을 걸어왔으면서도 어느 종교도 샤머니즘을 제거해 본 적이 없다는 것이다. 오히려 외래종교들은 수용과정에서 샤머니즘에 흡수 융합되어 변질이 되었다. 다른 종교로부터 많은 영향을 받은 샤머니즘의 자체는 변질함이 없이 오히려 발전되었다는 사실이 참으로 놀라운 사실이 아닐 수 없다고 하였다.

헐버트는 한국인은 사회적으로는 유교도이며 철학적으로는 불교도이며, 고난을 겪을 때는 영혼 숭배자이다. 하지만, 그는 기독교가 전해진 이후, 한국인이 기존의 전통들을 소거하지 않은 채 그 위에 기독교를 하나 더 얹어 신앙의 레퍼토리에 추가했을 거라고는 예상치 못했을 것이다. 다시 말해, 그가 기독교인이자, 유교인이자, 불교적 사상가이자, 무교인으로서 살아가는 현대 한국인의 종교 생활까지는 예상하지는 못했을 것이다.

한국인의 하늘관은 그 모든 것을 만든 창조주이자 조물주이다. 선하든 악하든 초월적인 존재건 아니건 간에 모두를 만든 절대자이다. 이러한 하늘관은 조물주에 의해 창조된 그 어떤 종교도 쉽게 수용하고 받아들일 수 있는 배경이다.

그러나 현대에 이르러 많은 이들은 돈맛에 빠져 핵심교리마저 팽개치고 사람들의 등골을 빼먹고 있다.

그들은 그들의 논리를 앞세워 하느님마저 겨우 개인의 소망이나 들어주는 치졸한 하느님으로 몰락시키고 있다.

원래 조선의 하느님은 불교를 믿든 도교를 믿든 어느 종교를 믿더라도 개의치 않았다. 불교의 문턱 너머로 진리의 빛을 넘볼 수 있다면 그도 좋고 도교의 행함 속에서 나아갈 모티브를 얻는다면 아무런 문제가 없었다. 그 어떤 종교든 궁극을 향해 나아가는 실마리를 얻는다면 종교의 역할을 충분히 하는 것이었다. 그런데 각자의 종교로 모든 것을 판단하는 종교관은 서로의 간극을 만들었고 대립과 분쟁으로 이끌었다. 종교가 종교로서의 역할을 마다하고 자신들의 이익만을 추구하는 집단으로 변질된 것이다.

당연히 충돌로 이어져 귀중한 인명살상까지 서슴지 않아 종교로서의 역할을 버리고 있는 것이다.

세상에 진리로 가는 모티브는 도처에 널려 있다. 우물 안에서 바라보는 하늘은 극히 제한되어 있다. 그 누구도 제한된 우물 안에서 한정된 하늘만을 바라보고 살고 싶지는 않을 것이다. 종교인이 돈을 쫓다 보면 그것은 돈에 가려진 하늘을 쫓는 것이다.

진실로 간절히 간구한다면 작은 이슬 한 방울 안에도 우주가 담겨있음을 알 수 있다.

우연한 기회에 어떤 인연을 따라 일본의 덴리왕을 불러 그 내막을 듣는 자리에 참석한 이의 말을 들은 적이 있었다. 물론 영적으로 아주 예민하고 표현에 아주 능숙한 채널러를 통해 덴리왕의 의중을 그대로 들을 수 있었다. 당사자는 덴리왕이라는 의미도 잘 모르던 터였는데 내용인 즉 덴리왕은 어느 한지역의 지신地神이었고 사람들이 항상 극진히 대접하다 보니 나중에는 자신이 일본이라는 땅을 창조한 줄 착각하고 있더라는 것이다. 그가 신도를 다스리는 법은 영적으로 예민한 자들을 주축으로 현몽을 일으켜 그 내용으로 하여금 휘하사람들을 다스리는 것이었다. 덴리왕이 그들 세계에서는 한없는 존경의 대상이어서 다소 거드름이 없지 않았으나 겉으로 보기에 심각한 사이비 종교 행세는 별반 없는 것으로 느껴졌다.

이렇듯 보이지 않는 세계는 주장에 대한 신뢰성을 떠나 마치 선택받은 자에게 내리는 은총과도 같아서 무한신뢰하고 불문곡직하고 믿으려는 습성이 있다.

인간세계에도 거짓을 말하는 자들이 있지만 보이지 않는 세계에서도 마찬가지이다. 진리를 찾아서 갖은 고초를 겪거나 한없는 어려움 속에서 간절히 비는 도중에 휘황찬란한 빛 속에 누군가가 나타난다면 그것은 거의 대부분 심마心魔이다. 그러나 너무나 놀라 일단 모시게 되면 그때부터 근원도 모르는 하찮은 존재에게 종속되는 것이다.

일단 우리네 하느님은 결코 이런 일에 끼어들지 않으신다. 결코 믿으라는 강요도 없으며 그 도리는 이미 내재한 인성 속에 들어 있어서 가타부타 참견도 하지 않는다. 그럼에도 불구하고 우리 민족은 다급하거나 위험할 때 찾는 게 꼬직 '아이구 하느님' '하느님 밉쇼시'이다.

'믿고 따르라'는 표현이 어디에도 없는 하느님이야말로 신앙의 대상이 아니기도 하지만 인간으로서는 범접할 수 없는 존재이며 모든 종교를 포용하는 우리의 하느님이다.

어떤 나라에서 믿는 종교가 없다고 하면 이해를 하지 못한다. 자신이 추구하든 아니던 무조건 믿는 종교가 있어야 한다는 논리이다. 그래서 믿는 종교가 없다고 하면 그 말을 이해하지 못한다. 그런데도 우리나라에서는 무종교라고 하는 이들이 상당히 많다.

그런 사람들도 하늘은 우러러 받드는 측면이 있다. 하늘을 받드는 것이 당연하지만, 종교는 아니라는 의미이다.

개신교가 본래 하느님을 차용하여 세력을 키웠지만 본래 하느님을 배척할 수도 없고 그렇다고 인정할 수도 없다. 그러다 보니 필요할 때만 갖다 쓰는 하느님이 되고 만 것이다.

이런 말이 있다. '하나님이 바로 옆에 와 계셔도 인간의 일은 인간들이 다 알아서 할 터이니 인간사에 신경 쓰지 말고 거저 인간이 받드는 대로 따르소서!' 이를 또 다른 표현으로 하자면 '연봇돈[捐補-]은 우리가 알아서 할 터이니 그냥 계시면 됩니다.' 과거에는 없는 살림에 제물祭物이라도 마련하여 바쳐 정성을 드렸는데 그조차 번거로워 말로만 때우는 시대다.

우리 민족은 하느님은 믿지만, 종교를 믿는 이도 상당히 많고 없는 이도 많다는 사실이 여기에 있다.

단군은 신앙이 아니다. 우리를 낳아 주신 선조일 뿐 신앙으로 취급하여 부정하는 것은 자신을 부정하는 것이다. 조선 말기 이와 관련된 종교가 생겨난 것은 종교로서 태동한 것이 아니라 유교가 종교가 아니듯 그런 의미로 민족이 깨어나라는 의미로 '교敎'를 붙인 것인데 이단 취급을 하고 결사반대를 하는 것이다.

이런 행태도 다 하늘이 내리는 은총인지도 모른다. 사람들은 당장에 힘든 것은 싫어하지만 우리나라가 사라지지 않고 천손민족으로서의 역할을 지녔기에 그 역할을 감당할 역량을 키우라는 배려인지 모른다.

선민사상을 지닌 유대인들이 나라를 잃고 오랜 세월 떠돌다 다시 모여 나라를 만들었는데 장점도 있지만 이웃 나라들과의 분쟁이 잦아들 날이 없다.

천손민족인 우리민족이 감당해야 할 부분은 더 크고 힘든 일이기에 또 다른 어려움을 통해 하늘이 지향점을 제시하는 것으로 여겨진다.

다만 예로부터 하느님을 가까이서 오랫동안 믿어온 우리 민족은 천손민족의 순수함을 지녀 이와 관련된 말에는 쉽게 현혹되어 유사종교나 사이비 종교가 어느 나라보다도 판치는 현상을 보인다. 우리나라처럼 다양한 종교가 어우러져도 별 탈이 없는 까닭은 여기에 있다. 사이비 종교를 이끄는 자들은 그들의 논리에 현혹된 줄 알지만 우리 민족은 태생적으로 어떤 것이든 하느님의 터럭 끝일망정 관련이 있으면 불문곡직하고 믿는 경향이 있으니 이를 이용해 자신들의 사리사욕을 채우는 일은 반성해야 한다. 아울러 빠른 시기에 잘못을 반성하고 그들 스스로 바른길로 나아가도록 모범을 보여야 한다.

하느님은 믿고 따르라는 존재가 아니다. 다만 하늘이 있음을 알고 삶을 경계하라는 의미로 받아들이면 되는 것이다. 만약 하늘이 인간을 창조했다면 믿고 따르는 인간을 볼 때 쓸데없는 짓을 한 것이다. 인간의 존재는 그렇게 한가한 생각에 만든 것이 아니다. 만약 부모가 자식을 낳았을 때 자식이 부모에게 효도하는 것은 좋지만 슬하를 떠나지 않고 효도만 하고 세상살이에 관심이 없다면 세상에 발전은 없는 것이다. '모든 일이 아버지의 덕이요, 아버지 고맙습니다'라고 하면 듣는 아버지가 탐탁찮게 여길 뿐이지 '이쁜 자식'이라고 하는 아버지는 없다.

성장한 자식이 스스로 해결할 생각도 없이 힘든 일만 있으면 시도 때도 없이 아버지만 찾는다면 상식적으로 어떻게 생각하겠는가?

이천여 년을 하느님의 이름을 빌어 이런 짓을 일삼아 왔는데 반복하는 것은 어리석음이고 하느님을 아주 우습게 보는 행태이다.

앞간청무늬 안악제3호무덤 4세기중엽(사진제공: 사학자 김용만)

6. 진인사대천명盡人事待天命

하늘에 기도하고 기댈 것이 아니라 내 스스로 하늘을 움직여야 한다.

흔히 사람들이 하기 쉬운 착각은 하늘에 간구하고 빌면 조금은 들어줄 것이라고 믿는다. 결론부터 말하자면 하늘은 인간 개개인의 소소한 청탁을 들어줄 만큼 한가하지 않다는 것이다. 그래도 줄기차게 비는 것은 꿈과 희망을 버리지 않기 때문이다.

공평무사한 하늘일진대 누군가의 부탁을 들어주게 되면 그에 상응하는 다른 집단의 이익을 도외시하는 것이어서 개입한다는 자체가 우스운 일이고 또 그렇게 한가하지 않다는 것이다.

하늘은 또 인간에게 노력이라는 덕목을 주었는데 노력하지 않고 기대기만 하는 것은 인간의 도덕률로서도 용납이 되지 않는 것이다.

인간 사회에서도 힘이 든다고 모든 국민들이 대통령만 붙잡고 직소하는 것과 마찬가지이다.

수련하는 학인學人이나 도인道人들이 때로 오랫동안 진전이 없이 벽에 가로막힌 듯 지지부진하기도 하고 그렇다고 움치고 뛸 여지가 없을 때 참으로 난감하다.

수련을 모르고 사는 시절이야 고민이 되지 않겠지만 이미 수련에 깊숙이 발을 담근 이상 이러한 상황은 매우 견디기 힘들다.

이러한 상황은 아마도 대개 정신적 명현 상황일 수도 있다. 정신적 명현은 때로 육체적 명현을 동반하기도 하는데 그 고통은 수심修心공부가 그러하듯 자신이 감내할 수 없는 한계를 넘어서 오기 때문에 빙심하던 한순간에 폐인으로 치닫기 십상이다.

그래서 오랜 세월 동안 공을 들여왔던 수련을 떠나는 계기가 되기도 하고, 마음이 앞서서 심마에 휘둘려 삿된 길로 빠져 정상적인 삶을 상실하는 계기도 될 수 있다.

흔히 이런 경우에 유일한 돌파구인 양 자신의 정성이 부족함을 탓하여 하늘에 기도를 올리기도 한다.

기도는 염원을 담아 간구하는 것으로 그만큼 절박함의 반증이기도 하지만 진정한 학인이자 도인이라면 기도를 통해 상황을 벗어나려 하기보다는 자신이 하늘을 움직이도록 방법을 찾아야 한다.

자신이 하늘을 움직일 수 있는 것은 과연 무엇인가?

그것은 작은 정성을 꾸준히 모으는 것이다.

사람들은 생명을 담보로 내 거는 것을 아주 의미 있는 것으로 생각하기 십상인데 하늘을 움직이기 위해 생명을 내 거는 것은 어리석음이라 할 수 있다. 생명은 자신에게나 소중한 것이지 하늘에게 큰 의미가 있는 것은 아니기 때문이다. 쉽게 말해 하늘이 준 생명을 담보로 하늘을 움직일 수 있다는 생각은 버려야 한다.

물방울이 떨어져 바위를 뚫는다는 '낙수천석落水穿石'의 원리는 하찮은 물방울이 불가능한 결과를 이끌어내어 돌에 구멍을 낸다.

진리는 주변의 사소한 것에 있듯이 정말로 정성을 드려야 할 것은 사소한 것들의 끊임없는 반복들이다.

그 누군들 처마에서 떨어지는 작은 낙수落水가 돌에 구멍을 뚫으리라고는 상상을 하지 않는다. 그러나 세월이 쌓이면 언젠가는 댓돌에 구멍을 내기

마련이다.

내 주변의 극히 작은 것을 움직이다 보면 하늘을 움직이게 되는 것이다. 이는 어느 단계이건 지지부진하다고 생각될 때 되새길 필요가 있다고 본다.

흔히 타고난 성질과 재간이 뛰어나 '근기根器가 있다'라고 함은 사람들이 거저 막연히 타고나는 것으로 알고 있지만, 이전 생生에 얼마나 많은 정성과 노력이 뒤따랐는지를 염두에 두어야 한다.

많은 사람들이 살아있는 동안 자신이 원하는 바를 펼치려 하는 것은 극히 당연한 일이지만 많은 준비가 되지 않은 상황에서 너무 욕심만 부리려 하는 것도 적지 않은 문제이다. 그래서 '진인사대천명盡人事待天命'이라는 표현이 생겨났다.

진실이 본인이 원하는 바를 쫓는다면 정성과 노력을 다하지만, 한계가 있을 때에는 너무 집착에 빠지지 말고 다음 생을 위해 최대한의 근기를 쌓는 것도 중요한 일이다.

7. 역사의 기록

가령 살기 좋은 환경에 정신문명이 뛰어난 족속들이 살았던 지역과 척박한 환경에서 하늘만 바라보고 살았던 족속들의 지역 문명은 지금에 와서는 현격한 차이를 보인다. 그 예가 고대의 거대한 유물들인데 후손들은 덕분에 뛰어난 문화유산으로 소개하며 관광객을 끌어 모아 덕을 볼지 모르지만, 당시 사람들은 수많은 시간을 하늘과 전설을 쫓아 사용하였다. 그 규모나 높이가 어마어마한 것은 하늘과 가까워지려는 인간의 심리 때문이다.

하늘에 가까워지려는 심리는 이러한 구조물과는 달리 우리나라에서도 볼 수 있는데 조선 말기에 궁전보다 높은 건물을 짓지 못하게 했던 것은 왕에게 하늘을 대신하는 가장 큰 권한이 있다고 보았기 때문이다. 우리나라에는 유독 산이 많기도 하지만 주말마다 등산객들이 줄 잇는 모습은 무언중에 하늘과 가까워지려는 모습에서도 볼 수 있다.

삼국시대 고분벽화에 깃털을 머리에 꽂고 있는 사람들의 모습에 대해서, 천지간을 날아다니는 새, 그 새를 날게 하는 깃털을 꽂음으로써 하늘의 뜻을 감지하는 안테나 역할을 했다고 한다. 이런 조우관鳥羽冠을 쓴 사람의 모습은 의외의 지역에 벽화로도 남아 흔적을 보여주고 있다. 고구려 무용총 수렵도뿐 아니라 해외에 사신으로 다른 목적으로 방문한 경우에 벽화나 그림으로 남아 전해지고 있는데 중국 간쑤성(甘肅省) 둔황(敦煌)석굴에 삼국시대 한반도 사람을 묘사한 벽화가 40개에 이르는 것 등 양직공도나 당대唐代 벽화 '수렵 출행도'에서도 보인다. 아울러 6~7세기경 사마칸드르 아프라시압 궁전벽화의 우리 민족의 사신을 그린 모습에도 보인다.

『삼국지』「위서」동이전에 한韓조에의 "큰 새의 깃털을 사용하여 장사를 지내는데, 그것은 죽은 사람의 혼으로 하여금 하늘에 올라가라는 뜻이다."하여 장례식에조차 사용된 흔적을 보인다.

사람들은 결과만을 가지고 전모를 단정 짓는데 이는 후대에 현대의 쓰레기장의 유적을 보고 라면이 우리의 주식主食이었다고 판단하는 것과도 같은 것이다. 인간이 처음 창조되었다고 보자. 창조된 순간부터 사리 분별을 하고 인간이라는 단어가 있었다고는 생각하지 않을 것이다. 그들의 눈높이로 바라보고 판단해야지 현재 인간의 눈높이로 모든 것을 판단하려고 해서는 안 된다. 전설로 남은 기록에 대해서도 같은 잣대가 필요하다. 현대인들이 고도의 문명 하에 있다고 해도 근원적으로 하는 행태는 고대인들과 다를 바 없다. 오히려 고대인들은 현대인들에 비하면 순수하기라도 했다. 현대인들은 고대인들보다 훨씬 우월하다는 의식은 버려야 한다.

무예는 치우의 '동두철액銅頭鐵額'이라는 표현과 함께 우리나라의 유물로 귀면와鬼面瓦가 남아 있지만 당시만 해도 중국은 석기시대였다. 동두철액에는 이미 동銅과 철鐵을 사용했다는 의미가 담겨있다. 시기로 따지면 약 5,000여 년 전 시절 이야기다.

이러한 경향은 현대에 이르러 기록을 중시하는 현대문화로 인해 주객이 전도된 것이다. 즉 우리만 살법에 대해 심각한 측면이 있었을 뿐 아니라 비인부전非人不傳이라는 틀에 얽매여 있었는데 오히려 실상을 잘 모르는 후발주자들이 문화콘텐츠로 활용해서 치고 나간 격이 되었고 오히려 상표등록을 하지 않은 우리는 아무런 역할을 하지 못하고 있다.

이는 일본의 건국建國부터 관여한 우리나라가 사무라이라는 상품을 문화콘텐츠로 세계화한 것을 우리와 무관한 일인 양 느끼고 있다.

『태백일사』의 「신시본기」에 삼신三神을 지키고 사람의 목숨을 이치대로 하는 자를 삼시랑三侍郞이라 하고 이는 본래 삼신의 시종랑侍從郞이라 하는데 삼랑은 본래 배달의 신하요. 이는 역시 삼신을 수호하는 직책을 수호하는 것이다. 여기서 삼시랑 삼시랑의 줄인 밀이며 三은 일본이 빌음으로 사무(さむ)와 郞의 라이(らい)로 읽는다. 한편 일본에서는 중간 글자인 모실 시侍를 사무라이

로 읽는다. 사무라이의 훈독인 '시侍'는 '삼시랑三侍郞'에서 나온 말이다.

뒤늦은 감이 없지 않지만 자긍심을 잊지 말자는 의도가 없지 않다.

우리나라는 역사를 논할 때 백두산을 항상 들먹이지만, 위정자들에 의해 그 이북의 백성들은 소외되고 버려졌다.

이지란李之蘭은 여진족 출신이었지만 공민왕 때 부하를 이끌고 귀화했으며 1380년 이성계가 왜구를 섬멸한 황산대첩에서 활약했고, 1385년 함주에서 왜구를 격파하는 등 무공을 세웠다. 1388년 위화도회군에 참가하였고, 서해도에서 왜구를 격파하였다. 이성계와 결의형제를 맺었으며 신흥학교의 교가로도 쓰였으며 1910년대부터 만주 지역에서 불린 독립군의 대표적인 군가인 〈용진가〉 1절에도 그 이름이 나온다.

한자漢字를 만들고 산해경山海經을 비롯하여 중국의 각종 고서古書에 동이족이라는 표현으로 우리 민족의 기록은 중국 도처에 산재하고 있으나 시시콜콜 드러내려 하지 않는다.

역시 우리민족의 흔적도 의외로 중국에 아직 남아 있음을 볼 수 있다. 중국의 민남어閩南語는 중국어와는 달리 우리와 똑같은 입성入聲[11] 발음이 그냥 남아있다.

중국의 묘족苗族들은 얼마 전까지만 해도 중국식의 납작한 결발의 상투가 아닌 옛 조선식의 퇴결(堆結; 삐죽한 상투)를 했다고 한다.

묘족은 치우의 후손으로서 아직도 매년 10월에 치우에게 제사를 지낸다. 물론 묘족은 현재 티베트를 포함, 여러 나라에 흩어져 있다.

---

[11] 사성四聲 가운데 하나로 짧고 빨리 거두어 막는 소리로 즉 박·맥·막·학·옥·질·월·갈·즙·엽과 같은 소리 가령 중국의 표준어에서는 학생이라는 말을 '쉬에성'이라고 하는데 민남어에서는 우리와 비슷하게 발음하고 있다(박문기, 1991).

숭산 소림사 뒷산의 달마동은 원래 이름이 치우동인데 동굴의 유래에 대해 치우천왕이 수련을 하던 동굴로 소개되어 있다. 후에 달마가 유명해지면서 이름이 달마동으로 바뀌었다.

치우 집단이 그 후에 한 집단은 산동성에 남았고, 한 집단은 북방으로 갔고, 한 집단은 남방으로 갔다고 한다. 이때 산동성에 남은 사람들이 나중에 하화족이 되었고, 북방으로 올라간 사람들이 몽골과 만주와 한반도를 거쳐 일본까지 건너갔으며, 남방으로 간 사람들은 남방에 있는 백족과 묘족이 되었다고 한다. 중국의 히말라야산맥 남쪽 지류의 무덤 형태들은 모두 다 적석총인 것을 볼 수 있는데 이는 동이족의 분묘 특징이다.

중국 길림성 집안시 우산하 고분군의 고구려 적석총 우산하 2112호 (출처: 나무위키)

제2절 고대 중국과 한국의 역사적 관계

1. 중국의 시원은 동이족

중국이라는 어휘는 어디서 시작되었고 당시 그 개념은 어떻게 출발했는가에 대한 답은 이덕일 TV에 소개된 내용을 소개한다.

중국민족, 중화민족은 어디에서 시작하는가? 자세히 살펴보면 '중국의 역사'는 전부 다 이족夷族의 역사라고 할 수 있다. 우리가 "이"夷를 "오랑캐 이"라고 말하는 건 아직도 우리가 남의 시각으로 바라본다는 것을 나타낸다.

중국의 가장 오래된 사전인 『설문해자』에는 이夷를 '사람'이란 뜻으로 언급한다. 그것도 '큰 사람'이라는 뜻이다. 큰 사람은 어질기 때문에, '인자仁者'이기 때문에, '인자의 나라'가 있다는 식으로 표현을 하고 있다.

흔히 우리 민족을 동이족이라고 말하고 있는데, 동이족이라는 것은 '예맥'이라고 말하기도 하고, '숙신'을 동이족이라고 말하기도 한다. 중국 북경대 총장까지 지낸 부사년이라는 학자는 '숙신'을 '고조선의 다른 명칭'이라고 말하기도 한다. 그리고 말갈족의 후예가 만주족과 여진족인데, 이 말갈족의 선조를 숙신이라고도 한다. 나아가 거란족과 같은 민족도 동이족에서 갈라져 나온 민족이라고 할 수 있다. 이처럼 동이족은 커다란 민족의 개념으로 볼 수 있다.

그런데 사마천의 『사기』를 보면 황제 집단과 치우 집단이 싸우다가 (초기에는 치우 집단이 승리를 했는데) 최종적으로 황제 집단이 승리했으며, 그 치우 집단의 한 갈래를 동이족이라고 본다. 중국에 치우의 무덤이라고 하는 치우총이 여러 군데 있는데 '중화삼조당'에서 만난 치우 역사를 연구하는 중국인은 치우 집단이 그 후에 한 집단은 산동성에 남았고, 한 집단은 북방으로 갔고, 한 집단은 남방으로 갔다고 한다. 이때 산동성에 남은 사람들이 나중에 하화족이 되었고, 북방으로 올라간 사람들이 몽골과 만주와 한반도를 거쳐 일본까지 건너갔으며, 남방으로 간 사람들은 남방에 있는 백족과 묘족이 되었다고 한다.

즉, 티베트로 이동한 치우의 후예들을 포함하면 동이족 후예들이 널리 광범위하게 퍼져 있는 것을 볼 수 있다. 예를 들어 이청천 장군이 쓴 우등뿌리라는 자서전에 보면, 그분이 중국 운남의 군관학교를 나왔는데, 운남에 있을 때 백족이 인절미와 김치를 먹는 것을 보고 이상하게 생각했다는 기록도 살펴볼 수 있다.

중국의 치우 연구회 학자가 말한 것처럼 치우 집단 중에 북방으로 올라간 동이족이 중국의 삼국지나 후한서에서 말하는 '동이열전'에 나오는 사람들이고, 남쪽으로 내려가서 묘족과 백족이 되는 계보도 있다. '샹그릴라'라고 하는 중국의 히말라야산맥 남쪽 지류의 무덤 형태들은 모두 다 적석총인 것을 볼 수 있는데 쉽게 결론을 내릴 수 있는 것은 아니지만 민족의 이동 경로로 볼 수 있을 듯하다.

그렇다면 중국민족, 중화민족은 어디에서 시작하는가? 자세히 살펴보면 '중국의 역사'는 전부 다 이족夷族의 역사라고 할 수 있다. 우리가 "이"夷를 "오랑캐 이"라고 말하는 것은 아직도 우리가 남의 시각으로 바라본다는 것을 나타낸다. "이"夷는 바로 우리를 뜻하는 건데 우리의 옥편이나 한자 사전은 여전히 '오랑캐(兀良哈)12)'라고 나와 있다.

이夷자는 처음부터 중국이 자기네를 하화족이라고 설정해 놓고 나서 다른 민족을 폄하하는 용도로 사용한 것이 아니라 처음에는 '사람'이란 뜻이고, 사람 중에서도 '큰 사람', 그리고 '어진 사람들이다' 이런 뜻으로 사용되던 것이 훗날 중국이 자기네 중심으로 역사를 만들어가면서 '이'자를 비하하는 의미로 바뀌게 된 것이다.

---

12) 진태하(2013)에 의하면 오랑캐는 올량합(兀良哈)의 지명을 의미한다고 했다.

그렇다면 하화족의 역사는 도대체 어디에서 시작하는가? 이것은 가운데 중中자를 살펴보아야 한다. '중국'이라고 할 때 가운데 중中의 시작은 중국이 '하夏·은殷·주周'라 할 때 주나라 사람들이 자신들의 수도가 낙양인데, (황하가 내려오다가 낙양 북쪽까지 흐름) 그 낙양과 황하를 '하락'河洛이라고 부른다. '황하'의 '하'자와 '낙양'의 '낙'자를 따서 '하락'이라고 부른다. 별로 크지 않은 지역인데, 그 지역을 주나라 사람들이 '천하지중'(천하의 중심)이라고 해서 '우리가 중국이다'라는 개념이 시작된 것이다.

그런데 주나라는 처음부터 하화족이 아니었다. 중국『사기』에도 '서이'西夷라고 언급한다. (오랑캐라는 의미가 아니라) '서쪽 민족'이라는 의미다. 이것은 주나라가 약간 서쪽인 산서성쪽 사람들이라서 그런 것이고 은나라보다 서쪽에 있는 민족이기에 '서이'라고 한 것이다. 그렇기 때문에 다른 민족이 아니라 다 같은 '이족'이라고 할 수 있다.

주나라 사람들이 자기 자신들을 '천하지중', '중국'이라고 스스로를 규정하면서 사방의 민족들을 방위 개념으로 나누기 시작하였다. 그래서 '동이', '서융', '남만', '북적'이라고 부르게 된 것이다. 처음에는 다 같은 민족들이었다. 예를 들어 요즘도 어떤 집안이 같은 동네에서 자라다가 어떤 집안에서 왕이 나오고 판서가 나오면, '우리는 너희들하고 다르다'라고 해서 계보를 만들고 족보를 만드는 것과 마찬가지 개념들이다.

주나라 때 중국이란 개념이 나오기 시작하는데, 이때 주나라 낙양을 중심으로 동이·서융·남만·북적의 개념을 만들긴 만들었는데, 이것이 그 당시에도 사용이 되지는 않았다. 전국시대에도 통용이 되지 않았다. 주나라 주변이 다 이민족들이고, 주나라도 내부의 왕권다툼을 할 때 이족들을 끌어들여서 정권교체를 하고, 이러면서 뒤섞여 살았던 것이다.

그런데 나중에 주나라가 만든 '하화족'이라는 개념이 나중에 공자가 춘추라는 역사서를 쓰면서 주나라를 중심으로 하는 가치관이 형성된 것이다.

춘추 이야기는 한마디로 주나라를 중심으로 다시 돌아가자는 것이다. 춘추시대는 각 제후들이 주나라를 무시하고 서로가 합병하던 시절이고, 전쟁이 아주 일상화되어 있으니까, 전쟁을 멈추려면 주나라 왕실을 다시 추대하는 쪽으로 돌아가자는 주장이다. 이것을 "춘추대의"라고 한다.

공자가 주나라를 중심으로 춘추라는 역사서를 썼고, 이것을 사마천이 조금 더 개념을 확대해서 오제의 황제부터 시작하는 (주나라 훨씬 윗대인 황제부터 시작하는) 하화족의 계보를 만들어서 그것이 사마천이 살았던 한나라까지 이어진 것으로 설명한 것이 중국이라는 개념의 확장이고, 이것이 오늘날 전 세계적으로 통용되는 중국인 것이다.

중국인들은 사마천이 사기에서 말한 황제를 현재 중국인들의 공통의 조상으로 여기고 있다. 이것은 사마천이 사기를 편찬할 때 고민을 많이 한 것이다. 사마천의 사기는 제일 처음에 '오제본기'부터 시작한다. 오제본기는 고대의 다섯 명의 왕(황제, 전국, 제곡, 요, 순)이 있었고, 다섯 명의 제왕 다음에 하나라가 시작하고, 이것이 은나라, 주나라로 이어져서 춘추전국시대가 돼서 진나라의 통일 시기를 거쳐서 한나라(사마천이 살고 있던)로 이어졌다. 이것이 사마천의 역사인식이다. 문제는 사마천이 사기를 편찬하기 위해서 몇 가지 계보를 조정하였다.

사마천의 입장에서 보면, 사마천이 중국의 시조부터 한나라에 이르는 중국사의 계보를 만들어야 하는데 찾아보니까 다 동이족이라는 사실로 고민하였다. 사마천이 고민 끝에 만들어낸 것이 동이족으로 너무 명확한 치우와 싸웠던 황제를 하화족으로 만들려고 해서 황제를 시조로 하는 '오제본기'를 쓰게 된 것이다.

사마천이 삼황부터 인정하면 동이족의 역사가 되니까 '태호 복희씨'와 '염제 신농씨'를 지우고 삼황의 황제를 '9제'의 시작으로 만든 것이다. 중국의 다른 고대 사료들은 황제의 자리를 소호 김천씨가 이었다고 나온다. 그런데 사마천은 소호 김천씨가 동이족인 것이 너무 명확하니까 이것은 지우고 황제의 제위는 황제의 손자인 전욱이 이었다는 계보를 만든 것이다. 이러한 계보가 현재 중국 사람들이 자기 자신들이 동이족과 다른 하화족이라고 인식하게 된 뿌리가 된 것이다.

중국의 원래 시작은 '서이'라고 불렸던 주나라 사람들이 주나라의 수도 낙양과 그 북쪽에 황하가 흐르는 '하락' 지국을 천하의 중심(천하지중)이라고 하면서 중국이라고 불렀던 것이 중국의 탄생이라고 볼 수 있는 것이다. 그리고 이것이 공자와 사마천을 거치면서 상당히 확대된 것이고, 진시황이 강역을 통일하고 한나라가 강역을 확장하면서 그 개념이 상당히 확장된 것이라고 볼 수 있다.13)

중국은 통일국가가 들어서면 강역이 광대하니까 상당히 강한 왕권이 필요했다. 중국은 환관들이 난을 많이 일으켰다. 왜냐하면 황제하고 가깝기 때문이다. 중국의 왕조는 대부분 정권을 잡게 되면 폭력으로 뒤엎는 것이 많았기 때문에 정권을 잡은 황제의 권력이 강할 수밖에 없다. 그러니까 황제 곁에 있는 환관들이 많은 문제를 일으켰다.

반면 우리나라는 원래 왕권이 약한 나라이다. 왕권이 약한 나라들은 수명이 길다. 신하들이 (자기네가) 다하기 때문에 왕을 바꿀 필요가 없는 것이다. 일본 역시 마찬가지이다. 일본은 만세일계라고 하는데, 일본 천황이란 것은 그냥 국가 제사장이고 실제 다스리는 임금이 아니니까 쇼군이 자기들이 통치하고 두태여 국가 제사장을 내쫓을 필요를 느끼지 못했다. 그래서 그냥 국가 제사를 지내게 하고 '정치는 우리가 한다'고 하니까 일본은 천황제가 지금까지 이어지고 있다.

---

13) 그런데 여담으로 말하면 진시황의 진나라도 다 동이족 국가이다. 『사기』의 봉선서에 보면, 봉선서는 하늘에 제사를 지내는 그런 계통을 적어놓은 책인데, 거기에 보면 진나라 왕실에서 소호에 제사를 지냈다고 기록되어 있다. 그러한 진나라도 동이족 국가이기 때문에 진나라를 오랑캐로 몰기도 했던 것이다.

2. 조선 역사의 정설

중국의 역사기록에 비해 우리나라의 역사는 사관들이 공정하게 쓰도록 만전을 기했다. 사초史草의 기록은 임금조차 볼 수 없었으며 사관들은 임금의 언행 하나하나를 빠뜨리지 않고 모두 기록했다.

가령 태종 이방원이 말이 타고 사냥 나갔다가 낙마했다. 이방원이 주변 신하들한테 '사관史官한테 알리지 말라'라고 하는데 이 내용까지 그대로 『태종실록』에 실려 있다.

조선의 임금은 선왕에 대한 평을 보고자 지난 기록을 요청했으나 임금조차 볼 수 없었다.

이 기록들은 생존 당시에 만들어지지 않고 승하 후에 편찬이 시작되었다.

세종이 집권하고 나서 가장 보고 싶은 책이 있었는데 태종실록이다. '아버지의 행적을 사관이 어떻게 썼을까 하는 생각에 너무 궁금해서 태종실록을 봐야겠다고 하자 당대의 명재상 맹사성이라는 신하가 나서서 극구 만류하면서 '마마께서 선대왕의 실록을 보시면 저 사관이 그것이 두려워서 객관적인 역사를 기술할 수 없습니다.'라고 하였다.

세종이 몇 년이 참고서 또 재촉을 했다. 이번에는 '선대왕의 실록을 봐야 그것을 거울삼아서 내가 정치를 잘 할 것이 아니냐' 그랬더니 황희 정승이 나서서 또 극구 말렸다.

'마마께서 선대왕의 실록을 보시면 이 다음 왕도 선대왕의 실록을 보려 할 것이고 다음 왕도 선대왕의 실록을 보려 할 것입니다. 그러면 저 젊은 사관이 객관적인 역사를 기술할 수 없습니다. 그러므로 마마께서도 보지 마시고 이다음 조선왕도 영원히 실록을 보지 말라는 교지를 내려주시옵소서.' 하였다.

그래서 '네 말이 맞다. 나도 영원히 안 보겠다. 그리고 조선의 왕 누구도 실록을 봐서는 안 된다'는 교지를 내렸다. 그래서 조선의 왕 누구도 실록을 못 보게 되어 있었다.

그런데 사실은 중종은 슬쩍 봤다는 기록이 남아 있다. 그러나 그 누구도 안 보는 것이 원칙으로 되어 있었다.

인조 같은 왕은 너무 사관이 사사건건 자기를 쫓아다니는 것이 싫으니까 어떤 날 대신들에게 '내일은 저 방으로 와, 저 방에서 회의할 거야.' 그리고 도망갔다. 거기서 회의를 하고 있었는데 사관이 마마를 놓쳤다. 어디 계시냐 하다가 지필묵을 싸들고 그 방에 들어갔다. 인조가 '공식적인 자리가 아닌 데서 회의를 하는데도 사관이 와야 되는가?' 그러니까 사관이 이렇게 말했다. '마마, 조선의 국법에는 마마가 계신 곳에는 사관이 있게 되어 있습니다.' 그리고 적었다.

너무 그 사관이 괘씸해서 다른 죄목을 걸어서 귀양을 보냈다. 그러니까 다음 날 다른 사관이 와서 또 적었다.

만나는 사람을 다 적고, 둘이 대화한 것을 다 적고, 왕이 혼자 있으면 혼자 있다, 언제 화장실 갔으면 화장실 갔다는 것도 다 적고, 그것을 오늘 적고, 내일도 적고, 다음 달에도 적고 돌아가신 날 아침까지 적었다.

공식근무 중 사관이 없이는 왕은 그 누구도 독대할 수 없다고 경국대전에 적혀 있다. 우리가 사극에서 간신배를 만나고 장희빈 몰래 만나고 하는 것은 다 거짓말이다. 왕은 공식근무 중 사관이 없이는 누구도 만날 수 없게 되어 있었다.

『승정원일기承政院日記』가 있다. 승정원은 오늘날 말하자면 청와대비서실이다. 사실상 최고 권력기구이다. 이 최고 권력기구가 무엇을 하냐면

'왕에게 올릴 보고서, 어제 받은 하명서, 또 왕에게 할 말' 이런 것들에 대해 매일매일 회의를 했다. 이 일지를 500년 동안 적어 놓았다. 아까 실록은 그날 밤에 정서했다고 했는데 '승정원일기'는 전월 분을 다음 달에 정리했다. 이 '승정원일기'를 언제까지 썼느냐면 조선이 망한 해인 1910년까지 썼다. 유네스코가 조사해보니 전 세계에서 조선만이 그러한 기록을 남겨 놓았다. 그런데 '승정원일기'는 임진왜란 때 절반이 불타고 지금 288년 분량이 남아있다. 이게 몇 자냐 하면 2억 5,000만자다. 요새 국사편찬위원회에서 이것을 번역하려고 조사를 해보니까 잘하면 앞으로 50년 후에 끝나고 못하면 80년 후에 끝낼 수 있다 한다.

『일성록日省錄』이라는 책이 있다. 날 日자, 반성할 省자이다. 왕들의 일기이다. 정조가 세자 때 일기를 썼다. 그런데 왕이 되고 나서도 썼다. 선대왕이 쓰니까 그 다음 왕도 썼다. 선대왕이 썼으니까 손자왕도 썼다. 언제까지 썼느냐면 나라가 망하는 1910년까지 썼다.

선대왕들이 이러한 경우에 어떻게 정치했는가를 지금 왕들이 알게 하려면 어떻게 해야 하는가를 정조가 고민해서 기왕에 쓰는 일기를 체계적, 조직적으로 썼다. 국방에 관한 사항, 경제에 관한 사항, 과거에 관한 사항, 교육에 관한 사항 이것을 전부 조목조목 나눠서 썼다.

150년 분량의 제왕의 일기를 가진 나라를 전 세계에서 우리 밖에 없다.

이런 기록들과 중국의 일개인이 자의적으로 쓴 사서기록을 동일시 한다는 것이 비교가 되지 않는 일이다.

아울러 중 일연이 쓴 『삼국사기』의 글 내용에만 집요하게 매달린다는 것도 우스운 일이다.

힌편 생각에 친손민족의 철학과 보존을 위해 주변 나라들과의 삭숙 속에 여러 위험한 상황을 고려해 한반도 내로 영역을 축소하지 않았나 하는 생각도 해 본다.

앞에서도 언급했지만, 중국에서 벼농사를 지을 강 주변유역은 농사를 짓기에는 매우 좋지만, 식량이 부족했던 북방 기마민족들의 침입이 잦았다. 그들은 유목민으로 살았기에 부족한 식량을 약탈하거나 조공을 받지 않으면 살아가기 힘들었다. 우리 민족의 일파였던 신라 김씨도 여진족과 힘을 합쳐 두 번이나 금金이나 청靑나라로 중국을 복속했으니 당시 농경민족으로 산다는 것은 쉽지 않은 일이었다.

현대에 이르러 세계화가 가시화되고 있는 지금에 이르러서는 이런 경향이 자연스레 사라지는 분위기이다.

이런 세계화 경향 속에 우리나라는 문화를 수입하는 속도가 무척 빠르다. 때로 문화를 받아들이고 흡수하는 속도가 너무 빨라 고유한 문화까지 훼손되지 않을까 하는 우려가 없지 않지만 이런 성향은 오랜 국가의 존속기간에도 불구하고 별반 변하지 않았다.

하지만 이러한 격변 속에서도 K문화의 세계로 향한 전파 속도는 더 빠르다. 얼마 전까지만 해도 K문화가 세계적으로 인정받으리라고는 꿈에도 생각을 하지 않았다. 그런데 각 분야에서 예기치 못하게 두각을 드러내게 되는데 이러한 경향은 점차 더해질 것이다.

한국인들의 외국인과의 결혼이 증가하는 이유도 여러 가지 이유가 있겠지만 그중의 하나는 이와 같은 맥락으로 보인다.

3. 문화콘텐츠의 확대해석

실제로 이렇게 문화콘텐츠의 역할이 얼마나 큰 역할인지 중국과 일본은 이들은 모두 우리문화의 원류와 관련이 있음에도 불구하고 별것인 양 취급되고 있는 것이 현실이다. 실제 중국의 문화에 드러난 선도仙道는 그야말로 황당하기 짝이 없다. 이것은 선도가 아니라 술수를 익히는 것이나 혹은 인간의 장수長壽욕망을 채우는 그 이상의 것도 아니다. 일부는 이러한 인간의 심리를 이용해 권위를 세우거나 돈벌이 수단으로 이용하기까지 한다.

모두가 다 그런 것은 아니겠지만 국민들에게 호기심을 불러일으키는 요소는 될지언정 대부분 시중에 나와 있는 책들은 왜곡해서 소개를 하고 있다. 그러다 보니 그것은 실체를 모르고 주워들은 몇 마디 말을 확대 생산해서 생겨난 것이고 도리어 우리네는 그 실체를 알기에 은인자중한 것이다. 대개 사람들은 남의 말 몇 마디만 듣고 그대로 전하지 않고 나름 확대 해석을 해서 전하는 경향이 있다. 점차 전달이 될수록 과장돼서 전해진다. 그러나 실체를 아는 사람은 이런 경향이 적다. 바로 중국의 경우가 여기에 해당하는데 이제는 실체를 알지 못하고 역사까지도 뜯어고치려는 동북공정이 바로 그것이다.

단적인 예를 들어보자.

간혹 예를 들어 전생퇴행을 하거나 채널러를 통해 접신된 영을 불러 보면 보다 보면 갑자기 관운장이라는 인물이 튀어나오기도 한다. 물론 당사자가 실존했던 인물이니 그럴 가능성이 전혀 없는 것은 아니지만 대부분이 아니라 거의 모두 가짜이다. 남들에게 핍박을 받던 사람들이 평상시 그런 사람을 꿈꾸게 되면 잠재의식 속에서 왜곡된 보상심리가 삐져나온다. 문화콘텐츠로 발전하게 되는 결정적인 것이 바로 콤플렉스에 대한 반작용이다.

왜 현실과 괴리가 있는 사고나 풍조가 생겨나는 것일까 하는 것은 분명 그러한 측면이 없지 않은 것이다. 반면 정상적이라면 과장되고 있지도 않은 사실을 부풀리지 않는다.

문화콘텐츠라는 장점은 누구나 쉽게 흥미를 지니고 접근은 할 수 있으나 마냥 그대로 실제 세계와의 접목은 어렵다. 누구나 상상의 세계를 경험하고 싶어 하지만 실제와 분명 괴리가 있는 것이다. 궁극의 자리에 도달하기 위해서는 허구의 세계가 아닌 진지한 태도가 필요하다.

특히 중국에서 선도仙道나 무예武藝의 세계는 서로 경쟁하듯 허황한 것이 많고 본질보다는 가외加外 부분을 내세워 현혹하고 있는데 거의 "~카더라" 수준으로서 과연 본질이 무엇인지를 알고서 행하는지를 의심케 하고 있다. 특히 진실에서 출발한 철학이 아니어서 배경보다 억지 주장에 몰입하는 경향이 적지 않다.

뒤편에 언급되게 될 '기운 쓰는 법'도 거창한 절차를 치치지 않고 빠르게 익히는 법이 없지 않다. 그러나 모든 일은 빨리 이루려고 하고 잘하려고 하게 되면서 문제점들이 파생된다. 배고프다고 생쌀을 씹으려 하지는 않을 것이다. 준비가 제대로 되지 않은 상황에서 진도가 나가려면 필히 부작용이 생겨난다. 앞에서도 언급했지만, 기운을 함부로 쓰게 되면 언젠가는 우주를 한 바퀴 돌아 자신을 가격한다. 사람들은 누구나 당장 눈앞의 이익을 쫓는 경향이 있어서 수련하는 자는 필히 경계하지 않으면 안 된다. 스스로가 제어하지도 못하는 기능을 가지고 남을 해하려 함은 당하는 사람이나 시전 하는 사람 역시 매우 위험한 것이다. 특히 중국의 특이공능은 그 깊은 의미를 모르고 저저 특별한 것에만 초점을 맞추고 있는데 모두 부질없는 짓이며 가장 핵심은 스스로의 마음공부修心이다.

각국은 터무니없는 주장으로 자신들의 역사를 호도하고 자신들의 나라가 우월하다는 의식을 강조하지만, 그 배경에는 콤플렉스로 가득 차 있음을 깨닮게 된다. 가족 간에는 나이를 먹어도 아버지는 아버지요 아들은 아들이다. 나이를 먹었다고 해서 그 순서가 뒤바뀌는 것은 아니다. 역사도 마찬가지로 세월이 흐른다 해서 바뀌는 것은 아니다. 세월이 흐르면 모든 것이 자연 드러날 일들을 당장 한순간을 위해 우격다짐으로 혹은 비정상적인 방법으로 역사를 왜곡하는 어리석음을 범하는 것은 잘못된 역사관을 심어주는 것이다. 거짓이 거짓을 낳는다고 영원히 지속하지는 않는다. 좀 더 먼 미래를 바라보고 사는 삶이 되어야 한다.

4. 한자는 한국어

한자는 우리 동이족이 만든 글이다. 그렇다고 드러내놓고 별반 이런 주장을 한 적이 거의 없다. 그 누가 만들었든 유용하게 잘 쓰면 되는 것이어서 한 번도 시시콜콜 따질 일이 없었다. 그런데 세월이 흘러 주객이 전도되니 오히려 터무니없는 주장들이 생겨나기 시작했다.

한자 속에는 우리가 만들었다는 증거가 적지 않으며 일본어의 뿌리는 한국어라는 기사도 심심찮게 찾아볼 수 있다. 오히려 한자를 만든 우리는 한자를 버리려 하고, 중국은 한자를 쓰고 있으니 도리어 우리가 고마움을 느껴야 하는지도 모른다.

세계적인 언어학자 알렉산더 보빈 교수는 러시아 출생으로 하와이 대학 마노아 캠퍼스 동아시아학과의 교수로 지내며 일본어를 연구했다. 일본어의 어원을 추적하던 과정에서 고대 한반도를 연구하게 되었으며 지금은 고대 한국어의 권위자가 되었다. 그런데 그가 고대 한반도인들은 일본어를 사용했다는 충격적인 발언을 했다. 그는 고대 한반도의 주인은 일본어를 사용하는 화자들이었으며 이들의 영향력이 적어도 6~7세기까지 한반도 남부에 영향을 미쳤을 것이라고 주장했다. 보빈 교수의 반도-일본어설은 고대 일본어를 쓰던 한반도 토착민이 고대 한국어를 사용하던 기마민족에 밀려 일본으로 도망갔다는 이야기이다. 그는 진공황후나 그의 아들 오진천황이 한반도에서 건너간 것이라는 것과 여러 지배자들 역시 한반도에서 건너간 것이라는 주장을 했으며 이하 내용은 이후에 언급될 코벨의 주장과 거의 같다.

은대殷代의 청동기 유물 가운데 여러 가지 형태의 술잔이 있는데 거기에는 분명히 잔盞, 준(尊; 큰 술잔), 작(爵; 작은 술잔) 등의 글자가 새겨져 있다. 예부터 중국인들이 술 마시는 그릇을 배盃라 칭했고 잔이라는 말은 쓰지 않았다. 하나 우리는 지금까지도 술 마시는 그릇을 잔盞이라 칭하고 있다. 중국인들에게는 국물을 떠먹는 사기砂器로 만든 탕시湯匙 라는 것이 전해져 왔으나 3천여 년 전 은대의 유물 중에는 청동으로 된 수저가 있다.

진태하 교수는 '집 가家'자는 집 면宀자 안에 '사람 인人'자가 들어가 있어야 당연한데 '돼지 시豕'자가 들어가 있다. 따라서 집 가家자는 집 안에 파충류(뱀)방지를 위해 돼지를 키웠던 민족, 즉 한민족만이 만들 수 있는 글자라는 것이다. 우리나라에서 집안에 돼지를 키우는 풍습을 지닌 지역은 전라도 해변가나 제주도, 경상도의 합천 초계, 강원도에서도 그 흔적이 남아 있다.

이는 물론 동양 삼국 중 한자문화권에 한하여 일컫는 말이다.

그럴 연(然)은 고기 육(肉) + 개 견(犬) + 불 화(火)로서 개를 잡을 때 불에 그슬려서 잡는다는 당초 태울 연(燃)의 의미이다. 그럴 연(然)과는 전혀 무관하다. 개고기를 허약해졌을 때 먹고 회복했다는 의미가 있다. 중국인은 개고기를 먹지 않았고 특히 과거에 불에 그슬려 먹는 민족은 우리밖에 없다. 이렇듯 한자 속에는 우리 민족과 관련된 풍습이 적지 않다.

약 4만 3천여 자가 옥편 속에 있는데, 글자 하나하나마다 대개 발음기호가 들어 있다.

박문기(2001)는 우리나라에서도 글자마다 반절법을 써서 단음으로 표현된 글자들이 적지 않다.

그 예로 지금도 농촌에서 품삯을 주고 부리는 일꾼을 흔히 '놉'이라는데 이는 奴婢(노비)의 반절음인 '놉', 여성의 성기를 씨가 제 동네에 들어가는 것을 이르는 氏入(씨입)의 반절음인 '씹', 잘못 들어가는 경우에는 誤入(오입), 여자를 꾸짖는 女焉(녀언)이 '년', 남자를 꾸짖는 奴陰(노음)에서 놈, 씨가 祖至(조지)에서 '좆', '늘 그렇다' 또는 '다른 것이 섞이지 않았다는' 每焉(매언)에서 '맨', 먹을 것을 가까이 한다는 飯逼(반핍)에서 '밥' 등 여러 사례를 벌거하고 있다.

한자에서도 契(글)은 기흘절(欺訖切)이라 하여 欺(기)는 반절상자(反切上字)에서 성모(聲母)를 취하고 訖(글)은 반절하자(半切下字)에서 운모(韻母)를 취해서 ㄱ+을= 글로 읽는다. 즉 契(글)의 고음(古音)은 글이며 문자를 글로 읽는 민족은 우리 민족밖에 없다.14)

예를 들어 '學(학)'자를 옥편에서 찾아서, 우리는 '학'이라는 발음기호를 적었고, 중국인은 한글을 모르니까 자기네 발음기호를 적었다.

즉 '할각절(轄覺切)'으로 표시되어 있다.

여기서 '절(切)'은 '할각절(轄覺切)'이 발음기호라는 것을 의미한다.

읽는 방법은 아주 간단한데, 첫 글자에서는 자음(ㅎ)만 취하고 두 번째 글자에서는 모음(ㅏ)과 받침(ㄱ)을 취해 읽으라는 뜻이다(할의 ㅎ + 각의 악 = ㅎ+ 악 = 학).

이렇게 '할각절(轄覺切)'로 중국옥편에는 2000년 동안 적혀 내려오고 있는데, 중국인은 '學'을 학으로 발음을 못하고 '쉬에'라고 한다. 중국인은 입성을 발음하지 못하기 때문이다.

백두산(白頭山)을 예로 들면, 백(白)의 반절음은 박맥절(薄陌切)로서 원음이 '백'이다. 중국인의 발음은 '바이(bai)'인데, 우리민족의 발음은 '백'이다. 두(頭) 의 반절음은 도후절(徒侯切)로서 원음이 '두'이다. 중국인의 발음은 '또우(tou)' 인데, 우리민족의 발음은 '두'이다. 산(山)의 반절음은 사한절(師閒切)로서 원음이 '산'이다. 중국인의 발음도 '산(shan)'인데, 우리민족의 발음도 '산'이다. 이와 같이 우리민족의 발음은 반절음과 일치하고, 중국인의 발음은 반절음과 틀리는 경우가 많다. 더욱이 한자의 발음은 원래 일자일음(一字一音)인데 중국인의 발음은 일자이음(一字二音)인 경우가 많다.

---

14) 진태하 박사 문자학 강의 2, 3

『사기史記』는 한자음을 읽는 방법으로 반절半切을 사용한다. 앞 음절에서 초성을 따고 뒤 음절에서 중성과 종성을 따서 음을 설명하는 것이다. 阪音白板反(판음백판반)의 경우 阪(판)의 발음은 白(백)에서 초성 'ㅂ'을 따고 阪(판)에서 중성 'ㅏ'와 종성 'ㄴ'을 따서 '반'으로 읽는다. 중국어와 한국어의 발음이 다르지만 사기 주석에서 표기한 반절음이 지금 한국에서 읽는 한자 발음이 대부분 일치하거나 유사하다는 점이 흥미롭다. 한자의 원형이 동이족 은나라 사람들이 만든 갑골문이기 때문에 발생할 가능성도 있다.15)

그리고 그러한 반절음半切音 표기 사용은 중국에서도 춘추시대 이전부터 써왔는데 지금은 중국에 입성入聲 발음이 다 없어져 중국 사람들이 옛글의 원음을 제대로 읽지 못하고 있다.

몇 가지 예를 들어보면

산(山)은 사한절(師開切)인데 중국발음은 시안이 합한 산,

우(右)은 우구절(于球切)인데 중국발음은 요우,

삭(索)은 소각절(蘇各切)인데 중국발음은 수오, 사이, 수 등 용도별 발음,

소(素)는 상고절(桑故切)인데 중국발음은 수,

수(首)는 서구절(書久切)인데 중국발음은 쇼우,

봉(鳳)은 빙공절(憑貢切)인데 중국발음은 훵,

전(田)은 조연절(條煙切)인데 중국발음은 티엔,

---

15) 한가람역사문화연구소 번역, 사마천 지음(2020), 신주사기 1

답(畓)은 논을 의미하지만 중국에는 없으며 수전(水田)으로 표기하며 답(畓)은 우리만이 사용한다. 글(契)도 우리만이 그리 표현한다.

대저 '한문'이라는 말은 일본사람들이 이 땅을 무단통치하면서 만들어낸 말이다. 원래 한문은 진서眞書로 불렸으나 그들이 조선어한문이라 규정하고 1936년(소화 12년) 9월 1일부터 전 학교에 조선어한문 폐지령을 내렸다. 간혹 있는 것은 한나라 선비들이 지은 문장을 일컬은 것이었다.

한시만 봐도 7언 절구, 5언 절구가 있는데 중국인들의 발음으로는 한시가 성립되지 않는다.

음운학에 입각해서 우리 식으로 호흡(呼吸)하고 발음하면 소리가 나가고 들어오는 느낌이 분명하다는 것이다. 예컨대 사람의 입이 하나가 되는 소리를 형상화한 "합(合)"이라는 글자를 우리 발음으로 하면 입이 닫혀 하나가 되는데 중국 발음으로 하면 "허"가 되어 오히려 입이 열려 버리며, 우리의 "출입(出入)" 발음은 소리의 나가고 들어옴이 분명한데 중국인들은 "츄루" 하고 발음하기 때문에 소리가 다 밖으로 나가 버린다는 것이다.

5. 지구의 단전 동방예의지국

1) 동방예의지국

우리나라를 일컬어 동방예의지국으로 표현한다. 이것은 우리 스스로 붙인 것이 아니라 주변에서 붙인 이름이다. 남을 먼저 배려하고 모르는 이라도 환대하는 것, 그리고 노인과 연장자를 먼저 대우하는 것은 보편적이고 당연한 일인 것이다. 다양한 외국인들을 자주 대하는 직업군을 지니 사람들의 말을 들어 보면 한국인들은 질서를 잘 지키고 예의 바르다는 것이 포함되어 있다. 이러한 표현은 사실 오랜 기간 이미 몸에 배여 있어서 의도하지 않지만, 자연스레 표출된다. 지금도 도심에서 심야에 공원을 산책하거나 나다니는 게 여타 선진국에서는 엄두를 내기 어렵지만 우리나라에서는 별반 문제가 없을 정도로 일상화되어 있는 게 우리나라의 현실이다.

낱말 속에 감성적인 단어가 너무 많아서 한글을 배우는 데 어려움이 많다는 외국인들이 있지만 존칭어가 너무 다양해서 어려움을 겪는 이들도 적지 않다.

우리말의 표현 중에는 미묘한 감성적인 표현이 무척 많아서 다양한 형태로 표현할 수 있다. 가령 노랗다는 말만 해도 샛노란, 누리끼리한, 누런, 노르스름한 등 다양하면서도 미묘한 차이의 표현이 있을 뿐만 아니라 더 다양한 수식어를 붙여서도 사용할 수 있다. 존칭, 극존칭에 다른 구분도 있다. '모른다'는 의미도 모르네, 모르지, 모르겠어, 몰라, 모르려나, 모를 등 다양한 표현들이 있어서 그야말로 직설적인 서양의 표현과는 너무도 차이가 나 그 미묘한 차이를 번역에 거의 다 담지 못하니 우리 문학이 노벨상을 받기 어려운 것이다.

다른 나라의 건국이념은 칼이니 무기가 등장해서 선수민을 죽이고 이룩한 내용들이지만 고조선의 건국이념은 홍익인간弘益人間과 제세이화在世理化16)로서 홍익인간은 흔히 "널리 인간을 이롭게 하라"는 의미이고 제세이화는 "이치로써 세상을 다스린다"는 의미이다.

홍익인간弘益人間이라는 개념은 아직도 『삼국유사』 고조선조와 『제왕운기』 전조선기에서 고조선의 건국과정을 전하는 내용 속에 나온다. 이 정신은 아직도 변하지 않고 인간의 도리를 언급할 때마다 회자한다. 이런 규범이 수천 년을 넘어 지속하고 있다는 것은 바로 우리 민족성 내에 이미 깊이 뿌리박혀 있다는 의미이다.

흔히 외국인들이 볼 때는 조상을 모시는 기제사忌祭祀는 중국에서 만든 것인데 오히려 한국문화 속에 깊숙이 스며들어 더 엄격하게 지키고 있다고 언급한다.

그러나 그것은 유교라는 개념에서 바라본 것이어서 그렇게 이해하지만, 이 모든 규범은 동이족으로부터 나온 것이기에 오랜 세월 동안 몸에 베여 오늘날까지 자연스레 지켜지고 있다.

『규원사화揆園史話』의 「태시기太始記」에 혼례법에 대해 언급하고 있다.

또 주인씨朱因氏를 등용하여 그에게 남녀 간에 장가들고 시집가는 법을 정하게 하였다.

혼인에서 중매를 서는 것을 '주인 선다'(지금도 서울·경기 지방에서는 결혼 중매를 '주인 선다'고 함)라고 말하는 것 또한 주인씨의 이름에서 남겨진 명칭이다.17)

---

16) 三國遺事 권 기이 제1紀異第一 고조선古朝鮮 왕검조선王儉朝鮮 환웅이 천하에 자주 뜻을 두어 인간세상을 구하고자 하다.
17) 又得朱因氏 使定男女婚娶之法焉 婚娶之主媒者曰朱因者 亦朱因氏之遺稱也(북애 지음, 고동영 옮김, 1986)

흔히 상례喪禮나 제례祭禮를 보고 중국인들이 만든 법도를 오히려 한국에서 더 엄격하게 따진다고들 말한다. 그러나 사실 그렇지 않다. 이러한 법도는 동이東夷인들인 소련小連과 대련大連이 만든 것이다.

유교하면 중국을 대부분 떠올리나 그 골격은 동이인들이 만든 것으로 도리를 잘 지키면 밝은 세상이 되는 것이어서 누가 만들든 그것은 중요하게 취급되지 않았다. 그 전통은 현재까지도 이어져 한국인들은 예의범절을 매우 중요시 하는 게 몸에 젖어있다.

공자는 『예기禮記』에서 소련小連과 대련大連 형제는 그 부모의 상喪에 잘 하였다. 그들은 삼일 동안 슬퍼하며 음식을 먹지 못했고, 석 달 동안 질대(絰帶 : 상복)을 벗지 않았으며 일 년을 슬퍼했고 삼년을 근심했으니 바로 동이의 아들이다.18)

이 기록은 『한단고기桓檀古記』의 「단군세기檀君世紀」(임인년 2년 즉 BC 2239년) 기록에 나오며 『단기고사檀奇古史』에서도 나오며 『논어論語』 제18편 미자微子편 뿐 아니라 『소학小學』 제4편인 계고편稽古篇에도 나온다.

유교의 대성인 공자도 동이족이라는 근거가 있다.

하夏나라 사람들은 장례(초빈)를 치를 때 동쪽 계단에 모셨고, 주나라 사람들은 서쪽 계단에 모시고, 은나라 사람들은 두 기둥 사이에 모셨다.

하夏나라 시대에 사람이 죽으면 동쪽 계단 위에 빈소殯所를 설치했으니 주인을 위함이요, 은殷나라 시대 사람들은 두 기둥 사이에 빈소를 차렸으니 곧 손님과 주인이 협시(夾侍 : 좌우에서 모심)함이다. 주나라 사람들은 서쪽 계단 위에 빈소를 설치하니 손님을 위함이다. 이 구丘는 바로 은나라 사람이다.19)

---

18) 孔子曰 小連 大連 善居喪 三日不怠 三月不解 期悲哀 三年 憂 東夷之子也
19) 夏人殯於東階 周人於西階 殷人兩柱閒 昨暮予夢坐奠兩柱之間 予始殷人也

공자는 세상을 떠날 때 제자 자공에게 "나는 은나라 사람이다(丘也 卽殷人)"라는 말을 했다는 사실이 『가어家語』에 전하고 있다. 같은 내용들이 『예기禮記』와 『사기史記』에서도 전한다. 『예기禮記』「단궁檀弓」에서도 '구야은인야(丘也殷人也)'라고 했다.

『사기史記』「공자세가孔子世家」에서도 어젯밤에 나는 두 기둥 사이에 놓여 사람들의 제사를 받는 꿈을 꾸었다. 내 조상은 원래 은나라 사람이었다.[20]

원래 우리나라 임금은 하늘이 직접 정치를 할 수 없으니 하늘의 뜻을 받들어 대신 정치하는 것이라 하여 이를 천명이라 한다. 그래서 조선에는 임금과 신하가 만나는 독대가 금지되어 있었으며 승지와 사관이 배석하여 반드시 기록하였다. 이는 하늘을 대신하여 정치하므로 감출 것 없이 공개한다는 의미이다.

배려를 포함하는 동양예의범절은 우리 민족이 오랫동안 그 지역에 살면서 만들고 뿌리를 내렸기에 그렇게 인식된 것으로 보인다. 그러나 우선 인구가 늘면서 이민족들과의 충돌이 잦았고 두 번째는 고화固化되지 않은 넓은 지역의 퇴적층을 통과한 물은 수질이 나빠 그냥 먹을 수 없기에 차茶 문화가 발달할 만큼 인해 수질이 음용수로 부적합했으며 셋째 수만리나 되는 두 물길이 홍수가 나면 그 피해가 막심했으며 가끔 메뚜기 떼에 의한 피해도 적지 않았다. 뿐만 아니라 농경지역은 추수 때마다 식량이 부족한 북방의 유목기마민족들의 좋은 표적이 되었다. 이러한 여러 문제로 인해 점차 요서나 요동 일대로 옮겨간 것으로 보인다.

수질은 생활환경과 밀접한 관계가 있는데 동남아 지역을 비롯한 많은 지역이 석회암 지대가 많아서 오래되면 경관은 좋으나 수질에 관해서는 좋지 못한 경우가 많다.

---

[20] 昨暮予夢坐奠兩柱之閒 予始殷人也

때로 수질이 너무 좋지 않아서 위생적으로도 어찌 먹고 살까 하는 생각이 들기도 하지만 달리 도리가 없는 현실이기도 하고 또 맑은 물인 경우에도 석회질이 많이 녹아 있어서 생활용수로도 부적합하다. 유럽 음식점이나 카페에서는 당연히 물 값을 따로 받지만 우리나라에서 물 값을 따로 받는 경우는 거의 없다. 유럽에서는 우리나라처럼 수돗물을 그냥 마실 수 없어서 물을 사서 먹어야 한다. 이는 중국에서도 마찬가지인데 중국인들이 찬물을 먹지 않는 이유도 우리처럼 생수를 그냥 먹는 습관이 되어있지 않기 때문이다. 그래서 우리나라 커피 소비층에서 즐겨 마시는 아이스 아메리카노는 상상하기가 어려운 현실이다. 음식점이나 카페에서 물을 따로 주문해야하는 것을 의아하게 생각되거나 혹은 야박하다 싶지만 그들이 마실 수 있는 물처럼 보이는 물조차 석회질이 많아서 그냥 마시기에는 부적합하다, 만약에 생활용수를 사용하기 위해 필터를 사용하게 되면 하루 만에 지저분하게 침전물이 가득 찬다.

반면에 우리나라에서 웬만한 산골에 흐르는 물들은 그냥 마셔도 좋을 만큼 일급수여서 이것이 가능한 것이다.

물은 사람이 살아가는데 없어서는 안 되는 매우 중요한 요소이다. 흔히 뛰어난 절경을 지닌 외국의 풍경에 대해 감탄을 하곤 하는데 물론 절경이라고 할 만큼 훌륭한 풍광임에는 틀림없다. 그러나 농사지을 땅도 별반 보이지 않고 흐르는 급류는 흙탕물이어서 우리나라 같은 금수강산에 살아온 이들에게 막상 살 수 있는가에 대해 질문을 하게 되면 대답이 쉽지 않을 것이다.

물은 하늘의 비가 내려 땅속을 스며들어 식수나 생활용수가 되는 것이다. 험준한 지형에서는 비가 내리더라도 급사면을 타고 바르게 유실되어 강이나 바다로 흘러간다. 수자원을 최대한 확보하려면 이 물이 초목 속에 오래 미물러 있어야 하고 아울러 지표면 속으로 침투힐 수 있는 토양층이 두터워야 한다. 하지만 험준한 장년기의 산들은 이러한 조건을 갖추지 못하기 때문에 물이 혼탁하거나 유실율이 높은 것이어서 제대로 활용하기가 어렵다. 강우는 본시 깨끗하나 땅속을 통과하면서 여과 과정을 거쳐 더 깨끗한 물로 바뀐다. 하지만 이런 과정을 거치지 않거나 석회석 등의 이물질이 섞이게 되면 오히려 오염되는 것이다. 단 만년설이 녹아내려 형성된 물은 대개 오염될 우려가 적어서 예외이다. 우리가 흔히 먹는 물조차 보이지 않는 이런 과정을 거치게 되니 좋은 물을 마음껏 사용할 수 있다는 것은 하늘의 축복이기도 하다.

좋은 물을 얻는다는 것은 울창한 수림과 경사도가 낮은 중, 노년기의 지형, 대개 석회질이 적은 지형이면서 충분히 고화된 지질 등 다양한 조건을 필수로 하게 되니 이 땅에 오래 살아온 우리민족은 당연한 것으로 알고 살아가지만 그렇지 않은 민족들에게는 꿈과 같은 혜택으로 다가올 것이다.

물은 사람이 살아가는데 결정적으로 중요한 요소이다. 삶 가운데 물 만큼 중요한 요소는 식량 빼고 찾기 힘들다. 우리민족은 오랫동안 이 땅에 살아와서 맑은 물의 고마움을 잊고 살지만 그렇지 않은 대부분의 민족들에게 물은 그야말로 생명수이다.

반면에 무엇보다도 가장 큰 문제는 땅을 기반으로 사는 농경사회는 특히 북방 기마 민족들의 훌륭한 표적이 되었다.

일 년 농사를 지어 먹고살 만하면 식량을 뺏으려 내려오는 것이었다. 기마 민족들이 힘을 합쳐 부족연맹이라도 결성하게 되면 그 세력을 꺾는 나라가 없었다. 말을 타고 이동을 하면서 유목 생활을 했기에 기동성이 좋아 힘을 합치게 되면 그 세력이 나라를 뒤엎을 수 있다. 중국 왕조 입장에서는 정복을 당하거나 때마다 조공을 바치지 않을 수 없었다. 이런 일이 해마다 계속 된다면 농경에 유리한 산동지방을 버리지 않을 수도 없는 노릇이었다.

실제 정신문명이 뛰어난 나라에서 기록 문화나 문서란 크게 의미가 없다. 모든 것이 대원칙 아래 이루어지는 것이기 때문에 기록이나 문서가 특별히 중요한 것은 아니다. 단군 왕조의 팔조금법八條禁法만 봐도 최소한의 법으로 다스리려 했던 것을 미루어 짐작할 수 있다.

대부분의 건국 사화들은 무력으로 지배하는 군주를 그리나 단군사회는 세상을 널리 이롭게 하는 홍익인간弘益人間과 세상을 널리 이롭게 하는 제세이화在世理化로 건국했다는 사실을 말해준다. 즉 하늘의 천손족이 무력이 아니라 널리 세상을 이롭게 하는 '홍익인간'과 이치로 세상을 다스리는 제세이화로 새 나라를 세운 것이 조선이란 뜻이다.

팔조문이 유일하게 적혀져 있는 책은 『한단고기』에 실려 있다. 22세 단군 색불루索弗婁는 백성을 위하여 금팔법禁八法을 정하였다. 금팔법은 여덟 가지 각 죄에 대한 처벌을 정한 최초의 성문법이다.

범금팔조라고도 하며 『삼국지』 위지 동이전에 기록되어 있다. 이 8조 중 3조의 내용만이 한서漢書 지리지地理志 연조燕條에 전한다.

① 살인자는 즉시 사형에 처한다(相殺 以當時償殺).

② 남의 신체를 상해한 자는 곡물로써 보상한다(相傷 以穀價).

③ 남의 물건을 도둑질한 자는 소유주의 집에 잡혀 들어가 노예가 됨이 원칙이나 자속(自贖 ;배상)하려는 자는 50만 전을 내놓아야 한다(相盜 男沒入爲其家奴 女子爲婢 欲自贖者人五十萬).

그런데 3조만 남아 있다고 알려진 8조 금법이 다른 책에서 모두 확인된다.

『태백일사』 심한경본기 번한세가 하 8조문을 보면

1. 사람을 죽이면 같이 죽여서 다스리고(相殺以當時償殺).

2. 사람을 상해하면 곡식으로 갚는다(相傷以穀償).

3. 도둑질한 자는 남자는 재산을 몰수하여 그 집의 종이 되고 여자는 계 집종을 삼는다(相盜男沒入爲其家奴女爲婢).

4. 소도(蘇塗)를 훼손한 자는 가두어 두며(毁蘇塗者禁錮).

5. 예의를 잃은 자는 군에 복무하게 하고(失禮義者服軍).

6. 게으른 자는 부역을 시키며(不勤勞者徵公作).

7. 음란한 자는 태형으로 다스리고(邪淫者笞刑).

8. 남을 속인 자는 훈계 방면하나(行詐欺者訓放) 스스로 속죄하려 하면 공표하여 여러 사람들에게 알리는 것은 면하여 주지만 백성들이 오히려 수치스럽게 여겨서 결혼할 수도 없었던 듯하다.(欲自贖者雖免爲公民俗猶羞之嫁娶無所售)

　　왕조가 바뀌는 경우에 그 정당성을 확보하기 위해 문서가 필요한 것이고 거개의 그 문서들은 이전 왕조를 폄하하기 위해 사용되기도 했다. 현대사회에서는 실증을 근거로 하므로 불가피한 측면이 없지 않지만, 유구한 역사를 지녔지만, 과거의 기록문화가 거의 남아 있지 않기에 전설로 치부하고 있다. 현대인들의 존재는 과거 없이 존재하지 않음에도 불구하고 마치 하늘에서 갑자기 뚝 떨어진 사람인 양 취급하고 있는 게 현실이다.

　　우리나라는 여러 전란을 통해 사서들은 불태워지고 사라졌는데 일본은 그나마 거의 남지 않은 사료조차 극히 단편적인 부분만 추출하여 거짓이라 우기는 한편 수십만 권의 사료를 강탈하여 그들 나라로 가져가 숨겨두고, 뻔한 위서로 간주하는 남의 사료가 올바르다는 터무니없는 주장이 존재하는 현실이다.

하지만 이러한 말도 안 되는 상황을 겪어야만 하는 것이 우리나라가 거쳐야 할 운명인지도 모른다. 그 과정에 좀 더 우리 역사에 대해 관심을 지니고 올바른 역사 정립을 세울 기회도 없지 않다.

터무니없는 주장을 하는 기득권자들은 자신들의 자리가 영원할 것 같지만 그것은 조금이라도 식견이 있다면 그들이 가진 모든 기회가 사라질 시기가 즉각 닥쳐올 것임을 깨닫게 될 것이다.

이십사절기는 계절 가늠의 기준으로 음력을 기준으로 한다. 그런데 이 이십사절기가 기후의 변화 탓도 있겠지만 잘 맞지 않다. 이에 박문기(2001)는 이십사절기가 만들어진 지역의 수도를 가늠해볼 중요한 단서라고 하였다. 이 이십사절기가 딱 부합되는 곳은 한반도와 요동반도 그리고 산동반도라 하였다. 현재 북경이 이 지역에 근접해 있지만 수도가 된 지는 겨우 700여 년에 불과하다. 다른 중국 여러 나라의 수도가 여기인 적은 단 한 번도 없었다. 그래서 이십사절기는 바로 우리 민족이 만든 것으로서 흔히 아이들에게 '철들었다', '철모른다'하는 말은 음력의 이십사절기를 말하는데 농사를 지으려면 절기를 알아야 했기에 나온 말이다.

일본에도 우리나라의 절기를 사용했으나 근대에 이르러 이를 양력으로 바꾸어 사용하게 되었으니 우리나라의 영향을 받은 것이 그대로 드러난다.

실제 『삼국사기』에 나온 천문관측을 토대로 우리나라의 한 천문학자가 시기별 관측 위치를 역 추적한 결과 이들이 모두 요동이나 산동반도에 있었다는 결과 보고도 있었다.

일견 보기에는 단순한 사실이지만 우리 동이족의 문화가 동양권에서 주류문화이자 그 주요 거점을 알려주는 중요한 내용이라 하겠다.

우리나라에서 서사시라 없었다. 서경시민 있었고 심지어 애국가의 내용조차도 자연만 담겨 있었다. 이러한 기질은 현대에서도 이어져 뜬금없이 K팝이 세계를 휩쓸고 있는 지금에도 트로트 열풍이 불어 국민들의 관심과 심금을 울리기도 한다.

우리나라 역사를 이러한 관점에서 들여다본다면 새로운 시각이 드러날 수도 있을지 모른다.

여기서 이런 이야기를 언급하는 것은 역사나 사실들이 중요한 것이 아니라 정신문명이나 전해지고 이어지는 문화가 중요하다는 의미이다. 기록은 왜곡될 수 있고 자의적인 측면에서 사용될 수 있기 때문에 그 모든 것을 포괄하기 어렵다는 점을 간과해서는 안 된다. 기록하는 이나 읽는 이의 의도가 상이할 수 있다는 폐단도 없지 않다. 최첨단 분야의 한 분야인 법률용어만 해도 여기서 해석의 차이가 생겨나는 것이다.

우리가 문화를 언급할 때 드러난 가시적인 부분에 대해 집중해서 또 그것이 전부인 양 이야기 하는데 인류의 오랜 역사로 미루어 드러나지 않은 부분이 대부분이고 사실은 특히 이 부분에 더 집중할 필요가 있다.

우리들은 잘 모르고 지냈겠지만, 치안이 가장 안전한 나라로서 늦은 밤 공원에서 산책하고 운동하는 것이 일상적인 일이라는 것이 외국에서 상상하기 힘든 일이라고 한다. 물론 우리나라의 치안이 훌륭한 탓도 있지만 공항버스를 기다릴 때나 카페에서 자신의 물건을 버려두고 기다리는 습성을 외국인들은 이해하지 못한다. 그들은 이런 경우는 물건의 주인이 스스로 주인이기를 포기한 것처럼 이야기한다. 하지만 우리나라에서는 남이 내 물건에 결코 손을 대지 않는다는 신념이 있기 때문에 가능한 것이다. 이는 하루 이틀에 걸쳐 형성된 것이 아니라 오랜 기간에 걸쳐 형성된 동방예의지국의 DNA로서 핏속에 흐르고 있다.

어떤 일이건 시원을 찾아 거슬러 올라가다 보면 조금씩 그 단서를 찾을 수 있다. 그러나 그러한 사실을 명쾌하게 밝혀놓지 않은 것이 당시로써는 당연한 일이기에 굳이 밝힐 사안도 아니었고 많은 지역의 여러 사람이 유용하게 쓰면 되는 것이지 시원은 별반 중시하지 않았기에 따지지 않았다.

서양의 문물이 들어오면서 특허권이니 상표권이니 따지지만 우리네 풍습은 그것을 빌미로 독점하여 돈벌이에 이용하지 않았다. 그것은 바로 인간으로서의 도리였기 때문이다. 하지만 서양의 흑백논리로 인해 가치관이 바뀌면서 시원을 따지는 가운데 수많은 억지 주장이 난무하게 되었다. 나라의 자그마한 이익을 위해 왜곡된 사실을 내세워 국민들을 호도하는 무리가 생겨났다.

수천 년간 문제가 없었는데 근래에 와서 문제가 된 것은 위정자들이 도리를 내세워 정치를 하지 않고 국민을 기만하여 무언가 이익을 얻으려는 옅은 술수로 밖에 보이지 않는다.

건국이념인 홍익인간에 대해 영국의 역사학자 토인비조차도 큰 관심을 표했는데 만약 21세기에 전 세계가 하나로 뭉치는 날이 온다면 그 중심은 동북아시아가 되어야 하고 핵심사상으로 '홍익인간'을 채택해야 한다고 말했다. 25시의 작가 게오르규도 '홍익인간'은 가능한 한 많은 사람에게 복을 주는 일이며 한국인은 다른 많은 종교를 받아들였지만, 단군의 법은 변함없이 5,000년 동안 계속 유지되고 있는데 왜냐면 단군의 법은 그 어떤 신앙과도 모순되지 않는다고 하였다. 제22대 프랑스 대통령 자크 시라크는 '다른 나라에서는 고난의 시기에 성인이 등장하는데 한국은 성인이 나라를 세우고 다스렸다.' 즉 한국은 이미 완성된 성인이 국가를 세우고 통치했다는 차이가 확연하게 드러난다는 점을 표명했다.

근래에 와서 우리나라의 문화가 여러 나라에 주목을 받는 이유를 들자면 우리 민족의 문화와 성향이 상대적으로 소통에 능하기 때문이나. 특히 우리 문화는 자연에 순응해 있어 처음에는 크게 주목되지 않으나 서구 문명의 폐해에 한계를 느끼면서 자연스레 드러나게 된 것이라 할 수 있다.

소통은 무리하지 않고 자연스러워 누구나 쉽게 다가갈 수 있다는 점을 바탕으로 이루어지기 때문에 결코 강요로 이루어지기 어렵고 다소 시간이 걸리기는 하지만, 한 번 이해되기 시작하면 쉽게 전파되는 측면이 있다.

얼마 전까지만 해도 양방 간의 소통이 쉽지 않아서 다자간의 소통 즉 세상과의 소통이 언제 올까 하는 의구심이 있었는데 이미 다자간의 소통은 이루어지고 있었다.

그것은 인터넷이나 모바일 기기 등을 통해 이미 이루어지고 있었는데 우리나라가 이런 문화에 앞서 어느 정도 주도적인 역할을 하는 것이 소통에 능란한 측면이 있기 때문이다.

물론 아직 제대로 이루어지지 않고 부정적인 요소도 없지 않지만, 이는 단지 한 과정일 뿐이다.

이 단계, 즉 세상과의 소통이라는 단계를 넘어서게 되면 자신과의 소통이라는 중요한 과제에 직면하게 된다. 아무리 좋은 세상에 살고 있다고 하지만 자신과 자신의 내면이 소통하지 않으면 정신적으로도 안정감을 얻지 못하며 세상은 좋아지는데 자신을 도리어 불행하게 되는 아이러니한 상황에 처하게 된다. 이것은 매우 중요하다. 사람들은 남과의 소통을 중요시하지만 사실 더 중요한 것은 자신과의 소통이다.

전통적으로 남을 배려하는 것이 미덕으로 권장되어 왔지만, 사실은 자신에게 먼저 배려하는 법을 익혀야 한다. 혹자는 자신을 먼저 배려하는 것을 이기심이라고도 표현할 수 있다. 여기서 말하는 자신은 육신을 이야기하는 것이 아니라 자아自我를 말하는 것이다. 자신에게 좋은 옷을 입히고 좋은 음식을 먹이라는 것이 아니다. 먼저 나를 이해할 때 남을 더 많이 이해할 수 있는 것이다.

그런 점에서의 자아를 이야기하는 것이다.

최초 남과의 소통, 세상과의 소통 그리고 자신과의 소통에서 여기서 한 걸음 더 나아간다면 시공을 뛰어넘는 자신과의 소통이 있으며 궁극에는 왜 천손민족이라는 굴레와 나아가 인간의 창조원리를 깨닫고 실천하게 될 것이다.

파르테논 신전에도 "요즘 애들은 버릇없다"라는 말이 있다고 한다. 그런데 이런 표현은 많은 사람이 살면서 느끼는 감정이며 과보호 아래 자라난 아이들을 통해 나라의 미래에 대해 우려해서 나오는 말이기도 하다. 하지만 세상과의 소통이 활발히 일어나고 있는 현대에는 오히려 나이든 사람들이 젊은이들에게 배울 점이 많다고 느끼는 점이 적지 않다. 모두 다 그런 것은 아니지만 의외로 그들은 소통에 능란하여 상대를 배려해주며 공정이란 명제를 당당히 내세워 사회를 변화시키려 한다.

그들에게 천손민족이라는 자부심을 주지시키지 않아도 무의식적으로 그 역할을 다하고 있는 것이다.

2) 지구의 단전 한반도

우리 민족은 별반 의미도 없을 듯한 천손민족이라는 굴레를 버리지 못하고 알게 모르게 쓰고 있다. 실제 이를 빗대어 '내가 왕년에…'라는 표현은 아무런 의미가 없다고 생각한다. 그러나 인간이 지구에 생겨나고 지금에 이른 것은 잘 먹고 잘 살기 위한 것만은 아니다. 어쩌면 장자자손으로서의 피할 수 없는 숙명과도 같은 굴레처럼 여겨질 수도 있으나 그것은 인류가 존재하는 한 누군가는 의무적으로 꼭 쥐고서 결코 놓치고 잊어서는 안 될 것인지도 모른다.

세계 최고라는 의료보험제도도 다른 선진국에 비하면 아주 적은 금액으로 외국인들도 신청하여 가입할 수 있다.

다른 나라에 비해 방범 시설이 낫긴 하지만 범죄율도 훨씬 낮다.

세종대왕은 많은 통치자가 누려야 할 권위보다 백성을 위한 훈민정음을 만들어 오늘날까지도 잘 사용하고 있고 현대에 이르러서는 많은 외국인이 단 몇 시간만 배우면 쉽게 발음할 수 있는 글로 각광을 받고 있다. 어느 나라 왕이 백성을 위해 이런 애민 정신을 드러낸 경우는 거의 없다고 해도 과언이 아니다.

조선 말기 병인양요 때 무력하게 무너진 것은 이전에 있었던 신기전이니 총통 등 가공할 다살용多殺用 무기를 단 한 대도 쓰지 못한 것은 무기를 발명해 놓고도 상서롭지 않다고 하여 비축해 두지 않고 버렸기 때문에 단 한 대도 쓸 수 없었다.

도안으로 보면 대한민국 땅의 흙은 황금색으로 빛난다고 한다.

중국 땅의 흙은 회색이라 한다.

우주의 단전은 지구이고 지구의 단전은 대한민국이다.

그래서 우리나라 땅에서 나는 음식은 모두 약이라고 한다.

인삼이나 산삼, 녹용이나 웅담만 보아도 알 수 있다.

한국의 식물, 음식에만 약성이 있다.

한국산으로 만든 음식물과 수입산으로 만든 음식물에 분명한 차이가 있는 것도 이 때문이다.

서양의 과일이 큰 이유는 그 안의 약성이 생장 성분으로 바뀌었기 때문이다. 그래서 흔히 사람들은 큰 것이 좋은 것이라는 생각을 지니고 있으나 약성은 적당한 크기에 있다는 사실을 명심해야 한다.

실제로 한국의 인삼 종자를 미국에 심으면 인삼 자체가 커져 버린다. 사람들은 이런 미묘한 차이를 모르기 때문에 단지 크면 좋은 줄로만 안다. 일정한 약성을 포함하려면 생장 속도보다도 적당한 크기 이상으로 마냥 큰 것만이 좋은 것은 아니다. 그래서 예로부터 약식동원藥食同源이라는 표현이 있는 것이다.

중국의 토양은 살인기가 많기 때문에 약재나 농산물 모두 쓸 곳이 없다. 중국산 마늘과 고추가 싼대도 일반가정에서 기피하는 이유가 불량품도 있지만, 우리나라 식품에 비해 제 맛이 나지 않기 때문이다.

우리나라 과일에만 신맛이 있고 외국과일에는 없다.

신맛은 바로 오행으로는 목木 기운이고 방위는 동방, 동방은 생기방이다.

그러므로 신맛은 약성이 된다. 오미 중 동방 맛인 신맛이 들어가야 약성이 된다.

맹물이란 없다.

모든 물에는 소금 성분이 있다. 그 소금 성분이 사람의 입맛을 짜게 만들었을 때 사람들은 '물이 짜다'라고 말을 한다.

물론 증류수에도 소금 성분이 있다. 현대과학으로는 검출하지 못할 뿐이다.

공기에도 소금성분이 있다.

소금의 기가 물질화되면 소금이 되고, 동물 중에서는 오리에 가장 많다.

식물 중에는 민들레가 또한 그러하다.

한국의 언인에 어느 고기가 들어와도 사흘만 있으면 맛이 달라진다. 그래서 우리나라 연안에서 잡힌 명태의 약성이 뛰어난 것이다.

김치도 한국 김치가 더 비싼 가격에 팔리고 있음에도 불구하고 건강을 중시하는 가정에서는 훨씬 선호되고 있다.

예전부터 신토불이身土不二라 해서 자신이 사는 땅에서 나는 것을 먹어야 체질에 잘 맞는다는 말도 이와 관련이 있다.

우리나라에서 생산되지 않는 식자재를 제외하고는 국내산 식자재가 더 비싸게 팔리는 것이 통용되는 것이 현실이며 주부들은 비싼 가격에도 기꺼이 그 돈을 지불한다.

같은 식물을 심어도 그 맛이 미묘하게 다른 것은 약성 때문이며 근래에 딸기나 배, 참외, 감 등의 과일이 세계인의 입맛을 충족시키는 이유가 여기에 있다.

흔히 한반도가 지구의 단전이라면 대단한 특혜라고 생각할 수 있다. 그러나 다른 측면에서 보자. 인체에 단전만 있는 것이 아니다. 특히 단전은 사람들에게는 보이지도 않는다. 생활에서는 팔다리가 더 중요할 수도 있다. 오히려 단전이기 때문에 겪어야 하는 굴레가 더 많다.

우리나라는 정부와 국민이 힘을 합쳐 혼신의 힘을 기울여 남들보다 잘사는 나라가 되기 위해 노력하고 있다. 이러한 노력 때문에 지금은 여러 부문에서 국격國格도 높아지고 여러모로 상위국가의 레벨 수준에 자리하고 있다. 과거와는 상상할 수도 없는 혜택을 누리고 있고 휴전선으로 대치하고 있는 북한과는 아예 비교되지 않을 정도이다.

이러한 우리나라가 현재의 수준을 꾸준히 유지하기란 쉽지 않으며 더 나아가 톱 상위랭킹에 올라선다는 것은 더더욱 어려운 일이다. 그러나 탄력이 붙었을 때 주춤하거나 미적거리기에는 이미 늦었다. 톱클래스의 자리가 얼마나 어려운지는 누구나 알 수 있다. 그러나 그 자리가 차지하기도 어렵지만 지켜내기도 어렵다.

인간의 욕심은 무한하다. 그렇기 때문에 각 개인의 욕구가 모여 변화와 발전이 이루어졌는지도 모른다. 하지만 끝없는 욕심이 오히려 파멸로 이끌어 가고 있는지도 모른다.

서구인들은 실제 무술가가 되기보다는 무술가처럼 보이기를 원한다. 사회가 점차 스펙터클화되면서 사람들은 실제 내용보다 내용을 포장하고 있는 껍데기에 관심을 갖기 때문이다. 현재 스펙터클사회에서는 실제로 능력이 있는 사람보다는 능력 있는 것처럼 보이는 사람이, 실제로 건강한 사람보다는 건강하게 보이는 사람이 선호되고 있다. 이러한 논리로 서구인들은 실제로 강하고 공격적인 무술보다는 그저 강하고, 공격적인 것처럼 보이는 무술을 원한다고 할 수 있다. 이러한 경향은 현대뿐 아니라 과거 우리나라 주변 국가들에서도 흔하게 볼 수 있었던 경향이다. 그들은 오히려 깊이 있게 잘 알지 못했기에 마음껏 상상력을 발휘해서 그 세계를 표현해내었다.

물론 이 사실이 꼭 나쁘다는 의미는 아니다. 무한한 상상력이 현실에만 안주하지 않고 더 나은 세계로 나가는 원동력이 되었기 때문이다.

하지만 그들은 무武에 대한 개념을 그 자체로 본 것이지만 우리는 무武를 깨달음으로 가는 한 방편으로 본 것이다. 즉 그들은 무武를 목적으로 보았고 우리는 수단으로 취급했다.

진리의 궁극으로 가는 길은 특별한 방법이 있는 듯하지만 알게 모르지 천지 만물에 깔려있다. 다만 그 정도의 차이에 있어 무武 안에는 캐낼 것이 좀 더 있고 없고의 차이인 것이다.

앞간 내부째 임새 안악 제3호무덤 4세기중엽(사진제공: 김용만 사학자)

3) 우리는 천손민족

우리 민족은 천손민족이라 한다. 천손민족이라 해서 내세울 것도 없고 아무도 내세우지 않으며 실제 득 되는 것도 없다. 그런데도 줄 곳 주장하고 있는 것은 핏속에 DNA가 자리 잡고 있어서 삶에 아무런 도움이 되지 않지만 무언가 깨달음의 한 방편으로 이끄는 요소가 개입되어 있기 때문이다. 앞에서 언뜻 언급했지만, 진리의 궁극으로 가는 길은 알게 모르게 천지만물에 흩어져 있듯이 천손민족이라는 단어 하나에도 포함되어 있기 때문이다. 사람들은 대대손손 이어오지만, 당사자가 죽고 나면 그뿐 경험치가 사라진다고 흔히 생각하기 십상이다. 완전히 그런 것은 아니지만 그런 점을 방지하기 위해 궁극의 진리로 가는 모티브는 사소한 것일망정 도처에 숨어있다.

우리나라 사람들이 무武에 대해 소홀히 취급한 것은 아니었다. 북방기마민족 시절에는 한껏 위세를 떨쳤으며 자체 내에서도 삼국이 다투면서 서로 간에 상처를 많이 받았다. 실제 백두산 너머에 속해 있던 우리 민족은 위세를 떨쳐 금나라와 청나라를 세워 중국을 지배하기도 했다. 그러나 무武에 대해 진지한 이런 모습은 궁극의 진리로 가는데 별반 도움이 되지 않는다는 것을 깨달았다.

우리가 잘 인식하지 않고 있지만, 천손민족으로서의 진가眞價가 전혀 알지 못하는 가운데 드러난 기회가 있었다.

임진왜란 당시 풍전등화의 위기 속에서 의병들이나 승병들이 충분히 한 몫을 했지만, 그보다도 더 중요한 것은 이순신 장군의 등장이다. 전쟁통의 와중에서도 내적인 분란으로 갖은 고난을 겪은 그는 마치 하늘에서 준비된 사람인 양 홀연히 나타나 왜적의 함선을 대파시키고 보급선을 차단한다. 조선의 겨울 날씨는 왜놈들이 감당하기 어려울 만큼 추웠는데 병력과 보급이 차단된 그들이 어떤 고초를 겪었을는지는 상상 그대로 많은 이들이 굶어 죽기도 하고 얼어 죽기도 했다.

원균의 패전으로 수군은 초토화되어 조선에서는 수군을 없애자는 말이 나돌 정도였음에도 "신에게는 아직도 12척의 배가 남아 있습니다"21) 하는 전설적인 말을 하여 실행에 옮긴다.

물론 모함으로 형장의 이슬로 사라질 뻔하고 백의종군하는데 주위의 도움이 있었지만, 하늘이 내리지 않고서는 있을 수 없는 사람이고 극한의 위기 속에서 하늘이 천손민족을 시험하며 준비한 마지막 카드로 위기를 넘기자 그의 목숨을 거두어 간 것으로도 알 수 있다. 전 세계 해전사에 무패라는 전후 무후한 기록에 마지막 해전은 전사로서 마무리하는 극적인 삶은 천손민족에 내리는 하늘의 배려이자 경고라 할 수 있다.

어리석은 어느 일본학자들은 이순신 장군이 혁명을 하지 않고 죽음을 택한 의구심을 지니고 토론을 한 적이 있는데 참석자들이 모두 혁명에 성공하였을 가능성을 점쳤다. 그러나 이것은 몰라서 하는 불경이라기보다 하늘이라는 기준을 염두에 두지 않은 이유 때문이다.

달은 사심 없이 천개의 강에 그 자태를 비춘다고 하여 월인천강月印千江이라 한다. 사심 없이 골고루 비추지만, 예외란 없이 아무리 열심히 빌어도 무한정 목숨을 이어 주지는 않는다. 모든 흐름을 간섭하지 않지만, 인간의 관점에서 보면 결정적인 카드는 따로 지니고 있으며 그 카드의 사용은 모두 인간의 노력 여하에 달려 있다.

흔히 사람들은 하느님께 부귀와 안녕을 빈다. 물론 살아가는데 나름 목표가 있어서 계속 삶을 이어가겠지만 그보다도 더 중요한 것이 있음을 시사케 해주는 일면이 드러나는 것이다.

---

21) 상유십이순신불사尙有十二舜臣不死. 제게는 아직도 12척의 배가 있고, 저는 죽지 않았습니다.

흔히 남의 위에 군림하면 일면 좋은 것으로 생각하기 쉬우나 이는 짧은 생각이다.

대개 이성에 이끌리는 것은 자연스러운 현상으로 생각한다. 이성에게 이끌리지 않고 성욕이 없다면 인류는 살아남지 못할 것이다. 이것은 인간이 지닌 측면이지만 만약 인간을 창조한 하늘의 입장에서 본다면 왜 이런 번잡한 방법을 택했을까 하는 의문도 지닐 필요가 있다.

어떤 의미에서는 죽음이 끝은 아니다. 본능 속에 숨겨진 여러 부분은 지속적으로 삶을 이어 궁극으로 나아가게 하려는 의도가 숨어있다.

다른 하나는 한국전쟁 때 극명하게 드러났는데 우리나라를 물심양면으로 돕기 위해 지원 의사를 밝히거나 실제 전투 병력이나 의료 혹은 물자 및 재정을 지원한 나라는 60여 개국이나 된다.

당시 정말 형편없이 가난하고 보잘것없는 나라였지만 이토록 많은 나라에서 자국군인의 목숨을 희생하면서까지 지원을 했고 아직도 전사한 희생자의 일부는 부산의 UN 묘지에 묻혀 있다.

아직도 부산에 소재한 유엔기념공원(United Nations Memorial Cemetery in Korea)에는 당초 참전 16개국 전사자 1만 1,000명이 매장되었으며, 설립 후에 많은 유해가 다시 그들의 조국으로 이장되어 2,300기의 유해가 안장되어 있다.

이들의 지원국은 다음과 같다.

전투부대 파견국 : 16개국 - 오스트레일리아, 벨기에, 캐나다, 콜롬비아, 에티오피아, 프랑스, 그리스, 룩셈부르크, 네덜란드, 뉴질랜드, 필리핀, 남아프리카공화국, 태국, 터키, 영국, 미국

의료지원국 : 5개국 - 덴마크, 인도, 이탈리아, 노르웨이, 스웨덴

물자 및 재정지원국 : 39개국 - 아르헨티나, 오스트리아, 미얀마, 캄보디아, 칠레, 코스타리카, 쿠바, 도미니카공화국, 에콰도르, 이집트, 엘살바도르, 과테말라, 아이티, 온두라스, 헝가리, 아이슬란드, 인도네시아, 이란, 이스라엘, 자메이카, 일본, 레바논, 라이베리아, 리히텐슈타인, 멕시코, 모나코, 파키스탄, 파나마, 파라과이, 페루, 자유중국, 사우디아라비아, 스위스, 시리아, 우루과이, 바티칸, 베네수엘라, 베트남, 서독

지원의사 표명국 : 3개국 - 볼리비아, 브라질, 니카라과

어떤 나라의 경우든 한 나라의 전쟁을 돕기 위해 이토록 많은 나라에서 관심을 보이고 원조를 아끼지 않은 경우는 역사상 거의 유례가 없을 것이다. 단순히 지정학상 위치 때문이라고만 볼 수는 없다. 무언가 드러나지 않지만 당시나 지금까지도 선진국이 아닌 나라들이 많은 것은 딱히 설명되지 않지만, 그만큼 지원이 필요한 의식이 고무되었기에 이러한 현상으로 발현된 것이리라 본다.

이는 천손민족으로서 전 세계에 명확히 의무를 빚진 것으로 봐야 할지 아니면 역할을 드러내게 하기 위해 조성된 것인지 후대에 이르러도 구분이 되지 않을 정도로 미묘한 부분이다. 어쨌건 약 70년의 세월이 흐른 지금도 도움이 필요한 나라에 아직 그 빚을 갚아나가고 있다.

우리나라 역사를 논할 때 고구려 700년(혹은 900년), 백제 700년, 신라 1,000년, 조선 500년이라 한다. 조선 500년이라 해도 그에 상응하는 나라는 거의 찾아보기 쉽지 않다. 중국의 경우에는 길어도 300년 정도이며 대부분은 수십 년에 지나지 않았다.

특히 고구려는 『삼국사기』권 22 비기에 고구려가 900년이 되었다는 기

록도 있다. 고구려와 당나라가 전쟁 중인 668년에 당나라 사신이었던 가언충이 '고구려의 비기에 900년이 안 되어 80세 된 대장이 이 나라를 멸한다는 기록22)이 있는데 고구려는 한나라 때부터 나라가 있었고 지금 900년이 되었는데, 당나라 고종의 나이가 80입니다'고 말하였다고 한다. 이 기록에 따르면 『삼국사기』에 나타난 기원전 37년보다 거의 200년이나 앞선 시기에 고구려가 건국하게 된다.

고구려는 서기 668년에 멸망했으나 그 생명력이 끈질겨 150년이 지난 후에도 항거한 사례가 보이는데 산동지역에서 당나라에 맞서 독립된 치청왕국淄靑王國을 세운 고구려인 이정기李正己의 손자이자 당나라 운주절도사였던 이사도李師道가 반란을 일으키자 산동성 운주까지 신라군 3만의 파병기록이 『삼국사기』「신라본기」에 그 기록이 보이는 것이다.23)

자료가 별반 남아 있지 않은 발해조차도 거란족에게 멸망하는 926년까지 230년 가까이 만주와 연해주를 아우르는 패자로 존재했었다.

고조선은 이보다도 수천 년을 이어져 왔다.

어떤 나라이든 아무리 노력을 해도 이토록 오랜 기간을 크게 흔들림 없이 지속함이란 불가능에 가까운 일이다. 아무리 정치를 잘한다 해도 주변국과의 미묘한 관계가 있기 때문이다. 더구나 인접국에 의해 수많은 외침 속에서 이를 지켜낸 것이다.

여기에는 바로 제세이화 홍익인간이라는 철학이 있었기에 가능한 일이었다.

우리 민족은 그리 전쟁을 즐기지 않지만 도전해오는 외적의 침입에 방어

---

22) 三國史記 권 제22 고구려본기 제10 보장왕(寶藏王) 二十七年春二月 부여성 등 40여 성이 당에게 함락되나(668년 02월)
23) 권 제10 신라본기 제10 헌덕왕(憲德王) 十一年秋七月 당의 이사도가 반역을 일으켜, 신라가 3만의 토벌군을 파병하다(0819년 07월)

하는 능력만은 아주 뛰어났다. 그래서 중국의 수·당과 같은 대군의 침입을 여러 번 버텨냈고 인류 역사상 가장 강력한 군대인 몽골군을 맞이하여 30년 동안 6차례나 침입했으나 정복하지 못했다. 몽골과 강화가 되어도 삼별초군 三別抄軍은 진도와 제주도로 이동하면서 투항하지 않고 항쟁을 계속했다.

항상 적은 수로 방어를 했기에 먼저 성을 의지해서 쌓았고 효율적인 방어를 위해 쌓은 성은 항상 특색이 있어서 바로 구분해낼 수 있었다. 고구려성의 특징은 바로 돌출된 '치'라는 구조물로서 '치'는 측면에서도 방어할 수 있는 구조물이다.

한민족은 천신의 피를 계승한 자들이다. 그리하여 내외內外 문헌에 한민족을 신자神子·천손天孫·성자聖子·신손神孫이라 기록하였다. 마한馬韓에서는 인간 제사장을 천군天君이라 칭하였고, 『고려사』의 「김자수전金子粹傳」에 고려민족을 성자신손聖子神孫이라 말하고, 발해 문왕渤海文王은 일본에 보내는 국서에 천손天孫이라 칭하고, 『일본서기』 효덕천황 대화원년조大化元年條에 고려왕을 신자神子라 칭하고, 동경대학 에가미(江上波夫) 교수는 한국의 천신족天神族이 일본에 건너왔다고 말하였다.

왕은 하늘을 대신하는 터이라 사람이 사는 건물은 왕이 거처하는 궁궐보다 높게 지을 수 없었고, 고구려에서는 하늘과 교신하는 민족이라는 의미로 하늘을 나는 새의 깃털을 두건에 꽂은 조우관을 써서 외국의 벽화에서도 종종 확인된다.

우리나라에서 하늘과 더 가까워지려면 복층으로 지을 수도 있지만 모든 건축물이 단층으로 지어진 것은 사람들이 기거하는 공간에는 우리나라의 독특한 난방시설인 온돌을 설치해야 했기 때문이다. 이 온돌 시스템이 얼마나 효율적이고 유용했던지 오늘날 외국에서도 쉽게 받아들이고 있다.

6. 동북공정과 한복[24]

근래에 동북공정부터 김치, 한복 논쟁까지 터무니없는 중국인들의 행태를 보면 어이없기까지 하다.

마침 국내 모 기업이 관련 내용을 미국 뉴욕에 광고까지 하면서 이를 바로 잡으려는 사태가 벌어졌는데 여기에 중국의 역사서 『속자치통감』, 『숙원잡기』등의 내용을 근거로 반박하는 내용이 있었기에 소개를 하고자 한다. 여기에는 오히려 우리의 앞선 문화가 중국인들에 많은 영향을 끼친 부분들이 드러나고 있다.

경신외사庚申外史 지정 이래 궁중의 급사와 사령은 태반이 고려의 여인이었다. 이 때문에 사방의 의복과 신발, 모자, 기물이 모두 고려를 따라 일시의 유행이 되었으니 어찌 우연하다 할 수 있는가![25]

황후도 역시 고려미인으로 삼아, 대신유권자는 곧 이를 귀하게 여겨, 수도 고관귀인은 반드시 고려여자를 얻은 후에야 명가가 된다. 그렇게 된 이래, 궁중급사사령, 대반이 고려여자이며, 이런 이유로 사방의 의복, 신발과 모자, 기물 모든 것을 고려를 모방해, 온 세상이 미친 것 같다.[26]

마미군馬尾裙은 조선국(고려)에서 시작되어, 수도로 유입됐으며…귀천을 가리지 않고 복식이 날로 성했다. 성화말년에 이르러, 조정 신하들도 입게 되었다. 각로만공안이 겨울에도 여름에도 벗지 않았다.…이 복식은 요사하므로, 홍치 초시에 금지되었다.[27]

마미군은 15세기 말, 명나라 선비들 사이에 조선식 복식인 마미군이 크

---

24) 한가람역사문화연구소포럼 카페
25) 권형(權衡) 『고려양자(高麗樣子)』
26) 『속자치통감(續資治通鑑)』 第214 元紀32
27) 『숙원잡기(菽園雜記)』

게 유행했는데 말총으로 만든 치마라 뻣뻣해서 입으면 펼친 우산처럼 보여 발군髮裙이라고도 했다.

명나라에서 유행한 조선식 치마 마미군(철릭이거나 유사한 형태이다)

이 내용은 『지봉유설芝峯類說』卷十九 복용부服用部에서도 그 내용이 보이는데 15세기에서도 한복을 따라 하면서도 문제라 하여 금지했는데 현대에 와서는 그 한도를 넘어 부끄러움조차 모르는 듯하다.

7. 중국 속의 삼국과 고려

삼국이 중국 대륙에 있었다는 증거는 상당히 많지만 몇 가지 눈에 띄는 것만 제시해 본다.

『삼국사기』에 표현되는 메뚜기, 황충, 누리 등의 표현은 고구려, 신라, 백제의 기록 모두에 자주 나타나는데, 이들 메뚜기는 여기저기 옮겨 다니는 이주형移住型이어서 현재 국내에 서식하는 단서형單棲型과는 전혀 다르다. 이들은 수많은 군집을 이루어 농작물을 해치워 먹어 막대한 피해를 입히는데 현재 국내에서 이런 형태의 메뚜기는 볼 수 없다.

신라 26대 진평왕 31년 (609) 봄 정월에 모지악毛只嶽 아래의 땅이 타서 넓이가 4보요, 길이가 8보, 깊이가 5척이었고 10월 15일에 꺼졌다는 기록이 있고, 신라 29대 무열왕 4년(657) 가을 7월에 토함산의 땅이 타서 3년만에 꺼졌다는 기록28)은 한반도 내에서는 상상하기 어려운 내용이다.

즉 이 일대의 지질이 불국사 화강암으로 중생대 말에서 신생대 초로서 역사 기록에 '땅이 불탔는데, 3년 만에 꺼졌다.'는 표현은 맞지 않다. 이들 지층에서 역사시대에 화산 분출 기록은 없으며 그런 지질도 분포되지 않는다. 현재의 경주가 아니라는 의미이다. 오히려 아래 그림에서 중국 안후의성에 경주가 소재하고 있는데 이 일대일 가능성이 높다.

삼국이 같은 한반도 이내라면 자연재해가 유사한 시기에 겹쳐야 하는데 특히 신라와 백제의 가뭄이나 수해는 많은데 이들이 겹치지 않는다는 것은 이들 나라가 한반도 내가 아니라는 명확한 증거이다.

아래 지도에서는 우리나라에서 볼 수 있는 낯익은 지명들이 많은데 이 지명은 신라와 백제의 지명들이다.

---

28) 삼국사기 신라본기 609년 1월, 657년 07월

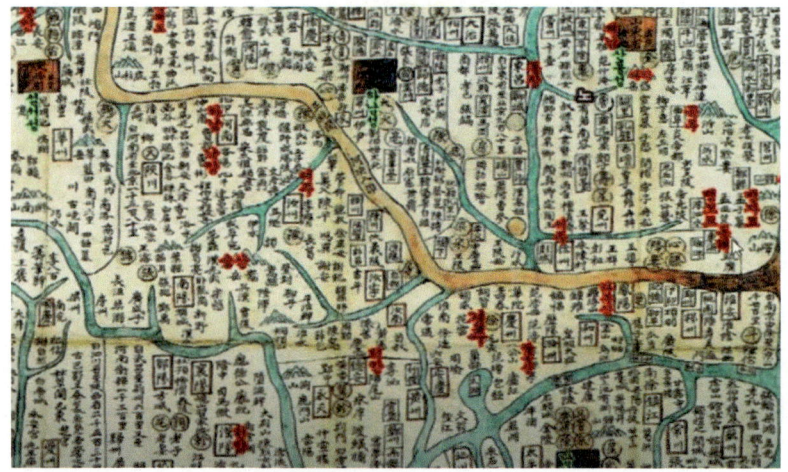
1660년 조선에서 만든 지도(책보고 2021.10.08.)

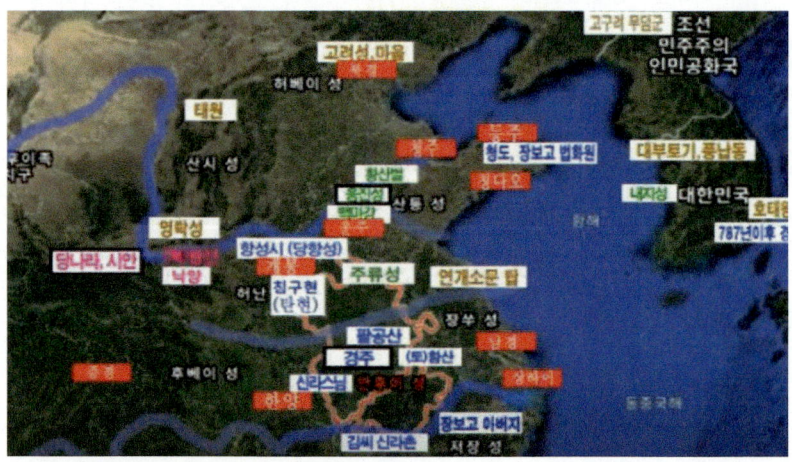
(책보고 2021.10.08.)

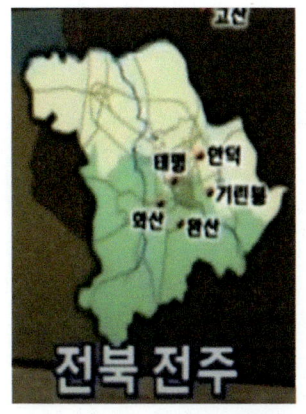 

두 지역에 같은 지명들이 여러 곳 있다.
(사진에는 나와 있지 않지만 화산이나 고산도 전주에 있다.)

　한 가지 특이한 점은 1980년대 대만에서 발행된 중국 군사지도를 보면 산동반도 부근에 낯익은 백제의 지명인 황산벌이니 백마강, 주류성이니 하는 지명들이 보인다.

　이 지도를 대만 대사관에서 입수한 오재성이란 분은 『삼국사기』에서 나오며 국내에서 확인되지 않은 지명까지 약 100여개를 이 지도에서 찾아내었다고 진술한 바 있다. 즉 이는 삼국이 대륙 안에 있었음을 반증하는 것이라 하겠다. 이 지명들이 수록된 지도들은 현재 점차 중국에서 조금씩 원래 지명을 바꿔 지워가고 있다고 한다.

　실제로 우리나라 부여읍 부소산 백마강 낙화암에 막상 가보면 수많은 궁녀가 물에 뛰어내릴 마땅한 공간은 없어 보인다. 아울러 당시와 비교가 될는지 모르지만 수심도 얕아 빠져 죽으려 해도 쉽지 않음을 깨닫게 된다.

　이러한 자료들은 앞으로 충분한 연구가치가 있다.

또 『삼국사기』의 기록을 통해 고구려나 백제, 초기 신라의 일식기록을 역추적한 결과 기록관측 부위가 대륙에 있었음을 밝혀냈다.

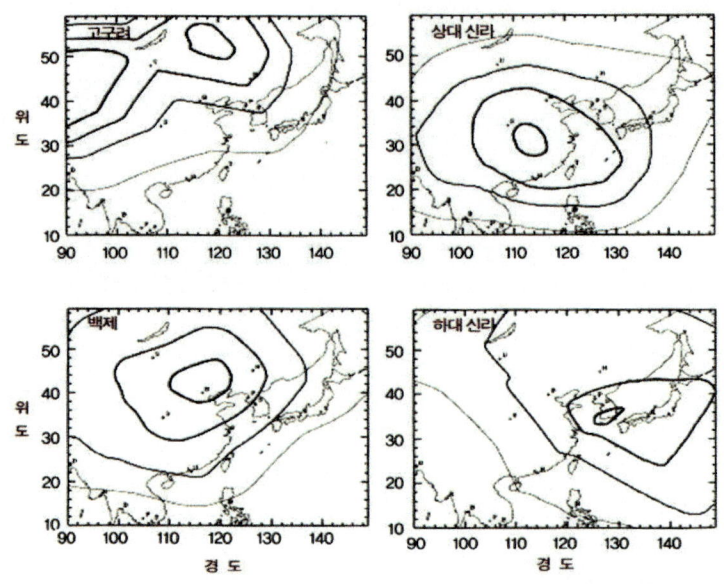

고구려(왼쪽 위), 백제(왼쪽 아래), 상대 신라(오른쪽 위), 하대 신라(오른쪽 아래)가 기록한 각국의 일식들을 가장 잘 볼 수 있는 최적 관측지(동고선의 중심). 상대 신라는 201년 이전, 하대 신라는 787년 이후의 기록에 대한 결과이다.

대륙삼국설 박창범

『삼국유사』에 해동의 명현名賢 안홍安弘이 편찬한 『동도성립기東都成立記』에 다음과 같이 말한다. "신라 제27대에 여왕이 왕이 되니 도道는 있으나 위엄이 없어 구한九韓이 침략하였다. 만약 용궁 남쪽 황룡사에 구층탑을 세우면 곧 이웃나라의 침입이 진압될 수 있다. 제1층은 일본, 제2층은 중화, 제3층은 오월, 제4층은 탁라托羅, 제5층은 응유鷹遊, 제6층은 말갈, 제7층은 거란, 제8층은 여적女狄, 제9층은 예맥穢貊이다. 29)

---

29) 삼국유사 권 제3 제4 탑상(塔像第四)/황룡사구층탑(皇龍寺九層塔)/9층탑 관련 기록

여기서 이들 9나라는 신라의 인접한 이웃나라로서 신라에게 괴로움을 준 나라들이다. 만약 한반도 내에 신라가 있었다고 상상한다면 이 같은 내용은 있을 수 없는 일이다.

(책보고 2021.10.31.)

중국 베이징 주변에는 고려와 관련된 지명들이 많다.

특히 고려사 세가 인종 14년 9월(1136년 9월 10일(음) 을해乙亥)에 다음과 같은 내용이 실려 있다.

송 명주에 사신을 보내 서하 밀사 파견에 대한 우리 입장을 전달하다.

"…금(金)과 국토가 서로 맞붙어 있는 관계로 어쩔 수 없이 화친하였는데, 만약 사신을 파견하여 하국 사람과 같이 일을 논의하였다 하면 필시 세 나라기 몰래 모의했나고 생각할 것이고 이 때문에 시기하고 분노하여 군대를 출정시킬 명분으로 삼는다면 우리나라가 전쟁에서 이길지 질지는 알 수 없습니다. 만약 우리나라가 제후국이 되지 않는다면 「상국의」 회수淮水와 절강浙江의 연안 지방까지가 바로 금과 인접하게 될 것이니 진실로 상국에도 이롭지 않습니다. 또한 상국이 군사를 일으켜 우리나라를 경유하여 공격한다면 저들 역시 우리나라를 경유하여 반격할 것입니다. 그렇게 되면 연해의 여러 고을은 필시 경비할 겨를이 없게 될 것입니다."

이 내용으로 보아 고려의 강역은 회수와 절강 연안까지 이어져 있었음을 반증한다.

즉 고구려, 백제, 신라뿐 아니라 고려까지도 중국대륙에 분포했다는 명확한 증거라 할 수 있다. 이러한 내용은 좀 더 충분한 절차를 거쳐 전반적인 교차검증이 필요하다. 하지만 동일한 지명들이나 관련 지명들이 수많은 거리를 두고 같이 나타난다는 것은 분명한 연관이 있기 때문이다.

조선족 연길 출신으로 현재 북경의 중앙언론사 기자가 쓴 책이 국내에 소개되었는데30) 그 책에는 지명을 따라 찾은 전설 같은 고구려의 이야기를 담은 책으로 예상하지도 못했던 중국 내에 '고려영, 고려장, 고려표' 등의 지명과 유적을 답사하고 우리나라 고대사에 얽힌 많은 비밀에 대해 소개하고 있다.

---

30) 김호림(2012), 고구려가 왜 북경에 있을까, 서울: 글누림

8. 중국의 역사와 우리와의 관련

5천 년 중국 역사에서 한족漢族이 세운 통일국가는 한·송·명 세 나라로 이들의 존속기간을 다 합쳐도 겨우 천년이 조금 넘을 뿐이다. 즉 중국 역사의 대부분이 한족의 역사가 아니라는 것이다. 혹자는 왜, 수·당나라가 포함되지 않느냐고 반문할 수 있다. 비록 수·당의 역사가 중국의 역사로 편입되었으나 한족의 역사에 포함될 수 없는 이유는 수·당의 왕실이 한족이 아닌 북방민족인 선비족鮮卑族이기 때문이다.

금나라 청나라는 신라 김씨가 중국에 세운 나라이며 원나라는 몽골이 지배했다.

이것은 겉으로 드러난 것만 손꼽아도 이러하다.

고구려 출신 중에 선비족이 세운 대연의 황제가 된 고운이 있다. 5호16국 시대에 대부분 선비족이 주도하게 되는데 과거에 북경이 연경으로 불리게 된 것은 연나라의 수도였기 때문이다.

후연 때 모용보라는 황제가 있는데, 이때 모용보의 아들인 모용회 라는 인물이 반란을 일으킨다. 이 반란을 진압하는데 고구려 출신인 고운高雲은 연나라 황제인 모용씨의 성을 하사 받게 된다. 후에 우여곡절 끝에 후연의 마지막 황제로 추대가 되고 다시 원래의 성인 고씨로 바꾼다.

고양씨는 삼황오제 가운데 오제에서 첫 번째인 황제와 큰 아들 소호, 둘째 창의, 그리고 제전욱이 바로 고양씨 모두 동이족이다. 고화의 손자인 고운이 중국 사료에도 동이족으로 나온다. 중국의 고대 언어에 관한 『방언方言』이라는 책은 양웅(揚雄, 기원전 53~기원후 18)이 썼는데 고구려와 선비족인 모용씨는 서로 언어가 통했으며 선비족은 후대에 몽골족이 되었다고 나온다.

중국이 만리장성을 쌓은 이유가 북방기마족의 침입에 대비해서 쌓았는데, 지금도 위용을 자랑한다. 천하제일관이라는 산해관山海關과 1579년(만력 7) 일대를 척계광戚繼光 장군이 관을 보수하면서 바다 속으로 7장(丈)의 길이의 석성石城을 쌓았는데 그 이름이 노룡두老龍頭이다. 우리네 북방 기마민족의 침입을 오죽 두려워했으면 만리장성을 쌓고도 모자라 바다 속 7장을 더 나아가 쌓아 어마어마한 규모에 걸맞은 노룡두라는 거창한 이름을 붙였을까.

노룡두

9. 금사金史와 청사青史는 우리 역사의 편린

신단민사(김교헌, 1923)에서 발해·요·금·청까지 포함해서 민족사의 흐름을 밝히고 있고 배달조선정사(倍達朝鮮 正史, 신태윤, 1928)에서도 요사·금사·청사를 한국사에 포함하고 있다.

민족정사(民族正史, 尹致道, 1968)에서는 남북조시대를 확장하여 북조사北朝史에서 발해사·요사·청사를 남조사南朝史에서 고려·조선사를 다루고 있다.

여진과 한민족 간의 관계에 대해서는 주목할 만한 기록이 있다. 『금사金史』는 태조 아골타가 여진과 발해는 본래 한 집안(女直渤海本同一家)이라고 했다고 썼다. 또 금나라의 시원과 관련하여 금의 시조는 이름이 함보로 고려에서 왔다고 했다.

> 금나라 시조는 함보이다.
> 金之始祖諱函普
> 처음 고려[신라]에서 나올 때 60세가 넘었다.
> 初從高麗來 年已六十餘矣
> 형 아고호불은 따라가지 않고 고려에 남았다.
> 兄阿古好彿 留高麗不肯從
>
> 『금사(金史)』 본기(本紀) 第一世紀

여기서 고려라는 표현은 신라인을 말한 것으로 해석할 수 있다. 『金誌』, 『大金國志』, 『松漠紀聞』 등은 초기 여진 추장이 신라인이라 밝히고 있다. 남송 때 금나라 견문록인 홍호洪皓의 『송막기문松漠紀聞』에는 금나라가 건국되기 이전 여진족이 부족의 형태일 때 그 추장은 신라인인데 완안씨라고 불렀다. 완안이란 중국어로 왕이라는 뜻이라고 전하고 있다.

여진의 추장은 신라인인데 완안씨라고 불렀다.

女眞酋長乃新羅人號完顔氏

완안이란 중국어로 왕이라는 뜻이다.

完顔猶漢言王也

『송막기문(松漠紀聞)』

고려사 등에서는 이를 김준(今俊, 金俊)이라 전한다.

옛날 우리 평주의 승려 금준(今俊)이 여진에 도망쳐 들어가

昔我平州僧今俊遁入女眞

아지고촌(阿之古村)에서 살았는데, 이 사람이 바로 금나라의 선조이다.

居阿之古村是謂金之先

『고려사(高麗史)』卷第十四 世家』

신라 마지막 왕자인 마의태자의 후손임을 주장하는 부안 김씨들은 그들의 족보를 내세워『금사』,『만주원류고』,『송막기문』등의 내용을 이렇게 뒷받침한다.

함보는 법명이고 그의 본명은 김준(혹은 김행)으로 마의태자 김일의 아들이자 경순왕 김부의 손자이다. 김행은 여진으로 갔지만 다른 두 형제는 고려에 남아 부안 김씨의 시조가 되었다.

1778년 청淸나라 건륭제乾隆帝 때 황명으로 펴낸『만주원류고滿洲源流考』에는 금나라 시조와 국명의 연원이 신라에서 비롯되었다는 것을 주장하고 있다.

금나라의 시조 합부(哈富) 또는 함보(函普)는 원래 고려에서 왔다.

金之始祖諱哈富(舊作函普) 初從高麗來

통고(通考)와 대금국지(大金國志)를 살펴보건대 모두 이르기를 시조는 본래 신라로 왔고 성은 완안씨라고 한다.

按通考及大金國志 皆云本自新羅來姓完顏氏

고찰하건대 신라와 고려의 옛 땅이 서로 섞여 있어 요와 금의 역사를 보면 이 두 나라가 종종 분간하기 어렵기 때문이다.

考新羅與高麗舊地相錯遼金史中往往二國呼稱不爲分別

『흠정만주원류고(欽定滿洲源流考)』卷七 部族 完顏

본래 금나라의 황족들은 신라에서 와서 그 성이 완안씨이고

本自新羅來姓完顏氏

신라 왕성인 김씨 또한 이미 수십 세에 전하여져 내려오는 것이기 때문에

新羅王金姓相傳數十世則

그 김씨 성을 토대로 나라 이름을 정한 것은 의심의 여지가 없다.

金之自新羅來無疑建國之名

『흠정만주원류고』卷七 部族 完顏

신라유민이며 신라종실인 김행(金幸)의 둘째 아들인 김함보가 여진 완안부의 추장이 되어 여진족 전체를 장악하고, 이에 발해유민이 가세하여 건국한 것이 금(金)이다.

남송시기에 서몽신(徐夢莘)이 지은 『삼조북맹회편(三朝北盟會編)』에 따르면 여신이 고구려와 주몽의 후예라고 명기되어 있다.

여진은 옛 숙신국이고, 본래 고구려 주몽의 남은 종족(후예)이다.

女眞古肅愼國也 本高麗朱蒙之遺種

그리고 발해의 별족(別族; 계통의 종족)이고, 삼한의 진한이다.

而渤海之別族 三韓之辰韓

『삼조북맹회편(三朝北盟會編)』 황두여진(黃頭女眞)

중국 측의 만주족 관련 자료 중 중국의 전국 문화정보자원『공향공정共享工程』이라는 중국 정부의 관영 사이트는 다음과 같이 말한다.

말갈은 맥족의 동음어이며, 맥족과 학족이 융합하여 형성되었다.

靺鞨 是貊族同音詞 是貊族與貉族融合而成的

『공향공정(共享工程)』

금金은 중국의 송宋과는 끊임없이 전쟁을 벌였으나 고려와는 대체로 큰 전쟁 없이 형제국가로 지냈다. 여진은 금 건국 이전에는 고려를 부모나 형으로 여겼고, 금 건국 후에는 스스로 형이라 칭했다.

우리 조상은 대방(고려)으로부터 나왔으니 자손 대대에 이르기까지 귀부하는 것이 의리에 맞는 일입니다.

我祖宗出自大邦 至于子孫 義合歸附

『고려사(高麗史)』 卷第十三 世家

금나라는 멸망 이후 4백 년이 흐른 17세기 중반에 청나라의 중원제패로 다시 한 번 부활하였으나 금나라를 바라보는 고려의 시각이나 청나라를 바라보는 조선의 시각은 변하지 않았다. 그러나 나중에 신하의 나라로 전락하고 말았다.

여진 말 중에 사둔(Sadun)이라는 말이 있다. 이 말은 친척 집안(親家)이라는 뜻이다. 우리말의 사둔 또는 사돈과 음과 뜻이 같은 말이다. 원래 혼인婚姻이라는 말은 사돈을 맺는다는 말로서 남녀 개인 간의 결합뿐 아닌 다른 집안끼리 친척이 되기로 맺는 것을 의미하는 말이다.

말갈이라 부르든 여진이라 부르든 간에 그들과 우리는 배달, 고조선, 고구려를 거쳐 이어온 같은 강역의 같은 뿌리에서 출발한 같은 역사일 수밖에 없다.

신채호 선생도 자신의 저서 『조선상고사』에서 조선족朝鮮族이 분화하여 조선, 선비, 여진. 몽고, 퉁구스족이 되고, 흉노족이 천산遷散하여 돌궐, 헝가리, 터어키, 핀란드 등 족族이 되었나니…라고 기술함으로써 이러한 관점을 분명히 뒷받침하고 있다.

금나라의 뿌리가 신라에서 나왔고 그 백성들이 고구려와 발해의 사람들이었으며 그 땅이 우리 선조들이 살던 곳이라면 당연히 우리의 역사이다.

김세렴의 『해사록』에도 금金나라 태조太祖 완안 아골타(完顏阿骨打)는 김부(金傅 - 신라의 마지막 임금 경순왕敬順王의 이름)가 비록 항복하여 고려왕이 합병하였으나, 그 외손外孫 완안 아골타(完顏阿骨打)는 곧 권행(權幸 안동 권씨(安東權氏)의 시조)의 후예인데, 중국의 송을 물리치고 분할分割하여 다스렸다31)고 나와 있다.

『흠정만주원류고』는 1600년대 초반 여진족이 세운 또 하나의 나라 청나라의 공식 역사서다.

'사서를 보니 신라왕실인 김씨가 수십 세를 이어왔고 금이 신라로부터

---

31) 동명東溟 김세렴金世濂(1593-1646)의 인조 14-15년(1636-1637) 일본 사행록 일기 『해사록海槎錄』고려 왕건으로부터 사성을 받기 전에 성씨를 그대로 사용.

온 것은 의심할 바 없다. 금나라 국호 또한 김씨 성을 취한 것이다.'32)

청나라의 공식역사서 『흠정만주원류고』에 그들의 계통 원류로 부여, 삼한, 백제, 신라, 발해 등을 그 계통과 역사에 포함했는데 이는 우리나라의 역사와 다름 아니다.

즉 현재의 중국강역은 청나라 때 설정된 것으로 이는 우리 민족의 결정적인 도움을 받아 세운 국가라 할 수 있다. 우리 민족의 역사관은 조선조 이후로 반도 내에 머물러 왔는데, 정작 우리 민족의 영산이라는 백두산의 역할은 축소하고 있다.

백두산은 민족의 영산靈山으로써 만주 일대에 흩어져 있는 민족에 대해 이민족이라는 의식을 버리고 어느 정도 수준에서는 동류의식을 지녀야 할 필요가 있다. 특히 두만강의 폭이 좁아 북간도 개척으로 수많은 농민들을 보낸 바 있는 조선은 일제강점기 시 일본의 책략으로 중국에 그 영토를 넘겨줌으로써 영토뿐 아니라 북간도에 거주하던 우리 민족을 송두리째 넘겨주고 말았다.

대저 국가는 바뀌어도 국민은 그 자리에 남아있는 경우가 대부분이기 때문이다.

최근 19세기 말엽 영국에서 발행된 고지도가 인터넷 경매에 올라왔는데 여기에는 북간도 지역이 우리 영토로 표시되어 밋밋하게 표시되어 있다.

---

32) KBS역사스페셜제작팀(2011: 39-53), 우리역사, 세계와 통하다, 서울: 가디언

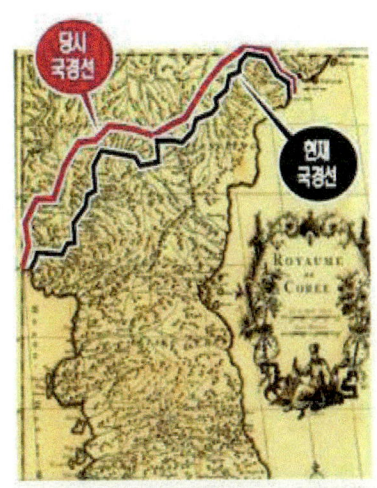 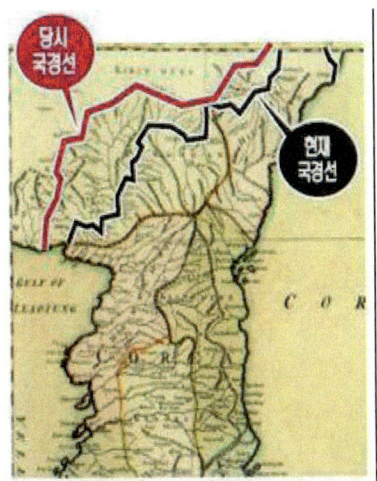

프랑스의 당빌이 1737년에 제작한 조선 지도. 청 강희제의 명을 받은 예수회 선교사들이 제작한 '황여전람도'를 참고한 것으로, 동간도 서간도가 조선 영토로 그려져 있다.

영국의 지도제작자 던(Dunn)이 1794년에 제작한 지도. 서간도는 고려(조선)의 평안도, 동간도는 함경도에 속하는 것으로 그렸다. 경희대 혜정문화연구소 제공

여러 해 전 기사를 보면 '당대 유명제작자가 만든 69점 공개했는데 18~19세기 서양에서 제작된 고古지도의 대부분이 간도를 조선의 영토로 표시하고 있는 것으로 드러났다.

당대의 유명지도제작자들이 만든 지도는 두만강 이북 동간도 지역뿐 아니라 압록강 서북쪽도 조선 땅으로 표기하고 있다. 당시 조선·청을 구획하는 울타리였던 이른바 '레지(Regis)선'을 두 나라 국경으로 명기하고 있으며, 동쪽 국경도 두만강보다 훨씬 북쪽으로 떨어진 곳에 있는 것으로 그렸다.

레지는 프랑스의 지리학자이자 예수회 선교사이고 당시 유럽에서 프랑스와 독일이 비교적 지리학이 발달한 나라였다. 레지선은 중국(청)과 조선의 북방경계를 뜻하는 선으로써 청나라 강희제의 요청으로 러시아와 국제조약을 맺으면서 국경의 중요성을 깨닫고 실측해서 청나라 지도를 만들게 되었다. 그것이 1718년 청나라 황실에 납품한 황여전람도라는 지도이다. 이 지도에서 만주, 청나라와 조선의 국경을 실측해서 제출한 인물이 레지 신부이다.

청나라와 조선의 국경을 그은 선을 레지선이라 하며 청나라 황실의 공식적인 요청을 받아 실측해서 그렸다.

졸지에 어느 순간부터 이방인이 되어 살아가는 그들은 누군가는 껴안아야 한다.

과거 중국(周나라)의 강역이 얼마나 작았는지를 알려주는 기록이 『맹자孟子』 만장장구萬章章句 하下에 남아 있는데 다음과 같다.

실제 주나라 왕실에서 사용하던 작위와 봉록의 등급에 관한 설명이다.

'천자의 영지는 사방 천리, 그 제후들인 공公과 후侯는 지방이 백리, 백伯은 사방 70리, 자子와 남男으로 칭하는 제후들은 각각 50리의 땅을 다스렸는데, 그 봉지가 50리가 못 되는 나라는 능히 천자 앞에 나아가 상주할 수 없어 이웃의 큰 제후국에 부속하여 그 성명만을 통했기 때문에 부용附庸이라 한다.'33)고 하였다.

이러니 맹자 당시와 그 이전의 나라 규모는 현재의 우리나라와 비교해도 얼마나 작았는지 미루어 짐작할 수 있다.

중국대륙을 놓고 보자면 당시 주나라 그리고 중국이라는 나라는 아주 작은 소국에 불과했다. 당시에도 이웃 나라와 각축을 벌였으니 당연히 이웃 나라가 있기 마련이고 역사기록에도 일부가 남아있다. 나머지 강역은 다른 나라가 차지하고 있었으니 우리나라의 강역이 당연히 여기에 포함되고 있었다고 볼 수 있으며 중국 사서에도 동이족에 관한 언급이 빠짐없이 비중 있게 나오지만, 우리 식민사학자들은 위서 운운하면서 모든 이론을 배척하면서 모른 척하고 있다.

---

33) 天子之制 地方千里 公侯 皆方百里 伯七十里 子男 五十里 不能 五十里 不達於天子 附於諸侯 曰附庸

중국사서에 나오는 산동성 일대의 동이족이 우리나라 말고 다른 민족은 상상하기 어렵다.

『삼국지三國志』 위서魏書 동이전에

한韓은 대방帶方의 남쪽에 있는데, 동쪽과 서쪽은 바다로 한계를 삼고, 남쪽은 왜倭와 접경하니, 면적이 사방 4천리쯤 된다. [韓에는] 세 종족이 있으니, 하나는 마한馬韓, 둘째는 진한辰韓, 셋째는 변한弁韓인데, 진한辰韓은 옛 진국辰國이다.

사방이 4천리쯤 된다면 한韓의 영역만 해도 응당 요하를 넘어갈 듯한데 어떤 사학자는 대방의 위치를 한반도 내에 두고자 황해도설을 내놓은 바 있다. 이런 터무니없는 논리 등을 내놓으면서 이를 근거로 반박하면 사서史書를 가짜로 몰아가며 그 근거는 내놓지 못하고 있는 현실이다.

중국인들은 감히 천하天下를 논하고 천자天子라고 일컬었지만, 신라 김씨의 후손과 발해 유민들이 만든 현재 중국의 강역에 비하면 이는 아주 극히 작은 소국이다.

중국 하얼빈(哈尔滨 哈爾濱 합이빈, 흑룡강성) 근교의 아청(阿城 아성)시는 금나라 수도인 상경회령부上京會寧府가 있던 곳이다. 아청엔 여진족의 후예인 만주족滿洲族의 집단 거주지가 있었다. 그런데 여진족의 전통가옥이 눈에 익은데 짚을 섞어 쌓은 흙벽과 가로지른 서까래는 우리나라 옛 시골집의 구조를 닮았다. 한쪽에 볏짚으로 이은 행랑채와 재래식 화장실이 있고 텃밭도 있다. 한족들의 가옥과는 뚜렷이 구분되는 구조다. 집 내부는 우리와 같이 온돌을 이용해 난방을 하고 있었다. 이들은 여가 시간이면 모여서 전통방식의 겨루기를 즐긴다. 그것은 씨름이었다. 경기방식에 차이는 있지만, 우리 씨름과 대단히 흡사하다. 이 또한 한족에게서 찾아볼 수 없는 놀이다. 옛날 우리 농촌에서 흔히 볼 수 있었던 풍경이다.

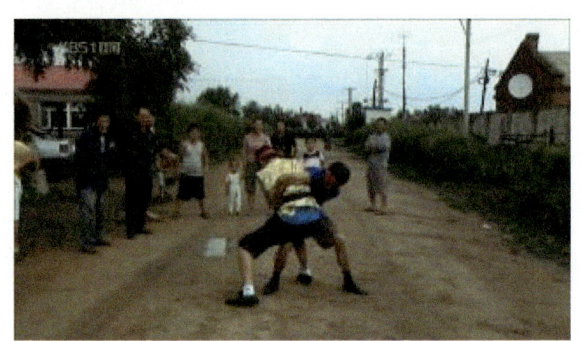

아청시의 만주족 동족촌에는 아직도 씨름과 유사한 전통놀이가 행해지고 있다.(KBS 역사 스페셜)

나라가 백성을 버렸다고 남의 백성이 되는 것은 아니다.

근래에 탈북자들이 이들에게 팔려 가면서 갖은 고초를 겪고 있어서 한편 생각에 당사자들과 관련자들은 힘들겠지만, 과거에 나라에서 이들을 버린 죄과를 탈북 여성들이 대신 치르는 것이 아닌가 하는 생각도 해본다.

『규원사화揆園史話』는 숙종 2년(1675)에 북애노인이 쓴 책으로 고기古記들을 참고하여 우리나라 상고사를 재구성한 것이다. 작자가 참고한 자료는 고려 말의 이명李茗이 지은 『진역유기震域遺記』인데, 이 책은 고려 초 발해의 유민이 쓴 『조대기朝代記』를 토대로 한 것으로 『조대기』가 실재했던 고기임이 『세조실록』을 통해서 확인되므로, 『진역유기』라는 책도 실제 했을 가능성이 높다.

『규원사화揆園史話』에 "후세에 한漢나라는 이들을 읍루挹婁라 하고 원元과 위魏는 물길勿吉이라 하였으며 수당隋唐은 말갈靺鞨이라 하였는데 북쪽의 야만인과 서로 섞여 점점 그 풍속을 잃어서 오랑캐라고 업신여기는 한탄을 면치 못하게 되었다. 그 후에 금金이나 여진女眞이 다 그 후손이다. 그러나 같은 겨레이면서 이름이 달랐다."

이렇게 갈라져 다른 이름을 붙이게 된 것에는 나름대로 사정이 있겠으나 삼국으로 분열되었다가 통일이 되듯 한겨레로 취급되어야 하며 같은 동이족이다.

『규원사화揆園史話』는 그간 식민사학에 물든 일부 학자들에 의해 위서僞書로 알려졌으나 국립중앙도서관에서 진본이 발견되고 고서 심의위원 3인에 의해 진본으로 인정받았다. 한편 북애자는 소한당所閑堂 권람(權擥, 1416~1465)의 호라는 증언도 있다.

여기서 인용한 책은 고동영의 규원사화 번역본을 참조하였다.

이에 박문기는 "이 땅에도 유풍선속이 다 사라져가고 있지만 그래도 그 말만은 전해오고 있다 하여 지금 사람들이 대개 바지 끝을 매는 끈을 가리켜 단임(檀袵 : 속칭 대님)이라 하고 머리에 매는 끈을 가리켜 단기(檀綺 : 속칭 댕기)라 칭하고 있는 것은 바로 그 당시 단군께서 제정하셨던 법도에서 비롯되었다고 한다. 즉 단임과 단기(댕기)라는 말은 단군께서 바지 끝과 머리털의 끝을 끈으로 매도록 가르쳤다는데서 유래된 말이다"고 하였다.

한편 진태하 교수는 오랑캐란 용어는 중국에서 쓰이지 않는 말로서 변방의 야만족으로 쓰이는 말인데 오랑캐의 유래에 대해서 '옛날 두만강 건너편에 올랑합兀良哈이란 지명에 여진족이 살고 있는데 조선 초에 넘어와서 노략질을 했다. 우리식으로 오랑캐로 소리 내었는데 여기서 오랑캐로 유래되었다.'고 한다. 그러면서 우리 스스로가 夷(이)를 오랑캐를 쓰는 것은 우리 조상을 욕 뵈는 일이라 하였다.

국가 간의 다툼은 이해관계도 없지 않으나 가장 큰 요소는 쉽게 잘 살기 위한 방편이었다. 무력으로 남의 것을 빼앗으면 되니 힘들게 농사를 지을 필요도 없었다. 남들이 일 년 내내 힘들게 농사를 지으면 그것을 무력으로 빼앗아 오면 되기 때문에 위험부담이 큰 반면에 가장 손쉬운 돈벌이가 되었다. 물론 당하는 자 입장에서는 적극적으로 지키기 위해 무력을 더 쌓거나 반복되는 침략에 선제공격이 필요하기도 하였다.

만약에 한해 농사지은 식량을 털린다면 굶어 죽거나 그나마 살아남은 사람은 살길을 찾아 모두 뿔뿔이 흩어져야 하므로 날강도가 쳐들어오기 전에 단단히 방어를 할 수밖에 없었다.

한편 떼를 지은 날강도에 대처하기 위해 조직을 갖출 수밖에 없었고 이를 제어하기 위해 조직은 점차 확산하고 탄탄해졌다.

이전에 잘 살았던 나라는 개인 간의 측면에서 보자면 날강도나 다름없다. 그도 심한 살인 떼강도였다. 살인, 방화, 약탈한 곡식과 재물을 극소수만 누리고 살았다. 대신에 그를 빙자해서 자신과 적국의 얼마나 많은 병사들과 양민이 희생되었는가!

중국의 자금성을 보면 그 규모와 위용에 놀란다. 우리 경복궁과는 비할 바가 못 될 정도이다. 그것이 황제의 위엄을 드러내고 유지하기 위해 얼마나 많은 사람들의 희생 속에 누리는 것인가를 거꾸로 생각해 보자. 바로 앞에서 언급한 살인 날강도 떼의 두목이었기에 그런 호사를 누려도 되는 것인지 물어보고 싶다. 그러면서도 호사를 제 명만큼 누린 이는 많지 않고 많은 후대는 그 자리를 차지하기 위해 피나는 싸움을 벌이기도 했다.

심지어 고구려조차도 다른 지역을 점령하고 그 지역으로부터 조세를 받아 생활을 꾸려나가는 형태였다. 고구려도 물론 농사를 지었겠지만, 그것으로는 부족했다. 『후한서後漢書』고구려조에 "농사지을 땅이 부족해서 힘껏 농사를 지어도 자급自給하기에 부족하기 때문에 그 습속이 음식을 아낀다."고 기록하고 있다. 즉 생존을 위해서 살기 위해서는 어쩔 수 없는 측면이 있는 것이다.

역사의 연구라는 것은 이런 의미에서 날강도 짓을 합리화시키려는 의도가 다분 없지 않다.

현대에 와서는 도리를 표방하여 날강도 짓은 할 수 없으니 방법이 교묘해진 것뿐이다.

현대인들에게 필요한 역사관은 날강도 짓을 회피하는 방법에 대해 역사를 통해 깨닫는 것이다. 아울러 날강도 짓을 하지 않고도 잘 살 수 있는 방법을 찾아내는 것이다.

사람들은 도덕이니 예의니 논하지만 이런 날강도 짓에 대해서는 입을 다물고 만다. 도덕이니 예의도 굶주림이나 호의호식 앞에서는 무력해지기 때문이다.

근자에 K문화라는 것이 조금씩 세계에 번지고 있으며 이는 날강도 짓을 하지 않고도 모두 잘 살 수 있다는 것을 몸으로써 보여 주는 사례라 할 수 있다.

이는 과거에 음양이 대립하는 음양상극의 관계에서 음양이 서로 조화를 이룸으로써 서로 보완하는 관계에 이르렀음을 의미하는 것이다. 예전에는 내게 부족한 것을 채우기 위해 남의 것을 서슴지 않고 빼앗으려 하였다면 지금은 서로가 서로의 부족한 부분을 보완하여주게 되면 서로가 다 같이 잘 살 수 있는 길이 열리게 된 것이다.

사실 우리나라가 그 중국의 넓은 땅을 지니다가 한반도로 쪼그라들고 그마저도 반으로 쪼개진 것은 날강도 짓을 싫어하는 민족적 성향이자 천손민족으로서의 의무 때문이다. 중국의 넓은 땅은 농경문화 사회로서 늘 식량이 부족한 이웃 국가들의 표적이 되었다.

조선 말기 통상 등을 요구하는 외국배들과의 충돌에서 과거에 개발한 많은 화약 무기들을 사용하지 못했던 가장 큰 이유가 국민성 때문에 이들을 오래전에 폐기한 때문이었다.

역사를 통해 진정으로 깨달아야 하는 것은 남을 함부로 정복하고 날강도 짓을 통해 남의 재물을 편취하여 잘 먹고 잘살았다는 얼마나 부끄러운 짓이 었는지를 깨닫고 반성하는 것이다.

물론 당시로써는 불가피한 측면이 전혀 없지는 않았을 것이다.

10. 우리민족이 지닌 발군의 수성능력

우리나라 사람들은 북방 기마민족 시절을 제외하고는 남을 적극적으로 침략하지 아니하였다. 그러나 역사적으로도 우리 민족의 수성守城능력은 뛰어났다. 나라의 침략에 저항하는 능력도 그러하지만 수성능력은 고구려를 비롯하여 전국토의 많은 지역에 지어진 성벽의 흔적을 통해서도 알 수 있다. 고구려는 어마어마한 병력의 침입에도 불구하고 지켜낸 사실들이 적지 않고 심지어 우리나라를 한 번도 방문한 적이 없는 그리피스조차도 우리의 수성능력에 대해 찬사를 아끼지 않았다.

『삼국사기』에 영양왕 9년(598)에 왕이 말갈군사 1만여 명을 거느리고 요서遼西지방을 공격했다는 기사가 나온다. 영양왕이 수隋를 선제공격했다는 것은 전면전을 각오하지 않으면 할 수 없는 행위였다. 그런데 동원한 군사가 고구려의 정예가 아니라 약체인 말갈군사였다. 고구려가 수나라를 먼저 공격한 것이나 말갈군사를 동원한 이유에 그만큼 자신이 있기도 하지만 자신의 허점을 보여 상대 공격의 빌미를 유발하려는 효과도 없지 않았던 듯하다.

30만 명이 동원된 고구려와 수의 1차 전쟁에 대해 『삼국사기』의 기록은 별반 기록이 없으나 다만 같은 해 9월에 수군이 철수했는데 죽은 자가 10에 8, 9가 되었다는 기록뿐이다. 이때 탁월한 용병술과 전술로 30만 수군을 섬멸한 장군이 고구려의 병마원수 강이식姜以式 장군이다.

서기 611년(영양왕 22년) 수 양제는 113만 3,800명으로서 역사상 유래 없는 대부대와 군량과 기타 군수품을 운반하는 무려 300만~400만의 대부대가 고구려 침략에 나섰다.

중국 대륙을 300년 만에 통일한 수나라는 거란을 비롯한 주변 국가들을 복속시키며 당시 아시아 최대의 강대국으로 위용을 떨친다. 수나라는 612

년, 철저한 준비를 통해 113만 명의 병력을 동원해 고구려를 향해 진격한다. 당시 고대 서양의 전투 규모는 고작해서 5만~10만 명이었다. 100만의 수나라의 병력은 20세기에 이르기까지 1, 2차 세계대전을 제외하고는 유례를 찾아볼 수 없는 군사동원이었다.

고구려와 수나라의 전력을 대강 비교해 보면 수나라는 대략 890만 호에 4,600만 명, 고구려는 69만 호에 인구 400만 명 정도로 10배 수준이다. 수나라 병력은 참전병력은 113만 명, 여기에 지원병은 포함되지 않았다.

요동성, 평양성, 살수에서 패하며 100만 대군은 치욕적으로 철수하고 만다. 특히, 30만 별동대까지 투입하여 전투를 벌였던 살수에서는 살아남은 수군의 수가 겨우 2,700명에 불과했다.

성문 주변의 치나 성문 주변으로 설치된 옹성, 엇갈린 두 개의 성벽 사이에 있는 어긋문은 지금으로 봐서도 매우 효율적인 방어시설로서 당시 고구려의 축성술은 매우 뛰어났다.

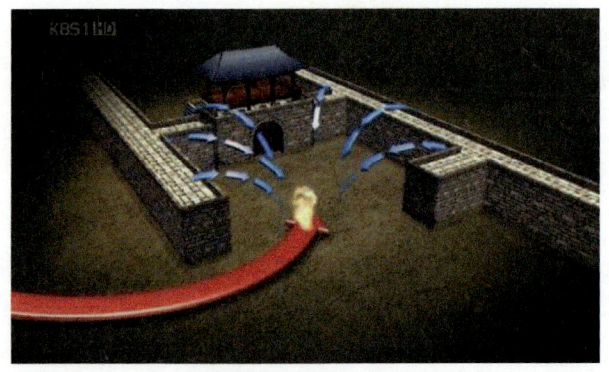

어긋문 모식도(출처: KBS)

여기에 을지문덕과 살수대첩에 관련된 이야기가 나오고 중국인들은 수백만 대군을 물리친 고구려에 근본적인 공포감을 갖게 된다. 후한 멸망 369년 만에 중국 대륙을 통일해 한껏 기세가 오른 수나라에 대한 선제공격한 영양왕, 문제와 양제 두 황제의 전력을 기울인 침략군을 일거에 무너뜨린 영양왕은 실로 광개토대왕 못지않은 위대한 군주였다.

여기서 약체인 말갈군사를 동원한 선제공격을 제외하고 몇 차례의 전쟁은 모두 대규모의 방어전이었다.

현재 중국의 수양제의 무덤 앞에는 '요동에서 일을 벌이다 천하를 잃었다.' 무모하게 고구려를 정벌하려다 모든 것을 잃었다는 의미의 비석에 새겨져 있다.

아버지 이연(李淵,당 고조)을 도와 수나라를 멸망시키고 당나라를 건국한 이세민은 강건한 국가를 만들었으며 '정관貞觀의 치治'라고 불리는 그의 치세는 중국 역사상 태평성대를 상징하는 이상적인 국가로 손꼽는다. 하지만 그는 고구려의 공격으로 초기에 성과를 얻었지만, 안시성을 공격하기 위해 안시성 동남쪽에 흙산을 쌓고 공격을 꾀했으나 갑자기 큰 비가 내려 흙산이 무너진 데 이어 고구려군에게 산을 빼앗기기까지 했다. 당나라는 사력을 다해 공격했으나 군량이 점차 바닥나면서 결국 안시성을 함락시키는 데는 실패하고 말았다. 당나라군은 고구려의 거듭된 공격에 엄청난 피해를 보고 퇴각했다. 이 과정에서 당 태종은 눈에 화살을 맞았는데, 이후 이 부상이 악화하여 사망했다고도 전해진다.

우리나라는 수성守城을 잘한다고 이름났는데 수나라와 당나라가 천하의 힘을 모아서 공격하였으나 능히 이기지 못하였다. 고려 현종顯宗이 24반般의 병기를 변성邊城에 설치하였기 때문에 몽고의 군사가 내침할 때에 이르러서 방어하여 조금 늦출 수가 있었다. 수성의 도구는 세상에 전하는 바가 없고 공성의 일은 또 전혀 들은 바가 없다.34) 또 세조가 의주 목사義州牧使 우공禹

貢에게 유시하기를 우리나라 사람은 본래 활을 매우 잘 쏘고 저들 도적들은 활을 잘 쏘지 못하여, 우리가 도적들을 대적하기란 천균千鈞의 무게로 달걀을 깔아뭉개는 것과 같은데, 요사이 변방의 사람들이 도적들의 실정을 알지 못하고 겁을 먹고 두려워한다.35) 하여 궁시가 외적들에게 특히 수성에는 가공할 무기였음을 밝히고 있다.

그리피스는 일본 측의 입장에서 임진왜란 전투를 기록했는데 그들의 참상 역시 우리 못지않았다.

그리피스는 "울산전투(1598년 1월)에서 울산성을 점령하고 있던 왜군은 조선군과 명군의 연합군과 전투를 벌여 엄청난 피해를 보았는데, 그리피스는 모든 사람이 다섯 개, 열 대, 또는 열다섯 대의 화살을 맞은 것 이외에는 아무것도 없었다고 표현하고 있다. 한 왜장이 추산한 바에 의하면 그들은 18,360명의 목숨을 잃었으며, 이제는 겨우 5천의 전투 병력이 남게 되었다고 하고 있다.…그들은 의복이 낡아 매서운 추위에 수비대가 많이 얼어 죽기도 하고 군량이 떨어져서 죽은 말고기나 시체를 뒤져 개인용 휴대 쌀을 먹으려다 1백 명이나 생포되기도 했다. 우리는 임진왜란 하면 우리 측의 피해만을 연상하는데, 이 기록들은 일본 측의 기록이다. 식량이 없어서 종이를 씹고 쥐를 발로 잡아먹었다. 전쟁이 끝나고 성안에서 얼어붙은 땅 위에 누워있는 시체를 헤아려 본 결과 총계가 15,754명이었으며 왜군으로서 성안에서 굶어 죽거나 얼어 죽은 수는 897명이었다고 보고되었다."고 기록하고 있다.

히데요시는 자국 내의 소요를 잠재우기 위해 조선을 침략했지만 조선 수군의 차단에 의해 후방보급이 끊겼을 뿐 아니라 날씨에 대한 준비가 없어서

---

34) 세조 34권, 10년(1464) 8월 1일(임오) 2번째 기사, 양성지가 군법·군정·군액·군제·사역에 관한 일로 상서하다.
35) 세조 41권, 13년(1467) 3월 23일(무자) 1번째 기사, 평안도 관찰사가 변방 동정을 치계하니 그 대책을 변방 지방관에 유시하다.

수많은 극심한 고초를 겪은 것으로 보인다.

조선에 한 번도 와보지 않은 그리피스조차 조선의 수성 능력을 극찬했다.

한국군은 야전野戰에서는 빈약하며 개인적인 용기도 나약하다. 그들은 짓쳐들어오는 적을 대적할 수도 없으며, 끈질긴 전투를 견뎌낼 수도 없다. 그러나 그들을 성 뒤에 둔다거나 궁지로 몰아넣어 보라. 겁에 질린 사슴이 오히려 사냥개를 놀라게 한다. 그들의 모든 본성은 오히려 더 강하게 된다. 그때 그들은 단순히 용감한 정도가 아니다. 그들의 용기는 더 높은 차원으로 승화된다. 그들은 최후의 한 사람까지 싸우며, 적이 계급장을 손질하고 있는 동안 그들은 철갑으로 자신의 몸을 두른다.

임진왜란 당시 왜병이 목격한 바에 의하면 조선군은 야전에서는 고양이 새끼이지만 성안으로만 들어가면 호랑이처럼 버틴다. 丙寅洋擾(1866) 당시 조선군들은 벽 뒤에서는 무적의 힘을 과시했지만 실상 프랑스군들은 총을 겨눌 대상을 한 사람도 보지 못했다. 미국의 소수 수병들은 야전에서는 수천 마리의 갈매기와 싸우듯이 피해를 입지 않았지만 성안으로 들어갔던 그들은 용감한 거인巨人을 만났다. 미국의 총검 앞에서 이토록 훌륭했던 적은 일찍이 없었다. 비록 무장이 되어 있지 않을지라도 그들은 흙덩이와 돌맹이로써 마지막 한 사람이 죽을 때까지 싸운다. 광야의 양떼가 성안으로 들어가면 사자가 된다는 사실을 미국 수병들은 알았다.

이 기질은 현대에서도 발휘된 적이 있다.

1992년 LA 흑인 폭동 당시, 코리아타운 내 2,300개의 한인 업소가 약탈당하자 우리 한인들이 스스로 방어 체계를 구축하며 즉각 대응하자 이에 대해 외신들은 '루프탑 코리안Rooftop Korean'이란 칭호를 붙여주었다.

K방역이라는 의미가 우리가 볼 때는 그게 그것처럼 보이지만 사회주의나

공산주의 국가처럼 일사불란하게 통제하지 않고도 모두 마스크를 쓰고 국가의 방침에 따르는 것이 전염성이 강한 코로나19로 인해 자신을 보전하는 의미도 있지만, 그보다도 남들에게 피해가 갈까 해서 적극적으로 호응하는 것이어서 외신들의 주목을 받은 것이고 선진 시민의 집단지성을 보여줬기 때문이다. 이러한 기질적 경향은 개인주의적인 서구에서도 흔치 않은 사례이다.

수성守城은 자신과 주변의 모든 이들을 지키는 것이어서 K방역 역시 다름 아닌 것이다.

조선의 수성을 통한 방어가 실패한 적이 단 한 번 있었는데 그것은 조선의 수성을 이용한 방어 전술이 적에게 간파되었기 때문이다.

청나라 태종으로 중국을 통일한 누르하치의 여덟째아들 홍타시가 두 번째 조선을 침범한 병자호란 때 조선의 군사들은 방어를 위해 길목을 지키지 않고 방어거점인 의주 부근의 백마산성, 평양 부근의 자모산성으로 병력을 옮겼다. 그러나 청군의 철기鐵騎는 이를 무시하고 기동력을 발휘해서 한양까지 내쳐 치달아 인조와 조정이 강화도는커녕 남한산성으로 들어갈 여유조차 주지 않았다.

수성능력이 뛰어나다는 것은 날강도 짓을 싫어한다는 의미이고 나름 노력하다 보니 영토는 자꾸 축소되고 살기는 어려워지니 내분이 끊이지 않았다.

나라는 축소되고 분란은 그치지 않는데 위정자나 백성들은 각각 서로 내가 옳니 다투기 마련이다.

지금도 이러한 경향은 바뀌지 않아서 위정자들은 백성의 세금을 그토록 많이 받으면서 자신들의 본문인 양 싸움질만 하고 있다.

그러나 백성들은 싸우다가도 위기에 닥쳐서는 언제 그랬냐는 듯 싸움을 멈추고 한결같이 단결한다. 아이 돌 반지에서 결혼 예물까지 아낌없이 내놓는다. 이런 일은 일제강점기 독립 자금을 위해 내놓기도 했고 일부 사람들은 모은 금붙이를 몸에 지니고 일경을 피해 불가피하게 압록강을 건너다 그 금 무게로 인해 익사하기도 했다. 당시 외국인들의 기록을 보면 당장 먹고 살기도 어려운 노파들이 단 하나의 재산인 반지를 스스럼없이 독립자금을 위해 내놓았다. IMF 금융위기 때에도 백성들은 한결같이 개인의 소중한 기념물이기도 한 금붙이를 스스럼없이 내놓았다.

과거에 위정자들은 불필요한 명분 때문에 분란을 일으켰지만 반복하다 보니 현대에서는 정치라는 교묘한 이름을 빌어 시답잖은 이름을 알리거나 돈을 쫓아 분란을 일으킨다. 이러한 시류에 편승해 매주 여론조사를 통해 위정자들의 감정선을 자극한다. 국민들이 뽑은 그들을 매주 마다하는 일주일의 여론조사가 무슨 의미가 있을까? 믿고 맡긴다는 개념은 사라지고 외줄타듯 하는 곡예사도 아니고 어느 정도 유예시간은 줘야 하는 것이 아닐까 하는 생각을 해본다.

일제강점기를 지나 잠시 자취를 감췄던 친일파들이 반민특위反民特委를 무산시키고 득세하면서 반공을 기치로 변조하고 수많은 사람들을 해치고도 돈을 쫓아 아직 그 잔재가 남아 일본 식민사학을 앵무새처럼 되뇌고 있는 것도 우리 민족이 아직 더 겪어야 할 부분이 남아 있는 듯하다. 강단사학자들이 아직도 득세하면서 활개를 치는 것도 낭중지추囊中之錐 임을 그들은 인식하지 못하고 있으나 역사가로서의 자질은 없다고 인식해도 틀림이 없을 것이다.

제3절 백제의 전쟁사 편린

1. 백제의 강역

백제의 강역은 한반도 내로 알고 배워왔다. 그러나 여러 사료들을 보게 되면 분명히 대륙에 걸쳐져 있음을 알게 된다. 아래에 소개하는 내용 이외에도 허다한 내용이 있으나 간략하게 언급한다. 물론 신라의 강역도 한때 중국 내륙에 있었다는 합리적인 증거와 자료들이 많으나 지면상 여기서는 생략한다.

광개토대왕릉비에 따르면 고국원왕의 손자 광개토대왕은 백제를 공격하여 아신왕의 항복을 받아내는 대승을 거두고 60여개의 성을 빼앗았다고 나온다. 지금 성의 유적으로 보아 백제가 60여개의 성을 빼앗겼다면 전국토를 다 빼앗기고도 모자랐을 것이다. 즉 이 말은 백제가 산동성에도 있었다는 의미를 가늠하게 하는 것이다.

광개토대왕릉비의 두 번째 비문 내용에는 정복 전쟁의 결과, 거란과 백제를 정벌했고, 신라에 침범한 왜를 격퇴해 신라를 구했으며 동부여 등을 멸망시켜 정복한 지역이 총 64성 1,400촌이었음으로 위 내용과 대비된다.

이 해(490)에 [북]위魏 오랑캐가 기병騎兵 수십만을 동원하여 백제를 공격하여 그 지경地境에 들어가니, 이에 모대牟大는 장수 사법명沙法名, 찬수류贊首流, 해이곤解禮昆, 목간나木干那를 파견하여 무리를 거느리고 [北魏] 오랑캐군을 기습 공격하여 그들을 크게 무질렀다.36) 현재 삼국의 강역을 보면 당시 북위가 백제로 쳐들어오려면 고구려를 거치지 않으면 안 된다. 워낙 많은 수의 기병이기 때문에 해상이동도 곤란하다. 이 내용은 즉 삼국의 강역이 잘

---

36) 남제서 58권 동남이열전 백제

못되었다는 것으로 백제가 중국 동쪽에 있었다는 증거이다.

다음은 『북사北史』, 『주서周書』, 『삼국사기』에 실린 내용이다.

(백제는) 晋·宋·齊·梁나라가 江東(양자강)에 웅거,37)

(백제는) 晋·宋·齊·梁이 江東(양자강 동쪽)에 웅거하고,38)

고구려와 백제의 전성 시에는 강한 군사가 백만이었다. 남으로는 오吳·월越을 침공하였고, 북으로는 유幽의 연燕, 제齊, 노魯의 지역을 어지럽혀 중국의 커다란 해충이 되었다. 수隋나라 황제가 나라를 그르친 것도 요동 정벌에 말미암은 것이었다.39)

자치통감資治通鑑 권136 (永明六年(488) 十二月) 위견병격백제魏遣兵擊百濟에 보면,

(永明六年(488) 十二月) 위견병격백제魏遣兵擊百濟에 북위가 병력을 보내 백제를 공격하였으나 백제에 패했다. 백제는 진나라 때부터 요서와 진평의 서쪽 두 현을 차지하고 있었다.40)

여기서도 백제의 강역과 관련된 내용이 나온다.

『삼국사기』의 「백제본기」에 북쪽의 말갈이 백제로 여러 번 침입하는 일이 잦았다. 북쪽에 존재하는 고구려를 도외시하고 하늘을 날아서 백제를 여러 번 침입한다는 것은 언어도단이다.

간단히 이 몇몇 사실만으로도 우리는 무리하게 한반도 안에 삼국을 끌어들이려는 시도가 무모한 것인지를 깨달아야 한다.

---

37) 『북사(北史)』 열전(列傳) 백제(百濟) [延興] 5년(A.D.475; 百濟…)
38) 『주서(周書)』 이역열전(異域列傳) 백세(百濟) 晋·宋·齊·梁이 江東에 웅거하고 後魏.
39) 『삼국사기』 권 제46 열전 제6 최치원(崔致遠) 고구려 백제의 등등 양속…
40) 爲百濟所敗. 陳壽曰: 三韓凡七十八國, 百濟其一也. 據李延壽史, 其先以百家濟海, 後浸强盛以立國, 故曰百濟. 晉世句麗略有遼東, 百濟亦據有遼西·晉平二郡地.

서울대학교 천문연구소에서 삼국사기에 기록된 백제의 일식 기록 20개를 분석을 통해 일식 최적 관측 가능지역을 역추적했는데 놀랍게도 그 지역은 한반도가 아니었고 중국 발해만 유역 오늘날의 중국 요서 지역이었다.

신채호가 쓴 『조선상고사』에는 근수구왕이 바다를 건너 중국 대륙을 경략하여 선비족의 모용씨의 연나라와 부씨의 진나라를 정벌, 오늘날의 요서, 산동, 장소, 절강 등지를 경략하여 광대한 토지를 장만하였다고 나온다. 정인보의 『조선사 연구』에서도 '선비족 모용씨, 우문씨, 단부씨의 세력이 서로 갈라지는 때를 기하여 백제 마침내 요서를 차지하여 군의 이름을 '진평'이라 하고 통치하였으니…'하였다.

1770년 조선 영조 때 편찬된 『동국문헌비고』에 의하면 '당시에 고구려가 이미 요동을 공략하여 차지하자, 백제 또한 요서, 진평을 공략하여 차지하였다'고 한다. 『동국문헌비고』가 인용한 1391년 송나라 때 편찬된 백과전서인 『문헌통고文獻通考』에는 당시 백제가 점령한 곳은 당나라 때의 유성과 북평 사이의 지역이었다고 나와 있다.[41] 중국에서 당시 최고의 학자였던 심약이 편찬한 송나라의 역사서 『송서宋書』에서도 고(구)려가 요동을 공략하여 차지하자 백제가 요서를 공략하여 차지하였다고 나온다. 남조시대의 『남사南史』에서도 백제의 요서진출을 기록하고 있다.

6세기 당시 양나라를 찾은 사신과 나라들을 묘사한 양직공도에는 각 나라에 대한 설명이 덧붙어있다. 백제국사百濟國使 옆에 당시 백제 사회상태, 중국 왕조와의 관계가 적혀 있는데 백제를 낙랑으로 표현하면서 '진나라 말기에 구려(고구려)가 요동을 공격하여 차지하자, 낙랑이 또한 요서의 진평현을 차지하였다.'[42]고 기록되어 있다.

3~5세기 중국 서진, 동진의 역사서 『진서晉書』에는 조양을 포함하는 요

---

41) 唐柳城北平之間
42) 晉末駒驪略有遼東 樂浪亦略有遼西

서지역에 백제인이 있었다는 기록이 있으며 백제라는 기록이 최초로 등장한다. 기원전 5세기부터 1400년간 중국역사를 기록한 『자치통감資治通鑑』에서도 '부여는 녹산鹿山에 자리 잡고 있다가 백제의 침략을 받아 마을들이 부서지고 흩어졌다. 그래서 가까운 서쪽으로 연燕에 가까운 근거지를 옮겼는데(서기 346년)…'라는 기록이 보인다. 여기서 부여는 대륙의 부여이지 한반도 내의 부여가 아니다.

백제가 요서 진출이 기록된 양나라의 사서 『양서梁書』에는 백제가 차지한 곳을 행정지명으로 요서군遼西郡으로 표기하고 있다. 1,600여 년 전 중국 동북지방의 역사와 행정구역의 변천을 정리한 『동북역사지리』에 요서군은 양락, 해양, 비여, 영지, 임유 등을 포괄한 행정구역으로 나타나 있다. 그런데 요서가 속해 있던 임유라는 지역에서 결정적인 단어가 갈석인데 갈석은 요서의 참현에 있다는 기록이 보인다. 갈석은 요하에서 서남쪽으로 540Km 떨어진 오늘날 하북성 창여현 일대에서 갈석의 존재를 확인할 수 있다.

갈석산이 속한 창여현의 역사책인 『창여현지』에는 기원전 8세기, 중국의 춘추전국시대 때부터 갈석은 요서군에 속해 있었다. 고대부터 현대까지 갈석은 군사적으로 매우 중요한 거점이었다. 고구려의 팽창으로 요서는 서쪽으로 물러나 현재의 난하가 요서로 불리게 되었다.

백제 스스로 6세기 성왕 대에 국호를 남부여로 바꿀 정도로 계승의식이 강했다. 『삼국사기』의 「백제본기」에 개로왕 18년 북위에 보낸 국서 중 '신은 고구려와 더불어 근원이 부여扶餘에서 나왔습니다.'[43] 그리고 '그 계통은 고구려와 더불어 부여에서 같이 나왔기 때문에 부여를 씨로 삼았다.'[44]

백제가 최초로 국교를 맺은 중국 왕조가 동진이었다. 이때 근초고왕은 낙랑태수로 임명되는데 태수太守는 실질적인 의미를 가진 지위이다. 지금으로

---

43) 臣與高句麗 源出扶餘
44) 백제본기 시조 온조왕

말하면 한 지방의 군사 장관이자 동시에 행정 장관이다. 313년 이후 고구려 미천왕은 낙랑과 대방을 정복하고 355년 전연에게 낙랑공이라는 작위를 받는다. 백제는 전연과 대립관계였던 동진에서 낙랑태수로 작위를 받는다.

백제가 요서로 진출한 자료는 『수서』에 '처음에 백 개의 가문들이 바다를 건너왔기 때문에 국호를 백제라 했다.'45)고 적혀있다.

청나라 건륭제 43년(1778)에 유수한 학자들에 의뢰해 만든 『흠정만주원류고欽定滿洲源流考』권8에서는 삼한三韓의 위치를 요동반도에 있다고 했다. 즉 삼한은 한강 이남이 아니라, 부여 읍루의 남쪽, 즉 만주 전 지역이라 하였고, 78국 4천리라 하였다.

『진서晉書』의 비리국裨離國과 『요사遼史』의 비리군裨離郡은 마한 78국 중의 하나인데 이것이 지금의 요녕성 요양 옆 무순撫順이라고 하고 있다. 『삼국지』의 「위서동이전」은 삼한의 크기를 사방 사천리라고 말하고 있다.

한韓은 대방帶方의 남쪽에 있는데, 동쪽과 서쪽은 바다로 한계를 삼고, 남쪽은 왜倭와 접경하니, 면적이 사방 4천리쯤 된다. [韓에는] 세 종족이 있으니, 하나는 마한馬韓, 둘째는 진한辰韓, 셋째는 변한弁韓인데, 진한辰韓은 옛 진국辰國이다.

사방이 4천리쯤 된다면 한韓의 영역만 해도 응당 요하를 넘어갈 듯한데 어떤 사학자 무리들은 대방의 위치를 한반도 내에 두고자 황해도설을 내놓고 쫓는 바 있다. 이들은 사학자들로서 자격이 없는 이들이다.

다만 『만주원류고滿洲源流考』는 여진족의 역사를 중심으로 서술하였기에 고구려가 언급되지 않는데 사실 이 부분에 대해 논란이 없을 수 없지만 같은 조상, 같은 자손이라는 개념 하에서는 어느 정도 받아들일 필요가 있다.

---

45) 初以百家濟海 因號百濟

2. 백제와 일본 백강전투

『일본서기』에는 나당연합군과 백제와의 전쟁 때 몇 차례의 왜병의 파병이 있었는데, 665년 5월 출발한 선박 170척과 1만 인의 선발부대, 662년 3월 출발한 군의 주력이라고 할 수 있는 2만 7천인, 663년 8월 출발한 1만여 인이 투입되었으나 나당연합군에 의해 네 번 완패되었다.

그리피스(William Elliot Griffis)의 『은자의 나라 조선Corea the Hermit Nation』에서

> 일본의 역사서에 의하면 서기 29년에서 70년 사이에 신라의 사신이 일본에 도착해 미카도(帝)를 만나서 거울, 칼, 보석 그리고 그 밖의 공예품을 선사했다고 한다. 이 사실에서 우리는 일본의 장신술의 연원에 관해 힌트를 얻게 된다. 신라의 품위 있는 생활 습속과 세습적 귀족제와 요새화된 성곽에 관한 중국 사가들의 기록과 함께 이 선물에서 추측하건대 신라의 문화 수준은 북쪽의 이웃 나라보다 훨씬 더 높았음이 분명하다. 그들은 확실히 일본보다도 우월한 문명을 향유했다.(P. 72)[46]

"678년에 멸망한 수천 명의 백제 유민들은 그들의 동맹군을 따라 일본으로 건너갔다. 그들은 일본에 도착하자 미카도(帝)의 명령에 따라 남녀 4백 명은 대진大津 지방에 정착하였으며 2천 명은 동부지방인 관동關東에 정주하였다. 서기 710년, 가난에 불만을 품어 오던 차에 일본의 제의에 이끌린 또 다른 백제 유민들 1천 8백 명이 일본으로 건너갔다. 그들은 오

---

[46] Between the years 29 and 79 A. D., according to the Japanese histories, an envoy from Shinra arrived in Japan, and after and audience had of the mikado, presented him with mirrors, swords, jade, and other works of skill and art. In this we have a hint as to the origin of Japanese decorative art. It is evident from these gifts, as well as from the reports of Chinese historians concerning to refined manners the hereditary aristocracy, and the fortified strongholds of the Shira people, that their grade of civilization was much higher than that of their northern neighbors.(p. 33)

늘날 동경東京이 위치하고 있는 무장武藏에 정착하였다. 그 후에도 여러 차례 한인들이 일본으로 건너갔다는 사실이 일본 측의 사서에 보인다. 한반도로부터 수만 명이 당의 침략군을 피하여 일본으로 건너가서 일본인과 혼혈을 이루면서 미카도(帝) 치하에서 일본에서 정착한 것으로 추정된다. 피난민 중에는 승려와 비구니들이 많았는데 이들은 그들의 서적을 가져가서 나양奈良의 관리들을 가르침으로써 이곳에 문예적인 분위기를 전해주었다. 학교를 세우고 일본의 지식인들을 깨우치고 일본 문학을 최초로 시작하고 일본의 最古 사서인 『古事記』와 『日本書紀』(이들은 7세기 후반과 8세기 초에 만들어진 것이다)를 기록하였다".라고 기록하고 있다.

규슈 남부의 미야자키현의 사이토바루 고분군에서는 고령 지산동 고분군에서 나온 철모와 완전히 같다. 그러니까 이 가야 세력이 일본열도에 진출해서 정치체를 만들었고 그것이 바로 가야의 분국이고 소국이라고 하는 것이 북한학계의 분국설이로서 북한학자 김석형에 의해 주장됐다. 『일본서기』라는 책은 서기 720년에 백제계 사람들이 만든 책이다. 그런데 669년에 지금의 금강하구라고 추정하는 백강하구에서 백제 부흥군하고 야마토 왜에서 온 지원군하고 나당연합군하고 해전이 벌어져서 나당연합군이 승리하면서 백제는 멸망한다.

그리고 약 57년 이후에 일본에서 『일본서기』라는 책이 나오는 것이다. 임나의 분국은 일본의 오카야마현에 있었는데 백제나 신라도 같이 특정하고 있다. 오카미아현에는 고대 분묘가 12,000기나 있다.

이덕일은 삼국사기에 보면 신라와 가야가 계속 충돌하는 기사가 나오는데, '삼국사기에 보면 212년부터 481년까지 269년 약 270년 동안에 가야 관련 기사가 완전히 사라진다. 이 시기에 신라와 가야가 우호관계를 구축해서 기사가 나오지 않을 가능성도 있고 또 하나 유력한 가능성은 이 시기에 일본 왕가의 시조의 발상지라는 미야자키현 사이토 바루 고분군에서 3세기 말부터 야마토 왜에 왕가의 고분이 축조되는 시기와 일치하기 때문에 그 무렵에 가야계가 일본 열도에 진출해서 일왕가의 기틀을 만들었다'라고 해석할 수 있다고 하였다.

『일본서기』에는 분국설과 관련하여 납득할만한 기록들이 여러 개 있다. '신라에서 야먀토왜에 8년 동안 조공을 안 바쳤다. 그래서 야마토왜가 쳐들어올지 모르니 고구려에 군사 지원을 요청하였고, 그때 고구려가 보낸 병력의 숫자가 100명'이라는 기록도 존재한다.

'임나의 닭이나 개가 울면 백제 사람들이 어느 집 개나 닭이 우는지 안다.'라는 기사도 있는데, 상식적으로도 분국이 아니고서야 존재할 수 없는 기사이다.

일본의 임나일본부설은 일본이라는 국호가 서기 670년(신라 문무왕 10년)에 생겼는데 가당찮은 이야기며 6세기경 중국의 양직공도에 일본은 이 시기 6세기까지 사신의 복장까지도 제대로 갖추지 못할 만큼 허술하고 신발도 갖추지 않았다. 왜국에 보내는 사신조차도 복장을 제대로 갖추지 못할 정도인데 그 훨씬 이전에 기마민족에 강력한 철기문화를 지닌 가야를 정복했다고 우기는 이상한 논리다.

코벨의 논리처럼 부여기마족이 369년 일본을 건너가 일본을 정복한 후 일본 내에 소분국들을 정복했다면 차라리 그 논리가 성립될 수 있다.

북한학계의 분국설은 일본 열도에 소규모로 이동한 삼국의 각 집단이 모여 살면서 생겨난 형태나 지리적으로나 정치 역학적으로 백제에서 가장 큰 규모의 인원이 여러 차례 이동된 것으로 보인다.

기록에는 397년 백제의 황세자인 전지, 461년 곤지, 505년 순타, 555년 혜, 597년 아좌, 611년 입선, 631년 풍깅이 건너갔다. 백제의 왕자들이 이렇게 여러 차례 일본에 건너간 것은 일본이 백제의 중요하면서 특별히 가까운 담로국이었기 때문이다.

가장 큰 계기는 백제의 웅진 천도로 475년 9월 고구려의 한성 함락에서 발단이 되었다. 웅진 천도는 고구려의 한성 공격이라는 외부의 충격에 의해서 그것도 1개월 만에 황급히 이루어졌다.

이때 백제인들이 규슈를 거쳐 오사카, 나라 등 일본 전역으로 뻗어갔다.

『속일본기』에 '다께치군에는 아지사주와 17현의 인물들이 가득 차서 거주하며, 타성을 가진 자는 열에 한 둘뿐이었다.'고 전한다.

백제는 제철 기술을 포함하는 선진 문화 기술을 지니고 이주했으므로 쉽게 정착했으며 일본 고대 왕국인 야마토왜가 수립되기 시작한다. 일본 고대 왕국 야마토왜의 한가운데 있던 인물이 소가씨였다. 6세기 후반에서 7세기 후반까지 약 100년 동안 일본을 지배한 것이 소가씨이다. 천황도 죽이고 세우고 후계자도 자기들 마음대로 정하는 등 실질적으로 일본을 지배했다. 결국 백제계 소가씨가 일본 천황가를 구축했다. 마침내 백제계 도래인들은 일본을 장악했다. 이들 도래인 백제인들과 본국과의 관계는 백제계 호족들의 적극적인 호응이 있었기 때문이다.

백제인들의 특징은 우선 백제의 대표적인 고분 양식인 횡혈식 석실 고분과 부장품으로 환두대도나 양날검 등이 있으며 당시 선진 문물이었던 철제 무기나 갑옷 등의 철제기구, 심지어는 백제 왕릉에서 출토되는 동경이나 금동관이나 금동신발 등을 들 수 있다. 이들은 고분에 따라 차이가 있으나 모두 백제계이다.

심지어 임성태자가 창건한 코류사에는 1400년간 내려온 진귀한 보물 세 가지가 있는데 직접 가져온 칼, 피리, 당시 머리에 쓰던 관이 낡았지만 그대로 보관되어 있다.

임성태자 가문의 족보의 첫머리에는 '임성태자는 백제국 마한황제의 둘째 아들로 스이코 천황 19년 봄 3월 2일에 일본에 왔다.'고 기록되어 있다.

일본 최고의 쇼군[將軍] 오우치[大內]는 백제인으로서 임성태자의 후손이며 조선 정종 2년 정종실록 1년에 외교사절을 통해 백제 후손으로서 성性씨를 알고자 외교사절을 보내기도 했다.

임성태자琳聖太子의 칼자루에 있는 문장紋章은 오우치 가문의 문장과 같다. 이것은 오우치가 임성태자의 후손이라는 의미이며 나중에 언급될 대동류유술 가문의 문장과도 같다.

백제인이자 고대 일본의 귀족이었던 소가씨[蘇我氏]는 천황들을 교체할 만큼 권력이 막강하였다. 천황들을 교체할 만큼 일본을 100년간 지배한 소가씨는 천황의 어전에서 두 명의 자객이 번갈아 휘두른 칼에 소가씨는 목이 잘려나갔다.47) 일본의 구마모토현에는 백제의 도래인들이 많이 모여 살던 곳으로 당시 이 지역을 가장 크게 다스리던 백제의 관료였던 호족 일나日羅도 백제인들과의 충돌로 살해당했다. 관련 기록은 『일본서기』에도 남아있다.

즉 백제인들은 주변 정세를 고려, 일본에 백제의 확실한 근거지를 마련해 두고자 자국의 이익에 방해가 되는 사람들은 지위를 불문하고 살해했던 것으로 보인다.

백제의 곤지왕은 아스카의 신사에 모셔져 있다. 그 역시 백제에서 건너온 왕자였다. 그는 남진하는 고구려를 막을 군사를 차출하기 위해 일본으로 파견되었다고 전해진다. 그의 첫째 아들은 무령왕이고, 둘째 아들은 동성왕이다. 무령왕의 이름은 사마斯麻이다.

---

47) 다이카개신(大化改新): 일본에서 645년 일어난 정치적 사건, 나카노오 황자가 다카토미 노가마타리 등과 함께 조정의 모든 실권을 잡고 있던 소가씨를 제거해 버린 사건.

무령왕과 같은 시기 일본의 계체천왕이 곤지왕의 아들이라는 주장이 있다. 동성왕이나 무령왕이 즉위한 시기와 거의 같은 시기에 일본의 계체천왕이 등장을 했다는 점과 이 계체천왕은 지금까지 왕조와는 전혀 다른 왕조라는 것은 일본학계의 정설이다. 계체천왕이야말로 무령왕이나 동성왕과 같이 성장했을 가능성이 많고 또 이 시기에 백제와 일본과의 관계가 급속히 가까워진다. 즉 혈연적인 관계가 있고 동생일 가능성이 크다. 이것이 사실이라면 당시의 일본의 천황가 역시 백제계의 후예였다.

백제가 나당 연합군에 의해 위기에 처하자 일본군이 백제를 돕기 위해 맨 먼저 출발한 지역은 후쿠오카 하카다 항구이다. 당시 일본의 총인구는 백만 남짓, 이곳에서 출발한 병력은 2만 7천명, 선박 400여 척의 국가적인 대규모 파병부대였다.

662년 663년 당시에 일본은 국가 단위의 전국적인 징병조직이 확립되지 않았다. 그래서 각지의 왜왕(호족)들이 나서서 징병하는 형태로 군사를 2만 7천 명 정도를 보냈다.

파병은 국운을 건 일대 모험으로 동행 황족으로 사이메이(齊明)천황, 황태자였던 중대형황자, 중대형황자의 동생이었던 대해인황자, 대전황녀, 액전왕 등이 파병에 나서게 된다.

아스카를 출발해 후쿠오카현 아사쿠라정 그곳이 임시 거처를 정했는데 사이메이여제는 도착한 지 2개월 만에 여기서 죽음을 맞이한다. 중대형황자는 소복을 입은 채 황제로 즉위하지 않고 장진궁으로 옮겨 해외의 군정(백강전투)을 지휘하였다(661년 일본서기).

사이메이 천황이 죽자 상중에도 그 아들 중대형황자는 계속 진행을 하는데 이런 점은 백제로 군대를 보내는 일이 일본에 있어서 얼마나 긴급하고 중차대한 일인가가 드러난다.

파병의 주체는 지방 호족들로서 백제계의 성씨를 지니고 있었으며, 파병 장군 지역 분포는 기내, 길비, 이요, 축자는 일본 내에 백제계 도래인들의 거주지였다.

중대형황자는 나중에 천지 천황이 되는데, 천황가에서 지방 호족까지 일본은 대규모의 병력을 파병하게 된다. 그러나 파병은 백강 전투에서 패배하고 이로써 백제의 역사는 막을 내리게 된다. 일본은 백제와 떼려야 뗄 수 없는 관계였기에 백제의 멸망은 백제로 그치는 것이 아니라 일본국가의 안위와 직결되는 숙명적인 관계에 있었기에 백제의 몰락을 좌시할 수 없는 상황이었다.

이후의 흔적은 후쿠오카현 다자이후에 대야성(백제식) 산성으로 남아있다. 일본은 침입에 대비해 곳곳에 백제식 산성을 쌓았다.

백제의 멸망이 가져온 위기감은 여기에 그치지 않고 나라에서 근강으로 천도를 단행했다. 아스카를 버리고 수도까지 옮긴다.

와카야마현 대진으로 수도를 옮긴 중대형황자는 천지천황이 되고 이 궁터에는 한국 고유의 온돌유적이 발견된다.

천지천황을 모신 오미신궁에는 백강전투의 패배로 실패한 비원이 그대로 남아있다. 이곳을 기준으로 한 표지석에는 방향표시와 함께 백촌강 830Km로 천지천황의 못다 이룬 꿈이 적혀있다.

『일본서기』(663년)에는 '어찌할까 백제의 이름이 오늘로써 끊어졌다. 조상들이 묻힌 묘소를 어찌 다시 갈 수 있겠는가!'라는 기록이 있다.

어쨌든 7세기 중반에 고구려와 백제가 망하고 상당수의 유민이 일본으로 건너갔다.

이 당시 기록들은 일본은 백제 그 자체라 해도 과언이 아니다. 천황과 중요 호족들이 병사를 징발해서 백제를 구원하려고 하는 절박감과 함께 백강전투 이후 사무친 원한이 1,400년이 흘렀지만, 아직도 그 원한이 풀리지 않아 우선 일본의 연대를 1,000년이나 끌어 올리는 작업을 하였고 아직도 우리나라의 일이라면 눈에 쌍심지를 켜고 반대를 하는 일본 위정자들의 모습들이 눈에 사무친다.

그 한이 얼마나 사무쳤는지 1,400년이 흘렀지만, 집단 무의식으로 남아 아직도 우리를 괴롭히고 있다.

하지만 기억해야 할 것이 그들은 패망해 일본으로 떠났지만, 그들 백성은 남아 그 후손들이 건재하고 있음을 염두에 두어야 한다. 일본으로 이주한 왕가王家나 일부 세력이 일본에서 우리나라를 적대시한다면 그들은 과거 그들 백성의 후예들을 적대시하고 있다는 사실을 깨달아야 할 것이다.

3. 백제의 흔적, 일본 내의 조선식 산성

우리나라 안에서 전쟁이 벌어지면 패할 경우에 섬으로 물러날 수밖에 없었는데 항전하다가 결국 물러나는 경우에는 일본이나 오키나와가 될 수밖에 없었다. 그런데 그 흔적이 일본의 대마도나 이키섬과 한국과 가장 가까운 일본 본토 내에 조선식 산성이 소재하고 있으며 오키나와에도 잔뜩 쌓아져 있다.

백제계가 일본 열도에 건너가서 조선식 산성을 쌓은 동기는 나당羅唐연합군에 의해 백강전투에서 패하고 일본으로 물러나면서 요소요소에 조선식 산성을 쌓았다.

일본은 우리나라처럼 일정한 중앙집권 왕조가 있어서 통치하는 체제가 아니라 각 지역을 차지한 봉건영주들이 다 차지하고 이들의 연합체가 막부이다. 이 시스템이 만들어진 것은 백제계, 장군들, 무사들이 일본열도에 들어가 각 지역을 장악했는데 이 당시는 일종의 전시체제였다.

당시 나당羅唐연합군이 계속 쳐들어 올 것을 예상하고 미리 일본 각지의 무사들을 장악하고 임전태세를 갖추는 것이었다. 이런 전쟁방식은 수세에 몰릴 경우를 대비한 가장 전통적인 방어기제이다. 우리나라는 늘 수적 열세에서 전쟁을 치렀기 때문에 미리 성을 쌓는 것에서 시작된다. 이것은 일본으로 전선戰線이 이동했을 때뿐이 아니고 삼별초군이 진도, 제주도, 오키나와로 이동했을 때도 항상 지형에 맞는 성을 쌓았다.

물론 나당연합군이 야마토 왜까지 쳐들어오지 않았지만 그 위기의식 속에 그런 정권이 수립됐다가 그것이 이어졌다.

일본의 막부정권 중 원내조 정권(미나모토 정권)이 인끼기 예는 깃이 험상 막부 가마쿠라막부다. 막부정권 12세기에 미나모토 집안의 뿌리를 보면 원래 한韓의 원源씨라 한다. 일본에서는 가와치라고 하는데 오사카 부근이며 백제계가 아주 왕성했던 곳이다. 즉 원씨도 뿌리를 찾아보면 백제계로 귀결된다. 일본의 원씨를 찾아보면 일본에 56대 일왕 중에 청화淸和라는 일왕이 있는데 세이와라 한다. 이 세이와도 그 쪽의 뿌리로서 모두 백제계와 연결이 된다. 일본에서 815년에 『신찬성씨록新撰姓氏錄』이란 족보 책을 만드는데 여기에 외국계라고 나오는 여러 성씨들이 있는데 일본의 황족들과 지배층들의 성씨를 기록해 놓았다. 백제계가 무려 158개 성씨, 고구려가 42개 성씨, 신라가 9개 성씨, 임나가 10개 성씨 이렇게 되어 있는데 백제계가 압도적으로 많아서 결국 야마토 왜는 백제의 한 제후국이라는 의미다.

서기 663년 백강해전에서 패배한 일본은 나당연합군이 일본열도까지 침공할 것으로 예상해서 한반도와 가장 가까운 내륙인 규슈[九州]에 다자이후[大宰府]란 관청을 설치했다. 일종의 전시사령부 같은 것인데 현재 후쿠오카[福岡]현에 있는 다자이후시는 여기에서 유래한다. 전시사령부를 지키는 해상 최전선이 대마도와 이키섬의 조선식 산성이었다.

대마도와 이키섬이 함락되어 내륙에서 전투하게 될 경우를 대비해 다자이후 시내에 나성羅城을 쌓고 주위 산에는 산성을 쌓았다. 『일본서기』는 664년 "축자(筑紫 ; 쓰쿠시)에 큰 제방을 쌓고 물을 저장해 수성水城이라 했다"고 적고 있다.

다자이후를 마주보고 대야성시에 대야성(大野城:오노조)을, 사가佐賀현에는 기이성基肄城(기조)이란 산성을 각각 쌓았다. 대야성은 해발 410m 높이의 사왕사산四王寺山을 둘러싼 산성이고, 기이성은 기산基山과 방중산坊中山의 두 봉우리에 걸쳐서 쌓은 산성이다. 자연석을 다듬어 수직으로 쌓아올린 성벽과 산의 능선을 따라 흙을 다져넣는 판축版築 방식의 토루土壘로 산을 에워싼 전형적인 백제식 산성이다. 평지에 나성을 쌓고 배후에 산성을 쌓는 축성 방식은 그때까지 일본에 존재하지 않았다. 장기항전을 위해 계류나 우물이 있는 곳에 산성을 쌓는데 기산에서 내려오는 물은 현지인들이 약수로 사용할 정도로 맑다.

전쟁 가능성이 엷어지자 조선식 산성은 관리가 소홀해지면서 성벽과 토루가 허물어지거나 우거진 수풀에 가려지게 되었다. 뒤늦게 성벽을 발견한 일본인들은 신롱석神籠石과 연관 짓기도 했다. 이 일대에만 존재하는 신롱석식 산성은 해발 200~400m의 산 정상에서 중턱에 걸쳐 70cm~1m 높이로 길게 쌓은 석성이다.

백제유민들은 일본열도로 건너가서 기존의 백제세력과 손을 잡고 야마토 왜를 그대로 통치하게 된다. 이때 나당연합군이 쳐들어 올 것을 예상해서 각지에 조선식 산성을 쌓고 그 다음에 신롱석식 산성을 쌓는데 이때 백성들을 동원하면서 각지를 차지한 백제계가 연합해서 무사정권을 수립하는 게 일본의 도쿠가와막부까지 이어져 일본의 도쿠가와 정권의 시작이라고 보고 있다.

다시 말하면 일본사는 한국사의 한 부분이자 연장이다. 일본의 극우파들이 이 사실을 거꾸로 바꿔서 연구를 하고 있고 그것을 남한의 강단사학에서 추종하고 있는데 일본사야 말로 우리 역사의 연장이다. 일본의 『신찬성씨록』에 그 답이 다 나와 있다.

이렇게 방어를 위해 성을 먼저 쌓는 것은 우리나라의 전형적인 수법이다. 이는 삼별초가 진도, 제주도, 오키나와로 거점을 이동하면서 계속 성을 구축하였으며 일본이 여몽여합군의 침입을 받았을 때도 마찬가지이다.

고려의 삼별초는 강화도에서 진도로 입거, 용장성을 쌓고 거점세력을 확보하여 대몽항쟁의 근거지로 삼다가 삼별초가 이주한 것으로 보이는 13세기 1273년 이후 오키나와에는 갑자기 백여 개가 넘는 성들이 생기기 시작한다 (安里 進 外, 2004).

오키나와의 역사를 살펴보면, 대략 고려의 삼별초가 무너진 시기와 동일한 시기에 오키나와에서는 구스크(城)가 축조되기 시작하였으며 이 구스크의 석벽은 일본 본토의 석벽과는 달리 지형에 따라 탄력적으로 변화시켜 쌓았는데, 이것은 한반도의 고려 시대 성 혹은 그 이전인 삼국시대 성의 축조방법과 매우 흡사하다고 하였다. 구스크의 출현은 외부와 연관을 하지 않은 오키나와에서의 자발적 발전이나 일본열도로부터의 기원을 생각할 수 없다는 점에서 고려 성곽문화와의 연관이 검토될 만한 사안이다(名嘉正八郎, 1979).

1274년 일본이 여몽 연합군의 침입을 받고 난 이후 큐슈에서는 연합군의 공격 대상이 되는 하카다(후쿠오카) 해안 일대에 20km 길이의 대규모 장성, 이른바 원구방루元寇防壘를 구축하였다. 당시로써 이 같은 해안에 석축의 장성을 쌓아 적을 막는다는 관방시설은 일본으로서 매우 생소한 사례이다. 1차 일본 원정 직전 여몽 연합군은 삼별초의 최후 거점 제주도를 함락한 바 있고, 이 제주도에는 해안을 둘러싼 장성이 삼별초의 방어설비로 구축되어 있었다. 제주도의 연안을 돌로 빙 둘러쌓았다는 이른바 '환해장성(環海長城)'의 존재가 그것이다(강창언, 1991). 윤용혁은 여몽 연합군의 거친 풍랑을 석축의 방루에 의하여 저지한다는 '원구방루'의 아이디어가 제주도 삼별초와 관련이 있다는 의견을 제시한다.

우리나라는 방어적 전술을 운용했기에 성에 의지하고 무기체계도 장병기인 활이나 화포가 주요한 무기여서 이수광의 『지봉유설』에 임진왜란 당시 한국에 왔던 왜적들이 일찍이 조선의 궁시와 중국의 창법槍法과 일본의 조총은 천하제일로 이른다고[48] 기록하고 있다.

따라서 효율적으로 적을 막기 위해서는 항상 성안에서 막는 것이 습관화되어서 먼저 성을 튼튼하게 쌓는 것이 일상화되어 있었다. 그래서 적을 막기 위해서는 어디든 간에 일선, 이선을 정해 성을 쌓았는데 거의 외적의 침입이 없는 일본이나 유구까지 퇴각하였어도 성을 쌓는 일이 우선이었다. 그래서 한국과 가까운 지역이든 먼지역이든 패배한 우리 측 전투부대가 대피

---

48) 『지봉유설』/卷十八/技藝部/雜技

한 쪽은 우리나라 방향으로 가장 가까운 일선에 필연적으로 성을 쌓기 마련이었다.

일본인들의 이름을 살펴보게 되면 우리로서는 상상하지 못할 정도로 이상한 이름들이 많다. 우선 성씨도 웃음이 나오게 하는 것부터 시작해서 우선 아이의 이름을 지을 때에는 그 아이가 태어나 세상에 뛰어난 사람이 되라는 갈구하는 마음이 담겨 있다든지 바르게 잘 살라는 의미가 담겨 있는 것이 일반적이다. 그러나 일본인들의 성이나 이름은 급하게 지은 흔적들이 역력히 드러난다. 물론 어떤 식으로 지었든지 그것을 탓할 생각은 전혀 없다. 다만 같은 한자문화권에 속하는 나라로서 사람들의 보편적 사고로 비교해본다면 그들의 성씨나 이름은 훨씬 후대에 급조한 것이라는 것을 역사기록이 없어도 누구나 알 수 있다. 9세기에 만들어진 『신찬성씨록』에 나오는 성들을 제외한다면 나머지는 급조한 경향이 드러난다.

이렇듯 알고 지금에 와서 보면 현재 한민족이 남북으로 대치하듯 일본도 한 뿌리에서 나온 한 형제가 앙숙처럼 지내고 있는 것이다.

일본은 아시아에서 가장 동떨어진 섬에 있었기에 대륙의 여러 문화를 동경할 수밖에 없었고 항상 지식에 대한 목마름으로 가득했다.

외딴 섬나라였기에 새로운 문물을 습득할 방법은 우리나라 밖에 없었다. 오래 전에는 중국까지 항해할 선박조차 건조가 쉽지 않았고 간다하더라도 우리나라 연안을 따라 이동해야했기에 항상 우리나라를 거쳐야 하는 것은 필연적이었다.

그러나 그들도 내분에서 목숨을 부지하기 위해서는 어디든 갈 수밖에 없는 처지에서 선택한 곳이 동남아 지역이었다.

1600년 세키가하라 선투 이후 서군 측에 가담한 많은 다이묘가 숙청당했다. 전쟁에서 숙청당한 무사들은 신분을 박탈당했고, 일부는 낭인이 되어 해외로 이주할 수밖에 없었는데 시마바라[島原]의 난 시기에 많은 일본인이 동남아시아 각지로 이주하여 타이와 마닐라 등지에는 일본인촌이 형성될 정도였다.

아마도 이들이 동남아로 도피하게 된 것은 백제의 22담로와도 직접적이지는 않지만 나름 연관이 있지 않나 하는 생각이다.

4. 잊혀진 땅 백제 22담로의 비밀

기마민족은 본래가 유목민이며 가축을 몰아 이동 생활을 해왔으므로 농민처럼 한곳에 머물러 하늘만 쳐다보고만 있을 수 없고 적극적으로 움직여야 살아남을 수 있다. 정보에 민감하여 거의 본능적으로 좋은 땅을 찾아 계속 이동하고 기회만 있다면 타민족을 정복해 나가는 습성이 있다. 왕족이 새로운 땅에 진출할 때는 그 일부가 고국에 남아 본거지를 지키는 것도 정해진 수순이다.

몽골의 영토 확장 방식이 그러하였고 만주족이 청나라를 수립한 후 일부 세력을 만주에 남겨둔 것도 이런 방식을 따른 것이다.

담로는 백제어이며 보다 일반적으로는 분국分國이라 할 수 있다.

일본 규슈의 유력자들이 저마다 한반도 내의 본국과 맥을 같이 하고 있음을 분명하게 보여주고 있으며 이들 사실은 6세기까지 규슈 지역 일대에는 한반도의 분국이 본국과 연대 의식을 갖고 분포되어 있음을 시사하고 있다.

지난 1996년 9월 15일 KBS 일요스페셜에서는 '잊혀진 땅 백제 22담로의 비밀'에 대해 방영했다.

여기에서는 백제의 강역에 대해 현지답사를 통해 좀 더 세밀한 조사 끝에 구체적인 결과를 제시했다. 그 내용을 다소 축약해서 소개를 한다.

중국 제나라의 역사서 『남제서南齊書』 백제전에는 이상한 전쟁의 기록이 남아있다.

'위나라는 기병 수십만을 동원해서 백제를 공격하여 그 국경 안으로 쳐들어갔다. 동성왕은 사법령, 찬수류, 해려곤, 목간나 등을 보내 위나라 군을

습격하여 대파했다.'

백제의 영토가 한반도 남서부로 국한했을 경우, 위나라가 백제를 공격하기 위해선 바다와 고구려의 영토를 지나서 백제를 공격하는 것인데 이는 둘 다 성립하기 어렵다.

첫째, 위나라 군사는 수군이 아닌 기병이었고, 둘째, 강성했던 고구려가 위나라 군사에게 길을 내줄리 만무했으며 그런 기록도 없다.

따라서 이 전쟁을 가능하게 하려면 백제와 위나라는 서로 국경을 맞대고 있어야 하는 것이다. 즉 중국 대륙에 백제의 영토가 있었다는 얘기다.

『삼국사기』에서는 백제의 중국 대륙 진출 기록을 찾아볼 수 없지만 중국 측의 백제 관련 기록은 『송서』, 『남제서』, 『양서』 등 여러 곳에서 발견된다.

이들 사서의 기록에는 '고구려가 요동을 차지했고, 백제 역시 진평, 요서 2개의 땅을 빼앗아 다스리면서 그곳에 백제군을 설치했다.'고 전한다.

진가위 교수에 의하면 사서에는 '요서'는 '유성'과 '북평'의 사이라고 명기되어 있는데 유성과 북평은 1천 년 전의 지명이다. 중국 사회과학원 역사지리학자에 의하면 유성은 현재의 요녕성 조양시이다. 북평군은 현재의 하북성 노령시이다. 그곳은 현재 요녕성과 하북성 일대 발해만 연안의 광활한 지역이다.

중국 역사서에는 중국 지명을 직명으로 가진 수많은 백제 태수들의 이름이 등장한다. 이들은 중국 동부 해안지역의 태수들이다.

윤내현 교수는 '고대 중국 동부 해안지역에는 동이족이 거주하고 있었다. 그래서 고조선이 건국되기 이전부터 동이족은 우리와 매우 밀접한 관계가 있었다. 이런 점에서 우리 민족이 이곳에 진출할 수 있었던 기반은 이미 마련돼 있었다. 그런데 백제가 중국에 진출할 시기에는 중국이 매우 혼란한 시기였다. 여러 왕조가 흥망을 거듭하는 시기였고, 북방의 민족이 중국에 왕조를 세우고 흥망이 반복되던 시기였다. 따라서 이런 혼란기에 백제가 중국 동부 지역에 진출한 것은 매우 쉬운 일이었을 것이다.' 하였다.

백제가 진평군을 경략했다는 기록이 제일 처음 나오는 기록이 『송서宋書』이다. 송나라 때 진평군을 설치했다는 기록은 지금의 요서지역이 아니라 지금의 남방에 있는 광서지역이다. 광서 남령에서 동남쪽으로 내려오면 그 지역이 진평군의 소재지였다.'

그 속에 선명한 하나의 이름이 '백제향'이었다. 백제향의 중심지는 백제허. 여기서 허(墟)는 유적지. 그 말뜻대로라면 이 지역은 백제의 유적지라는 얘기가 된다. 백제허를 중국어로 읽으면 '다이쯔쉬' 그런데 그 곳 주민들은 자신들의 마을 이름을 '대백제' 또는 '대박제'라고 부른다.

백제허에는 장족이라 불리는 소수민족이 살고 있었다. 그들은 한반도의 맷돌을 물려받아 그대로 쓰고 있었다. 주로 전라도 지방에서 발견되는 것이었다.

백제허에 옛 성의 흔적은 없고 중국의 시골풍경만 남아 있다. 이들은 한족도 남방계 민족도 아닌 장족이다.

낯익은 나지막한 부뚜막은 입식 구조의 중국인의 부엌과는 확연하게 다르며 옆에는 선대로부터 물려받았다는 맷돌은 한반도의 전라도 맷돌과 꼭 닮아있다.

다른 집에는 외다리방아가 있다. 우리나라 전역에서는 쌍다리방아를 썼지만 외다리방아는 오직 전라도 지방과 일본지역에서만 전승되어온 것이다. 이를 시식은 바로 백세권이다. 백제허의 사람들은 백제권의 생활문화를 편린으로 간직하고 있었다.

백제 금동대향로(百濟金銅大香爐) 출처: 문화재청
부여 능산리 고분 인근에서 발굴된 백제금동대향로 옆면에 맨손무예를
하는 백제인이 표현되어 있다.

그 지역의 노인은 아주 오래전에 산동 지방에서 왔다고 한다. 그 이유는 옛날에 장사하러 왔다는 이야기가 있고, 또 전쟁 때문에 왔다는 전설도 있다.

마을 입구에는 커다란 고목을 모시고도 있었다. 당나무 아래 정월대보름이면 제사를 지내고 기도를 한다. 그들 민족의 고유한 풍습이라 하였다.

정월 대보름 불렀다는 노래. 사람들은 그 노래 뜻을 모른다. 그럼에도 불구하고 노래는 1000년을 그들 속에 살아있었다. 그 노래의 주인이야말로 산동 지역에서 백제허로 온 주역이었는지도 모른다.

일반적으로 '허(墟)'라는 것은 오래된 성을 말한다. 성이 오래돼 무너지면 그것을 '허'하고 한다. 그러므로 백제허라고 불리는 이 지역에는 실제로 백제사람들이 살았을 것이다.

담로와 관련된 지명은 동남아 전 지역에 흩어져 있다.

백제의 담로는 중국의 동부해안을 따라 베트남 접경지대인 진평군까지 남하하고 있다. 백제가 여기까지 올 수 있었다면, 인접한 동남아 지역에서 담로의 지명이 발견되는 것도 결코 무리가 아니다.

그 가능성에 대한 증거가 남경 박물관에 보관돼 있다. 백제 달솔이었던 흑치상지黑齒常之의 묘지명이다.

묘지석엔 이렇게 전하고 있다. '흑치상지는 원래 성씨가 왕의 성씨인 부여씨였으나, 선조가 흑치에 봉해짐으로써 그 성씨를 흑치로 삼았다'는 것이다.

흑치는 이빨은 검은 사람들이 사는 곳으로, 이는 '빈랑'이라는 열대 과일을 씹는 습관 때문이다. 현재 이 빈랑을 씹는 사람들에게 가장 많이 발병하는 것이 구강암으로 알려져 있다

흑치의 선조가 봉해졌다는 땅은 무더운 남방의 땅이었다.

흑치국은 『신당서』「남만南蠻전」에서 나오며 『양서』에 보면 외조에서 흑치국과 나국은 왜로부터 4천 여리 떨어져 있고 선박을 이용하면 일 년 정도 가면 나국(대만)이 나오고 그 인근에 흑치국(필리핀으로 비정)이 나온다고 되어있다. 고구려나 백제가 강성했을 때 군대가 100만이나 되었고 남쪽으로 오월을 침공했는데 이는 절강성을 비롯한 남중국 일대를 가리킨다.

흑치상지에 대한 다른 이야기가 있다.

조선 후기 숙종 때의 문신 미수 허목(眉叟 許穆, 1595~1682)이 있는데 이 분이 『동사東事』에 흑치열전黑齒列傳을 썼다. 그는 흑치열전에서 흑치국을 지금 일본의 큐슈로 보고 있다. 그쪽 지역을 보면 귀인들은 남녀가 전부 치아를 검은색 옻칠을 했다고 쓰여 있다.

어쨌든 백제의 활동무대는 그 상상을 초월하고 있다. 여기서 우리는 백제의 국호를 다시 한 번 음미해볼 필요가 있다.

수나라 역사서에는 백제를 일컬어 '동이강국'이라고 했으며, 건국 초부터 백가가 제해濟海했다고 하여 국호를 백제라 했다고 한다. 백가제해白家濟海는 백가가 고대의 바다를 제패했다는 뜻이다. 처음부터 백제는 바다를 제패한 대제국이었다.

중국 남경박물관에 있는 양직공도梁職貢圖의 백제국사 그림 옆 설명 난에서도 "읍邑을 담로檐魯라 하는데 이는 중국의 군현과 같으며 22담로가 있다"고 설명하고 있다.49)

실제로 산동성 일대에는 백제나 신라와 관련된 지명들이 상당히 많이 남아

---

49) 謂邑檐魯於中國郡縣 有二十二檐魯

있는데 현재 충청도와 전라도, 경상도 일대의 지명들이 그대로 나타나고 있다. 물론 일본 효고현에 딸린 이와지 섬은 한자표기로 담로도淡路島라고 한문으로 사용하는 섬이 있으며 제주도는 담로에서 탐라로 변음된 것으로 보고 있다.

『일본서기』「천지전황기」에는 이렇게 전한다.

서기 663년 '백제의 최후 거점인 주류성마저 함락되자 일본 땅의 조신들이 이렇게 탄식했다. 주류성이 함락됐으니 이를 어찌하랴. 백제의 이름이 오늘로써 끊겼으니 선조의 무덤을 어찌 오간단 말인가'라고 했다.50)

일본 땅에서 백제는 본국이었다.

서기 670년 왜 열도는 '일본'이란 국호로 새롭게 태어난다.

그래서 369년부터 562년까지 임나일본부가 있었다는 명칭은 터무니없는 소리로 자가당착에 빠지는 것이다.

국호가 일본이라는 명칭이 서기 670년에 처음 생겼는데 임나일본부라는 명칭은 가당찮은 것이다.

『통전通典』또 중국 땅에 있던 백제인들의 마지막을 이렇게 전한다.

본국 백제가 멸망하자 성과 본국 근처에 있던 나머지 무리들은 차츰 약해져서 돌궐과 말갈로 흩어졌다. 그 군주인 부여순도 고국에 돌아갈 수 없음으로 하여 마침내 부여씨는 소멸했다.

백제 700년 역사는 저물어 갔지만 어딘가에 그 흔적을 남기게 마련이다.

중국사서에는 좌현왕, 우현왕, 면중왕, 부한왕, 벽중왕, 장사왕 같은 백제왕의 이름이라고는 하지만 정통 백제왕계에서는 찾아본 수 없는 이름들이 등

---

50) 國人相謂之曰 州柔降矣 事元奈何 百濟之名 絶于今日 丘墓之所 豈能復往

장한다. 이들은 백제 담로를 다스리는 왕이었을 것이다. 이들이 통치했던 영토는 중국 동부해안과 일본 땅 어쩌면 동남아시아 땅에까지 펼쳐져 있었다.

그렇다고 일본에 그 흔적이 없는 것은 아니다.

담로를 일본어로 쓰면 たむろ(ta-mu-ro)인데『고사기古事記』「주아이기」에는 "(오진 천황은) 뱃속에 있을 때부터 천하를 다스렸고 태어나서는 담로에 머무를 것을 정했노라."라는 구절이 있고 たむろ(ta-mu-ro)가 담로인 것을 강하게 시사하고 있다.

남북분단이 된지 70여년이 넘었는데, 새터민을 받아들이고 있는 것은 우리나라 우리민족이기 때문이다. 백두산 자락 이북을 포기했다 해서 우리 민족까지 포기할 수는 없다. 산융이라는 이름으로 한때 멸시하기도 했지만, 그들도 우리민족의 역사이다. 북한 주민을 포기하지 않듯 과거에 포기한 그들을 받아들여야 한다. 연변자치주에 있는 그들도 모두 우리 민족이다.

남한에 거주하는 화교들도 대부분 묘족들로 알려져 있다. 그들은 아직도 치우를 모시고 사는데 바로 동이족의 한 갈래이다. 모두 한 민족으로 우리가 안아야 한다.

조선 후기 숙종 때의 문신 미수 허목 (眉叟 許穆)은 성리학이 성행하던 시기에도 『동사東事』를 통해 역사의 시작을 단군에서 거슬러 올라가 환인桓因씨와 신시(神市; 환웅)씨 까지도 서술대상에 넣었다.

그리고 숙신, 예맥, 말갈과 부여, 고구려, 백제 등을 모두 함께 단군의 후손으로 보았는데, 이러한 역사인식은 반도에 한정했던 조선 성리학자들의 인식을 깨는 선구적인 작업으로 평가된다.

허목은 동사에 흑치(일본)를 포함함으로써 일본의 역사를 한국의 방계 역사로 보았고 말갈열전에서는 말갈의 역사를 한국 역사의 일부로 포함했다.

말갈은 본래 속말 말갈粟末靺鞨로 고구려의 별종이다.

야발이라는 사람이 있었고, 그의 3세손 걸걸중상이 자기 무리와 함께 요하를 건너 태백산(太白山) 동쪽을 보존하였다.

중상이 죽고, 아들 조영이 뒤를 이었다. 조영은 날래고 용감하며 말을 잘 타고 활을 잘 쏘았다.

靺鞨 本粟末靺鞨 高句麗別種

有野勃 三世孫乞乞仲象 與其徒渡遼河保太白山東

仲象死 子祚榮嗣 驍勇善騎射

고구려의 유민들을 모아 나라를 세우고, 국호를 진(震)이라고 하였다.

사신을 보내 돌궐(突厥)과 통교하였다. 국토는 사방 5,000이고,

가호는 10여 만이었으며, 잘 훈련된 군사가 수만 명이었다.

부여(扶餘), 옥저(沃沮), 변한(弁韓), 조선(朝鮮)의 땅을 모두 차지하였다.

聚句麗亡衆建國 號曰震

遣使交突厥 地方五千里 戶十餘萬 勝兵數萬

盡得扶餘 沃沮 弁韓 朝鮮之地

記言 34卷 『東事3』 靺鞨

조상들의 잘못에 의해 버림받은 같은 민족을 알고도 모른 척 해서는 안 된다. 상세한 내막은 알기 어려우나 가급적 모든 이들을 끄어안는 묘습이야말로 원래의 대동이족大東夷族의 모습으로 돌아가는 것일 것이다.

제4절 코벨의 부여기마족과 왜 이야기

1. 부여기마족과 왜

일본어가 한국어와 많이 닮았다는 것은 한국인으로서 일본어를 아는 사람이라면 누구나 느끼는 것이다. 특히 일본말 중에는 제주도 방언과 거의 같은 것이 있고, 일본어의 억양은 한국의 경상도 언어의 억양과 비슷하다고들 말한다. 인류학자들이 말하기를, 규슈지방의 일본인 유전자는 한국인과 유사하다는 DNA 분석 소견도 있다.

시미즈 기요시 전 교수-박명미 규슈산업대 강사는 경상도 사투리와 일본어는 발음과 억양이 대단히 비슷하다는 점을 지적하였다. 경상도 사투리에는 한국어의 옛 형태가 많이 남아 있다. 옛 한국어와 일본어가 밀접한 '관계'를 맺었을 것이라는 추측은 그리 어렵지 않다고 한다.

이를테면 한국어의 '산길, 물길'은 경상도 사투리 '산질, 물질'로 발음하듯이 일본에서는 산로山路를 sanji로, 아소로阿蘇路는 asoji, 담로淡路는 awaji로 발음한다. '이야기'의 사투리 '이바구'는 이와쿠(iwaku) 등이다.

실제로 관동 대지진(1923년) 당시 규슈九州 사람들도 많이 죽었는데 규슈 사람들의 억양抑揚이 조선 사람들의 억양을 닮았기 때문이다.

한편 함경도와 경상도 두 지역의 사람들은 성격이 급하고 겉으로 보기는 무뚝뚝하다는 점도 닮았는데 언어도 닮았다는 표현들이 있다.

이러한 현상에 대해 조선 시대 북방정책과 유관하다는 의견이 있지만 맥족(예맥족)의 이동 흐름과 관련이 있고 존 카터 코벨이 언급한 부여기마족이 남행하면서 백제와 가야를 거쳐 일본으로 향한 부분과 관련이 있지 않나 하는 생각을 해 본다.

매일신보 1921년(대정10년) 8월 20일 토요일에 실린 文學博士 三上參次의 「古代日鮮和親의 實史」라는 제하에 실린 기사를 보면,

'如何間 同郡에 高麗寺村이 잇슴은 우리 歷史家에게는 가장 興味잇는 硏究問題이다. 그리고 또 무슨 事件을 調査하기 爲하야 近江의 愛智郡 鯰江이라 하는 곳을 갓섯는대 偶然히 予의 出張하엿던 집 族譜를 보고는 그것이 高麗의 長子의 子孫임을 發見하얏다 卽 其家의 先祖는 貊의 長者로서 族譜에도 貊이라는 字가 쓰여 잇셧스나 無論 그것은 高麗의 長者이엿스리라고 생각흔다.'

하여 구체적으로 일본의 한 지방에 거주하는 사람의 집 족보에서 후손들이 보관하고 있던 고구려의 맥貊과 관련된 기록을 발견하고 술회하고 있는 내용이다. 맥貊이라는 표기가 족보에 역사적 사실로 표기가 있으니 중요한 일차 자료라 할 수 있다. 여기서 맥51)은 북방 종족의 이름을 말하니 부여나 발해와도 연관성이 있다 하겠다.

정경희는 '고인돌이 단군 조선시기 2천여 년간 요동·한반도 일대에서 지속하였다면 적석단총은 흥륭와문화기 초기 등장부터 무려 6천5백여 년간 지속하였고 지역 면에서는 요서·요동·한반도지역을 넘어 북방초원지대·일본열도 등지에 이르렀다'고 하였다.

정경희는 또 부여~고구려 시기인 BC3~AD7세기(일본의 야요이 彌生~고훈 古墳時代) 요서~요동지역의 혼란을 피해 부여계 유민들이 일본열도로 이주해 들어갔다고 한다. 즉 맥에서 가야를 거쳐 규슈로의 집단 이동이다. 부여가

---

51) 『후한서(後漢書)』「고구려전」에 "구려(句麗)는 일명 매이(貊耳)이다. 떼로 별동이 있어 착흔 물가에 의시하고 살아 소수맥(小水貊)이라 불린다. 좋은 활을 생산하는데 맥궁이 바로 이것이다." 맥국(貊國)의 옛 도읍지이다.

망할 즈음에 유민들이 가까운 고구려나 여러 경로를 통해 이동하였다는 사실은 여러 학자들에 의해 제시되고 있으며 부여 인접 국가였던 선비족에게도 붙잡혀 생활하던 집단 분묘매장지도 있다.

그간 일제강점기 일인 학자들에 의해 한국 청동기문화의 시베리아 기원설을 주창한 이래 한국학계에 그대로 이어져 지금도 한국 고고학계의 대세이다.

1980년대 이후 중국의 동북공정으로 요서지역의 홍산문화-하가점하층문화를 중국문명의 시작점으로 삼아 중국사를 전면적으로 개편하기 시작했다. 이에 1990년대 즈음부터는 국내에서도 홍산문화를 적극적으로 고조선문화로 끌어들이는 계기로 작용하게 되었다. 일련의 과정을 거치면서 이 예맥문화가 자체적으로 발전된 문화로 오히려 주변지역에 영향을 주었다는 새로운 방향의 인식이 등장하게 되었다.

이러한 인식은 존 카터 코벨의 『부여기마족과 왜倭』(2006)에서 제시하는 내용과도 유관하다. 코벨은 부여기마족이 인접국과 싸움을 피해 남하하면서 가야를 거쳐 구체적으로 어느 정도의 병력으로 규슈에 상륙하고 일본을 지배하게 되고 천황가의 모태가 되었음을 설명하고 있다.

2. 일본 내 분국설

이 논지는 많은 토착 왜구들이 점거하고 있는 국내 사학회에서 워낙 충격적인 내용으로 쉽게 받아들이기 어려운 것들이어서 북한학자 김석형 교수를 포함하여 몇몇 사람들에게서 다루어지고 있다. 물론 이러한 주장을 최초로 한 학자는 코벨이 아니고 훨씬 이전에 살았던 그리피스가 있으며 그의 일본체류 기간으로 볼 때 그리피스는 현재 공개되지 않는 군국주의 발흥 이전의 자료를 풍부하게 접했을 거라고 추정된다.

한국에 한 번도 오지 않았던 그가 한국과 관련된 두꺼운 책을 썼을 때는 그만큼 당시에 풍부한 자료가 있었기 때문이다.

코벨의 『부여 기마민족과 왜』가 다시 주목을 받게 된 것은 2012년 6월, 김해 대성동에서 초대형 목곽묘 2기가 발굴되면서였다. 이 고분에서 출토된 청동제 마구나 생활용품은 북방기마족의 전형적인 유물이었다. 순장자가 3명이나 포함되어 있어서 통상적인 북방민족의 고분으로 확인되었는데 이들 마구나 생활용품이 선비족의 유물도록과 거의 일치함으로써 확인과정이 필요했고 후에 중국 현지에서 발굴에 참여했고 연구 성과를 낸 중국학자의 의견은 선비족이 아니라 부여인들로 결론 내려졌다. 즉 지금은 그 근거를 확인하기 어려운 이론들이 하나씩 퍼즐을 맞추듯 연결되고 있다.

존 카터 코벨(John Carter Covell·1910~1996). 미국 태생의 동양미술 여성 사학자로 서양인으로는 맨 처음 일본미술사 박사학위를 받았고, 캘리포니아 주립대와 하와이 주립대에서 동양미술사를 가르쳤던 인물이다. 일본에 오래 살았던 그는 일본에서 발굴되는 고대유물을 통해 1970년대 후반부터 "4세기경 한국인들이 일본에 건너가 문화를 전수했을 뿐만 아니라 국가 건설을 주도했다. 일본인의 조상 중 상당수는 한국에서 건너간 한인이다. 일본 왕실을 한국에서 말을 배에 싣고 건너간 모험가들이 건국한 왕실에서 시작된 것이다." 등 당시 한국 사학계에서조차 받아들이기 어려운 주장을 했다. 존 카터 코벨에 의해 영문으로 국내에 발표된 이 글은 『부여기마족과 왜倭』라는 제목으로 김유경(2006)이 번역하여 출간하였는데, 부여기마족이 남쪽으로 내려와 백제, 가야를 거치면서 일본 규슈에 상륙해 동진하면서 일본을 정복했고 일본은 이러한 사실을 감추려고 역사를 날조해 오히려 임나본부설을 주장하고 있다.

그는 단순히 자신의 주장만 한 것이 아니라 미국 뿐 아니라 일본의 여러 학자들 그리고 남북학자들의 연구결과를 동원하여 동시에 소개하고 있다.

컬럼비아 대학 개리 레저드(Gari Ledyard) 한국어 교수에 따르면 부여족이 상당수 바다를 건너와 일본을 정복한 연대를 정확하게 369년으로 제시하고 있다. 레저드 교수에 따르면 부여족이 일본을 통치한 시기는 서기 369년부터 506년까지이며 이는 15대 오진왕(일명 호무다 왕자)대부터 26대 게이타이(繼休)왕 이전에 이르는 것이다.

그리피스는 1870년에서 1880년경까지 10년 동안 동경대학에서 영어를 가르쳤다. 이때 그는 후일 일본이 제국주의 팽창을 위해 모조리 없애버린 한국사 관련 자료에 접근할 수 있었다. 그리피스에 의하면 "한국을 지배한 모든 왕조의 시조는 부여족이었으며 이들은 또한 일본문화에 크나큰 발전을 이룩한 한국 이주민이 대부분을 이루었다"고 한다.

그리피스는 서문에 혼슈 북방 해안에 위치한 에치젠(越前; 지금의 후쿠이[福井] 현 동북부) 지방에서 가장 번창한 항구였던 쓰루가[郭賀] 여행기에서 진구[神功]왕후가 한국에서 출발해 일본에 도착하기까지 뱃속에 들어 있던 아들 오진왕 및 신하 다케우치를 모신 신사가 딸린 절 조구 신사[常宮神社]가 있었다고 언급하고 있다.

그리피스는 진구[神武]가 한반도에서 일본으로 건너왔다는 사실에 아무 의

심도 품지 않았다.

부여 기마민족설에 관한 주장이 1882년 처음 그리피스의 책으로 저술돼 나왔으며 일본이 한국을 식민 지배하면서 이 사실이 계속 억제되어 왔음을 주목해야 한다.

자세하지는 않지만 코벨과는 또 다른 역사 기록들이 있다.

『태백일사』에 '정주正州는 의려국依廬國이 도읍한 땅이다. 선비鮮卑 모용외 慕容廆에게 패하여 핍박받을 것을 걱정하다가…(아들) 의라依羅는 무리 수천을 거느리고 마침내 바다를 건너 왜인을 평정해서 왕이 되었다.'

의려는『진서晉書』의「동이열전 부여조」등 두 군데 기록이 나온다. 이후 의려는 고구려 서천왕(西川王 16년, 285년)에 이르러 모용외에게 패하여 자살하고 그의 자제들은 옥저로 달아나 목숨을 보전하였다.

이후 서부여의 의라 왕이 돌연히 사라지는데 일본의 오사카 지방 스미요시 신사 부근에 한반도에서 건너온 대大 의라依羅신사가 실제하고 있다. 의라는 일본에 와서 응신왕應神王으로 등극했고 일본의 천황제, 천손강림신화로 연결되어 있다고 한다.

비록 연대는 다르지만, 서부여의 의려依廬왕과 그 아들 의라依廬 그리고 오진應神 등이 묘하게 얽혀있다.

위 두 사실을 종합해 본다면 연대 상 의라가 직접 일본으로 건너가 왕이 되었다는 설과 혹은 코벨 등에 의하면 그의 딸(신공왕후)이 백제52)와 가야를 거쳐 일본으로 건너가(369) 오진천황을 낳고 의라신사를 세운 것이 아닌가 하는 심증을 갖게 한다. 물론 다소 연대차가 있을 뿐 아니라 다른 이설도 있어서 단언하기는 어렵지만, 부여와 의라가 언급되어 부여인과 교집합

---

52) 백제는 후대(성왕 16이후)에 남부여로 개칭할 만큼 부여와 밀접한 관계를 이루었다.

으로 분명 얽혀있는 것은 틀림없다.

한편 인하대 지양미 연구원은 2021년 이와 관련된 학술발표를 하였는데 의려나 의라가 도일하여 일어난 일들에 대해 다소 한계는 없지 않으나 어느 정도 납득할 만한 소상한 언급을 하고 있다.

대의라신사

칼등에 서기 369년에 해당하는 연대와 금으로 한문이 새겨진 칠지도七支刀는 실제적인 '일본정벌'을 입증해 주는 유물이다. 369년 왜에는 한문을 읽을 줄 아는 자는 없었으며 백제에서도 오직 최고의 지식인만이 그 당시 동아시아의 유일한 기록 문자이던 한문을 읽고 썼다.

『일본서기』에는 이 칼이 백제로부터 신공왕후에게 내려진 하사품임을 밝혀놓고 있다. 명문의 일부는 의도적으로 훼손된 것으로 알려졌다. 칠지도는 백제왕이 아닌 왕세자에 의해 만들어져 신공에게 내려졌는데 당시 백제의 근초고왕은 남쪽으로 내려온 고구려군을 퇴각시켰으며 평양을 공격해 고국원왕을 살해했다. 일본학자들은 칼의 명문을 왜곡해 백제가 신공에 의해 통치되던 속국이었다고 해석하지만, 백제의 근초고왕은 당시 강성한 고구려와 치열한 격전을 벌이고 있었다.

최근 도록 한 권에서 다른 판독 결과를 반영한 내용이 소개되었다. "태○ 4년(전지왕 4년·408년) 11월16일 병오 정양에 백련철로 칠지도를 만들다. 전장에 나아가 능히 백병을 피할 수 있다. 이 칼을 마땅히 후왕에게 제공한다…. (앞면) 선세 이래 이런 칼이 없었다. 백제왕세자가 부처님의 가호로 태어났다. 왜왕을 위해 만들 것을 지시하니 후세에 전하여 보이라(홍성화 교수)." "봉원 4년(408년) 11월 16일 병오 정양에 백련철 칠지도를 만드니, (칼이) 나오자마자 백병의 임금으로 후왕에게 주기에 마땅하다…." (앞면) "선세 이래로 이런 칼이 없었는데, 백제의 왕세자가 기생奇生의 말씀으로 왜왕을 위하여 지(旨)를 내려 만들었으니, 세世에 전하여 보이도록 하라. (뒷면)"(박남수 연구원)

일본에서 기마민족설로 유명한 학자 에가미 나미오[江上波夫]는 한반도의 기마민족이 우선 규슈를 정복하고 그 뒤 일본 본토에 자리 잡았다는 것이다. 이것은 1948년에 처음 발표되었으며 이보다 앞선 1921년 기다 사다기[喜田貞吉]가 용감하게 "부여는 한국에서 고구려, 백제, 신라를 건국했을 뿐 아니라 4세기에 일본으로 건너와 나라를 세웠다. 적어도 한국의 삼국과 일본, 이들 4개 나라 건국에는 모종의 연관이 있다"고 지목했다.

북한의 사학자 김석형金錫亨의 주장에 따르면 일본 열도에는 백제, 신라, 고구려의 분국分國으로 세 그룹의 한국인 사회가 건설되어 있었다고 한다. 그는 「일본 열도 내 삼한 삼국의 분국론」을 통해 발표했는데 코벨은 한국 사학계에서 자신의 존재를 인정하는 흔치 않은 학자 중에 하나라는 의미의 표현을 썼다.

규슈 남부의 미야자키현의 사이토바루 고분군에서는 고령 지산동 고분군에서 나온 철모와 완전히 같다. 그러니까 이 가야 세력이 일본열도에 진출해서 정치체를 만들었고 그것이 바로 가야의 분국이고 소국이다 하는 것이 북한학계 김석형의 분국설이다. 일본서기라는 책은 서기 720년에 백제계 사람들이 만든 책이다.

사이토바루 고분군 철모와 가야 철모는 똑같다.(이덕일 역사 TV)

그런데 669년에 지금의 금강하구라고 추정하는 백강하구에서 백제 부흥군과 야마토 왜에서 온 지원군 그리고 나당연합군과 해전이 벌어져서 나당연합군이 승리하면서 백제는 멸망한다. 그리고 약 57년 이후에 일본에서 일본서기라는 책이 나오는 것이다. 임나의 분국은 일본의 오카야마현에 있었는데 백제나 신라도 같이 특정하고 있다. 오카미아현에는 한반도인의 것으로 추정되는 고대 분묘가 12,000기나 있다.

코벨의 주장과 김형석의 논문은 몇 가지만 제외하고 완전히 일치했는데, 다른 점은 코벨의 부여라는 지명과 김형석의 가야로 대치된 부분이며 김형석은 서기 369년이라는 연도가 명시되지 않았다는 점이다. 그리고 김형석은 저간의 변화를 매우 점진적으로 보고 있는데 코벨은 고고학 발굴은 375년에서 400년 사이에 있었던 급격한 변화의 증거를 보인다고 하였다.

언급했듯이 그리피스는 일본의 군국주의 발흥 이전의 수많은 자료를 통해 기마 부여족에 관련된 내용을 제시했고 나머지 레저드 교수나 코벨 등 서양학자들 역시 가감 없이 내용을 수용했다고 볼 수 있다. 실제로 이러한 내용들은 일본 식민학자들에 교육을 받고 자라난 세대에게는 생경하게 다가왔다. 하지만 많은 이들의 연구와 새로운 발굴 자료들에 의해 점차 일부에서나마 인식이 바뀌는 계기가 되었다.

실제 코벨의 자료를 긍정적으로 바라보게 되면 그동안 자료 간에 미흡한 부분들이 톱니바퀴처럼 맞물려 돌아가고 있음을 깨닫게 된다.

그동안 논란의 여지가 있던 자료들이나 일방적인 주장들이 잘못된 출발에서 비롯되었다는 사실이 확연하게 드러나는 것이다. 관련 근거를 제시한 서양학자들은 우리나라와 관련된 그 어떤 이익 관계에 있지 않았다. 당연히 그들은 객관적인 입장에서 서술한 것이다.

백제, 신라, 고구려의 분국과 관련해서 천관우 선생은 중국 『남제서南齊書』의 「백제국전百濟國傳」에서 당시 백제가 5개 속국의 후왕侯王을 거느리고 있었음을 밝히고 있는데 일본이 그중의 하나였다 한다.53) 실제 중국의 남제서南齊書에 백제는 4명의 공신들에게 작위를 내리는데 사법명沙法名 매라왕邁羅王, 찬수류贊首流 벽중왕辟中王, 해례곤解禮昆 불중후弗中候, 목간나木干那, 면중후面中候 라는 작위를 내리는데54) 이것은 명백히 후왕이나 제후의 칭호이다.

백제가 일본에 하사한 칠지도七支刀에 나오는 후왕侯王은 일본이 백제의 제후국이었음을 말하고 있는 것이다. 앞면의 마지막에 나오는 전시후세傳示後世라는 표현도 윗사람이 아랫사람에게 하명하는 형태의 문장이다. 고대국가에서 무기는 왕이 신하에게 신임의 표시로 내리는 대표적인 물품이었다.

6세기경 중국의 양직공도 백제 국사國使 그림 옆에는 백제 사신이 포함되어 있는데 그림 옆 설명에서 '백제에 22담로儋魯가 있고 이를 자제종족子弟宗族에게 나눠 다스리게 했다'고 적혀있다.

---

53) 『남제서(南齊書)』「백제(百濟)」[牟大가 表文을 올려 말하였다.]
54) 『남제서(南齊書)』「백제(百濟)」[建武 2년(A.D.495; 百濟 東城王 17)]

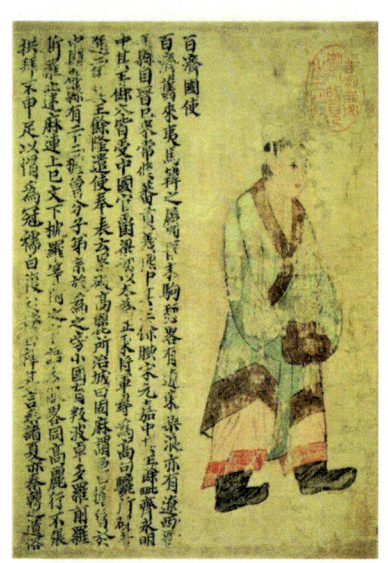

양직공도 백제사신 189자의 기사 전문
(출처: 광주일보, 2020)

所治城曰固麻, 謂邑曰?魯, 於中國郡縣, 有二十二?魯, 分子弟宗族爲之. 旁小國有 叛波, 卓, 多羅, 前羅, 斯羅, 止迷, 麻連, 上巳文, 下枕羅 等附之. 言語衣服 略同高麗, 行不張拱 拜不申足, 以帽爲冠, ?曰複衫袴曰?, 其言參諸夏 亦秦韓之遺俗.

그 나라 도성을 고마라 하고 읍을 담로라고 하는데 이는 중국 군현과 같다. 22담로가 있어 (왕의) 자제종족이 나누어 다스렸다. 주변 소국으로 반파, 탁, 다라, 전라, 사라, 지미, 마련, 상기문, 하침라 등이 있어 부용한다. 언어와 의복은 대체로 고구려와 같다. 걸을 때 팔을 벌리지 않고 절을 할 때 다리를 펴지 않는다. 모자로 관을 삼고 저고리를 복삼이라 하며 바지를 곤이라 한다. 그 나라 말에는 중국 말들이 섞여 있으니 이는 진한의 습속이 남은 것이다.(고고학자 임영진 교수)

이두문을 오래 연구한 바 있는 김영덕 교수는 이 과정을 통해 5세기 당시에 왜 땅에는 백제의 담로(擔魯, 다무로)가 세 곳 있었다고 하였다. 이들은 오사까 남부 옛 가와찌에 있던 다무로, 도쿄 북쪽 교다에 있던 다무로, 규슈 중서부 다마나에 있던 다무로들이다. 그는 이들 다무로를 각각 가와찌 다무로, 고 다무로, 고마 다무로 라고 불렀다.

아울러 칠지도를 하사받은 왜왕 지旨가 369년 일본 내에 있는 7개 가라나라(임나가라)를 평정에 이바지한 공로로 백제로부터 372년에 하사받은 것으로 해석하고 있다. 즉 임나가라의 위치를 일본 내의 분국으로 해석하고 있다.

또 양직공도에서 백제사신의 복장은 품위를 갖춰 입었는데 일본사신은 복장도 허술하고 신발도 갖추지 않았다. 즉 일본은 이 시기 6세기까지 사신의 복장까지도 제대로 갖추지 못할 만큼 허술하고 열악했다는 증거이다. 5세기에 이르러 왜국에 보내는 사신조차도 복장을 제대로 갖추지 못할 정도인데 그 훨씬 이전에 가야를 정복했다고 우기니 소가 들어도 웃을 일이다.

대한 고궁박물관 소장 「당염립본왕회도唐閻立本王會圖」 중 사신도 출처:한국목간학회

이덕일은 이 내용이 요서와 진평 즉 북경 일대의 영역에서 활동한 증거 중의 하나로 보고 있다. 『구당서舊唐書』 「백제」전에 보면 "백제국百濟國도 본래는 부여扶餘의 별종別種이다. 일찍이 마한馬韓의 옛 땅으로서 경사京師에서 동으로 6,200리 밖에 있으며, 대해大海의 북쪽, 소해小海의 남쪽에 위치한다.

동북으로는 신라에 이르고, 서쪽으로는 바다를 건너 월주越州에 이르며, 남쪽으로는 바다를 건너 왜국倭國에 이르고, 북쪽으로는 바다를 건너 고려(高[句]麗)에 이른다. 또 왕이 사는 곳에는 동·서로 두 성이 있다."하여 대륙과 일본열도에 걸쳐 존재했음을 언급하고 있다.

이렇듯 분명한 자료들이 있음에도 불구하고 기득권을 쥔 사학자들은 자신들의 터무니없는 주장을 합리화하기 위해 맞지 않다고 한다. 자신들이 믿는 것은 맞고 부합되지 않는 것은 엉터리 자료라고 하는 논리는 전혀 학자다운 태도가 아니다.

그는 삼국이 형성되는 과정에 자주 전쟁이 일어나 이에 질린 한국인들이 점차 왜로 이주하게 되었다는 표현을 썼는데 이는 앞에서 산동성과 그 일대 지역을 지배하던 한국인이 잦은 전쟁과 여름이면 닥치는 홍수, 고화되지 않은 지반에서 나오는 오염된 물, 농경사회로서 북방 이민족의 규칙적인 약탈 등으로 인해 점차 한반도로 쪼그라듦은 현재와 대비되는 모습이다.

코벨과 그의 아들 앨런 코벨의 주장으로는 서기 369년 부여기마족은 철갑을 두른 말을 배에 싣고 바다를 건넜다. 코벨의 아들인 앨런 코벨 박사는 기병 500과 보병 700명 정도가 한국에서 와서 규슈에 상륙했으리라고 보고 있다. 이 정도의 병력이라면 당시 일본을 정복하고도 남을 병력이다. 당시 사용하던 말의 철제 갑옷은 한반도 남부 가야일대의 유적지에서 지금도 발견되고 있다. 일본 원주민들은 이때 청동기 초기와 철기시대 양식에서 벗어나지 못하고 구식 무기인 창 정도를 든 보병이 고작이었기 때문에 쉽게 정복되었고 전쟁포로들은 보급품을 나르고 전투 준비에 동원되었는데 부여족은 전쟁 포로를 '인간 이하의 노비'라는 뜻의 '하호下戶'라고 불렀으며 제2차 세계대전 중 그들의 전쟁포로를 역시 하호라고 불렀다.

오늘날까지도 대부분의 일본인은 '서기전 660년 이래 만세일계'를 이어 온다는 현인신 천황'들이 무려 100년 이상 완전한 한국인 혈통으로 이어져 왔음을 생각지 않으려 한다.

일본의 신토(神道)가 한국의 무속에 그 뿌리를 두고 있음을 아는 일본인은 드물다. 신토의 개념에는 만물에 생명이 있으며 만물이 다르지 않다는 만물여의萬物如意 개념에서 파생되는데 일본인의 풍토신앙과 결합한 것으로 근원을 거슬러 올라가보면 천손민족의 일맥과 전혀 무관하다고 할 수 없다.

레저드 교수에 따르면 부여족이 일본을 통치한 시기는 서기 369년부터 506년까지이며 이는 15대 오잔왕(일명 호무다왕자)대부터 26대 게이타이(繼休)왕 이전에 이르는 것이다.

일본이 '만세일계萬世一系' 혈통의 첫 왕으로 떠받드는 신공왕후의 아들 유명한 진무(神武)왕은 감춰졌지만, 생물학적으로 신공왕후와 '용감한 큰 곰' 무내숙니 사이의 아이라고 코벨은 단정 짓고 있다. 진무왕의 어린 시절 이름은 이와레(磐余彦)왕자, 즉 '부여바위왕자'라는 이름으로 불렸으며 지금껏 한국 사람들은 어린애 이름을 '바위'라고 부른다.

흥미로운 것은 신공의 조상이 광대한 압록강 너머 북방에 뿌리를 두고 있다는 암시가 『일본서기』에 들어 있다는 사실이다. 그 내용은 신공이 '신라왕'을 굴복시키자 신라왕은 '아리나례(阿利那禮)강이 거꾸로 흐를 때까지' 신공에게 복속할 것을 맹세했다고 하는 대목이다. 『일본서기』를 영역한 영국의 외교관이었던 애스턴(W.G. Aston)은 현재 북한 국경의 서쪽 절반을 가로질러 흐르는 압록강으로 생각했다. 신공이 만일 정말로 왜 태생이었다면 아리나례라는 강 이름도 모를뿐더러 다른 것을 놔두고 먼데 떨어진 이 북방의 강을 걸고 신라왕에게 맹세하게 했을까?

애스턴이 『일본서기』를 영역하면서 붙인 주석을 보면 신공에게 나타난 신은 자신의 정체를 일본 아닌 한국의 신으로 밝히고 있다. 신공의 굿에 나타난 또 다른 신은 하느님이라는 이름을 가진 한국 신이며 세 번째로 나타난 신은 한국과 규슈 사이의 바다를 다스리는 신이었다고 한다.

1920년대 초 일본 고고학자들은 한국의 경주 일대 고분을 발굴, 여러 점의 아름다운 금관, 귀걸이, 허리 장식띠 및 수많은 부장품을 꺼냈다. 이들은 규슈의 한 고분에서 말과 배 그림으로 뒤덮인 벽화를 찾아냈다. 여기서는 금동관만 나왔을 뿐 금관은 출토되지 않았다. 당황한 일본 정부는 고고학 발굴을 금기시하게 되었다. 나라평원 일본 왕들 고분은 발굴이 엄격히 금지되어 있다. 고분 발굴을 금기하는 까닭은 그들이 은폐한 과거 역사가 들어나기 때문이다.

기록에 의하면 일본에서 말을 이용한 최초의 전투는 672년의 임신(壬申)의 난이라고 전해진다. 그런데 기록 이전에 관동 지역에서는 기마무사가 이미 존재하고 있었다.

사키마타 고분군에 장산군 고분이 있는데 이 고분에서 말의 안장에 설치하는 철제 깃대, 말의 투구로 철로 만들어진 마주馬冑 등이 발견되었는데 마주는 일본의 말과 관련된 역사에서는 찾아볼 수 없는 장비이다. 위에서 언급한 부여기마 족과 그리고 한반도 남부 가야 일대의 유적지에서 지금도 발견되고 있는 당시 사용하던 말의 철제 갑옷은 형태가 똑같다는 점을 염두에 두어야 할 것이다.

3. 분국들의 기록 흔적

일본에는 도래인들이 이주하기 이전에 원주민들로 부르는 인종이 있었지만, 도래인들은 그들보다 상당한 문화를 이미 지니고 있었고 지리적으로도 수적으로도 우세해서 선주민들을 압도할 우위를 차지한 것으로 보인다. 그들은 각자 정착하기 좋은 자리를 차지하면서 하나의 세력을 형성하게 되고 더러 충돌하는 계기가 된다.

그리피스에 의하면

소위 구주九州의 반도들은 단순히 한족韓族이거나 그들의 후손이었으리라고 여겨지는데 구주 지방 주민의 대부분이 원천적으로 한족이었음이 거의 틀림없기 때문이다. 일본에서 점차로 우위를 차지하게 된 야마토족(大和族)은 고대 고구려의 부족, 즉 부여족의 이민으로 보이는데,…그들은 한국 북부 지방에서 동해를 건너 '해가 뜨는 나라'로 건너갔던 것이다. 그들은 한반도의 서쪽 또는 남쪽으로부터 온 이주민들로 인하여 주로 말썽을 일으키고 있는 「구마소」(熊襲) 즉 주구들의 반도叛徒들을 만났다. 이들은 자기들이 오히려 이 섬나라의 정당한 주인이라고 생각했다. 서기 192년부터 200년까지 일본을 통치했다고 하는 중애천황仲哀天皇이 번번이 이주민에게 쳐들어갔던 구실은 구주에 사는 그들이 자신의 권위에 승복하지 않는다는 것이었다. 그의 황후인 여걸 신공황후神功皇后는 이 분쟁의 원인이 반도에 그 뿌리를 두고 있기 때문에 바다 건너로 군대를 파견해야 한다는 의견을 가지고 있었다.

이럴 경우에는 부여 기마족과 고구려유민들의 대리전쟁이 된다. 그러한 까닭에 오히려 전쟁을 회피할 명분을 찾은 것은 아닐까.

한 예로 신라가 야마토왜에 8년 동안 조공을 안 바쳐서 야마토왜가 공격할 것 같으니까 고구려에 군사요청을 했다는 것인데, 그래서 고구려에서 보호해 주겠다고 100명의 군사를 파견해주겠다는 것이다. 그런데 100명을 파견해서 보호할 수 있는 신라라는 것을 『삼국사기』나 『삼국유사』에서 말하는 신라로 바라볼 수는 없는 것이다. 이는 일본 내의 분국이 아니고서는 있을 수 없는 일이다.

백제부흥운동을 지원했던 천지천황이 서기 671년에 죽고 아들인 오토모 태자가 등극하는데 천지천황의 동생 오오아먀(大海人) 황자가 반란을 일으켰으며 오오아마 황자는 신라계 도래인들의 지원을 받아 승리함으로써 오오아마를 천무(天武)천황으로 추대했다. 친 신라계 정권이 들어선 것인데 이 반란을 진신의 난(壬申의 亂)이라 부른다.

텐무 왕조가 친 신라계라는 것은 그 전 임금 텐지(天智) 8년, 즉 669년까지 이어지던 견당사遣唐使가 「진신의 란」 직후 끊어지고 대신 견신라사遣新羅使가 10회가 파견되는 한편 신라 측에서는 무려 22회나 사절을 일본에 보냈다.

「진신의 란」을 일으켜 생긴 텐무 조는 전적으로 신라일변도이었다. 이런 말이 지나치다고 하면 적어도 그 사이 관계는 가장 밀접하다는 이야기하는 것이라고 밖에는 달리 말할 수 없다.

고구려 보장왕의 아들 약광왕이 고구려의 반란으로 난을 피하여 666년 일본에 와서 716년 도쿄에서 50킬로미터 떨어진 사이타마현 남부의 작은 도시히다카시 고마향(高麗鄕)-(일본에서는 고구려를 의미)을 건설했다. 이 마을에는 우리에게 낯익은 장승도 있고, 고구려역, 고구려 택시, 고구려 신사도 있다. 약광왕은 고마신사에 모셔져 있고 아직도 해마다 5월 16일에 도시를 세운 기념 축제가 열린다. 고마씨 27대에 이르러 관동지방의 새로운 권력집단으로 부상하게 되고 일본 최초의 가마쿠라막부가 들어선다. 고마 가문은 가마쿠라막부와 정략적으로 결혼을 하면서 더 적극적으로 전투에 개입하게 된다. 고마씨 32대에 이르러 180명에 이르는 부하들을 데리고 전장에 나갔다가 대가 끊길 위기에 직면하자 돌연 무사의 지위를 포기한다.

이 역시 분국들의 대리전쟁을 의미하는 방증으로 180명의 병력으로 전투에 참가한다는 것은 분국을 의미하는 것이다. 특히 그 병력의 출전으로 대가 끊긴다는 것은 분국이외에는 상상할 수 없다.

홍윤기 교수는 일본 고대 오사카 지도인 '팔랑화도'(八浪華圖)는 난바 일대가 4세기부터 이미 '구다라스'(百濟洲)였다고 표기하고 있다. 이 지도는 1098년에 처음 그려졌다. 지도가 900년 전쯤의 난바 등 오사카 주요 지역을 표시하고 있다. 지도에는 사당 터인 요도가와 강변지대를 비롯해 '구다라스', '난바지'(難波寺), '구다라리'(久太郞里, '백제리'라는 이두식 한자 표기) 등 오늘날까지 사용하고 있는 오사카 중심지의 각 지명들이 명시돼 있다. 더욱이 당시의 '구다라 고우리(百濟郡, 백제군) 지역을 보면 지금의 오사카시의 중심 시가지인 히가시나리(東成)구와 일치하며 이쿠노(生野)구 또한 덴노지(天王寺)구와 연결된다. '구다라 고우리'에서 '고우리'는 한국어의 '고을'에서 파생된 말이다.

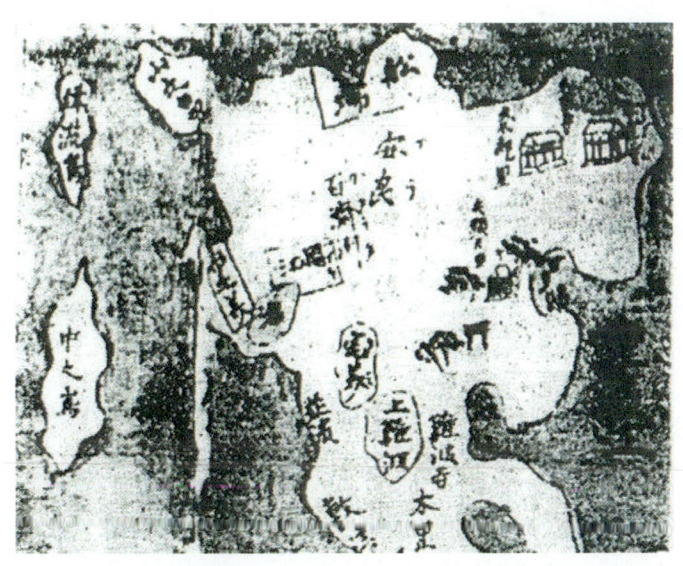

난파팔랑화도(難波八浪華圖), 지도 중앙부근에 백제주가 보인다.

11세기 말 일본에서 만든 백제지도, 이것은 이 지역이 백제의 분국이었음을 시사하는 지도이다.

지금도 오사카 중심지역에는 북백제촌, 남백제촌, 벡제역, 백제 버스정류장, 백제대교, 백제사, 남백제 소학교 등의 지명이 남아 있다.

이 몇 가지 사례는 국가 간의 전쟁이 아니라 소분국 간의 분쟁이었음이 여실히 증명된다.

4. 대성동 고분과 코벨

2012년 6월, 김해 대성동에서 초대형 목곽묘 2기가 발굴됐다. 2기의 묘는 각각 88호분과 91호분으로 명명됐다.

다음 내용은 KBS역사스페셜 - 대성동 고분의 비밀, 가야인은 어디서 왔는가-라는 내용을 요약한 것이다.

88호분에서는 고대 일본의 천황무덤에서만 보이던 파형동기 유물이 나왔고 이 파형동기는 12점이 출토되었는데 방패장식용으로 사용되었다. 91호분에서는 중국 선비족 계통 유물이 출토됐다. 특히 91호분에서 출토된 부속품들은 주로 말馬과 관련이 있다. 종모양의 금동방울과 말을 제어하는 재갈 등 말과 관련이 있었다. 십자 모양의 장식 청동 말방울, 이러한 마구들은 북방 유목민족의 문화를 드러낸다.

91호분에 남겨진 3명의 순장자의 인골, 순장 역시 북방 유목민의 문화다. 한반도에서는 고대 영남에서만 존재하던 북방족의 습속이다.

토기의 연대분석 결과 4세기 중반 추정되었다. 대성동 29호분에서 출토된 동복은 말을 타고 유목 생활을 하는 유목민족이 말 등에 싣고 다니며 사용하던 음식을 조리하던 기구였다.

모두 북방 유목민족의 고유문화로, 중국 선비족의 무덤에서 이와 유사한 형태를 확인할 수 있다는 것이 현재 학계의 정설로서 중국 내몽고 자치구 선비족의 발원지인 알선동(선양과 하얼삔을 지나)에는 아직도 선비족의 자취가 남아있는데 당시 발굴유물에 대한 도록이 있어서 쉽게 비교가 되었고 거의 같은 생활용품들이 확인되었다.

선비족의 발원지인 알선동 유적지는 한 향토 사학자의 발견으로 1980년 세상에 모습을 드러낸 알선동 동굴은 선비족이 모여 살던 나라이다. 선양에 위치한 랴오닝성 박물관 한 전시관에는 대성동 유물과 똑같은 유물이 있었다. 모두 라마동(喇嘛洞) 고분에서 출토되었다.

랴오닝성 문물국 텐리쿤 교수는 라마동 고분을 발굴 지휘한 책임자다.

텐리쿤 교수는 원래 전통적으로 삼연은 선비족이 만든 것으로 생각했다. 따라서 삼연의 묘를 보면 모두 선비라고 생각을 했다. 그런데 후에 그는 고고학과 역사 문헌을 결합해 이들(라마동의 유적)이 선비족이 아닌 부여인이라는 것을 밝혀냈다.

라마동 고분군은 90년대 발굴이 진행됐다. 400여 기의 무덤을 조사한 결과 라마동 고분은 일반적인 선비족의 고분과는 무덤 형태에서 큰 차이가 나는데, 선비족의 묘는 앞은 넓고 뒤는 좁다. 그리고 앞은 높고 뒤는 낮다. 그런데 라마동 묘지는 그렇지 않다. 라마동 묘지는 앞뒤의 크기가 동일하다. 직사각형 모양이다. 선비족의 무덤은 거꾸로 된 사다리꼴 모양을 하고 있고 라마동은 직사각형으로 대성동 무덤과 같다.

라마동 무덤은 목곽묘 형식이다. 목곽묘는 나무를 짜 묘실을 만들었다. 그 안에 생활용품인 토기와 부장품 그리고 시신을 함께 묻는다. 그리고 관을 사용하지 않는다. 라마동과 대성동은 같은 계통으로 볼 수 있으며 선비족과는 다소 다르다. 텐리쿤 교수는 2000년에 라마동 묘지의 주체 집단이 부여인이라는 의견을 정식으로 제시하였다. 선양시 문물고고학 천산 소장은 라마동에서 수습된 순장자의 인골을 형질인류학의 분석을 시도했다. 형질인류학은 유골의 모양과 차이를 분석, 계통을 나누는 것이다. 연구결과는 놀라웠다.

라마동 삼연문화 거주민의 족속문제에 대한 생물 고고학적 고찰에서 라마동에 매장된 인골이 부여인이라는 결론을 낸 것이다. 라마동 삼연문화거

주민의 주체는 거의 확실히 제2송화강 유역의 부여인일 것이다.

그는 지금까지 발견했던 선비인 같은 경우 대부분 북아시아 몽골 인종의 범주에 속해 있다. 하지만 그가 가지고 있는 자료에 따르면 이들(라마동)은 북아시아 인종 범주에 들지 않는다. 큰 차이를 보이는데 특히 두개골의 형태에 있어서 예를 들어 이들(라마동)은 원형 두개골이 대부분이다. 높은 위치의 두개골, 솟아있는 두개골이지만 북아시아 인종(선비인)은 낮은 위치의 두개골이다.

라마동에서 발견된 유골은 계통에서도 선비계가 아닌 부여계와 가까웠다.

현재 (라마동의 경우) 문화적인 측면에서 말한다면 부여일 가능성이 더 크고 부여에 속할 거라고 말할 수 있다.

부여의 중심지로 알려진 곳은 중국의 지린시다. 송화강을 따라 발전했던 부여는 700여 년간 강성했던 나라였다. 랴오닝성 박물관은 부여의 유물들이 전시되어 있다.

부여는 고구려, 백제의 모태였다. 그러나 강성했던 부여는 3세기 말부터 약해지기 시작한다. 4세기 초에는 선비족의 나라인 전연과 고구려의 견제를 받으면서 쇠락의 길을 걷게 된다. 사서에는 346년 전연(선비족)이 부여를 쳐서 5만여 명의 포로를 끌고 갔다는 기록이 남아 있다. 톈리쿤 교수는 라마동은 당시 포로가 되었던 부여인의 묘지라고 말한다.

한국전통문화학교 이도학 교수는 전연의 침공 시 일부는 포로로 끌려갔으나 다른 일족은 탈출했을 가능성을 언급한다. 346년 부여족의 일파가 탈출, 남하해 대성동에 이르렀을 가능성이 있으며 한국교원대 송호정 교수 역시 같은 특성을 지닌 유물이 멀리 떨어진 지역에서 발견되었을 때 주민의 이동 가능성이 충분하다고 하였다.

이 내용은 전혀 관련이 없다고 느껴지는 코벨이 제시한 이론과 동일하다. 물론 코벨이 독단적으로 주장한 것이 아니라 앞서 주장한 사람들 가운데 그리피스가 있다.

부여기마족이 일본으로 건너갔다는 설은 이미 이전에 동경대 교수였던 그리피스에 의해 제기되었다.

그리피스는 동경대 교수로서 그가 일본에 교수로 재직 시 현재는 감추어지고 볼 수 없는 많은 자료들을 섭렵할 기회가 있었을 거라고 코벨은 언급하고 있다. 부여의 일족이 나중에 진공왕후가 되는 어린 공주를 모시고 남하하면서 백제를 거쳐 가야에 머무르다 일본으로 건너가는 내용은 거의 같다고 봐도 무방하다.

코벨의 이러한 논리가 워낙 갑자기 나온 이론이어서 당시 한국 사학계에서는 대부분 쉽게 받아들이지 못했다. 그러나 대성동 유물과 라마동 고분 유물, 그리고 부여족의 남하는 모든 퍼즐이 맞춰지게 된다.

코벨이 주장한 내용을 다시 한 번 상기해 보자.

그리피스는 1870년에서 1880년경까지 10년 동안 동경대학에서 영어를 가르쳤다. 이때 그는 후일 일본이 제국주의 팽창을 위해 모조리 없애버린 한국사 관련 자료에 접근할 수 있었다. 그리피스에 의하면 "한국을 지배한 모든 왕조의 시조는 부여족이었으며 이들은 또한 일본문화에 크나큰 발전을 이룩한 한국이주민이 대부분을 이루었다"고 한다.

그리피스는 서문에 혼슈 북방 해안에 위치한 에치젠(越前; 지금의 후쿠이[福井] 현 동북부) 지방에서 가장 번창한 항구였던 쓰루가[郭賀] 여행기에서 진구[神功]왕후가 한국에서 출발해 일본에 도착하기까지 뱃속에 들어 있던 아들 오진왕 및 신하 다케우치를 모신 신사가 딸린 절 조구 신사[常宮神社]가 있었다고 언급하고 있다.

그리피스는 진구[神武]가 한반도에서 일본으로 건너왔다는 사실에 아무 의심도 갖지 않았다.

부여 기마민족설에 관한 주장이 1882년 처음 그리피스의 책으로 저술돼 나왔으며 일본이 한국을 식민 지배하면서 이 사실이 계속 억제되어 왔음을 주목해야 한다.

즉 그리피스는 현재 어디로 감추어진지는 알 수 없으나 일본 내에 부여족의 역사기록을 접했으리라고 믿어지는 부분이다.

일본의 에가미 나미오[江上波夫]도 1948년에 열렸던 '일본민족과 국가의 기원에 관한 심포지엄'에서 '북방 기마민족에 의한 일본열도 정복설'을 발표했는데 그는 다만 '한반도'라는 표현을 쓰지 않고 '대륙'이라는 표현을 썼다. 그리고 당시 상황을 적당히 둘러댔고 이 세력들이 제2의 건국을 했으며 그 주인공이 오우진[應神]천황이라고 설명한다. 그는 고구려 남하 시 왜군을 보내 연합세력으로 주도적 역할을 했다고 한다.

이 내용은 다음 내용들과는 상당 부분 상치되고 있다.

부여기마민족이 일본을 지배한 것은 어딘가에 분명한 자료가 남아 있을 것이다. 일본은 감추기는 할지언정 특별한 일이 없는 한 없애지는 않는 민족이기 때문이다. 그것을 봤기에 그리피스에 의해 자연스레 써졌고 그를 뒷받침하는 유물이 또 입증하는 것이다.

고구려가 북방경영에 주력하다가 한반도로 눈을 돌려 백제와 치열한 접전을 벌이면서 그 영향력이 낙동강 하류까지 미치게 되는데, 이때 왜인 용병으로 추정되는 이들은 이미 일본으로 건너간 신공왕후에 의해 세워진 야마토 정권에서 철을 수입하는 대신 보낸 용병으로 추정하고 있다. 철은 당시로써도 무기를 만드는 매우 중요한 소재였는데 철정鐵鋌을 하사품으로 보내다는 것은 무기와 무기를 만드는 것을 의미하므로 아주 특별한 관계임을 의미하는 것이다. 물론 초기에는 다루는 사람까지 같이 보냈을 것이다. 철은 상당히 선진문화여서 일본이 임나가야를 두었다는 이 점만 보아도 허구임을 알 수 있다.

제5절 가야 전쟁사의 편린

1. 가야 고분의 특징

경남 창원 다호리에는 100여 개의 고분이 떼 지어 있는 곳이다. 여기서 발견된 통나무관은 철기로 자르고 속을 다듬은 것인데 나무의 연대측정 결과 1세기로 것으로 알려졌다. 관 아래에서 발견된 부장품들은 청동검을 비롯하여 환두대도나 철모, 도끼, 자귀, 쇠스랑, 삽날, 낫, 철모 같은 오늘날까지도 사용되고 있는 철기들이 많이 출토되는데 부장품이라는 것은 당시로써도 상당히 의미 있는 것들을 모은 것이라 할 수 있다. 여기서는 철광석과 망치까지 발견되는데 이는 당시 사람들이 철기를 직접 제작했음을 의미한다.

발견된 철검은 정교하며 검집은 붉은 옻칠이 칠해져 있었는데 다른 철제에도 옻칠이 되어 있었다. 여기에 붓과 작은 칼이 포함되어 있었으며 당시로써도 중국과의 교역을 의미하는 부장품도 발견되었다. 대마도와 규슈를 잇는 이끼섬의 하루노쯔지 유적에서 발견된 유물에는 와질토기, 철제도구들도 발견되었는데 이들은 남해안의 늑도 출토품과 같은 것이다. 쇠망치나 판상철부가 나와 한반도 남부로 전래한 것으로 알려졌다.

전반적으로 이 시기는 기원전 1세기에서 기원후 1세기 범위로 보고 있다.

흔히 철기문화를 중국에서 전래했다 하는데 치우와 황제가 맞붙은 5, 6천 년 전 탁록대전(涿鹿大戰)에서 치우군의 동두철액(銅頭鐵額)이라는 표현이 있듯이 구리로 만든 머리와 철로 된 이마라는 표현처럼 어느 정도 철기문화가 있었다.

현대인들은 시구식 학문의 틀에 메여 있어서 특정힌 도그미에 끼져 있는 그대로 볼 줄 모르고 항상 작은 틀 안에서만 보려 한다. 역사를 보는 눈은 큰 틀 안에서 늘 다양한 접근을 통해서 시도해 보는 것이 중요하다.

여기서 코벨은 5세기 일본의 부여족들은 가야 출신 귀족과 혼사를 맺으며 부여족 후손들은 신라가 가야를 합병한 562년까지 가야에 대한 영향력을 지녔다고 하고 있다.

2. 가야의 여전사女戰士와 수박

가야의 여전사(출처: KBS1 HD 역사스페셜)

346년, 선비족의 침입으로 초토화된 조국을 떠나게 된 한 무리의 부여족은 적의 포로가 되어 끌려가지 않고 살아남은 어린 공주와 그 일행이 있었다. 그들 일행 속에는 시대적 여건상 귀한 여성들을 호위할 여전사들이 포함되어 있었거나 후에 생겨날 계기가 되었을 것이다. 특히 서기 400년 철갑으로 무장한 기병과 보병으로 구성된 고구려 광개토태왕의 5만 대군의 침입으로 금관가야는 사상 최대의 타격을 입게 되면서 무기를 들 수 있는 사람은 모두 동원되었으므로 여전사들이 드러나게 된다.

일본으로 건너간 한국인 무녀 왕녀 신공(진공왕후)이 이끄는 이들은 무속의 특권적 소명의식을 지닌 사람들이었으며 이들을 호위하기 위한 여전사들이 필요했을 것이다. 그들은 말을 잘 탔고 승마는 그들의 다리 근육을 잘 발달시켰다.

또 다른 김해 대성동 고분에서는 갑옷과 철제투구로 무장한 채 순장당한 세구의 인골이 한 무덤에서 나란히 발견되었는데 이들 역시 북방기마민족의 순장풍습으로서 특이점은 2, 30대 초반의 여성전사라는 점이다. 정밀한 분석 결과 이들의 다리 근육이 보통 여성보다 훨씬 발달해 있음이 확연히 드러났다. 특히 경골의 가자미 근선이 발달해 있었는데 이러한 특징은 이들이 다리의 근육을 많이 쓸 수밖에 없는 환경이었다는 의미이다. 이들은 대퇴골에서도 발달했던 근육의 조선을 보여 주었다.

김해 예안리 57호분에서도 여전사의 흔적이 나타났는데 기마병 말갖춤새는 물론 22점의 철촉과 철창 등 주로 남성전사의 무덤에서 나오는 유물들이 대거 쏟아져 나온 것이다. 특히 함께 출토된 칼은 이 여전사가 지휘관의 위치에 있었음을 짐작케 하였다.

순장된 이 여전사들의 발달한 다리 근육은 노동으로도 생기지만 주로 승마나 발기술을 많이 쓰는 수박으로도 생겨날 수 있다. 여전사들은 중요한 여성들의 호위를 맡았으므로 발달한 다리근육은 주로 승마나 무예수련 즉 수박과 관련이 있다고 볼 수 있다.

여전사들은 대퇴골 조선이 발달하고 경골의 가자미 근육이 발달했는데 승마나 노동으로도 발달하지만 특히 종아리에 해당하는 가자미 근육은 발앞꿈치를 많이 내딛는 발질에서도 발달한다. 발을 내딛는 반력을 이용한 발질이 이루어질 시 체중이 발질을 향하면서 지면을 디딘 앞꿈치가 구부려지면서 가자미근이 강화되는 것이다.

즉 발차기를 할 때 지면에 닿은 발은 까치발을 하게 되는데 이때 온몸의 체중이 여기에 실리며 가자미근에 부하가 가장 많이 실리며 발달하게 되는 것이다.

인간이 전투를 하자면 무기술을 배우지만 항상 옆에 무기가 있으리라는 법은 없다 그래서 주 무기가 총인 현대에서도 맨손 전투술을 같이 배우는 것인데 그것은 전사들에게 있어서는 남자나 여자나 그리고 과거나 현재나 다를 바 없다.

아울러 칼이나 창은 손과 발의 연장이어서 맨손무예는 필수적이었다.

가야에서 부여나 고구려처럼 순장풍습이 있었는데 지산동 고분군 중 가장 많이 순장된 경우에는 한 무덤 속에 36명 이상이나 되었다.

가야는 이후 신라에 통합되게 되며 순장풍습이 이어졌는데, 그러나 『삼국사기』 지증왕(502년 2월)조에 순장을 금한 내용이 보인다. 신라에서도 200여 년 동안 생겼던 순장을 금하게 된 것은 노동력 확보와 신라라는 나라이름을 확정하면서 주·군·현(州·郡·縣)을 직접 다스리게 되는 왕권 국가가 되면서이다.

이후 순장제도 대신 다양한 형태의 토용들이 묻혔는데 토용은 우는 여인, 애도하는 모습, 악기를 연주하는 자 등으로 망자에 대한 애도와 순장자의 대체물로 보인다.

통일신라시대 경주 용강동에서 발굴된 고분에서는 무술하는 자세의 토용土俑 2점이 발견되었는데, 이전에 순장하는 풍습이 사라진 시대여서 순장하는 사람대신 같은 역할을 하던 토용을 만들어 넣었다. 즉 이 토용은 무덤의 주인을 호위하던 무사 역할을 대신하여 부장품으로 넣은 것이라 할 수 있다.

다르게 말하자면 맨손무예에 뛰어난 맨손무예의 호위무사가 그 당시도 존재하고 있었다는 지표이다. 이는 길림성에 있는 고구려 벽화에서 수박도를 볼 수 있듯이 형태는 다르나 유사한 맥락이다.

경주 용강동 고분 수박하는 토용

안악 제3호분 전실 동쪽 벽면의 수박도

무용총의 수박도, 5세기 전반에 축조된 것으로 추정됨

고구려의 고분 내에 그려진 채색벽화 가운데 제작연도 AD 357년으로 추정되는 황해남도 안악군 오국리에 소재하는 안악 제3호분 전실 동쪽 벽면의 수박하는 두 역사力士하는 벽화와 중국 지린성[吉林省] 지안현[輯安縣] 여산如山 남쪽 기슭에 소재하는 무용총에 그려진 수박도는 토용土俑의 효용과는 다르나 망자의 지위를 나타내거나 혹은 망자가 살아생전에 즐겼던 생활상을 죽은 후에도 즐기라고 그려둔 것이라 할 수 있다.

특히 무용총에 나타난 수박도 가운데 수박도와 각저도에 나타나는 두 남자 중 한 사람은 전형적인 고구려인이지만, 다른 한 사람은 서역계 인물이다. 각저총 벽화에서 씨름에 열중하는 두 역사 가운데 한 사람은 보통의 고구려인 얼굴을 하고 있으나, 다른 한 사람은 눈이 크고 코가 높은 서역계 인물이다.

특히 수박도에 나타나는 두 사람의 자세는 현재 택견(위대태껸)에서 확인되는 '얼르기와 상대의 회목을 잡는 택견의 모습'과 크게 다르지 않다. 그리고 손가락을 벌리고 마주대하는 모습도 동일하다.

서역계의 인물로 추정되는 고분의 조형물로 경주 괘릉의 무인석武人石은 서역인이 신라에 있었음을 말해준다. 우람한 체격에 높은 코, 곱슬거리는 머리와 턱수염은 아랍인의 형상과 유사한데 이 무인석이 무덤의 호석護石으로 존재한다는 것은 장사치가 아니라 능력을 인정받아 정착해 살았음을 의미한다.

경주 괘릉의 무인상

안악 3호분 전실 동쪽에 그려진 위대태껸에서 '얼르기와 상대의
회목을 잡는 택껸의 모습'과 거의 동일한 동작일 뿐만 아니라
손가락을 벌린 모습조차 일치한다.

가야의 순장풍습은 부여기마족으로부터 전해진 것이다. 가야 고분에서 출토된 말 잔등에 휴대하는 휴대용 솥인 동복도 이를 뒷받침한다. 346년, 선비족의 침입으로 초토화된 조국을 떠나게 된 한 무리의 부여족 무리 속에

는 여성들도 포함되어 있었으며 이들은 주변의 주목을 끌지 않기 위해 전투복 차림으로 위장했으리라 믿어진다. 아울러 그들을 호위하는 여전사들도 존재했을 것이다. 가야의 고분에서 나온 여전사들의 수박과 관련된 신체적 특징은 이미 부여에서 수박이 존재했을 가능성을 강력하게 시사한다. 가야 여전사들의 신체적 특징이 그러하다면 남자전사들 역시 수박을 익혔을 것이다. 고구려 고분벽화에 수박도가 등장할 정도이면 이미 이전의 부여에서도 성행했을 가능성이 큰 것이다.

앞에 언급되었지만 규슈 남부의 미야자키현의 사이토바루 고분군에서는 고령 지산동 고분군에서 나온 철모와 완전히 같다. 이러한 가능성은 일본을 정벌한 가야에 의해 일본에 전해져 오늘날 일본 무술의 원조가 되었을 개연성이 있다.

즉 부여로부터 전해져 온 수박이 가야를 거쳐 일본에 전해지고 우리나라에서는 고려의 수박으로 이어진 것으로 추정된다.

특히 일본의 대동류유술의 경우에 술법의 이름이 없다. 이름이 없다는 것은 이름이 중요하지 않다는 의미이기도 하고 술수만 전해진 것으로 보인다.

반면에 삼별초에 의해 오키나와에 전해진 것으로 추정되는 수박에는 이름은 없으나 권결이 나타나고 있다.

3. 일본 무사들의 할복과 일본에 전해진 가야의 순장풍습

조선 시대 통신사들의 사신이나 포로 및 표류 등으로 일본통신사들의 기행록 중의 하나인 『문견별록聞見別錄』에 죽음에 대한 그들의 풍조를 엿볼 수 있다. "성품이 잔인하고 각박한 짓을 잘하여 설사 형을 받아 죽임을 당하더라도 조금도 두려워하지 않으며, 스스로 원하여 자결自決하게 될 때는, 목욕·이발하고서 눈을 감고 염불하며 스스로 배를 가르고 손으로 오장을 움켜내어 죽는데, 구경하는 사람들이 훌륭한 사람이라고 칭찬을 하고 그 자손도 세상에 이름이 나게 된다."

"임금과 신하 사이에는 명분名分이 한 번 정해지면 자신을 돌볼 겨를이 없이 복종하기를 매우 공손히 하고 정성껏 하며 그 대우에 따라 보답을 한다.

전 관백의 시절에 집정執政인 아부대마수阿部對馬守와 봉행奉行인 본전가하수本田加賀守가 모두 관백의 사랑을 받았는데, 그 관백이 죽자 두 사람은 손을 잡고 성을 나와 갈림길에 임하여 서로 이별하고서 각기 자기 집으로 가, 가하수는 곧 스스로 자결하여 죽었고 대마수는 그 아내를 불러 술잔을 들며 이별을 고하니 그 아내가 울면서 말렸으나, 그는 정색正色하고 옷자락을 뿌리치며 일어나 자기의 배를 손수 갈라 죽었으며, 가하수의 부하 장관將官도 가하수를 따라 자결하여 죽은 자가 3인이나 되었음. 대마수와 가하수 두 사람은 대유원大猷院 덕천가광德川家光의 법시法諡에 종사從祀하고 문밖의 동쪽과 서쪽 행랑에 소상塑像을 세웠으며 그 아들에게는 식읍食邑을 각각 2천 석씩 더 주었음."55)

---

55) 性好慘刻。雖被刑戮。亦不甚懼。願爲自裁。沐浴理髮。瞑目念佛。自刳其腹。以手鉤出五腸而死。觀者稱爲好人。子孫顯名於世 『문견별록』/남호곡문견별록/풍속/성습

일본에서도 순장 풍습과 이를 금지하는 내용이 『일본서기』에 실려 있는데 수인천황倭仁天皇 28년 기록에 왜국에서 순장을 금지한 내용이 나온다. "왜언명倭彦命이란 자가 죽자, 가까이에 있는 자들을 모아 살아있는 채로 능역에 매립하였다. 이들이 며칠 동안 죽지 않고 밤낮으로 울고 신음을 하다가, 드디어 죽어서 썩으니 개와 까마귀가 몰려들어 먹어댔다. 천황이 울부짖는 소리를 듣고 마음이 슬프고 아파서 그 신하들에게 이르기를, 옛 풍습이지만 좋은 것이 아니니, 금지하라고 명령했다고 한다." 이는 순장자의 고통을 줄여주기 위해 미리 죽여서 묻지 않고 생매장을 했으니 그 잔인성은 놀랍다.

그러나 『일본서기』에 나오는 이 풍습은 위의 내용처럼 일부가 살아남아 명맥이 이어졌는데 이러한 풍습은 가야의 순장풍습이 그대로 전달되어 생겨난 것으로 가야의 순장풍습은 신라에 흡수되면서 사라졌지만, 일본은 외따로 떨어져 있기도 하고 나라 자체가 일종의 분리된 제후국처럼 그 풍습이 이어져 남아 있었음을 의미한다.

위에서 언급한 『일본서기』의 수인천황 28년(기원전 2년)이라는 내용은 백강전투 이후 일본으로 대피한 백제 유민들이 680년에 착수하여 720년에 완성한 것으로 망국의 설움을 1,000년 이상 끌어 올려 자긍심을 높이고자 편찬한 것으로 연대는 맞지 않다.

이덕일 소장의 주장에 의하면 강단 사학자들이 일본의 식민사학을 쫓아 서기 369년에 야마토왜가 가야를 점령하고 거기에 임나를 설치했다는 것이다. 그러면 369년에 가야의 왕이 바뀌어야 되는데 삼국유사 가락국기에 보면 369년에 이시품왕이 계속 있다. 그러다가 407년까지 왕으로 있다가 407년에 자기 아들 질지왕에게 왕위를 물려준다.

『삼국유사』의 시각으로 보면 369년에 야마토왜가 가야를 점령해서 임나를 설치했다는 이야기는 사실이 아닌 것으로 드러난다.

『삼국사기』에 보면 212년부터 481년까지 269년, 약 270년 동안에 가야 관련 기사가 완전히 사라진다. 이 시기에 신라와 가야가 우호관계를 구축해서 기사가 나올 가능성도 있고 또 하나 유력한 가능성은 이 시기가 일본 왕가 시조의 발상지라는 미야자키현 사이토바루 고분군에서 3세기 말부터 야마토왜에 왕가의 고분이 축조되는 시기와 일치하기 때문에 그 무렵에 가야계가 바로 일본 열도에 진출해서 일본 왕가의 기틀을 만들었다고 해석할 수 있다.

그러나 이 내용도 워낙 허구가 많은 일본 측 자료에서 나온 것이라 가야와 닮은 고분의 부장품과 대비해 보면 축조시기가 다를 수 있다.

오히려 369년은 야마토왜가 가야를 정복한 것이 아니라 신공왕후가 왜를 정복하러 떠난 해를 반대로 표현한 것이다.

369년에 이토록 많은 사연이 얽혀 있지만 가장 핵심은 당시 일본은 겨우 왕조가 자리 잡기 시작한 시기여서 어느 것도 할 수 있는 위치에 있지 않았다는 점을 명심해야 할 것이다. 이것은 비역사학자들도 조금만 들여다 보게 되면 상식적인 수준의 내용임에도 불구하고 아직까지 국내에서 통용되고 있다는 사실은 납득하기 어렵다.

주목할 것은 임나의 위치에 대해서 조선 초기의 문신 이맥李陌 (1455~1528, 一十堂)이 지은 『태백일사』「고구려사 본기」에 명확히 나온다.

임나는 본래 대마도의 서북 경계였다. 북쪽은 바다로 막히고 치소가 있었는데 국미성國尾城이라 한다. 동서에 각각 마을이 있다. 어떤 자는 조공하고 어떤 자는 반한다. 뒤에 대마 두 섬이 마침내 임나의 통제를 받게 되어 이때부터 임나任那는 대마도 전체를 가리키는 이름이 되었다.

임나任那가 또 나뉘어 삼가라三加羅(삼한)가 되었는데, 이른바 가라라는 것은 중심이 되는 읍을 부르는 이름이다.

좌호가라佐護加羅가 신라에 속하고, 인위가라仁位加羅가 고구려에 속하고, 계지가라雞知加羅가 백제에 속한 것은 바로 그것을 말한다. 영락永樂 10년 삼한三韓이 모두 고구려에 속하게 되었다. 이때부터 바다와 육지의 여러 왜인들은 모두 임나에 통제되었으니, 옆 나라로 나누어 통치하면서 연정聯政이라고 했다. 그러나 고구려에 속하여 열제烈帝의 명하는 것이 아니면 스스로 마음대로 하지는 못하였다.

이병선 전 부산대학교 사범대학 국어교육과 교수는 82년부터 대마도를 수차례 답사해 일본서기에 나오는 '임나(任那)'와 관련된 지명 80여 개를 찾아냈으며 이를 근거로 '임나'가 일본에 있었다는 '임나 대마도설'을 주장하는데 『태백일사』「고구려사 본기」에 나오는 내용과 유사한 주장을 하고 있다(이병선, 1987).

이 논리를 수용하게 되면 369년 가야의 신공황후가 일본을 정벌하면서 후에 임나였던 대마도를 영향을 끼쳤고 다시 400년에 고구려에 의해 재지배를 받았다는 논리가 성립되는 것이다.

전연 선비족의 침입으로 인해 부여 기마족의 일부가 가야로 내려왔으며 이는 그리피스나 레저드 교수, 코벨 뿐 아니라 일본의 에가미 나미오(江上波夫)조차도 이를 인정했다. 가야의 고분에서 보이는 동복은 이를 뒷받침한다. 따라서 전투경험이 많을뿐더러 가야는 철의 생산국이어서 바다에 접해 있다는 지리적 이점 때문에 대외교류가 활발하여 중국, 북방, 왜, 서역과도 교류하였다. 당연히 조선업까지 발달하여 당시 왜에 깊은 영향을 주었음을 반증한다.

가야의 부여 기마족이 369년 일본을 정복한 후 일본 고분군에서 나타나는 수많은 부장품은 거의 가야계 철모나 갑옷, 말 꾸미개 등은 가야와 깊은 관련이 있다는 것을 반증한다. 이런 사실로 미루어 볼 때 당시 왜와는 비교도 안 될 만큼 선진문화를 지니고 있어서 가야의 임나 일본설은 허구임을 단적으로 보여준다.

이를 토대로 유추해 보면 임나의 분국은 일본의 오카야마현에 있었으며 오카미아현에는 고대 분묘가 12,000기나 있다.

코벨에 의하면 오늘날까지도 대부분의 일본인들은 '서기전 660년 이래 만세일계'를 이어온다는 현인신 천황'들이 무려 100년 이상 완전한 한국인 혈통으로 이어져 왔음을 생각지 않으려 한다. 일본의 신토(神道)가 한국의 무속에 그 뿌리를 두고 있음을 아는 일본인은 드물다. 레저드 교수에 따르면 부여족이 일본을 통치한 시기는 서기 369년부터 506년까지이며 이는 15대 오잔왕(일명 호무다왕자)대부터 26대 게이타이(繼休)왕 이전에 이르는 것이다.

일본이 '만세일계萬世一系' 혈통의 첫 왕으로 떠받드는 신공왕후의 아들 유명한 진무(神武)왕은 감춰졌지만 생물학적으로 진공왕후와 '용감한 큰 곰' 무내숙니 사이의 아이라고 코벨은 단정 짓고 있다. 진무왕의 어린 시절 이름은 이와레(磐余彦)왕자, 즉 '부여바위왕자'라는 이름으로 불렸으며 지금껏 한국 사람들은 어린애 이름을 '바위'라고 부른다.

레저드 교수나 코벨 교수의 논리에 따르면 369년 가야의 부여 기마족이 기마병을 싣고 일본을 정벌하러 가기 전에 이미 가야에서는 어느 정도 일본에 거점을 마련해 두고 있지 않았나 하는 생각이다.

특히 가야는 철 수출국으로서 이러한 선진문명이 백제나 왜와도 교류가 많았으며 특히 철정 등의 수출로 왜를 반식민지화 하고 고구려 침입 당시 그들로 하여금 병력 지원을 받은 것으로 추정된다.

일본 최대 고분이 있는 오사카 남부의 모즈 고분군 일대는 당시 가야와 연합 세력이던 백제와 이후 결합하여 형성된 문화와 고분군으로서 초기 고분에서 출토된 갑옷들이 가야지역에서 발굴된 갑옷들과 유사하며 고분 시대

중기에는 고대 한국으로부터 도래한 새로운 금속기술과 사용되었던 마구와 장신구 등도 이 시대의 부장품으로 발굴되고 있다. 도래인들의 신기술이 반영된 도자기 제조, 기마의 풍습뿐 아니라 주거, 말의 사육 등 생활문화도 고대 한국과 연관되어 있다.

4. 고조선 문화의 일본 전래와 일본의 삼종신기
   (三種神技)

일본의 중요 유물 가운데 아직도 공개되지 않은 중요 유물이 있다. 이 유물들이 공개되지 않은 가장 큰 이유는 이 유물이 공개됨으로써 그들이 그간 감추어온 역사왜곡이 만천하에 드러나기 때문이다. 하지만 공개되지 않았지만 대부분의 사람들은 그 내용을 알고 있으며 그 유물과 같거나 유사한 유물들이 일본 남부에서 동경 부근까지 널리 발굴되고 있다.

일본 천황가의 보물 중에 권위를 상징하는 삼종신기三種神技가 있다.

삼종신기는 구사나기의 검(초치검草薙劍)과 야타의 거울(팔지경八咫鏡), 야사카니의 굽은 구슬(팔척경곡옥八尺瓊曲玉)인데 황실을 잇는 증거라 하여 황위와 함께 계승된다.

삼종신기三種神技는 공개되지 않았으나 위 사진으로 추정됨(출처: 매림역사문화 TV)

이 유물들은 단군조선의 다뉴세문경과 세형동검이다. 물론 곡옥도 마찬가지이다.

이들 모두 앞에서 언급한 것으로서 홍산문화에서 발견되는 한국인들의 전형적인 유물 중에 몇 가지로 예로 들자면 고인돌, 곡옥, 비파형동검, 세형동검 등과 관련이 있으며 일본 내에서는 천황가에 전해져 오는 것 뿐 아니라 일본 다른 지역에서도 다수 발견되고 있다.

일본 규슈 福岡市 요시타케타카기(吉武高木) 유적이나 특히 후쿠오카 가스가시(春日市) 奴國王의 지석묘支石墓에서 나온 유물은 삼종신기의 원형으로 알려지고 있다.

우리나라 다뉴세문경과 같은 형태의 동경銅鏡은 특히 일본 여러 곳에서 발견되는데 후쿠오카, 오사카, 큐슈 그리고 현재 동경 근처 등 여러 곳에서 확인된다.

특히 초기의 비파형 동검은 칼자루가 탈착되는 것으로 게이오 대학에 소장하고 있는데 고조선의 명백한 유물임에도 이들은 중국산으로 소개하고 있다.

일본 내에는 여러 지역에서 수많은 고조선 유물이 출토되고 있지만 그들이 공식적으로 입을 다물고 있는 이유는 이 유물들이 명백히 단군조선의 유물이기 때문이다.

그들은 일제강점기 이전부터 식민지를 합당화시키고 그들의 문화가 우리나라보다도 훨씬 앞서 있었다는 터무니없는 조작을 위해 우선 단군을 신화로 치부하여 역사에서 배제했다. 이러한 시도는 현재까지도 견고히 그들의 의도대로 이어지고 있는데, 그들보다 훨씬 오래된 우리 역사를 깎아 내림으로서 자신들의 우월성을 드러내고자 하는 이유 때문이다. 따라서 이러한 유물들이 그들로서도 제대로 된 평가를 하기에는 자가당착에 빠질 수밖에 없는 애매모호한 상황에 부닥칠 수밖에 없는 것이다.

이 사실을 밝힌다는 것은 아예 일본의 역사를 다시 써야 하는 것과도 같은 중대한 일이기도 하다.

칼자루가 탈착되는 세형동검이나 환두대도는 결코 중국문화에서는 볼 수 없으며 오직 우리나라에서만 발견되는 유물이다.

이 유물을 통해 유추해 볼 때 일본에 건너간 우리 민족은 최근 독일에 위치한 막스플랑크 연구소에서 언급한 동아시아 지역 고古인골 유전체에 대한 최근의 연구내용과 더불어 이미 선사시대 이전부터 일본으로 건너가서 여러 곳에 자리 잡고 있었음을 반증하는 것이다.

비록 대한해협을 끼고 있었기에 아주 활발한 소통은 그리 많지 않았겠지만, 어느 정도 알려져서 이미 고조선 시대부터 삼국 시대를 거쳐 이후까지 갈만한 사람들은 적극적으로 진출했음을 시사하는 것이다.

일본이 자신들의 위상을 높이기 위해 우리 역사를 왜곡하고 폄하하는 것은 마치 다투고 가족이 분가했다하여 오래된 그들의 조상을 욕하고 다니는 것과 다름없다는 사실을 깨달아야 할 것이다.

아울러 그들이 국내에서 반출한 문화재나 수많은 역사서를 되돌려 주거나 여건이 어렵다면 공개해서 공유하거나 잊혀진 같은 조상에 대한 심도 있는 연구를 해야 할 것이다.

한때 다투었다고 철천지원수처럼 부모나 조상을 욕하고 중요한 역사책을 강탈해서 감추고 현재 일부 국내 사학자들을 돈으로 매수해서 왜곡시키는 일은 자승자박自繩自縛이라는 사실을 깨달아야 한다. 왜곡을 일삼는 국내 일부 사학자들은 위기에 처하면 단합해서 다른 프레임을 내세워 물 타기를 시도하면서 본질을 흐리게 하거나 교묘한 언사로 빠져 나가면서 백 년 전의 일본인들의 주장을 되풀이 하고 있다.

약간이라도 식견이 있는 사람이라면 알만한 사서史書들을 위서僞書로 몰아가는 행태도 같은 족속族屬이라면 재고해야 한다.

제6절 일본 속의 한국문화

1. 『삼국사기』에 나오는 왜倭와의 관계

대마도는 우리나라와 약 50Km거리에 떨어진 섬으로 부산이나 거제도에서 날씨 좋은 날이면 육안으로도 보이기에 일찍부터 우리나라에서 건너간 범죄자들의 도피처가 되거나 아니면 먹고 살길을 찾아 떠난 사람들의 이상향이기도 했다.

『삼국사기』를 보면 왜의 침입에 관한 기록이 여러 번 나온다. 당시로서는 마치 나라 뿐 아니라 실체도 없을 것 같은 왜가 침입해오는 일이 잦았던 이유에 대한 사유에 대해 언급하고자 한다.

왜의 침략은 주로 식량과 사람의 약탈을 위해 게릴라식의 전술을 구사한 해적 행위였다.

『삼국사기』의 여러 기사에 나오는 왜는 엄밀히 말하자면 일종의 왜구들이다. 이들 왜구들도 말하자면 표류한 자들도 없지 않겠지만 우리나라에서 범죄를 저질렀거나 먹고 살기 힘들어서 건너간 이들이 많았다. 실제로 후에 활동범위를 넓혀 중국까지 진출한 왜구들은 중국인까지 끌어들였다. 대마도는 알다시피 농사지을 땅이 척박해서 땅에서 나는 소출로서 먹고 살기 힘들어 인근 주변에서 약탈을 하지 않으면 삶을 이어가기 힘들었다. 그래서 싸우다 죽으나 굶어 죽으나 마찬가지여서 그들의 생업은 약탈이 본업이 되었다.

예를 들어 보면 "6월에 왜인倭人이 크게 굶주려 먹을 것을 구하러 온 사람이 1천여 명이나 되었다."[56]

---

[56] 三國史記 卷第二 新羅本紀 第二/벌휴伐休 이사금尼師今 十年夏六月, 왜인이 먹을 것을 구하러 온다.(193년 6월 미상 음력)

"4년(287) 여름 4월에 왜인(倭人)이 일례부 _禮部_ 를 습격하여 불을 놓아 태우고 1천 명을 사로잡아 갔다."57)

그들의 상황으로서는 처음부터 일본 본토를 근거지로 삼기에는 해로 상 선박이동에 한계가 있거나 약탈 대상국에서 너무 멀면 기동력이 떨어지기 때문에 대마도는 딱 좋은 위치였다. 물론 점차 기술의 발전으로 확실한 근거지를 하나 더 마련하기 위해 후에 일본 본토 내에 거점을 하나 더 마련했을 것은 자명한 사실이다.

이들의 이러한 행태는 전통적으로 이어져 오랜 세월 동안 지속되게 된다. 즉 왜구들의 침입은 잦았으나 그들이 한반도 내에 근거지를 만들 생각을 함부로 하지 못한 것은 고정된 근거지가 침입을 받게 되면 손쓸 여지가 없으므로 대마도를 중심으로 침략을 반복하게 된 것이다.

이들의 그 세력이 점차 커지면서 활동범위도 넓어지게 되고 한반도 뿐아니라 중국 연안까지 침입하게 되고 왜구로 기록된 것은 후일 일이다.

일본인들의 가장 즐겨하는 노략질이나 기습전은 여기에서 기인하는 것이다. 즉 상대가 방심하고 있을 때 치고 빠지는 것이다. 그것은 근대까지도 이어져 청일전쟁, 러일전쟁, 만주사변과 진주만 공격이 모두 기습전이었다.

특히 당시는 병력이 많지 않아서 기습 후에 썰물처럼 빠져나가야 했기에 왜구들이 기습에 성공한 지역에 머물며 임나가야를 세운다는 것은 어불성설이다. 조선시대 이맥(李陌, 1455~1528)이 지은 『태백일사』「고구려사 본기」에 임나에 관한 정확한 설명이 나온다.

물론 이러한 왜구가 집단화되면서 그 세력을 키워 주변 이웃나라들과 간

---

57) 三國史記　卷第二　新羅本紀 第二/유례(儒禮) 이사금(尼師今) 四年夏四月, 왜인이 일례부를 습격하다.(287년 4월 미상 음력)

에 일종의 용병 역할을 했을 가능성도 배제할 수 없다.

김의환은 『한국 통신사의 발자취』에서 대마도와 관련하여 다음과 같이 기록하고 있다.

> 대마도에는 우리나라에서조차 희귀하거나 보유하고 있지 아니한 불교문화재들이 많이 남아 있다. 연대 상으로 가장 오래된 것으로서는 7세기의 백제불·8세기의 신라불로부터 고려·조선시대의 불상에 이르고 있는데, 이들 불상의 특징은 고려불상이 가장 많고 대부분이 운반하기 쉬운 소형의 청동불이요, 모두 심한 화상을 입어 도금이 없으며 대부분 과거 왜구의 본거지였던 포구浦口에 집중적으로 전해져 내려오고 있다는 사실이다. …19세기 초의 일본 측 기록인 『쓰시마기지津島紀事』를 보면 8, 9세기 주조 명문이 기각된 신라종들이 있었으며 다른 기록에서도 16세기 주조 명문이 기각된 조선종이 있었으나 모두 메이지시대에 일본 본토로 흘러 들어가 버렸다고 한다. 현재 일본의 중요문화재로 지정되어 이즈하라 다구쯔다마(多久頭魂) 신사에 쓰쓰[豆酸]의 대정大鉦의 이름으로 알려진 고려(1245년)의 금고金鼓를 포함한 고려시대(1357년) 진주에서 만들어진 금고. 그리고 많은 고려의 거울(鏡) 역시 왜구들의 약탈물인 것을 알 수 있다. 왜구들의 약탈문화재는 이외에도 희귀한 불경 등을 포함되어 있는데, 일본인 불교미술 연구가들은 대마도에 산재해 있는 많은 고려불상을 자랑하여 말하기를 고려시대의 불상은 거의 한국에 남아 있지 않다. 그러므로 한국의 불교미술을 쓸 때 고려시대의 불상에 대해서는 대마도에 오지 않으면 쓸 수가 없을 정도이다.

이러한 자랑에 앞서 과거 왜구들의 방화·약탈의 잔인성을 역사적으로 깊이 반성해야 한다.

광개토 대왕릉비에 나오는 왜에 대해 김영덕 교수는 오진應神의 실명으로 '호무가 와께'라 하였다. 와께 곧 확고擴居는 본래 백제 대왕이 담로에 임명한 후왕에 붙이던 호칭 내지 벼슬로서 이두로 풀어 보면 그 영지는 호무다일 것이라는 가설을 제시하였다.

이에 대해 색다른 설이 있다.

기상청에 오랫동안 근무했던 정용석은 그의 몇 가지 논지를 중심으로 삼국이 중국 대륙에 있었음을 밝혀냈다. 백제와 신라가 한반도 내에 있었다면 왜구의 침입이 백제에는 없고 신라에만 집중해 있는데 지리학 상 이도 그 이유 중의 하나이다. 당시 왜는 현재의 일본을 지칭하는 것이 아니라 중국 대륙에 분산되어 있었다는 내용이다. 수많은 내용 가운데 그 이유 중에 하나로 왜가 태풍이 잦은 장마시기에 수많은 배를 이끌고 대한해협을 건너 신라를 침략하기에는 적절치 않고 또 포로를 1,000명이나 배로 태워가기에는 말이 되지 않는다는 이야기이다.

1) 일본인의 조상은 한민족

부여 기마족이 남하하고 가야를 거쳐 일본으로 건너가게 되고 앞에서 언급한 우리나라 사람들이 대마도나 일본으로 건너가 왜가 되었다는 내용은 근래 발표된 다음 학술연구결과로도 방증된다.

독일에 위치한 막스플랑크 연구소는 '노벨상 사관학교' 라는 별칭을 가지고 있는데 전 세계에서 내로라하는 석학들이 모여드는 곳이고, 그만큼 연구 성과도 뛰어나기 때문이다.

여기서 최근에 발표된 논문 하나도 인상적이었는데 이 논문은 동아시아 지역 고古인골 유전체에 대한 내용을 담고 있다. 한반도 남부 지역 신석기시대 유골을 조사한 결과, 유골마다 20~95%의 조몬계 성염색체가 확인되었다. 연구진은 이를 통해 과거 한반도에는 한민족과 조몬족이 함께 살고 있었으며 조몬인들이 한반도를 거쳐 일본으로 건너갔다는 사실을 도출해냈다. 조몬인 역시 한반도계 민족일 가능성이 제기된 것이다. 조몬인은 일본의 고대 민족중 하나로 오랫동안 일본의 토종민족으로 알려져 있었다.

한국에서 건너간 조몬인들의 이동경로(팩튜브, 2021.08.25.)

최근 막스플랑크 연구소에서 이를 뒤집는 연구 결과를 발표하면서 사실이 아닌 것으로 밝혀졌다. 오히려 조몬인의 조상이 한국인이라는 주장에 무게가 실리기 시작했다.

해당 연구를 진두지휘한 벨기에 출신의 언어학자인 마르티너 로베이츠 교수는 한국사와 일본사에 능통하여 한반도 유골을 연구하는 프로젝트를 진행했는데 여기에는 동아시아의 지리와 역사에 대해 잘 아는 일본인 학자, 학생들과 함께 진행했다.

그리고 연구과정에서 일본이 연구비를 보조했다.

그녀는 한 외신과의 인터뷰에서 "일본인의 조상은 한국인일 것"이라고 입을 뗐다. 그러면서 "한반도의 남부에서는 조몬인의 염색체와 95% 일치하는 유골이 발견되었다. 인류의 이동방향을 고려 해보면, 조몬인은 한반도에 살다가 일본열도로 건너갔음을 알 수 있다."고 언급했다.

또한 현대 일본인보다 고대 한국인들의 유골에서 더 높은 농도의 조몬인 유전자가 검출되었다고 덧붙였다. 마지막으로 그녀는 "누구에게 유리할 수 없도록 조작할 수도 없을 만큼 너무나 명백한 결과가 토출된 연구였다."고 의미심장한 멘트를 던지며 인터뷰를 끝냈다.

독일에서 발표된 연구 결과는 일본의 토종 세력이 한반도에서 건너갔다는 것을 확실하게 명시하고 있다.

코벨은 서기 369년 기마병과 함께 가야를 떠나 일본을 정복하였지만 이후 서력 400년 광개토대왕이 이끄는 고구려 군에게 패배하자 100만 명이나 되는 사람들이 집단으로 이주하여 츠쿠시에 상륙한 후 차례차례 동정하여 기내 지역을 정복하여 가와치 왕조를 건설하였다는 이야기도 있다.

한반도 내에서 고기를 잡다 해류를 타고 일본으로 건너간 이들이나 범죄를 저질러 왜로 도피한 자, 혹은 먹고 살기 힘들어 더 나은 꿈을 꾸고 건너간 자들, 가야 유민,58) 백제 유민 등 이외에도 알력 다툼으로 피신한 수많은 유민이 지리적 특성으로 일본으로 건너갔음을 알 수 있다.

한편 앞서 언급한 일본 내에서 고조선 시대 유물이 이 지역 일대에서 다량 출토되고 있는 점으로 보아도 여러 시기에 걸쳐 한반도로부터 이동이 있었음을 의미한다.

---

58) 오사카 후지데라시 가라구니 신사 신국辛國신사 또는 한국신사라고 불리는 이곳은 6세기 경 가야인들에 의해 세워졌다. 신사의 역사가 기록된 이 책에는 4세기 경 후반부터 6세기까지 많은 가야인들이 이곳에 살기 시작했다고 쓰여 있다.(KBS 역사스페셜 20001216 방송)

2. 일본 속의 백제

중국의 역사서를 보게 되면 백제는 요서 지방 뿐 아니라 중국 해안을 따라 여러 담로국이 분포하고 있었으며 일본에서도 그 자취를 볼 수 있다. 일본 효고현에 딸린 이와지 섬은 한자표기로 담로도淡路島로 직접 표기하고 있으며 제주도의 과거 지명이 탐라였다는 사실에 이와 연관 짓는 이들도 없지 않다.

일본은 과거 우리나라에서 볼 때 일종의 무주공산이어서 여러 경로에 의해 건너간 사람들이 각자 자신들이 터를 잡은 곳에서 세력을 키우다가 점차 유입인구가 많아지면서 각축이 발생하기도 했는데 제일 먼저 드러난 제 1왕조는 가야계통의 부여 기마족이었다. 차츰 세월이 흐르면서 백제 국내 상황으로 인해 백제유민의 유입이 많아지면서 세력이 커지게 되고 자연스레 백제세력이 두각을 드러내게 된다.

물론 신라나 고구려계통의 문화 흔적도 남아 있다.

일본이 백강 전투에 수많은 함선과 병력을 동원하게 된 것도 그 이유 때문이다. 그러나 백강 전투에 패하면서 본토 백제는 사라지고 많은 유민들이 대거 일본으로 유입되면서 일본 내의 백제화는 실질적으로 점차 이루어진다. 특히 왕조와 사적을 잃은 백제로서는 일본 내에서 위기의식을 통해 힘을 모아 왕권을 강화하고 정비하는 계기로 삼는다. 즉 모국은 멸망해 사라졌지만, 일본 내에 새로운 백제 건국이라는 지상명제를 더 안게 된 것이다. 그래서 한반도와 연결되는 거점 몇 군데에 백제식 산성을 쌓고 『고사기』와 『일본서기』 등의 역사서도 발간하게 된 것이다. 그 이전에는 없던 역사서가 나온 것은 사라진 백제를 잊고 새로운 출발을 위해 중국의 황제보다 높은 천황이라는 호칭을 만들고 훨씬 더 장구한 역사를 지닌 역사를 가공하게 된 것이다.

3. 한국인의 고유문화

밥을 먹을 때 숟가락을 쓰는 민족은 우리뿐이며 중국이나 일본은 반드시 나무젓가락으로 먹는다.

젓가락도 쇠젓가락을 사용하는 민족은 우리 민족 밖에 없다. 다른 민족은 젓가락을 사용하더라도 나무젓가락을 사용하므로 내구성이나 곰팡이 등으로 오래 사용하지 못한다. 하지만 쇠젓가락은 잊어버리지 않는 한, 대代를 물려 사용할 수 있다.

은나라 갑골문에 숟가락을 형상화한 숟가락 비匕자가 〔와 같은 모양으로 그려져 있다. 현재 중국에서도 숟가락이 있으나 청동으로 만든 숟가락이 아니며 사기沙器로 만들어 극히 조잡할 뿐 아니라 국물을 떠서 먹을 때만 쓰는 것이다. 일본인들은 오른손으로 젓가락질을 하고 왼손으로 국그릇을 들고 마시는데 밥상 위에 놓인 밥그릇과 국그릇의 위치가 우리와는 정반대이다. 이는 오랜 전쟁으로 인해 항상 빨리 먹고 뛰어야 하는 습성에서 비롯된 것이라 한다.

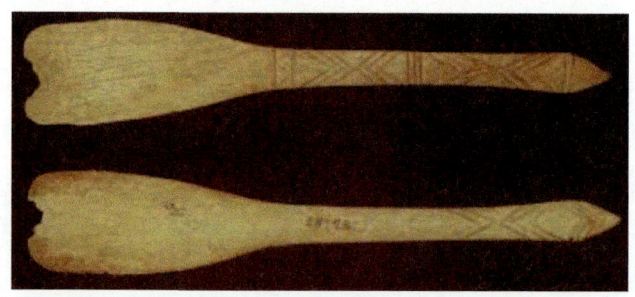

함경북도 라진시 초도 유적지에서 나온 이 숟가락은 길이 14.5cm로 짐승 뼈를 갈아서 만든 것이다.

그런데 일본 청동기 유물에도 우리와 똑같은 숟가락이 있으며 왕가에서는 우리와 똑같이 숟가락으로 밥을 먹으며 뿐만 아니라 밥상 위에 놓는 밥그릇과 국그릇의 위치도 같다고 한다. 시루떡이나 마늘을 먹거나 식후에 숭늉을 마시는 것까지도 똑같다고 한다. 이 이야기의 뒷부분은 전후戰後에 북방 기마족설을 주장한 에가미 나오미가 최고 학술상(천황상)을 받고 천황과 점심 자리에서 직접들은 이야기를 두 차례 더 건너들은 김용운 교수에 의해 확인된 내용이다.

일본 최고最古의 바둑판이자 황궁 전래의 보물로 나라(奈良)의 정창원正倉院에 소장된 목화자단기국木畵紫檀碁局이 백제(의자왕)에서 건너간 것이라는 주장이 제기됐다.

이는 일본의 왕실이 백제와 아주 밀접한 관계였음을 증명하는 자료 중의 하나이다.

의자왕이 일본에 선물했다는 현존하는 가장 오래된 바둑판
목화자단기국(木畵紫檀碁局)

스리랑카산 자단에 상아로 줄을 긋고 낙타·공작 등을 새긴 목화자단기국은 현존하는 가장 오래된 바둑판으로 백제 의자왕이 일본 왕실에 선물한 바둑통 은평탈합자와 상아바둑알인 홍아발루기자·감아발루기자 세트

이 바둑판에는 한반도에서만 두어지던 순장바둑 17개의 점이 꽃무늬로 표시되어 있다.

일본 천황이 대상제大嘗祭 때 입는 즉위복의 어깨에 해신[日神]의 상징인 '삼족오'가 보인다. 일인日人들은 '야타노가라스(八咫烏)라 부른다. 양어깨에 있는 두꺼비는 월신을 상징하고 삼족오는 일신을 상징하는 것으로 우리 민족의 신화를 나타내는 것으로 우리나라에서 넘어간 천황의 지위를 보여준다(출처: 상생방송).

2001년 12월 만 68세 생일을 맞이한 아키히토 일왕은 "칸무 160대 일왕의 생모 다카노노니이가사가 백제 무령왕의 자손이라고 『속일본기』에 기록되어 있어 한국과의 인연을 느낀다."고 했지만 언급한 위 내용은 일상생활의 한 부분이어서 이외에 드러나지 않은 부분들은 훨씬 더 많을 것으로 예상되며 같은 아직도 유지하고 있음은 백제문화권임을 시사하는 것이다.

　일본이 한반도에서 유래된 모든 것을 가급적 감추려 하는 이유에는 백제라는 단어를 감추고 싶은 열등감 때문이다.

4. 일본의 시작

일본의 선착세력은 신라계로 야마토를 중심으로 나라의 일부를 차지하는데 시기는 3세기 초로서 청동기 시대에 해당한다.

제1왕조는 스진왕조로서 가야계통이며 야마토(이하레)를 중심으로 기내(나라지역 일대)에 자리 잡고 시기는 3세기 후반 철기시대이다. 일본 정사는 초대 기내정권으로 하고 있다.

오진왕조는 제2왕조로서 웅진백제계통으로 가와치와 나라를 중심으로 기내일대에 자리 잡고 왕조의 성격은 정복왕조로서 4세기 후반 철기기마를 사용하였다. 이 시기를 북방기마민족이 들어와 왕조를 세운 것으로 알려진다. 즉 모든 민족의 시조가 하늘에서 내려왔다는 공통적인 설화가 있다.

4세기 말 가야계 왕조(스진계)와 교체한 오진 왕조는 평소 농업을 하면서도 전시에는 병사로 동원되는 둔전병屯田兵의 집단과 같은 담로儋魯를 만들었는데 이것은 백제식 나라 확장방식이다. 담로는 일본어 たむろ이고 지명으로는 현 오사카大阪공항에서 가까운 아와지시마로 한자는 '담로도淡路島'를 쓴다.

케이타이왕조는 제3왕조로서 한성백제계통이며 아스카를 중심으로 기내와 서일본에 자리를 잡았다. 왕조의 성격은 쿠데타왕조로서 6세기 초 역시 철기기마를 사용하였다.

이 과정에서 가야, 신라, 백제가 일본 내의 주도권을 잡기 위해 치열한 투쟁을 벌였고 그 자료는 『만요슈萬葉集』에 실려 있다.

구다라는 큰 나라라는 의미의 백제 말이다.

백제百濟를 우리는 백제로 읽는데 일본은 구다라Kudara로 읽는다. 우리는 일본을 왜국이라고 부르기도 했다. Kunnana(큰 나라)에서 Kudara가 되었다는 것이다. 한국말을 일본말로 바꿀 때 D와 N은 곧잘 바뀐다. 즉 일본이 백제를 백제라 부르지 않고 큰 나라라고 했음을 알 수 있다. 이는 우리가 흔히 본가를 직접 지칭하지 않고 무의식중에 높이는 표현이다.

반면에 신라는 얕보는 의미의 어미語尾 '기'를 붙여 '시라기', 고구려는 그대로 '고구리'로 불렀다.59)

이는 즉 신라나 고구려에 보다 백제가 일본에 있어 특별한 의미가 담겨 있었음을 반증하는 것이다.

한반도에서 일본으로 가는 경로는 3가지가 있는데 첫째는 한반도 서부지역에서 북 규슈 서부로 가는 것, 둘째는 남해안을 지나 북 규슈 동부로 가는 것, 셋째는 동해안을 지나 동해에 면한 이즈모 지역으로 가는 것이다. 가령 규슈 서부의 구마모토[熊本]는 3세기에 구노국狗奴國, 4~5세기에 에다후나야마[江田船山] 고분을 남긴 백제 분국分國이었다. 북 규슈 중·동부는 야마토[邪馬台, 3세기]국과 이와이[岩井, 5세기] 등 주로 가야계가 분포되었다.

그 후에도 계속 일본 열도 내의 인구분포는 대체로 이 패턴을 답습했으며 마한·백제는 규슈 서남부, 북 규슈 동부는 변한·가야, 이즈모는 진한·신라계가 세력권을 형성했다.

이들 초기의 개척자들은 신천지 일본에서 세력을 확장하고, 각자 한반도 내의 모국과 긴밀하게 왕래했으며 또한 모국에서도 열도 내의 분국 세력 확장을 위해 후원했다. 분국들은 한반도 모국의 전쟁에 가담하거나 때로는 모국을 위해 열도에서의 대리전쟁도 감행했다. 이 현상은 고대 그리스 시대와 미국 개척시대에도 있었던 일과 같은 일이다.

---

59) 나라 이름 중 고구려高句麗에서 려麗나 부여에서의 여餘는 '리'로 발음되었다는 이야기도 있다. 즉 고구려는 고구리, 고려는 고리로 현재 코리아나 꼬리 등이 이 흔적이다.

나라현 카시하라시 신무천황이 일본 최초의 국가를 세운 곳이다. 아스카 문명의 발상지로서 당시 조성된 고분들이 밀집해 있다. 이 고분은 횡혈식 구조로 되어 있는 모습이나 벽화로 장식된 모습, 천정에서 성숙도가 나타난 모습은 모두 한반도를 통해 전해진 양식이다. 일본 최고의 다카마츠 고분의 벽화는 고구려 시대의 화풍을 볼 수 있다. 또 여기에는 고구려 후기의 사신도가 그려져 있고 다양한 남녀 군상이 그려져 있다. 다카마츠고분 여인상은 고구려 수산리 고분 여인상과 흡사하다. 근처 1983년 발견된 키도라 고분에서는 삼족오가 발견되었다. 그리고 천정의 별자리는 고구려 하늘에서 바라본 별자리가 그려져 있었다.

다카마츠고분 여인상과 수산리 고분 여인상(자료 MBC)

서기 399년 고구려의 남하로 인해 광개토대왕의 부대에 쫓겨 백제와 가야, 왜의 병력과 상당한 유민이 이동했으며 이때 학자들은 십만 명이 넘은 인원이 넘어갔으리라 추정한다.

일본에 산재한 전설, 지명 그리고 인명, 그리고 기념물에 붙은 이름은 모두 한반도를 근거로 성립되었다. 그렇다고 해서 과거에 일본으로부터 전래한 역사나 문화가 전해져 왔다는 흔적은 전혀 없다. 이러한 사실은 대부분의 문화가 우리나라에서 시작되었다는 것을 가르쳐주고 있다. 그런데도 이러한 사실에 역행하는 임나일본부설 등은 근래에 생긴 것이며 실제 일본 내에 산재해 있던 분국들과 관련된 것이다.

문화는 항상 상대국과 교류하는 것이지만 일본은 지리적 위치상 외딴 섬에 떨어져서 교류할 상대가 없었다. 당연히 모든 문화는 한반도를 통해 건너갔다. 이러한 상식적인 기반을 버리고 일본이 가야를 점령했다는 근대에 생겨난 표현은 오로지 터무니없는 날조로 그들의 자존심을 채우기 위한 수단으로 밖에 보이지 않는다.

그럼에도 근세에 일본으로부터 일부 자금지원을 받은 사람들과 그들의 대를 잇는 학자들은 어린아이도 믿지 못하는 상식적인 내용을 뒤쫓고 있다.

5. 신황기 神皇紀

게이타이 천황의 적자인 킨메이(欽明) 천황 시대부터 힘을 갖기 시작한 호족 소가씨(蘇我氏)가 일본의 실력자가 된다. 그런데 소가 씨에 의해 가야계 천황들의 혈통이 끊어진다. 가야국이 망했으므로 소가 씨는 백제 왕족과 자신의 딸들 사이에 태어난 혈통을 천황으로 즉위시키기 위해 가야계 왕족을 멸망시킨다.

815년에 일본 왕실이 편찬한 『신찬성씨록 新撰姓氏錄』에는 킨메이 천황 다음에 즉위한 비타쓰(敏達) 천황의 출신을 '백제 왕족'이라고 정확히 기록했다. 이 같은 기록을 토대로 가야가 망한 후에는 일본 내에서 백제 왕족이 천황가를 장악했다고 본다.

신황기 神皇紀 '미야시타 문서(宮下文書)'는 1890년경 1200년간 침묵을 깨고 미와 요시히로(三輪義熙)에게 공개함으로써 세상에 나온 책이다. 이 문서는 가야계 伽倻系 한국인으로 7세기 일본의 실제 통치자였던 소가 蘇我가 썼다고 한다.

백제인 百濟人이 일본에 와서 일본인들을 깨우쳐 문화를 전하고 이어서 천황 天皇이 됐다는 내용을 쓴 책이다. 몇 대부터 몇 대까지가 백제인이 즉위한 일본왕인지 시대가 분명하게 쓰여 있다. 이에 비해 '상기' 上記는 막연한 기록이어서 "단군의 73대손이 진무(神武) 일왕이 됐다"라고 쓰여 있다.

그러나 『고사기』와 『일본서기』에 기생하는 교직과 신직 神職의 학노들은 실직하게 될까 봐 맹렬한 반론을 일으켜 위서로 몰고 갔으며 관련 재단은 활동 정지되었고 대지진이 이 서류들을 불태웠다. 그러나 후대들에 의해 재발간되었다.

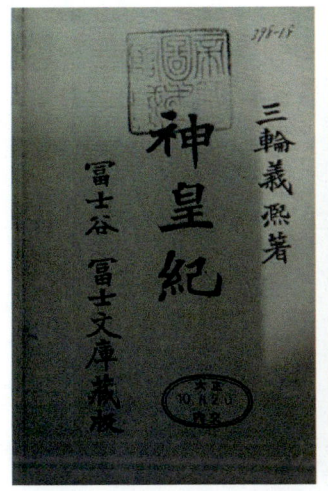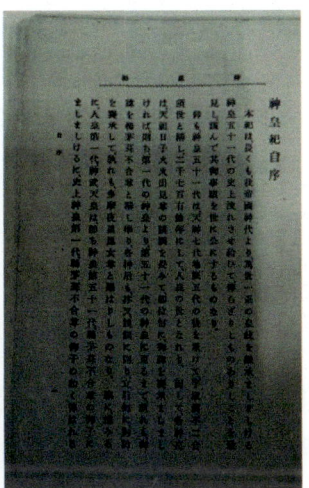

신황기 神皇紀

이 자료들은 인터넷에서 쉽게 검색할 수 있다

패전 후 『고사기』나 『일본서기』에 대한 자유로운 연구가 허용되었고, 천황의 만세일계설萬世一系說에 대해서도 비판이 가해졌다. 그런 분위기 속에서 와세다(早稻田)대학 교수 미즈노 유(水野祐)는 '3왕조 교체론'을 주장했다. 미즈노 유는 현재 수이코(推古) 천황까지 33명의 천황 중 18명의 천황이 창작된 허구의 천황이라고 주장했으며, 그의 학설은 일본 내에서 수용되는 추세다.

천황이라는 단어도 처음부터 사용하는 것이 아니라 일본은 백강 전투 이후에 떨어진 자존심을 만회하기 위해 없던 천황 제도를 만들었다. 즉 당나라보다도 더 높은 지위를 표방하여 국민들의 자존심을 살리기 위한 방편으로 천황天皇이라고 부르게 되었다.

6. 일본 국민성의 형성에 대한 배경

일본은 가장 원초적인 먹고 사는 문제에 매달렸기 때문에 각 지역끼리, 혹은 호족 간의 내분에 시달려 분란이 적지 않게 지속하였다. 이러한 문제는 내전이 가라앉고 통합이 되면서 그 새로운 돌파구를 찾기 위해 가장 가까운 이웃 국가인 우리나라를 침략하기 시작했다.

그들은 평화 시기인 현재도 내부의 결속을 위해 독도 문제니 하여 외부의 예민한 문제를 건드려 긴장을 초래시켜 자신들을 국민의 시선을 쏠리게 한다. 역사적으로 한 번도 연고가 없는 사실을 늘 반복하여 자신들의 국민을 세뇌한다.

그야말로 터무니없는 짓을 저지르면서 내부결속을 도모하는 얕은수를 쓰는 것이다. 이러한 수법은 늘 그래왔듯이 절대 변하지 않을 것이다. 자체 내에 문제가 생기기만 하면 터무니없는 꼬투리로 국민들을 호도하는 것이다. 그래서 이에 일일이 대꾸하는 것은 어떤 의미에서 우리 위정자들이 순진한 것이다.

과거 호족들에 의해 분란이 생기면 외부와의 전쟁으로 내부를 결속하는 형태이다. 외따로 떨어진 섬이었기에 사실 이 방법 이외 특별한 방도가 없었던 것이고 아직도 이 방법은 유효한 것으로 믿고 있다.

현재 일본은 우리나라와 독도 문제를 일으키면서 중국과는 센카쿠 열도, 러시아와는 쿠릴 열도 영유권 주장 등을 동시에 벌리고 있어서 겉으로 보기에는 제정신이 아닌 것 같지만 그들만의 속셈이 있는 것이다. 그것은 사태를 복잡하게 만들어 국민들의 시선을 끌어 다른 곳에 신경을 쓰지 않고 그들의 정권을 유지하는 데 있다. 하지만 이런 방법도 지속이 되면 그들 국민도 피로해질 뿐 아니라 그 얕은 수가 통하지 않는다는 것을 깨달아야 한다.

오늘날 양국 간에 국민들의 감정이 그리 좋지 않은 것은 특히 일본의 위정자들이 이를 부추겨 대립적인 긴장 관계를 끌어내 국면전환에 이용하려 했기에 생겨난 산물이었다. 긴장이 커질수록 내부 문제를 덮을 수 있기 때문이다. 그러나 오늘날과 같은 팬데믹 상황이 지속하면 전모가 드러나게 되는데 현재가 바로 그런 상황이다.

일본의 이러한 얕은꾀는 역사적으로도 되풀이되는 행태를 보이고 있다. 하지만 너무 자주 반복되면 소문이 생겨나지 않을 리 없다. 국민들도 피로감에 지치고 오히려 효과가 반감됨을 알아야 한다.

일본국은 바다로 둘러싸여 다른 나라의 침입을 받을 염려가 거의 없는 대신에 일본 국내 정황은 전국시대부터 조선 침략으로 이어지는 끝없는 전쟁의 연속이었다. 민중과 병졸들은 피곤함에 지쳤고, 히데요시에 대한 다이묘들의 충성심도 흔들렸다.

일본 막부의 인식은 군병을 오래도록 한가하게 두고 쓰지 않으면 반드시 자중지변自中之變이 생긴다. 그러므로 역사를 일으켜 안일하지 못하게 한다. 그래서 성을 쌓고 못을 파는 일이 없는 해가 없다.60)

일본인들이 과거에 왜소했던 것은 산물이 부족해서 먹을 것이 적었고 외따로 떨어져 갇혀있는 것이나 다름없어서 소식小食 이외에는 더 이상의 여지가 없었기 때문이다. 왜구들이 들끓어 주변국에 피해가 막심했던 것도 왜구들로서는 이래 죽으나 저래 죽으나 달리 도리가 없었기 때문이며 근대까지도 이 때문에 국민 대다수가 소식小食을 식습관으로 했던 이유가 바로 그것이다.

선후 풍부한 물산이 있다 하여도 배가 부르면 통제가 어렵기 때문에 굶이 죽지 않을 만큼의 양으로 다스렸으며 목숨이 달린 일이라 외견상 일본인

---

60) 『해사록海槎錄』 〉 慶七松海槎錄 〉 7월 17일(경미)

들은 질서가 잘 잡힌 것처럼 보였을 뿐이다. 그러나 일본의 위정자들이 힘으로 다스렸기에 그 습관이 남아 있어서 다른 나라와 의견이 충돌되게 되면 논리로서 설득하고 동의를 구하려 하는 것이 아니라 그 간에 국민을 다스렸던 사고방식으로 터무니없는 논리를 전개하는 것이다.

이러한 논리는 지금도 통용이 되고 있는데 팬데믹 와중에 올림픽을 치르려 하다 보니 그간 통제해 왔던 국가의 전모가 드러나는데 소위 아프리카의 후진국 성향이 그대로 드러나는 것이다.

우리나라 경우에는 위정자들이 잘못하면 전쟁이 일어나거나 금융위기가 닥치거나 하는 등 국가 위기가 생긴다. 그런 때에는 국민들이 나서서 의병이나 학도병으로 나서며 금융위기 때에는 각자의 가정에서 금붙이를 꺼내선 듯 내어놓는다. IMF 금융위기 때에 그 위기를 극복하기 위해서는 20년의 기간이 필요할 것이라 예측했지만 금모으기 운동으로 3년 만에 해결했다. IMF 금융위기 당시 대부분 개인들의 추억이 깃든 금붙이를 가지고 나와 약 4개월간 226톤의 금을 모았다. 길게는 20년까지 예상되었던 이 상황을 3년 8개월 만에 끝냈다. 태안 기름유출 사고 때에는 회복하는데 빨라도 20년 이상, 늦으면 100년이 소요될 것이라 했는데 흰옷을 입은 자원봉사자 200여만 명이 채 동원돼 일일이 기름이 엉긴 돌을 닦아 10년도 되지 않아 회복이 되었으며 이런 일은 위기나 기회가 있을 때마다 국민들이 너도나도 나서 단합하여 뭉친 힘을 보여준다.

그런데 일본의 위정자들은 없는 외부문제를 빌어 독도 문제니 뭐니 터무니없는 소리로 국민들을 호도하고 단합을 강요한다. 물론 이는 지리적 역사적 배경에 기인할 수도 있다. 그러나 국민소득이 높다고 의미가 있는 것이 아니라 국가와 국민 자체가 선진국 수준이 뒤따라야 한다.

정치를 하다 보면 합종연횡合從連衡을 통해 세력을 키울 수는 있다. 하지만 아무리 정치를 잘하려고 한다 해도 합종연횡을 한 자들이 자신들의 이익을 위해 처신을 하는 것을 일일이 다 막기는 어렵다. 연합세력들도 자신에게 도움을 준 하부조직 사람들의 청을 일일이 거절하기도 어렵다. 아무리 정치를 잘하려고 한들 이런 사소한 문제는 때로 위정자들에게 이런 치명적인 문제로 등장하기도 한다.

특히 일부 집단들은 자신들의 이익을 위해 심중을 드러내지 않고 유력한 정치 세력과 결탁하는데 특히 친일주의자들의 전형적인 수법이다. 일부 종교인들도 차라리 드러내놓고 지지하기에 그나마도 나은 편이지만 이들은 자신들의 이익과 목적을 위해 나라와 국민들의 미래는 안중에도 없다. 이럴 경우 아무리 정치를 잘 하려 해도 결국은 대통령이 뒤집어쓰게 되는 것이다. 법을 위반한 일부 세력들은 싹을 잘라내도 그 하부조직들이 은인자중하는 척하며 세력을 키우고 있다.

독립 운동가들이 목숨과 전 재산을 탕진하면서 노력을 할 때는 무슨 주의니 하는 것은 안중에도 없었다. 그들이 풍찬노숙하면서 그 길을 걸은 것은 오직 후손과 조국을 위한 것인데 오히려 자신들의 후손은 빈곤에서 벗어나지 못하고 있다. 반면에 무슨 주의를 표방하는 자들은 이를 기화로 돈벌이에 혈안이 되고 있다.

우리나라는 과거로부터 명분을 몹시 소중히 생각해왔기에 상대의 흠집을 과도하게 부풀려 선전에 이용한다. 어느 누구든 완벽하기란 불가능에 가까워서 부족한 점이 있기 마련인데 조금이라도 틈이 보이면 부풀려서 공격한다. 조금도 기다릴 줄 모르는 것이다. 상대의 흠집을 부풀리고 집요하게 공격함으로써 자신의 위상을 높이려는 어리석음을 드러내는 것이다.

하잘 것 없는 명분을 부풀려서 다투게 되면 국민들은 쉬 피로해지거나 양분된다. 말은 국론분열에 대해 우려하는 척하지만 각자는 소기의 목적을 이루었나고 내심 쾌재를 부르는 것이다.

물론 이 자체도 변화의 한 과정이기에 너무 나무랄 수는 없지만, 일방적으로 당하는 국민들은 피로감에 지쳐서 극단적으로 나뉘어 다투고 있다. 우리나라 정치인들은 정치적인 역량보다는 오히려 인내심이 더 큰 덕목으로 변하게 만든다.

정권이 바뀌게 되면 의욕을 가지고 새롭게 출발을 하려고 노력을 한다. 그런데 정권 창출에 도움을 준 사람들 가운데에는 무심코 비리를 저지르는 이들이 적지 않다. 그 도움을 조금이나마 갚아야 또 도움을 받을 수 있기에 불가피한 경우가 많다. 그런데 그중에는 그것을 이용해 개인적인 치부로 이용하고 단순히 권위를 누리는 데 사용하는 사람들이 적지 않다. 아무리 새로운 출발을 위해 노력을 한다 해도 이들이 쌓이게 되면 결국 적폐가 된다. 많은 위정자들이 권력 말기에 레임덕이니 좋지 못한 결과가 반복되는 것은 이러한 경향 때문이다.

일본은 과거에 새로운 문물도 얻고 내분을 잠재우기 위한 방도로 전쟁을 시작한 것이다. 이것은 북방기마민족들이 부족연맹들이 힘을 합치게 되면 적은 인원으로 중국을 지배한 것과도 일맥상통한다. 그간 일본에 대해 대수롭지 않게 여겼던 조선은 전혀 준비되어 있지 않다가 호된 꼴을 치르게 된 것이다.

이는 마치 집에서 잠을 자다가 무장 강도를 만난 셈이다. 무장 강도는 자고 있는 사람을 불문곡직하고 해치니 당사자들은 혼비백산할 따름이었다. 이런 상황이니 한동안 나라에서도 방벽을 세울 엄두를 내지 못한 것이었다.

이와 같은 일본의 기습전은 유명한데 청일전쟁, 러일전쟁, 만주사변과 진주만 공격이 모두 기습전이었다. 그것을 감추고 외려 일본은 자국 국민들에게 오직 자긍심을 심어 주려는 의도가 도처에 숨어 있다.

일본이 새로운 문물에 대한 호기심은 조선통신사의 방문에 대한 기대감이나 호기심에서도 잘 드러난다. 그들은 통신사의 방일을 기회로 삼아 유교에 관한 필담을 나누고, 한시를 읊거나 강평을 요청했다.

아메노모리는 통신사가 쓰시마를 출발하기 전, 여행 도중에 만날 일본 문인과의 시문 창화에 관하여 신유한에게 다음과 같이 부탁했다.

"일본에서 글을 배우는 사람들은 조선과 달라서 노력은 엄청나게 하지만 성취하기가 너무 어렵다. 공은 지금 여기서부터 에도를 향해 출발한다. 가는 도중에 접할 시문 중에는 분명 졸렬하여 우스운 것이 많을 것이다. 하지만 그들로서는 천신만고 끝에 애를 써서 만든 것이다. 모름지기 버리지 말고 잘 받아주어 칭찬해주면 좋겠다."라고 기록한다.

백강 전투에서 패한 백제 유민이 급하게 일본으로 피하면서 모든 터전을 버리고 갔기에 그들은 학문적으로 문화적으로 퇴보를 거듭했으며 오랫동안 지식에 목말라 있었다.

강항의 『간양록看羊錄』에 "먼 나라에서 온 사람을 졸왜卒倭가 간혹 박해하는 일이 있는데, 그런 경우 왕래하는 길이 끊어질까 두려워서 반드시 그 박해한 자를 삼족三族까지 없앤다. 지난해 3월에 복건로福建路의 상선商船이 살마주薩摩州로 향해 오는데, 물가의 왜병이 배에 병갑兵甲을 싣고 가서 그들이 가진 보화를 빼앗고 단지 사람만 남겨 놓았다. 그 사람들이 분을 참지 못하여 살마주에 와서 의홍義弘의 부곡部曲에게 하소연하였다. 의홍은 가강家康에게 고하여 보화를 빼앗은 자들을 산 채로 잡아서 왜경으로 송치하여 모두 수레에 걸고 사지를 찢어 죽이고 그 물건을 돌려주었다."하고 있으니 그들의 외부 문물에 대한 관심은 그토록 처절했다고 할 수 있다.

당시의 항해술로는 거의 대부분 우리나라를 거쳐야만 하는 필연적인 이유 때문에 백제가 왜말에 대한 월한과 동시에 이율배반적인 필요로 하는 국가이기도 했다.

그들이 임진왜란 당시 수많은 백성들을 잡아간 것은 노예로 팔거나 쓰기 위함도 있지만 도공을 포함한 기술자들은 한결같이 새로운 문화에 대한 갈증이기도 했다.

그래서 기회만 있으면 이 두 가지를 충족시키려 충족시키려했기에 일어난 것이 임진왜란과 일제강점기이다. 그들은 백제의 패망에 대한 트라우마가 현대까지 남아 있어서 무(武)를 숭상하는 기질을 버리지 못했는지도 모른다. 특히 오랫동안 외따로 떨어져 있었기에 이웃 국가와의 교류가 흔치 않아 편협한 성격을 버리지 못했을 것이다.

일본에는 다른 종교가 거의 발을 붙이지 못하는 이유가 바로 오랫동안 외따로 떨어져 생활한 환경 때문에 생겨난 편협심 때문이다. 그러한 습성 때문에 일본의 전통 신앙인 신토(神道)가 자리 잡아 더 이상 비집고 들어갈 자리가 없는 것이다. 물론 신토가 나쁘다는 표현은 아니며 우리의 고유 신앙이 뿌리를 내리고 있음은 오히려 환영할 일이나 우리의 전통적인 사고방식은 남을 배척하는 것이 아니다. 일본인들은 질서를 잘 지키며 남에게 피해를 주지 않는다고 하지만 현대인의 시각에서 본다면 자연스레 억압된 오랜 습관으로 인해 편협화 된 것이다. 자유세계에 살면서 그 자유를 조금이나마 누릴 수 있는 여유를 찾지 못하고 거저 나라에서 시키는 대로만 하는 것이다. 그래서 일본인은 겉과 속이 다르다는 표현이 나오는 것이다.

일본은 현대에 와서도 이런 점을 부각하여 특히 무(武)에 관한 한 오버를 하게 되고 결국 캐릭터로 자리 잡아 문화콘텐츠로 활용하고 있지만 우리네 정서와 맞지 않는 것은 분명하다.

일본에 우리나라에서 차(茶)가 전해졌지만, 일본은 진정한 차맛을 모르는 듯하다. 그것은 엄격한 다도(茶道)에서 엿볼 수 있다. 예승즉리(禮勝則離)라는 의미를 모르고 오히려 엄격함을 유지해서 그 의미를 찾으려 하는 것이다.

우리나라에서도 다반사茶飯事라 하여 차를 상음했지만 금수강산의 맑은 물로 끓인 구수한 누룽지에 밀려 사라졌다. 좋은 차는 누구나 감탄할 정도로 정신을 일깨워 주지만 마시기에는 번거로운 것이다. 일본에서도 백제에서 건너간 천황은 아직도 그 전통을 이어받아 식후에 누룽지를 마신다.

하지만 백제의 패망 당시의 사무친 원한은 오늘날까지도 핏속에 잠재되어 이어지는 듯하다. 그들도 백강 전투에 파병된 상상 못할 인적, 물적 피해를 입었기 때문이다. 당시 파병된 함선의 수는 4차례의 전투에서 400척의 배가 불타고 3차례에 걸쳐 일 년 가까운 기간을 준비기간 끝에 백제계 지방 호족들이 나서서 2만7천여 명을 동원했다. 일본으로서는 나라 전체의 국운을 걸고 백제를 도우려한 듯하다. 백강 전투의 패전으로 일본 본토로 물러난 일본군과 백제 유민은 도처에 백제식 산성을 쌓고 만약의 사태에 대비한 듯하다.

일본이 국운 전체를 걸고 백제를 도왔던 것은 백제계 도래인과 백제계 호족들의 적극적인 지원으로 이루어졌다.

일본 고고학계에서 그 가치를 인정받고 있는 백제계 유물들이 많은 지역을 표시해 보면 백강전투에 참가했던 백제계 지방 호족들의 출신지와 일치한다. 따라서 이들은 자신들의 뿌리를 보존하기 위해 전투에 참여한 것이다.

그렇다 하더라도 이 오래된 원한에 대해 임진왜란과 일제강점기 두 시기 그 행위는 너무나도 악랄해서 우리나라와는 불공대천의 원수가 되었다.

이들이 새로운 문물에 대한 갈망과 내면에는 과거의 원한이 공존했다. 그들이 새로운 문화에 대한 갈망으로 조선통신사를 극진히 모신 것만 봐도 알 수 있다.

유상필柳相弼의 『동사록東槎錄』(1811년) 양국강정兩國講定에 "문장에 능하고 글씨에 능한 사람을 데려온다."61)고 아예 명시되어 있다. 신유한은 "문자文字의 액운에 스스로 웃었다."62) 날마다 벼루와 먹 사이에다 머리를 구부리고 있으면서 신 것 매운 것을 참고 삼키는 것이 마치 연자매를 돌리는 당나귀 [磨驢]처럼 밟던 발자국을 그대로 밟는 것과 같았으니, 가소로웠다.63) 등의 고초를 표현하고 있다.

그들이 난학蘭學을 받아들임으로써 새로운 문화에 대한 갈증은 풀렸다. 더 이상 조선은 흠모의 대상이 아니었으며 과거 백강전투 이후 사라진 백제의 원한에 대한 복수심과 더 새로운 문화에 대한 또 다른 갈증으로 이웃과 전쟁을 선택했다.

만약 조선이 일본처럼 외국문물을 쉽게 받아들였다면 우리나라도 전통을 내팽개치고 현재 일본과 같이 저물어가는 수순을 밟고 있을는지도 모른다.

사실 알고 보면 일본은 불쌍한 나라이다. 오랫동안 패망한 유민들과 함께 외따로 떨어져 살아야 했고 그 가운데서도 내전이 끊이질 않았다. 그나마 통일이 되면 그 여세를 몰아 조선을 침략하러 나섰기에 나서는 병사나 국민들은 그 고초를 짊어져야 했다.

서양의 문물을 받아들이면서 어느 정도 국력이 강성해지자 그들이 무조건적으로 받아들였던 세계의 문물이 별게 아닌 양 느껴지자 진주만을 공습하고 2차 세계대전을 일으켰다.

물자도 부족한데다가 무기체계도 허술했지만, 그들은 과거의 습관대로 우선 벌여놓기 시작했는데 그 피해는 고스란히 그들 국민들과 그들이 식민지로 삼은 한국이 떠안았다.

---

61) 能文能書之人帶來事
62) 『해유록(海遊錄)』 중 10월 27일(병인)
63) 『해유록(海遊錄)』 하 12월 26일(갑자)

한국인들의 중요한 식기인 오직 두드려서 만든 방짜 유기鍮器는 모조리 빼앗아 전쟁 무기로 사용되어 그들의 천황이나 사용하던 숟가락 문화를 없애려 했고 어린 소녀들을 꼬드겨 전쟁군인들의 위안부로 내보냈는데 이 문제는 아직도 해결에 대한 책임을 도외시하고 무성의한 태도로 일관하고 있다.

그들이 전쟁물자 부족으로 미 함대에 그대로 비행기 채로 부딪쳐 산화하는 가미가제식 특공대는 그들 야욕을 위해 국민의 희생을 강요하는 행태를 옥쇄玉碎라는 미사여구로 포장하여 강요했었다.

이는 마치 백제의 멸망 하에 크게 좌절했던 백제계 천황과 호족들이 그 트라우마로 인해 국민들의 희생은 당연하다는 듯이 내몬 것과도 같은 것이다. 그들은 오랫동안 국제적 교류 없이 떨어져 살았으므로 편협한 부분이 없지 않고 위정자들은 절대 권력자들이었고 대다수 많은 국민들은 그들이 원하면 시키는 대로 마음껏 쓸 수 있는 일종의 소모품이었다.

그간 위정자들에 의해 일본 국민들은 힘을 모아 잘 따랐고 그것은 훌륭한 성과로 이어졌다.

하지만 지금 지구는 '지구촌'이라는 말처럼 한 울타리로 연결되었고 그만큼 개성은 중요한 자산이 되었다. 오랫동안 위정자들에 의해 지배를 받아온 일본국민은 현시대에 적응하기 무척 힘들어졌다. 그간 시키는 대로 잘해 왔지만 이젠 위정자들이 현시대를 따라가지 못하고 있다.

우리는 사실 따지면 형제국이라 해도 틀린 말은 아니다. 과거 형제끼리 피터지게 싸운 적도 있지만, 이제는 서로 포용해야 한다. 세월이 많이 흐른 현재는 서로가 많이 달라진 만큼 이제는 다름도 인정해야 한다.

일본은 특히 우리에게 엄청난 피해를 줬지만 서로 사과할 것은 솔직히 사과하고 다시금 새로 시작해야 한다. 그들은 6.25 때도 엄청난 경제적 이

득을 보고 한동안 선진국 대열에 끼어 나름 영화를 누리었다. 그러나 영원한 것은 없는 것이다. 난학蘭學이 도움을 주고 선진국을 쫓아 따라 했지만 그들이 서구인은 될 수 없는 것이다.

당장에야 어렵겠지만 좀 더 세월이 흐르고 기회가 온다면 장자(長子)국인 우리나라에서 포용에 대해 조심스레 생각을 지녀야 한다.

그들이 일본으로 터를 잡아 오래 세월 동안 살았지만, 그들이 극복할 수 없는 것은 천재지변天災地變이다. 천재지변은 예측할 수 없는 것이어서 어느 정도 예측은 하지만 예측을 넘어서게 되면 속수무책이다.

근래에 일본을 덮친 쓰나미에 대한 막대한 피해도 있었지만 드러나고 있는 전조는 일본 전역을 불안하게 만들고 예전보다 살림살이는 훨씬 못해 많은 부분들을 우리에게 뺏기고 있다. 그들은 과거에는 전혀 예상하지 못했던 것으로 급격한 쇠락의 전조라 할 수 있다.

지금 현재로서는 감히 엄두가 나지 않지만 이웃 나라인 우리가 도움을 주지 않으면 누가 도와줄 것인가? 또 어려운 경우에 도와주지 않는다는 것은 우리 정서상 맞지 않다.

실제로 천재지변이 일어난다면 일본에서 일어날 확률이 높고 입술이 없으면 이가 시린 격으로 우리에게 돌아올 피해도 적지 않다 혹자들은 그간 일본인들이 저지른 행태에 대해 다른 시각을 지닐지 모르지만 막상 닥치게 되면 천손민족의 장자로서 그 의무를 저버릴 수 없을 것이다.

부언할 것은 백제는 일본 내에 남아 현재도 살아있다. 백강전투 이후에 백제는 사라진 것으로 알고 있지만 열도 내에 그 문화를 간직하고 있는 것이다. 특히 그 문화는 특히 천황가에 많이 살아 있으며 국민들에게 퍼져 있던 많은 문화는 메이지유신 이후 서구문물을 무조건적으로 수용하게 되면서 쓸모없는 것이라 하여 대부분 버리게 되었다. 물론 세월이 많이 흐르고 현지 여건에 따라 조금씩 변화되기는 했지만 그나마 아직 많은 부분을 간직하고 있다.

덧붙일 것은 백강전투 이후 오늘날까지도 일본 위정자들의 성격은 변함없이 편협화된 기질을 고스란히 간직하고 있다.

그들은 자신의 안위와 권력 유지를 위해 국민들을 희생시키고 있는데 희생당하는 국민들은 자신들이 희생되는 줄도 모르고 당하고만 있으니 그 업을 누가 감당할 것인가?

그들은 국민들을 필요할 때 쓰고 버리는 소모품으로 알고 쓰고 있을 뿐이다.

제3장 고대 한국무예의 중국과 일본에 전래

제1절 고대 한국무예의 중국과 일본 전래설 편린

1. 중국과 일본에 퍼져 있는 한국무예의 흔적

고구려 벽화에서 수박도가 나오며 후대 고려의 수박이 일본이나 오키나와로 건너가 『유구무비지』로 전해 내려오거나 중국의 『기효신서』나 『무비지』에 일부 모습의 동작이나 이두표기의 권결拳訣이 그대로 표기되는 것을 보면 가깝던 부여와 고구려 간에도 이어받거나 교류가 있었음을 짐작할 수 있다.

이는 모원의가 만든 『무비지』에도 채록된 조선세법이 나오는 것과 같은 것이어서 충분히 교류될 여지가 많았다. 죽고 죽이는 전쟁터에서 상대의 기법을 파악하는 것은 중요한 일 중의 하나였고 효율적인 공격법은 채택될 수 있었다.

과거에는 스포츠나 무술계통의 학자들이 이러한 일들에 대해 거의 관심을 둘 여유가 없었다. 특히 이 계통 분야의 연구가나 학자들은 한국 고대 언어에 대한 이해력이 부족했기 때문이다. 그러나 점차 기회가 생기면서 작은 단서들이 포착되면서 조금씩 그 범위를 넓혀가고 있다. 실제 그런 분야의 연구 결과를 제공해도 제대로 심의할 인력이 부족했다.

고구려의 고분 벽화 중 수박도의 그림 가운데 서역인의 모습이 나오듯이 수박은 현대와 같이 분화되고 특화된 무예가 아니라 맨손기술이 종합적으로 포함된 것으로서 실상기술이 포함되어 있었을 것이다.

2. 한국무예가 중국 무술에 영향을 미친 편린

『계림유사鷄林類事』64)에서 고려어의 한자 차음표기로 '두왈말'(斗曰抹)·'궁왈활'(弓曰活)·'백왈온'(百曰溫)·'산왈매'(山曰每) 등이 있다. 궁왈활(弓曰活)에서 '활'의 한자는 '활(活)'이다 또한 '사왈활삭(射曰活索)이다. '활쏘기'를 '활삭'으로 차음 표기한 것이다. 이러한 사실을 근거로 거슬러 가다보면 우리 무예들의 흔적을 찾을 수 있다.

무비문武備門 창법가(鎗法歌)에 설인귀(薛仁貴)에 대한 기록이 있다. 친부걸인 귀과해(親父薛仁貴跨海) 정동나개식득마가창(征東那個識得馬家鎗)은 친부 설인귀가 바다를 건너 고구려 정벌 나가 무예서가 있는 것을 알고 마가창(馬家鎗)의 문서를 얻었다는 매우 중요한 기록이 있다. 설인귀를 '친부(親父)'라 칭한 것을 보면 안동도경략이었던 설눌(薛訥)이 쓴 것으로 보인다.

창법가(鎗法歌)는 7언율시다. 시詩는 압축성이 크다. 나개(那個)는 '이·그·저'의 지시대명사다. 뒤에 '식(識)'자는 '알게 되었다'이다. 당연히 여러 무예서가 있음을 알았고 그중에 고구려의 무예 마가창을 얻었다는 설명이다. 창법가는 창에 대한 시詩이기 때문에 마가창만 있지만 다른 무예서는 '나개(那個)'와 '식(識)'에 함축시켰다. 이 시詩에서 번쾌(樊噲)는 번괴(樊劊)로 음차했고, '창증간부상일(鎗曾간扶桑日: 창을 들어 떠오르는 해를 쫓는다)'에서 '부상(扶桑)'은 '부상(浮上)'을 음차한 이두문이다. 설인귀(薛仁貴)는 고구려 사람이다. 조상이 북위 명장 설안도의 6대손으로 탁발선비족이다. 안동도호부의 수장이 된 것도 고향도 안시성에서 멀지 않은 용문인 고구려 출신이었기 때문이고 당 태종이 유격장군(遊擊將軍)을 시킨 것도 그 지역에 살았기 때문이다.65)

---

64) 1103년 사신을 수행하여 고려에 온 손목은 고려의 토풍土風·조제朝制 등과 함께 고려어 약 360 어휘를 채록하여 편찬했다. 현재 단행본으로는 전하지 않고 청 세종 때의 『고금도서집성古今圖書集成』, 조선 정조 때 한치윤이 지은 『해동역사海東歷史』 등에 실려 전한다.(다음백과, 2021)
65) 임성묵(2022), 본국무예, 서울: 행복출판사, 미간행도서

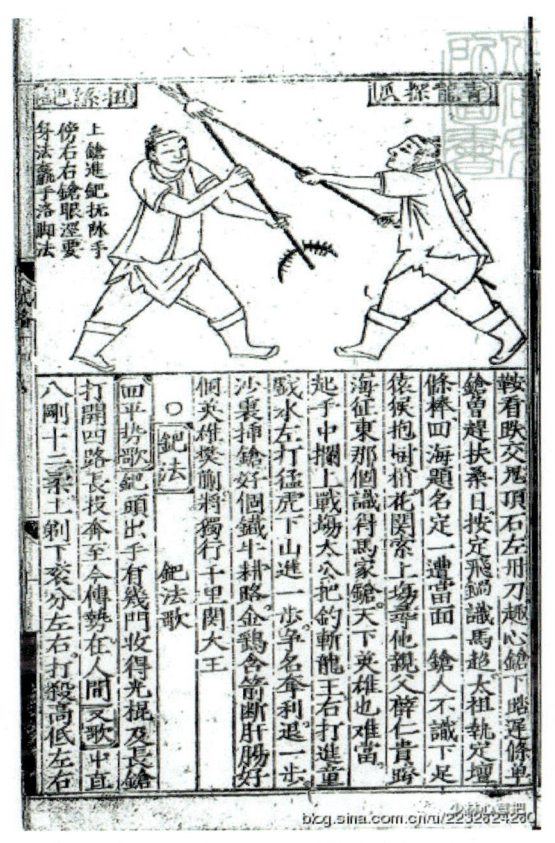
설인귀가 고구려의 무술 마가창을 얻었다는 대목

무예도 근자近者에 고려 삼별초와 함께 유구로 넘어간 수박手搏이 『유구무비지琉球武備誌』의 대부분으로 알려졌는데 하나를 알게 되니 또 다른 점이 밝혀졌다.

『유구무비지』의 '41·42·43·44·47·48회'는 이름만 다를 뿐 『기효신서』의 「권경」'장권 32세'에 있는 자세나 배치가 모두 똑같다. 이것은 하나가 다른 하나에 영향을 미쳤다는 중요한 증거이다.

고려 삼별초의 자료라는 전제하에서 본다면 『기효신서』의 「권경」보다 선대先代의 기록이 된다. 고려의 수박은 이미 그 이전부터 전해오던 것이었고 수박은 '1~48'번까지 순서로 이어져 있는데 97개의 자세가 있고 각 이름이 붙어있는데 장권 32세보다 훨씬 많은 수로 이루어져 있다.

모원의가 만든 『무비지』에도 채록된 조선의 검술 조선세법朝鮮勢法도 있지만 「권경」의 첫 문장 '나찰의출문가자(懶扎衣出門架子: 서찰 읽고 문을 나서 가자 하네)'의 가자를 우리말 이두표기로 '가자(架子)'는 시작을 알리는 '소리'이며 금계독립(金鷄獨立)의 네 번째 문장 조저규약연천(遭着叫若連天 — 연이어 하늘이 둘이 만나 기쁨에 울부짖네 ; 나찰의를 취한 상대가 나타나면 소리를 지른다)에서 조저(遭着)는 추임새로 사용된 이두문이다.

즉 '나찰의(懶扎依)'를 취하며, '架子(가자)'로 말하자 '금계(金鷄)'는 '조저(遭着)'로 '크게 소리를 질러라'이다. 즉 '가자'와 '조저'는 추임새로 사용된 이두문이다. 즉 권경 싸움의 첫 시작은, 한 사람이 '가자'라고 소리치면 상대도 '조저〉조지다'라고 추임새를 넣고 시작한다. '조저'는 우리나라 말에 싸움에서 지면 신세 '조진다'는 말속에 남아있다. 놀이문화에서는 '조저〉조지〉좋다〉좋지'란 추임새를 여전히 사용하고 있다."고 언급했다. 풀어쓰면 현재 택견에서 경기 전에 '섰거라', '섰다'는 '가자', '조저'로 바뀌어야 한다."[66]

이를 두고 현재도 "무학武學에서 구결口訣은 해석에 필연적인 한계가 있다."[67] 하였으되 직역도 불가한 것이 관례라 하여 '가자(架子)'를 달리 해석하지 않고 그냥 쓰고 있다. 그러나 이두표기를 이해하면 오히려 쉽게 해석된다. 이렇듯 중국이나 일본에는 이두표기가 남아 있어서 딱히 주장하지 않아도 우리네 무예와 관련이 있었던 흔적들을 찾아볼 수 있다.

그들이 권결拳訣을 이두문인줄 모르고 그대로 사용하였기에 후대에서 알아차린 것이고 오히려 이를 다른 식으로 받아들이고 해석하려 했다면 오히

---

66) 임성묵(2021), 본국무예, 서울: 행복출판사. 미간행도서
67) 국립민속박물관(2004). 무예문헌자료집성. 서울: 국립민속박물관.

려 원뜻에 더 멀어지는 결과를 낳았을 것이다.

명나라 때 만들어진『중국고전무학비적록中國古典武學祕籍錄 (上卷)』10. 장권법長拳法에서는 권결을 조금 다르게 '나찰의기수가자(懶扎衣起手架子)'로 기록된 것을 볼 수 있다. 물론 그림은 거의 유사한데 이는 '가자(架子)'가 같은 글씨로 보아 이두표기인 것을 알 수 있다.

이 부분들은 당장에 드러난 것만을 언급하였는데 드러나지 않은 부분은 적지 않을 것이다.

그렇다고 문화의 원류를 내세워서 독점이나 소유권을 주장할 의도는 전혀 없다. 다만 우리는 주장을 하지 않는데, 그들 편에서 먼저 주장을 하니 이 점을 피력할 뿐이다. 이러한 사실을 한 번도 주장하지 않았으니 드러나지 않은 부분은 얼마나 더 있을지 모를 일이다.

인류문화유산이라는 표현이 있듯 문화는 모든 인류의 재산이다. 오히려 현대에 와서 그 문화를 확산시킨 나라들의 역할이 드러날 수도 있다. 지상에 어렵게 내려온 그 맥이 끊어질까 해서 여기저기 분산해서 조금씩 남겨두었는데 인연이 있는 사람은 그 맥을 더듬어 이어갈 수 있기 때문이다. 인간의 역사들 가운데 많은 부분들이 도중에 단절되기도 했지만 중요한 부분들은 세세연년世世年年 여기저기 분산되고 이어져 그 맥이 이어져 오고 있음에 특히 실체가 드러나지 않은 정신문화는 더 그러하다.

이 부분에서 첨부하고 싶은 내용은 인연이 있는 사람은 노력에 의해 여기를 뛰어넘어 상상하기 어려우면서도 훨씬 확장된 세계로 나아갈 수 있다는 사실이다.

묵직무화 역시 마찬가지이다.

우리나라는 리아스식 해안인데다가 육지에 속한 국가 중 섬이 가장 많은 약 3,348개가 있어서 섬으로 둘러싸인 지역도 많은데다가 파도가 적고 물이 맑아 해산물이 풍부하다. 그중 명란젓이나 김은 오래전부터 일본으로 다량 수출되고 있다. 우리나라 사람들이 많이 먹는 미역이나 다시마는 이제 조금씩이나마 외국시장도 넘보고 있다. 그런데 현재 많은 일본인들은 명란젓이나 김을 자기네 고유음식으로 알고 있다. 김은 식용으로 사용한 것도 우리나라가 최초이고 삼국시대부터 먹어왔고 양식은 1640년부터 시작되었다. 다른 나라에서도 지금은 양식을 하지만 그 맛은 우리나라를 따라갈 수 없어서 수출량은 매년 폭발적으로 증가하고 있다.

우리나라의 다도해에 있는 연안 지역의 갯벌은 충남과 전남을 아우르는 넓은 지역에 분포하고 있어 세계적인 수준이다. 한국의 갯벌은 국제자연보존연맹의 중요 자연유산으로 등재되었는데 갯벌은 이산화탄소를 흡수하여 생태계에 도움을 준다고 한다. 최근 연구에 의하면 갯벌이 흡수하는 이산화탄소의 양은 연간 26만 톤에 달한다고 한다. 또한 갯벌을 중심으로 살고 있는 생물은 어류와 연체동물이 각각 200종, 갑각류는 250여 종이 살고 있으며 이를 잡아먹고 사는 바닷새는 물론이고 공생하는 식물까지 합하면 그 수를 헤아리기 어렵다. 특히 갯벌을 경유하는 새들 가운데는 희귀종이 많아 한국의 희귀종 철새는 갯벌에서만 볼 수 있다고 한다. 갯벌은 멸종 위기에 처한 철새들에게 중요한 쉼터가 된다. 이러한 중요한 점이 인정되어 세계의 중요 자연유산으로 등재되었다.

이런 광범위한 갯벌은 섬이 많은 다른 나라에서는 볼 수가 없는데 수심이 얕은 연안에 충분한 퇴적물이 공급되어야 하는 조건이 필요하다. 대개 섬이 많은 나라라 할지라도 적당한 퇴적물이 없으면 형성되지 않는다. 대부분의 나라는 석회질이 많거나 뻘(개흙)의 양이 충분치 않거나 지형적 특성이 적합지 않거나 쉽게 침식되는 지형 특성으로 인해 형성되지 않는 것이다.

유럽은 바다를 끼고 있는 나라들이 많지만, 우리나라보다 굴 값이 20배 이상 비싼 이유가 갯벌이 없기 때문이다. 그래서 양식 자체가 어렵고 쉽게 상해서 수입도 어렵다. 그들은 우리나라에서 아주 싼 가격에 굴을 푸짐하게 먹는 것을 보고 놀란다.

 어느 나라에는 있고 다른 나라에는 없는 것이 환경이나 문화의 차이일 뿐 그 차이로 인해 나라 간에 교류하면 그만이지 그것을 드러내고 자랑삼아 주장할 필요는 없을 것이다. 하지만 현실은 단순하지만은 않다. 세월이 흐르면 마치 앞에서 언급한 것처럼 삼시랑三侍郞이 전해져 일본의 사무라이로 불리며 문화콘텐츠로서의 대명사 중의 하나가 되었는데 이러한 사실은 잊히고 현재처럼 오도될 가능성은 없지 않다.

3. 한국 무예의 일본 전래설

일본인 문학박사 三上參次이 1921년 8월 20일(토요일) 매일신보에 기고한 '古代日鮮和親의 實史'라는 글을 보면

> 명치 44년(1911년) 서울중 이었었는데 원뢰의源賴義가 깊이 신앙하던 삼정사를 방문한 소회를 적고 있다. "삼정사는 유명흔 신라명신新羅明神의 절로서 원가源家의 차남次男으로서도 또한 팔번태랑의가八幡太郎義家의 제弟에 당하當는 신라삼랑의광新羅三郎義光은 이 신라명신新羅明神의 전前에셔 관례冠禮를 행行하얏다 하는 인연이 있는 곳으로 이 신라명신新羅明神은 고래古來로 파頗히 영현靈顯이 현연顯然흔 신神으로하야 존숭尊崇되였다는데 그 제신祭神은 소잔명존素盞鳴尊이라고 전하니 또 일설에는 단單히 외국으로부터 일본日本에 래來흔 량반이라 하기도 한다. 그 부근 신기군神崎郡에를 가면 고려사촌高麗寺村이라 하는 곳이 있는데 『일본서기日本書紀』의 천지천황기天智天皇紀를 보건대 그 4년四年에 백제百濟의 남여男女 4인四人을 근강近江의 신기군神崎郡에 치置하고 그에게 각각 전지田地를 주었다. 한 일이 쓰여있은 즉 아마 고려인高麗人도 이 신기군神崎郡에 치置하였으리라 생각된다.

일본의 막부정권 중 원내조 정권(미나모토 정권)의 원源씨가 여는 것이 염창 막부(가마쿠라막부)다. 막부정권 12세기에 미나모토 집안의 뿌리를 보면 원래 한韓의 원源씨라 한다. 한의 원씨를 일본에서는 가와치라고 하는데 가와치가 오사카 부근이며 원씨도 뿌리를 찾아보면 모두 백제계로 귀결된다.

특히 다께다(武田) 가문의 시조는 신라사부로新羅三郎라는 이름의 무사이다. 특이한 것은 장보고(新羅明神)의 상징물과 신라삼랑원의광新羅三郎源義光, 무전신현(武田信玄, Takeda Shingen), 大東流合氣柔術(Daito-ryu Aiki Jujutsu) 종가의 상징물인 깃발 무늬가 동일하다.

특히 16세기 신라삼랑원의광新羅三郎源義光의 후손 중 다께다 신겐(무전신현)은 전국시대의 불세출의 무장으로 유명하다.68)

무사武士의 개념에서도 일본의 무샤(ムサ)가 아니라 한국어의 그대로인 무사로서, 일본 천태종의 좌주座主인 자원慈圓의 저서 〈우관초愚管抄〉에 표기되어 있음을 밝혀냈다. 대동류유술은 신라삼랑원의광(新羅三郎源義光, 1045~1127)으로부터 다케다 가문의 비전으로 전해져 다케다소가쿠(武田忽角, 1860~1943, 원의광의 35대손)에 의해 중흥된다.69)

 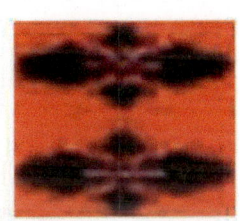

그림 1. 장보고의 깃발   그림 2. 신라삼랑원의광, 대동류합기유술 종가 깃발

(출처: 무예신문)

대동류유술 가문의 문장

---

68) 진위는 알 수 없으나 "대동류"명칭의 기원은 지금으로부터 약 900년 전, 류파의 원조라고 말하는 신라사부로(삼랑) 원의광(미나모토 요시미츠)(1045-1127)에서 유래하며 요시미츠는 어린 시절 오미의 대동여관에 살아서 대동삼랑(다이토사부로) 이라고도 했다. 즉 "대동류"의 이름은 이를 근거로 하고 있다고 한다(일본 대동류합기유술 홈페이지, 2015.9.20.검색).
69) 임성묵(2015. 03. 10), 일본 합기도에 발차기가 없는 이유, 무예신문

백제의 왕자 임성태자의 유품 양날검 칼집에 새겨진 문장(마름모 형태)

우연인지 모르나 이 문장은 훨씬 이전 백제왕자 임성태자의 유품에서도 확인된다. 이 문장은 일본 최대의 쇼군 오우치 가문의 문장紋章과 같다. 이것은 오우치가 임성태자의 후손이라는 의미이며 나중에 언급될 대동류유술 가문의 문장과도 같다.

이 부분에서는 좀 더 세밀한 연구가 필요하다.

이들은 불가피하게 일본으로 떠났지만, 조국을 그리워하는 마음을 잊지 못해 무예를 다시 조국에 돌려줄 것을 바라는 마음에 대동류유술의 환귀본주還歸本主라는 유언을 남겼을 것으로 보인다.

덕암德菴 최용술 선생이 일본 야마나시현(山梨縣)에 있는 신슈산(信州山)에서 원정의(다케다 쇼카쿠, 武田 怱角) 선생으로부터 데코이(大東流柔術; 야와라 쥬쥬쓰)를 배울 때, 원정의 선생이 덕암 선생에게 "데코이는 본래 너의 나라 것이었다."라는 말해주었다고 했다.

덕암 최용술 선생이 다케다 소가쿠로 물려받은 길이 1m 50cm가량의 장검長劍과 길이 60cm가량의 중검中劍 그리고 화선지 색깔이 누렇게 변한 환귀본주還歸本主가 쓰인 두루마리로 된 족자는 적통을 의미하는 것(代를 잇는 것을 의미함)으로 이를 또 김정윤 선생에게 넘겨주었다. 장검과 중검의 칼날 손잡이 쪽에도 깨알 같은 글씨로 '환귀본주還歸本主'가 새겨져 있었다.

김정윤 선생은 환귀본주還歸本主라는 이름에 걸맞게 한풀로 재체계화시켜 보급할 때까지도 일본 무술로 알았지만 우연한 계기로 송덕기 옹을 만나 택견을 기록물로 남기면서 택견에 대해 알게 되고 그 가운데 특히 같은 비전 기술을 알게 되면서 같은 무술이라는 확증을 지니게 되었다.

적통을 의미하는 검과 두루마리가 얼마나 중요했던지 덕암 최용술 선생이나 김정윤 선생조차도 제자들에게 받고서도 잊어버렸다는 등 얼버무리기도 했고 실제 이를 찾기 위해 도둑이나 강도가 든 적도 있었다.

여기서 환귀본주還歸本主란 '원래의 주인에게 돌려준다'는 의미이다.

대동류 유술과 택견의 동일한 비전祕傳기술은 각각 견절(미키리: 見切)은 눈재기, 관절기는 과시, 맥잡기(神經遮斯技)는 물주, 다카노쓰데카다(鷹爪)는 월정(매발톱수), 힘빼기(力의 拔: 힘을 빼고 기운을 쓰는 법)는 품밟기와 활개짓 그리고 안따내차기였다. 야와라 유柔에는 기술의 이름이 없다. 비전기술들은 근세에 야와라 저술가들이 지어 붙인 이름들이다(김정윤, 2010).

조선의 마지막 택견인 송덕기 선생이 임호 선생으로부터 배운 택견 기술에는 일본이 자랑하는 일본 고대 무예 데코이(야와라 쥬쥬쓰)의 비전 기술들이 빠짐없이 보존되어 있었다. 뿐만 아니라 일본에서는 전국시대를 거치면서 오래전에 없어진 기술들도 송 선생은 시연했다.

특히 일본이 자랑하는 데코이(일반적으로 야와라 또는 쥬쥬쓰로 부른다)의 비전기 다섯 가지를 모두 시연하는 것이었으며 물론 기술의 이름도 고스란히 살아 있었다. 덕암 최용술 선생이 "데코이는 본래 우리나라 무예라고 하더라'는 말이 떠올랐다.

덕암 최용술 선생이 일본에서 가지고 온 대동大東은 택견이었다. 일본은 전국시대를 거치면서 무예적 측면으로 많은 발전을 했지만, 택견과 기술적인 차이는 크지 않았다.

택견에서는 메주먹을 쓰기도 하는데 일본 데코이에서도 메주먹을 쓴다. 메주먹은 기운의 원리로 단련을 해야 무서운 타력이 나온다. 택견 발차기 중에서 발장심내차기는 메주먹과 같이 택견에서 오랜 세월 동안 이어온 기술이었다. 일본 데코이에서도 발장심내차기가 비전되어 왔다. 이 기술 또한 택견이 데코이의 뿌리임을 나타내는 증거이다.

장심으로 치는 벽치기나, 발장심내지르기, 메주먹 등은 손바닥이나 발장심 등 살집이 많은 부드러운 부분으로 상대를 치는 공격법인데도 불구하고 강력한 힘을 낸다. 그 이유는 바로 기운을 쓰기 때문이다.

송덕기 선생은 비전祕傳이라는 말은 쓰지 않았다. 그러나 '재기', '과시', '물주', '월정', '헛애비춤','태껸춤'의 전수과정을 들어 보면 비전 형식은 아니라 해도 꼭 이어줄 제자에게만 가르친 것 같았다.

"이 기술은 어떻게 배웠는가?" 라고 물어본 적이 있었다. 아무에게나 가르쳐 주는 기술이 아니라고만 짧게 대답했다.

송 선생은 필자의 스튜디오에서 촬영할 때 낯선 사람이 있으면 시연을 하지 않았다. 그리고 스튜디오 문 앞을 누군가가 지나가기라도 하면 "누구냐?"고 묻기도 했다. 낯선 사람에게 기술이 노출되는 것을 아주 싫어하는 눈치였다.

덕암 최용술 선생도 데코이를 가르칠 때 도장에 외부인의 출입을 철저히 금지했다. 수련생 외에는 누구도 들어갈 수 없었으며 도장 안에서도 몇몇 사람에게 고급기술을 가르칠 때면 도장 가운데 칸막이 막을 치고 가르치기도 했다.

택견과 데코이는 2천여 년 동안 서로 떨어져 있었는데도 기술과 습관은 변하지 않고 같은 꼴을 하고 있었다.

일본 역사상 최고의 영웅으로 불리는 다케다 신겐의 조상인 미나모토 요시미츠는 신라사부로(新羅三郎)가 된다. 그는 일본을 대표하는 전통무술인 대동류합기유술大東流合氣柔術의 창시자로 알려져 있다. 다케다 가문의 시조인 신라사부로는 아버지 미나모토 요리요시와 함께 수많은 전장을 누빈 뛰어난 무장이었으며 붉은 갑옷을 입고 항상 선두에 나섰던 그는 패배를 모르는 전쟁의 귀재였다고 전한다.

그러나 그가 창시했다고 전하는 대동류유술은 아무리 뛰어난 천재라도 단시간에 골격을 완성하기란 쉽지 않다. 수많은 전투와 연습 과정에 이미 오래전부터 전해져 오던 무술을 보완하고 중흥 시조가 되었을 가능성을 배제할 수 없다.

제2절 택견 고대사 개론

택견에 나오는 '옛법'은 사실 고려 시대와 조선 초기까지 부르던 수박이었다. 고용우70)는 옛법이 하늘에서 뚝 떨어진 것이 아니라 예로부터 전해오던 기법을 통틀어 옛법이라 한다고 하였다. 즉 옛법은 바로 택견으로 불리기 이전의 수박을 일컫는다.

현재 수박의 기록은 고려사에 나오는 무인의 난과 주로 관련되어 집중되어 있으며 패륜 정치에 황음무도했던 충혜왕이 포함되어 있다. 『고려사』는 물론 여러 근거를 토대로 사실대로 쓰였겠지만, 이 시기 수박을 행한 기록들이 다량 포함된 것으로 미루어 아무래도 조선왕조의 정당성과 함께 이전 왕조를 폄하하려는 의도가 전혀 없지 않다.

그러나 이 기록보다도 고구려 무용총의 고분벽화(5세기 전반에 축조된 것으로 추정됨)와 안악 3호분의 고분 벽화(357년으로 추정)에 그려져 있는데 이는 사실 문자 기록보다도 더 확실한 증거이다.

고분에 그려진 벽화는 여러 의미를 상징하는 것으로 볼 수 있지만 우선 당대의 성행했던 풍습을 정확하게 묘사한 것이고 이외에도 행렬도·백희도·전투도·생활도 등 당시의 다양한 생활상이 폭넓게 그려져 있다.

김해의 한 대성동 고분에서는 갑옷과 철제투구로 무장한 채 순장당한 세 구의 인골이 한 무덤에서 나란히 발견되었는데 이들 역시 북방기마민족의 순장풍습으로서 특이점은 2, 30대 초반의 여성전사라는 점이다. 정밀한 분

---

70) 고용우(1952.1.13일생, 미국 로스앤젤레스 거주)는 송덕기로부터 1969년 늦가을부터 1985년까지 택견의 실전기술을 사사받았으며, 특히 1983년부터 2년간 이준서(前, 송덕기의 윗대택견 국가전수장학생)와 함께 송덕기로부터 사사를 받았다(現 세계태껸연맹). 또한 김정윤은 『태견』(2003)에서 송덕기가 가장 태견을 마음에 들게 한다고 표현하고 있다. 그리고 당시의 수련 내용 등을 노트에 기록하여 정리하였다.

석 결과 이들의 다리 근육이 보통 여성보다 훨씬 발달해 있음이 확연히 드러났다. 특히 경골의 가자미 근선이 발달해 있었는데 이러한 특징은 이들이 다리의 근육을 많이 쓸 수밖에 없는 환경이었다는 의미이다. 이들은 대퇴골에서도 발달했던 근육의 조선條線을 보여 주었다.

다리근육이 발달한 여성전사들은 승마나 노동에 의해 생겨날 수 있지만, 당시 직분으로서 수박을 익혔을 것으로 추정된다.

여전사들은 중요한 여성들의 호위를 맡았으므로 발달한 다리근육은 주로 승마나 무예수련 즉 수박과 관련이 있다고 볼 수 있다.

여전사들은 대퇴골 조선이 발달하고 경골의 가자미 근육이 발달했는데 승마나 노동으로도 발달하지만, 특히 종아리에 해당하는 가자미 근육은 발 앞꿈치를 많이 내딛는 발질에서도 발달한다. 발을 내딛는 반력을 이용한 발질이 이루어질 시 체중이 발질을 향하면서 지면을 디딘 앞꿈치가 구부려지면서 가자미근이 강화되는 것이다.

인간이 전투를 하자면 무기술을 배우지만 항상 무기가 있으리라는 법은 없다 그래서 주 무기가 총인 현대에서도 맨손 전투술을 같이 배우는 것인데 그것은 전사들에게 있어서는 남자나 여자나 그리고 과거나 현재나 다를 바 없다.

가야에서 순장풍습이 있었는데 가야는 이후 신라에 통합되게 되며 순장풍습이 이어지다가 『삼국사기』 지증왕(502년 2월)조에 순장을 금한 내용이 보인다. 신라에서도 200여 년 동안 생겼던 순장을 금하게 된 것은 노동력 확보와 신라라는 나라이름을 확정하면서 주·군·현(州·郡·縣)을 직접 다스리게 되는 왕권 국가가 된다.

이후 순장제도 대신 다양한 형태의 토용들이 묻혔는데 토용은 우는 여인, 애도하는 모습, 악기를 연주하는 자 등으로 망자에 대한 애도와 순장자의 대체물로 보인다.

통일신라 시대 경주 용강동에서 발굴된 고분에서는 무술 하는 자세의 토용土俑 2점이 발견되었는데, 이전에 순장하는 풍습이 사라진 시대여서 순장하는 사람 대신 같은 역할을 하던 토용을 만들어 넣었다. 즉 이 토용은 무덤의 주인을 호위하던 무사 역할을 대신하여 부장품으로 넣은 것이라 할 수 있다.

다르게 말하자면 맨손무예에 뛰어난 호위무사가 그 당시도 존재하고 있었다는 지표이다. 이는 길림성에 있는 고구려 벽화에서 수박도를 볼 수 있듯이 형태는 다르나 유사한 맥락이다.

코벨에 의하면 부여가 망한 후 일부는 고구려에 흡수되고 일부는 백제[71]와 가야를 거쳐 일본으로 건너갔는데 이 부여기마족이 일본을 지배하게 된다. 가야를 통해 건너간 순장풍습은 신라에서는 사라지지만 일본에서는 살아남아 주군이 죽으면 가장 측근 신하는 할복하는 풍습이 오랫동안 남아 있었다.

즉, 수박은 최소한 부여 때부터 전해져 내려온 것으로 추정된다.

신채호는 『조선상고사』에서 '선배'제도를 논하면서 해마다 3월과 10월 '신수두' 대제大祭에서 춤을 추고 활도 쏘며 혹은 택견도 하였다고 하였으며 송도의 수박이 곧 '선배' 경기의 하나이며 '수박'이 지나(中國)로 들어가서 권법拳法이 되고 일본으로 건너가서 유도柔道가 되었다고 하였다. 또 '신라의 국선화랑은 고구려의 선배제도를 모방한 것으로 학문을 힘쓰고 수박·격검擊劍·사예射藝·기마騎馬·덕견이(택견)·깨끔질·씨름 등 여러 가지 기예를 익히고…'고 적고 있다. 즉 고구려나 신라에서 처음으로 생긴 것이 아니라 부여

---

71) 백제왕들은 부여의 정통성을 위해 성을 부여를 사용했다. 백제가 사비성이 망할 때 나라 이름을 남부여로 고쳤다.

나 혹은 그 이전 시기까지도 소급할 수 있음을 보여준다.

무예도 문화여서 문화는 나라 간에 교류하는 것으로 이들 용어가 일본에서 역수입된 사례가 보이는데 일제강점기 바로 이전 일본의 유술柔術이 우리나라로 건너와 택견이라는 용어로 갈음한 적이 있다는 사실이다. 이는 당시 독립 운동가였던 안자산의 "유술이 택견"이라는 글에서도 확인이 되고 있다.

근래에 밝혀졌지만, 수박이 중국으로 건너갔다는 이두문이 확인되고 일본까지 전래한 부분도 확인되고 있다.

물론, 이후에 삼별초에 의해 오키나와로 전해졌고 일본에는 전해질 기회가 많았지만, 현재 알려진 바로는 후예들에 의해 대동류유술로 전해진 것으로 알려진다. 이에 대해서는 추후 연구가 더 필요하다. 흔히 사람들은 현재 알려지고 있는 대동류유술에 대한 관점을 가지고 이해를 하려 하지만 그것만으로는 부족하다. 대동류유술에는 일반인들에게는 전해지지 않고 공개되지 않은 비전된 기술들이 있는데 이들과의 비교야말로 연구대상인 것이다.

삼별초에 의해 오키나와에 전해진 수박은 『유구무비지』로 전해져 총 96수가 그려져 있는데 송덕기 옹이 남긴 동영상에서 발췌한 동작을 대비해 보면 대부분이 기법이 모두 나와 있어서 눈길을 끈다.

대동류유술은 거의 알려지지 않았으나 일본에서 대동류유술을 배운 신용술 선생의 직전제자인 김정윤 선생이 재체계화 하고 송덕기 옹의 동작을 기록으로 남기는 가운데 비교되면서 확연히 깨닫게 되었는데 이들은 따로 상술하기로 한다.

즉 수박의 역사는 현재 택견의 역사이기도 하다.

제3절 당수의 중국 기원설에 대한 재논의

1. 들어가기

　동물행동학에서 다른 종간種間에 먹이나 영토를 놓고 싸우는 종간공격種間攻擊 보다 같은 종끼리 먹이나 배우자를 놓고 싸우는 종내공격種內攻擊이 더 치열하며, 이러한 종내공격은 영토의 방어와 서열 정하기에서 나타나는데, 그 결과 생겨나는 현상 중의 하나는 좁은 서식지를 벗어나 종족이 생존하기에 유리한 지역으로 점차 서식지의 범위가 확대되는 것이다.

　맹수처럼 강한 이빨이나 발톱을 갖고 태어나지 못한 인간은 '결핍적 존재'72) 이기 때문에 자연적으로 주어진 신체 조건만으로는 생존하기 어려우며 그로 인해 소위 문화를 탄생시키며, 동물은 본능에 의해 움직이지만, 인간은 본능뿐 아니라 자유의지에 의해 움직이며, 특히 사회적 동물로서 집단적인 문화와 문명을 이루는 능력을 지니고 있으므로, 동물보다 그 서식지의 이동에 대한 규모나 범위가 비교할 수 없을 만큼 크다. 이러한 현상은 현대에서 '해외이민발생' 등으로도 생겨나고 있지만, 교통수단이 원활하지 못했던 예전에도 개인적 의도 혹은 사회적 격변기를 통해 상상을 초월하는 거리의 이동이나 대규모의 인구유동이 발생한 사례들이 일어나기도 한다.73)

---

72) 스스로 불완전하다는 개념을 가지고 있는 존재는 인간이 유일하다. 인간 이외의 모든 대상은 불완전하다는 개념이 없다. 따라서 불완전은 인간 고유의 존재적 특성이다. 이 불완전함 속에는 변화를 주도하고 선택하며 더 나은 모습을 창조해 갈 수 있는 자유의지가 내재되어 있다.(석문도문, 2010) 즉 불완전은 완전함으로 가기 위한 변화와 발전의 단초이자 동력이 되는 것이다. 문화나 전통도 같은 개념으로 받아들여야 생명력이 있는 것이다.

73) 그 사례로서, 신라의 승려 혜초는 불법을 구하기 위하여 개인적으로 8세기 초 인도 5국五國 부근의 여러 나라를 순례하고 그 행적을 적은 여행기 『왕오천축국전往五天竺國傳』을 남겼으며, 실크로드를 개척한 고구려의 유민 고선지장군, 삼국통일에 의해 발생

주강현은 "상호 간에 교섭이 전혀 없이 독자적으로 발전한 문명 간에도 문화적 공통점이 얼마든지 나타날 수 있다"고 하였지만, 그것은 제한된 소수의 공통점이 발견될 때의 상황이고, 교류의 사례들이 확인되면서 다양한 측면에서의 공유는 소수가 아닌 집단적인 교류일 뿐 아니라, 제공되는 지역에서 사회적 파급효과가 큰 주체 세력이 직접 개입되었을 가능성이 높다.

이 장에서는 이러한 현상과 관련하여 당수의 기원설에 대한 심도 깊은 재논의를 하려 한다. 따라서 현재 설득력을 잃고 있는 인도 전래설과 주장이 약한 일본 전래설은 배제하고, 가장 설득력 있다는 중국 기원설과 관련하여 논증하고자 한다.

이에 첫째, 근래에 오키나와 우라소에성(浦添城)의 유물 중 '계유년고려와장조癸酉年高麗瓦匠造'란 글씨가 새겨진 암키와에 의해 촉발된 고려 삼별초의 오키나와유입에 대한 연구를 통해 가설을 제기하려 한다. 이 가설(1273)에 신뢰성이 있다면, 구체적인 기존의 중국 기원설과 관련된 가설보다 앞서는 것이다.

둘째, 오키나와의 문화와 생활습관은 일본에서 찾아보기 어렵지만, 우리나라의 다양한 문화와 습속의 유사성으로 볼 때 개별적으로 전이되기보다 집단적으로 일시에 전이되고 주체세력이 깊이 연관되었을 가능성이 매우 높을 것으로 유추된다. 이러한 현상은 고려 삼별초 무인집단의 유구유입에 의한 영향으로 사료되며 이와의 관련성을 제시하려 한다.

셋째, 당수唐手에서의 당唐의 의미가 중국의 한 왕조를 의미하기보다 우리나라를 의미하는 부분에 대해 관련 연구가들의 의견과 기타자료를 통해 제기하고자 한다. 더불어 통상적으로 무술명칭에서 거의 쓰이지 않는 '수手'

된 유민들의 일본 등으로 집단유민발생을 가까운 예로 들 수 있다. 뉴구와 죠신의 관계사의 권위자였던 카데나스토쿠(嘉手納綜德)에 의해 제기되는 홍길동이 세운 이상 국가 '율도국'이 유구였다고 한다(홍종필, 1999b).

자字를 사용하게 된 계기가 수박手搏에서의 수手가 우리나라를 지칭하는 당唐과 결합하여 쓰이게 된 당수의 명칭에 대해서도 간략하게 의미를 제시하려 한다.

나아가 이러한 바탕을 배경으로 당수가 우리 민족과 특별한 친연성親緣性을 지니게 되었으며, 우리 신체 문화의 일부로서 적극적으로 수용, 발전시킴으로써 당수뿐 아니라 태권도가 경기로서 변용 과정을 거쳐 세계화를 이루게 된 계기에 대해 살펴보려 한다.

(사진출처: KBS)

2. 선행연구에 대한 재논의

일제강점기에 우리나라의 태권도에 영향을 미친 당수의 기원은 여러 설이 있으나 자료의 미흡과 기존에 제시하고 있는 자료들도 관련국들 간의 연대를 비교해 볼 때 시기적으로 맞지 않거나, 극히 단편적인 자료를 통해 전체로 확대해석하는 경향이 없지 않다.

박귀순·김태양은 당수에서 명칭이 변경된 공수도의 기원에 관한 연구에서 인도, 한국74), 오키나와 자체설, 중국기원설에 대해 언급하였으며, 2010년 6월에 개최된 제6회 코리아오픈 국제 공수도선수권대회에 참가한 일본, 홍콩, 대만, 필리핀 등 20여 개국의 각 국 대표자들의 공수도 기원에 관한 인터뷰 결과는 공수도에 대한 각 국 대부분 대표자들의 공통적인 견해는 중국 전래설에 의한 것이라는 점을 밝히고 있다.

그리고 중국 전래설과 관련하여 제시하는 가장 우선하는 역사적 근거로, 일본은 7세기 중엽 이후부터 견당사遣唐使 및 견신라遣新羅를 구성, 파견하였는데 견당사(630~894년)의 행로 중, 현재의 오키나와인 아아내파를 경유하여 당나라로 가는 과정에 문화가 자연스럽게 유입되었을 가능성을 제기하고 있다.

그러나 이러한 근거는 막연한 개연성일 뿐이며 당시 유구는 패총貝塚 시대로서 문화를 수용할 수 있는 여건이 되지 못하였다.

현재 공수도의 예전 명칭은 당수唐手, 테手, 오키나와테로서 오키나와(예전의 유구)에서 비롯된 것으로, 유구의 역사 시대는 800여 년 전부터이다. 7세기 중국의 『수서隨書』에 유구가 조공했다는 기록이 있으나, 津波高志(1998)는 유구열도가 10-12세기경까지 수렵·채집경제를 계속하고 있어서 유구열도 중부권 문화를 오끼나와 패총 시대 후기문화라고 하였으며 진영일은 '유구

---

74) 우라소에 성터에서 발견된 '계유년고려와장조'癸酉年高麗瓦匠造가 쓰인 명문와와 삼별초 무인집단과 관련한 근거.

에는 오랫동안 신석기 시대가 계속되었다(12~13세기)'다고 한다.

홍종필은 역시 12세기경에 이르러서야 비로소 채집경제와 석기사용의 단계에서 곡물 재배와 철기 농경문화의 단계로 전환하게 되었다고 하여 이 시기에 중국유입설의 여지를 남겨주지 않고 있다. 오키나와관광정보 WEB사이트(오키나와 이야기, 2010. 09. 10.)에서도 선사시대를 거쳐 10세기경에 동족 집단에 의한 집단이 각지에 이루어지고 이어 산잔(三山; 北山, 中山, 南山)이라는 세 세력이 싸움을 계속하다가 1429년에 통일되어 그로부터 유구의 역사가 시작된다고 하였다. 따라서 이 시기에 유입될 가능성은 전무全無한 것이다.

홍종필은 "문헌상으로는 607년에 『수서隋書』流求國傳에 流求로 등장하고 있으며 오키나와 사서에는 슌덴(舜天)王統 때부터 오키나와에 왕통이 시작되었다"고 하였으나 여러 정황으로 믿기 어렵다고 하였다. 그러나 심우성은 "오키나와는 『수서』에 기록된 유구流求의 문자를 시작으로 역사서에 등장하며, 중국의 속국으로서, 『신당서新唐書』, 『송사宋史』, 『원사元史』등에서 류규流虯, 류귀流鬼, 류구留求, 류구留球, 류구流仇 등 중국의 다양한 역사서에 문자로 표기되어 있다"는 견해의 차이를 보인다.

하지만 현재 드러난 유구 쪽의 자료로 볼 때 사서에 나타난 다양한 지명은 다른 지역을 의미하거나, 수용한다고 하더라도 심우성의 언급은 국가체제의 교류로 받아들이기 어렵다. 『부생육기』(19세기 기록)에서 '『신당서新唐書』에 유귀流鬼75)라고 썼고, 『원사元史』에 유구瑠求76)라는 표현에 대해 이설이 있는 점'도 그러하고 '중산中山지방과 남산南山지방을 몇 번 유람해 보았지만, 큰 마을이라야 1km밖에 안 되는데, 나라라고 부르는 것은 너무 과장이 아닌가 하는 의문'이나 '『수서』에 소·양·당나귀·말도 없다고 하는데, 당나귀는 없지만, 그 밖의 가축은 없는 것이 없다. 기록된 것을 모두 믿어서는

---

75) 유구를 가리키는 것이 아니며 흑수 말갈黑水靺鞨의 북동쪽에 있던 것이다.
76) 이것은 지금의 유구琉球가 아니라 대만臺灣을 가리키는 것이다. 원문에는 또 이를 여구瓈求로 적고 있지만, 『원사元史』에 의하여 유구瑠求로 바로잡은 것이다.

안 된다는 것을 알게 됐다'는 표현 등을 포함한 근거이다.

오키나와 역사는 일본에서도 지방의 역사로 취급되어 논의가 활발히 이루어지지 않고 있을 뿐 아니라 책마다 견해가 조금씩 차이가 있을 정도로 사료들이 부족한데, 오키나와의 연대기(Shoran-Ryu, 2010. 09. 10)를 보더라도 1187년 슌텐이 오키나와 중심의 왕이 되고, 1260년 에이소가 새로운 왕이 되었으며, 1296년 원의 군대가 침략해 왔으나 물리쳤다는 기록과 1326년 산잔 시대가 시작되고, 1349년 삿토가 추잔의 왕이 되고 영향력이 강화되었다는 등 간략하게 언급되어 있는데, 특히 산잔시대 이전 시기의 역사는 전설이 많이 섞여 있어서 오늘날 역사학에서는 그리 상술되지 않는다.

당수(唐手, 가라테)를 논할 때 빠지지 않고 등장하는 것으로 중국 기원설과 결부하여 삿도시기(察度時期, 1372~1404) 1392년, 500명 이상의 중국인들이 푸지엔(福建)에서 나하의 오키나와시로 이주하여, 구메무라(久米村)에서 공동체 지역사회를 형성하였다는 것과, 공수도의 형 대부분이 중국의 지명이나 인명을 본뜬 것이며, 혹은 『대도필기大島筆記』77)에 따르면, 1756년 오키나와로 온 중국의 정사正使 수행원 중 공상군公相君이라는 사람이 있었으며, 그가 오키나와 사람들에게 권법을 가르쳤다는 내용이다.

이는 후술되는 '삼별초의 유구유입'이라는 가설을 받아들인다면 모두 이후의 시기로서 '혼입에 의한 영향설'이라는 표현이 어울리는 것으로 기원설로 삼기에는 무리가 따른다. 한편 당唐은 618년~907년에 걸쳐 존속했으며 1392년 관련설은 시기적으로 명왕조이므로 이들에게서 전래하였다는 중국 기원설을 토대로 구태여 이름을 붙이자면 명수明手라고 이름을 붙여야 한다.

---

77) 1762년 일본 본토의 토사지역에 표류된 오키나와 선박의 승무원을 취소한 기곡임. 여기에 오키나와의 관직, 제도, 언어, 풍속 등이 실려 있어 오키나와의 역사를 이해할 수 있는 문헌

당수唐手라고 표기한 것을 보면 후술되는 백강전투 이후 지칭되기 시작한 당唐이 우리나라를 의미하는 것으로 볼 수 있으며 오히려 후술되는 삼별초 무인군단으로부터 전해진 고려의 '수박手搏기원설'이 더 설득력이 있다.

환해장성
제주시 화북동

우라소에요도레

(사진출처: KBS)

3. 오키나와와 삼별초의 관련성

가라테의 삼별초 기원설에 관한 구체적인 선행연구를 살펴보면 다음과 같다.

진도 용장성은 고려 삼별초가 대몽항쟁의 근거지로 삼았던 곳으로서, 용장성 연화문 와당과 유사한 문양의 자료가 국내에서 거의 확인되지 않고 있는데, 오키나와 우라소에성(浦添城) 출토품인 연화문 수막새기와가 거의 똑같다는 사실이 확인되면서 삼별초와 우라소에성과의 관련성이 주목을 받았다.

가장 주목된 것은 우라소에성의 유물 가운데 특이하게도 제작연대인 연호가 표시되어 있지 않은 '계유년고려와장조(癸酉年高麗瓦匠造)'란 글씨가 새겨진 암키와로서, 고려시기 계유년은 삼별초의 마지막 제주항전시기와 맞물려 여러 가지 흥미를 불러일으켰다. 사다리꼴 모양에 어골문(魚骨紋)이 새겨진 이 대형기와의 명문은 '계유년 고려의 기와장인이 만들었다'는 뜻이다. 그리하여 문제의 계유년 고려기와의 와장이 진도에서 건너간 것이 아닌가 하는 의문을 불러일으키면서 삼별초의 오키나와와의 관련에 대한 가능성을 구체적으로 제기시켰다.

수막새 기와
우라소에요도레 출토

진도 용장산성 출토
수막새 기와

(사진출처: KBS)

삼별초의 근거지였던 진도 용장성에서 출토된 연화문 수막새기와가 우라소에성의 것과 특히 유사한 점은 '계유명'와(瓦)와 연관을 고려할 때 오키나와와 삼별초와의 관련성은 분명하다.

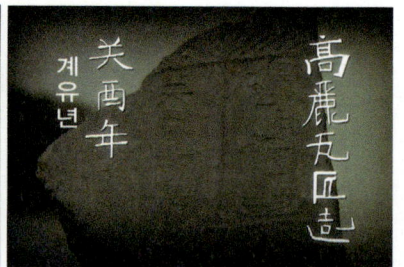

(사진출처: KBS)

'계유년고려와장조癸酉年高麗瓦匠造'가 쓰여진 명문와에 있어서 계유의 연호에 관하여는 1153년, 1273년, 1333년, 1393년이라는 견해가 있다. 현재 가장 유력한 1273년 설은 국내에서 이형구(1989)가 1273년 설을 지지한 이래 최규성(1998) 역시 상기의 이 계유년 고려기와를 삼별초와 연결하여 1273년을 강조하는 등, 1273년 설이 큰 흐름을 이루고 있다. 최규성(1998)은 이 기와가 어골문이 주축이 되고, 속에 명문을 배치하는 형태로 고려시대 기와에서 흔히 발견되고 있는데 특히 미륵사지 출토 '정우 사년정사륵력 廷祐 四年丁巳勒力'명銘기와(1317)와 매우 유사한 문양과 명문 배치형태를 지니고 있으며 이 밖에도 충주, 미륵리사지 출토의 명문와銘文瓦나 '천력삼년경오시주장개이天歷三年庚午施主張介耳' 명문와銘文瓦(1330) 역시 유사한 특징을 찾아볼 수가 있다고 하였다.

윤용혁은 오키나와 출토의 '계유년고려와장조'에 연호가 표기되지 않고 있는데 주목하여 삼별초와 관련하여 다음과 같이 설명한다.

오키나와 고려기와의 연대문제와 관련하여 특히 주목할 점은 연대의 표기에 있어서 연호를 사용하지 않고 간지만 명기하였다는 점으로 고려는 독자적인 연호 사용의 시기도 있었지만, 연대의 표기 시 요, 금, 원 등 중국 왕조의 연호를 사용하는 것이 일반적이었다. 이인숙(2004)의 자료와 여타 관련 자료를 토대로 기와에 중국 연호를 채용하여 연대를 표기한 국내 출토의 사례를 표로 정리하였는데, 건축에 사용된 고려기와에 연대가 표시된 경우 보통 중국의 연호가 채택되고 있다. 사용된 연호는 모두 송, 요, 금, 원의 연호이며 기와 이외에 불상, 사경, 범종, 금구, 묘지 등 각종 유물의 경우에도 연대는 요, 금, 원의 연호가 사용되었다. 따라서 연호 없이 간지만으로 표시한 것은 중국 왕조의 연호를 사용하지 않은 특정 시기의 것인 경우가 많다. 만일 '계유'명 고려기와가 1333년(충숙 2)이었다면 원의 연호, 1393년이었다면 명의 연호가 사용되었을 것이다. 간지사용이라는 것이 당해 주체의 정치적 성격을 반영하고 있으므로 일본 측에 보내진 삼별초의 서장書狀에서 이들이 원의 연호를 쓰지 않고 간지만을 사용하였다는 '고려첩장불심조조'의 기록은 이 점에서 좋은 참고가 된다. 문제의 계유년 기와가 삼별초와 관련되었을 가능성을 높여주는 것은 연화문 수막새 기와(와당)의 조형적 유사성이다. 오키나와 우라소에에서 출토된 연화문와당이 삼별초의 거점이었던 진도 용장성의 수막새와 매우 유사하다는 점이다. 오키나와 고려기와를 면밀히 검토한 세키구치(關口廣次)는 1273년으로 추정되는 계유년 기와가 기술적으로 고도의 기술을 구사하고 있는 점에서 전문가 집단의 "국가적 수준의 교류"에 의하여 도입된 것이라고 추정하였다. 상시적 상황이라면 13세기에 국가적 교류가 두 지역 간에 이루어진다는 것은 생각하기 어렵다. 그러나 전란이라는 특별한 상황에서 중앙정부 세력이 이동하였던 삼별초의 성격을 고려하면 이것이 '국가적 수준의 교류'에 상응하는 것일 수 있다. 문제의 고려기와가 다수 출토한 우라소에성(浦添城)은 슈리성 이전, 中山왕조의 왕성이었던 곳이다. 요도레78) 앞에 있는 유적 가운데 13세기 함순咸淳년간(1265-1274)에 조성되었다는 오키나와 최초의 불사佛寺인 극락사極樂寺의 터가 있는데 이 절은 유구에 표착한 선

---

78) 요도레는 '聖域', 혹은 '靈域'이라는 특별한 공간을 말한다.

감鑑79)이라는 승려 때문에 건립된 것이라 한다. 즉 14세기 이후 유구왕국의 중심이 된 슈리성에 앞서, 그 전 단계에 우라소에성은 유구 고대왕국의 정치적 중심이었고 正殿의 건립을 비롯한 이 도성 건설에 고려와의 깊은 연관이 부정할 수 없는 사실로서 입증되고 있다. 그리고 그 시기는 '계유년'瓦에 의하여 1273년이 유력하게 된다.80)

(사진출처: KBS)

오키나와 우라소에는 선사시대에 이은 유구왕국의 발상지로 우라소에성과 우라소에성 북쪽에 위치한 요도레는 13세기 에이소왕(1260-1299)의 무덤인데 여기서도 고려기와가 출토되었다. 우라소에 요도레에 대한 고고학적 조사과정에서 특히 관심을 갖게 되는 것은 유적의 연대 문제인데, 우라소에

---

79) 최재석(1969)이 1264년 유구(浦添城面) 최초의 불사佛寺인 극락사를 건립한 승려 선감은 한국인이었다고 보는 견해로 유구불교는 유구왕조의 적극적인 노력으로 거의 전적으로 한국불교를 수입했는데, 이미 그 이전에 우수성이 인정되었고 이 우수성의 인정은 한국인의 유구이주와 양측 간의 교류 후에야 가능한 점을 들고 있다.
80) 安里교수는 우라소에 요오도레의 영조왕 조성의 왕릉이 "함순 9년(1273) 경에 조성된 것이 확실시 되고" 있으며, "이 왕릉은 대량의 철기와 노동력을 투입하여 거대한 동굴을 파고 그 안에 고려계 건물을 지었고, 건물 안에는 금도금으로 장식한 주칠朱漆의 주자厨子에 왕족의 유골을 넣었던 것으로 밝혀졌다."고 하였다. (安里 進, 2007)

출토유물의 이른 연대가 13세기이고, 우라소에성 유적조사에 간여해 왔던 安里 進의 연령측정결과를 포함하는 종합적인 관견은 이전에 언급된 사항들에 비해 보다 확실한 다음의 연대자료를 포함하고 있다(윤용혁, 2009).

유구·유물과 방사성 탄소연대로부터, 우라소에 요도레 조영은 13세기라고 생각되는데, 이것은 우라소에 요도레가 咸淳年間(1265-1274)에 조영되었다는 『류구국유래기』의 기사와도 모순되지 않는다. 특히 초기 우라소에 요도레 묘실 내의 건물에는 계유년명의 고려계 기와도 사용되고 있음이 밝혀졌다. 이것은 우라소에 요도레가 13세기 후반의 계유년에 조영되었음을 시사하고 있는데, 함순 9년(1273)이 바로 계유년에 해당한다. 유구·유물·연대측정·문헌사료를 총합하면 우라소에 요도레의 조영연대는 1237년에 특정特定할 수 있는 가능성이 대단히 높다고 말할 수 있다(安里 進, 2006) 우라소에 요도레에 대한 고고학적 조사과정에서 특히 관심을 갖게 되는 것은 유적의 연대 문제인데, 이에 의하면 우라소에 출토유물의 이른 연대가 13세기이고, 방사성탄소연대측정(AMS법)과 액체 신치레이션법의 연대측정 결과에서는 조영시의 금속공방 유구遺構가 13세기 전반~14세기 초, 기와 집적지의 연대는 13세기~15세기 전반이라는 연대를 얻었다는 것이다. 이에 의하여 유적의 조성 시기가 13세기 후반일 가능성이 매우 높아졌다는 설명이다.

정황상 기와의 계유년에 맞출 수 있는 고려의 연대에서 1273년 설을 뒷받침하는 자료 중의 하나는 표류의 기록들이다.

삼별초정부는 진도 입거 이후 거점세력의 확보를 위하여 초기에는 전라도 연해지역의 세력 확보에 주력하였으며, 후방의 배후로는 제주도를 확보하는데 성공하였다. 주로 도서지역인 강화, 진도, 제주도를 거점으로 최소 3년간에 가까운 기간을 해상과 연안지역 활동을 하고 있었기에 해상의 사정을 꿰뚫고 있었고, 당시 상황으로 해외표류가 적지 않게 발생하고 있었으므로 유구로의 뱃길에 대해서도 충분히 숙지하고 있었으리라고 본다. 제주도로부터 계획적 항해를 시도할 경우라면 일본열도만이 아니라 유구열도 상륙도 충분히 가능성 있는 일이다.

진도 용장성터 (사진출처: KBS)

조선왕조실록에는 조선인이 유구열도(오키나와)에 표류했다가 송환된 예가 많이 등장한다. 조선왕조실록에 표류민을 중심으로 제주도와 유구간의 교류는 세조대 3회, 성종대 5회, 연산군대 1회, 중종대 6회, 광해군대 3회, 인조대 1회, 영조대 1회, 정조대 3회, 순조대 5회 정도로 언급되어 있으나 이런 횟수와 같은 사안에 대해 여러 조처과정이 포함되어 있으므로 양자의 교류빈도는 수와는 아무런 상관이 없으므로 훨씬 많았을 것으로 추정하고 있다. 유구에 닿기까지 시간도 그리 오래 걸리지 않았다.

조선 후기인 1771년(영조47) 장한철張漢喆은 과거에 응시하기 위하여 제주도를 출항하였다가 폭풍에 밀려 4일 만에 유구의 虎山島에 닿았다.81) 이와

---

81) 1770년(영조 46) 12월25일 제주항을 출항하여 조난한 장한철 일행은 28일 새벽, 불과 3일 만에 유구열도 호산도에 도착하였다. 장한철은 표류가 시작되자 유구방면으로

같은 사례는 삼별초가 제주도로부터 계획적인 항해를 시도했을 경우 충분히 오키나와에 닿을 수 있었음을 시사한다. 진도 함락이 5월, 제주 함락이 4월의 일이었는데 조선 후기의 기록에 의한 통계를 보면 4월에서 8월까지 5개월 동안의 기간이 해상 사고가 가장 드문 기간이었다.

『부생육기』에 복주福州에서 나하那覇까지 실제로 직선거리 800km로서, 폭풍과 암초의 위험으로 10시간 정선시간을 제외하면 실 소요시간은 106시간 항행을 하였다고 하였는데, 나하까지는 아니어도 비슷한 거리에 있는 제주도와 오키나와 북동부 지역을 감안한다면 장한철의 표류기록이 신뢰성이 있다.

2009년 4월 20일 방영된 KBS 역사추적 다큐멘터리(KBS 1 TV, 2010. 09. 12)에서도 고려시대의 삼별초가 제주도에서 전멸한 것이 아니라 오키나와로 피신하여 명맥을 이어갔다는 가설을 방영했다. 그리고 이케다 요시후미교수는 1,200년대 후반에 오키나와사회는 큰 변화로서 각지에 성을 축조하여 점차로 류큐왕국으로 묶이는 움직임이 발생하게 되는데 다양한 외부 사람들이 많이 건너오면서 이 변화가 일어난 것이며 특히 삼별초 사람들이 오키나와 사회변동의 한 원인으로 작용하였다고 말한다.

삼별초가 몽고연합군에게 패하여 역사 속으로 사라진 시기와 맞물린 당시의 유구역사를 통해 관련성을 추적해보자. 유구에는 오랫동안 신석기 시대가 계속되었다(12~13세기). 그러다가 14세기 중엽에 유구본도琉球本島에 中山·北山·山南의 세 국가들이 성립하였다(三山시대).

문헌상으로는 607년에 『수서隋書』 유구국전流求國傳에 유구流求로 등장하고 있으며82) 오키나와 사서에는 슌덴(舜天)王統 때부터 오키나와에 왕통이 시

의 표착 가능성을 예측하고 있었고, 사공 또한 탐라 이남의 바다는 크고 넓지만 도리어 한반도 쪽보다 水勢가 안신하다고 핑기고 있다. 몇떼함혜를 할 경우, 오키나와에의 항해가 충분히 가능한 것임을 암시한다(장한철, 정병욱 역, 1979).
82) 오키나와 홈페이지(2010. 09. 10) 605년 The Chinese Emperor Yo (Sui Dynasty)

작83)되었다고 하나 여러 정황으로 믿기 어렵다. 그들은 12세기경에 이르러서야 비로소 채집경제와 석기사용의 단계에서 곡물재배와 철기농경문화의 단계로 전환하게 되는데 이는 아지 혹은 안지(按司)라고 부르는 족장들이 활약하면서부터였다. 아지들은 구스쿠(城)를 쌓고 판도 다툼을 통하여 자신들의 세력권을 넓혀갔고 이로부터 구스쿠 시대84)가 전개되기에 이르렀다. 14세기가 되면서 오키나와 본섬을 중심으로 북부의 나키진구스쿠(今歸仁城)를 중심으로 하는 후쿠잔(北), 우라소에구스쿠(浦添城)를 중심으로 중부지역을 지배하는 추잔(中山)의 이른바 산잔(三山)시대가 전개되었다.

산잔시대 이전 시기의 역사는 전설이 많이 섞여 있어서 오늘날 역사학에서는 그리 상세히 서술되지 않는다. 12세기 후반 시작된 슌텐왕조(1187-1259), 그리고 에이소왕조(1260-1349), 삿토(察度)왕조(1350- 1405), 제1쇼(尙)왕조 (1406-1469), 제2쇼왕조(1470-1879)로 이어지는데, 산잔시대의 시작을 의미하는 1326년 이전의 기록은 이전의 기록은 극소수이다. 그 예로 대부분의 역사서술은 이 시기에 대해 구체적인 기록 없이 불가피하게 건너뛰고 있다.

오키나와는 12세기 초85)까지 수렵과 채집생활을 하는 사회였으며 패총시대를 지나 류큐왕국이 세워질 무렵 오키나와는 비로소 철기를 사용하며 서서히 농경사회를 열어가고 있었다. 그 무렵 삼별초가 이주한 것으로 보이는 13세기 1273년 이후 오키나와에는 갑자기 백여 개가 넘는 성들이 생기기 시작

---

sends Shu-Kan to the Ryukyus
83) 오키나와 홈페이지(2010. 09. 10) 1187년 Shunten becomes overlord of Central Okinawa Shunten
84) 구스쿠(城)라고 하는 것은 대체로 유구왕국琉球王國 이전인 11-14세기에 걸쳐 쌓은 것으로 구스쿠는 성역聖域과 같은 작은 범위의 거성을 중심으로 사람들이 생활을 영위하던 곳을 말한다. 이 구스쿠는 북北의 암미제도奄美諸島에서 남南의 팔중산렬도八重山列島까지 그 수가 무려 130여개소나 된다. 반면 구스쿠가 아지(按司)라는 지반 영주 또는 왕이 돌담으로 쌓은 거성居城이라는 설도 있다. 특히 14세기 충승본도沖繩本島에서 북산중산남산北山中山南山의 왕이 패권경쟁을 벌이던 삼산三山시대를 전후하여 대규모로 축성됨으로써 이른바 구스쿠 시대가 출현하였다.(홍종필, 1998)
85) 진영일(1997)은 13세기로 추정.

한다. 오키나와의 역사를 살펴보면, 대략 고려의 삼별초가 무너진 시기와 동일한 시기에 오키나와에서는 구스크(城)가 축조되기 시작하였으며 이 구스크의 석벽은 일본 본토의 석벽과는 달리 지형에 따라 탄력적으로 변화시켜 쌓았는데, 이것은 한반도의 고려시대 성 혹은 그 이전인 삼국시대 성의 축조방법과 매우 흡사하다고 하였다. 구스크의 출현은 외부와 연관을 갖지 않은 오키나와에서의 자발적 발전이나 일본열도로부터의 기원을 생각할 수 없다는 점에서 고려 성곽문화와의 연관이 검토될 만한 사안이다(名嘉正八郎, 1979).

1274년 일본이 여몽연합군의 침입을 받고난 이후 규슈에서는 연합군의 공격 대상이 되는 하카다(후쿠오카) 해안 일대에 20km 길이의 대규모 장성, 이른바 원구방루元寇防壘를 구축하였다. 당시로서 이 같은 해안에 석축의 장성을 쌓아 적을 막는다는 관방시설은 일본으로서 매우 생소한 사례이다. 1차 일본 원정 직전 여몽연합군은 삼별초의 최후 거점 제주도를 함락한 바 있고, 이 제주도에는 해안을 둘러싼 장성이 삼별초의 방어설비로 구축되어 있었다. 제주도의 연안을 돌로 빙 둘러쌓았다는 이른바 '환해장성環海長城'의 존재가 그것이다. 윤용혁은 여몽연합군의 거친 풍랑을 석축의 방루에 의하여 저지한다는 '원구방루'의 아이디어가 제주도 삼별초와 관련이 있다는 의견을 제시한다.

계유의 연호에 관하여는 1153년, 1273년, 1333년, 1393년이라는 견해가 있으나 1153년 설은 근년에는 거의 논의되지 않으며, 1333년 설은 고고학적 공반유물과의 관계 등에 의하여 그 가능성이 완전히 배제되고 있지는 않으나 현재는 1273년과 1393년이 중점 논의되어왔다.

1393년 설을 주장한 대표적인 학자는 미시마(三島格)로서 『고려사』에 창왕 원년(1389, 察都王 40년)에야 비로소 유구·고려 간 교섭기록이 처음 등장하고 있다는 점 등을 들고 있는데, 1389년의 통교는 유구왕국의 필요에 의하여 사신 파견이 이루어졌으며, 여말선초 당시 대내외적 혼란기의 고려로서는 조와기술造瓦技術이라는 당시 중화학 공업적 기술을 전할 만큼 관심을 기울일만한 여유가 없었음을 알 수 있다. 그리고 1333년 혹은 1393년이 되기 어려운 근거로는 연호의 명기가 되어 있지 않다는 점이며 특히 1393년설은 그것이 시기적으로 잘 맞지 않는다는 점, 기와의 형태적 변천 과정상으로도 잘 맞지 않는다는 점이 지적되었다.

종래 주장되고 있었던 학설 중에서, 1273년설은 유구 측의 전기기록을 기초로 한 추정연대였지만, 이후에 제기되는 연대들은 삼별초의 기록을 토대로 여몽 연합군과의 전투에서 진 삼별초 사람들의 불가피한 국경을 넘은 이동으로 추정하고 있다(津波高志, 1998).

상술한 바와 같이 유물의 연대는 주체 세력과 깊숙이 관련된 대규모 인원 뿐 아니라 당시 선진수준의 문물의 유입 등으로 미루어 계유년을 고려 삼별초 군단의 유구 유입과 결부해서 1273년으로 규정하였다.

4. 오키나와와 한국문화의 유사성

문화는 작은 지역 내에서도 큰 강이나 산줄기에 의해 조금씩 달라진다. 각 지역의 풍습이나 방언은 그 사례 중의 하나이다. 그러나 특정 문화권에서는 각 지역에 맞게 생명력을 가지고 끊임없이 적응하고 변화되어 가지만 큰 틀은 유지하면서 동질성이나 유사성을 간직하는 것이 통례적이다. 큰 틀에서 본다면 '동양 삼국'이라는 표현 내에는 서양이라는 문화권에 대조되는 특정한 문화권을 지칭하는 의미가 담겨 있다는 점에서도 그러하다.

『오주연문장전산고五洲衍文長箋散稿』86)에 "대저 풍속이란 지방에 따라 각각 다르므로 1백 리 밖에는 풍속風俗이 같지 않고 10리 밖에는 습속習俗이 같지 않다는 말이 있는데, 하물며 큰 바다가 가로막힌 수만 리 밖에 있는 나라야 그 습속이 어찌 같을 수 있으랴" 하여 유구의 널뛰기가 우리와 같으매 매우 놀라워하고 있다.

우리 문화와 유구 문화의 유사성은 의외로 여러 부분에서 확인되고 있는데, 이러한 다양한 문화의 유사성은 소수의 사람에 의해 한시적으로 전파되어 전승되기는 불가능하며 인구의 일시적인 대량유입과 주체 세력이 깊숙이 관련되지 않고서는 이해되기 어려운 부분이다.

우리 문화와 유구문화의 유사성으로는 줄다리기, 문중제도門中制度,87) 술 마시는 방법(내일을 생각지 않고 마시는88)), 소나 돼지의 내장을 먹는 것과 고추

---

86) 이규경(李圭景1788~?), 『오주연문장전산고』/경사편 5/논사류 2/풍속(風俗)
87) 유구의 문중제도가 과거 한국의 이민 및 한국으로부터의 문화적 영향으로 형성되었을 것으로 생각된다. 한국이나 유구 모두 문중門中이라는 한자를 쓴다. 이러한 친족용어는 중국이나 일본에는 없다. 그리고 유구에서는 母를 amma, ama, nma 등으로 호칭하는 지역이 있고, 한국에서도 amma, nma, umma, Umma 등으로 호칭되며 유구에서는 祖父를 abuzi라 칭하는데, 한국에서는 父에 대하여 이 abuzi 또는 abozi의 호칭을 사용한다. 이와 같은 양국의 친족호칭의 동일 내기 유사성은 양국의 문화적 관련을 제외하고는 생각할 수 없다고 하였다(최재석, 1969).
88) 이러한 기질과 유관한 주법酒法은 중국의 산동인들에게서도 발견되는데, '산동대인山東

를 먹는 것, 화장실 밑에 돼지를 키우는 것(제주도) 등이 있다.89)90) 오늘날 오키나와에는 고싸움 비슷한 스나키(綱引)라는 줄다리기가 성행하는가 하면, 우리의 종친회 같은 문중 제도와 더불어 조상을 위하는 마음도 극진하여 시미사이(淸明祭)에는 온 가족이 조상의 묘를 찾아 성묘를 한다. 그 밖에도 그들은 돼지나 소의 내장을 먹으며, 류큐가 조선에 전하여 준 고추를 고라이구스(唐辛子)라 하여 즐겨 먹고, 처음 만나는 사람이라도 만나면 형제라 하여 친절을 베푸는 것이 한국의 1950년대 이전을 연상하게 한다.

대만과 위도가 비슷한 아열대 해양성 기후의 나라에서 다다미가 아닌 구들장 방식의 주거문화 등도 마찬가지이다.

최재석은 새끼(繩)를 치고, 자연을 숭배하는 것, 침을 뱉고 청불(淸祓, exorcise)하는 풍습, 결발모습, 비녀가 한국 것과 서로 닮고, 또 언어의 감탄사가 대단히 한국과 유사한 점, 특히 유구어의 음운이 일본보다 한국어에 가깝다는 점은 한국문화의 유구도입을 생각지 않고 도저히 이해가 가지 않는 점이라 하였다. 그리고 고려토기나 조선토기 뿐만 아니라 신라시대의 토기도 유구에서 발견되는 것으로 미루어 이미 그때부터 한국문화가 유구에 영향을 준 것으로 생각된다고 하였다.

임동권은 중요문화재로 지정된 중촌가(中村家)의 변소가 예전 제주도와 같이 대소변이 돼지 밥그릇으로 떨어지게 되어 있는 사례, 충승현립박물관(沖繩縣立博物館) 자료에 허리에 찼던 주머니 접은 것이나 끈이 우리 주머니와 동일

大人'이라 칭하기도 하며 혹자들은 우리나라 사람들의 기질과 연관해서 과거 백제문화권과 결부지어 설명하기도 한다. 산동인은 중국인 중 가장 호탕한 사람으로 통한다. 중국인들은 남을 경멸할 때 '몽둥이'(棒子)를 붙이는 경우가 있는데, 외국인으로는 유일하게 한국인을 '고려몽둥이'(高麗棒子)라고 부르고, 내국인으로는 산동인을 '산동몽둥이'(山東棒子)라고 부른다. 이는 일반적으로 거칠고 호탕한 성격을 가리키는 용어이다 (Escabin, 2010. 09.10).
89) 津波高志, 沖繩에서 본 일·한관계, 명지대학교 사학과 초청강연, 1995년 5월 23일
90) 제주도와 문화적 친연성이 깊은 오키나와에서 똥돼지가 발견되는데, 오키나와 똥돼지도 돼지가 마당에 나와서 노는 제주도식 '통시'로 양자 간의 친연성이 너무도 뚜렷하다.(주강현, 1996)

했고, 여인이 끈을 머리에 매고 등에 짐질하는 것도 유사했다. 생활 기구에서는 방아를 찧는 절구통과 절구대, 방망이, 머리에 무거운 물건을 일 때 얹는 또아리가 우리 것과 동일했다. 전통적인 직조장에서는 베틀이 유사하며 북이나 바디가 동일한 형태였다. 문중조직, 씨족관념, 족보 등은 우리와 같은 것을 느끼게 했다. 신제神祭에 쓰는 술은 우리 막걸리와 같은 백주白酒였으며 유구의 신제는 우리의 무신巫神과 근본적으로 같은 것으로 축원과 감사를 위해서 영신迎神·오신娛神·신공神供·송신送神으로 되어있다. 다만 우리의 경우 무巫굿 이외의 신제神祭에 있어 여인은 신제에서 거의 제외된 데 비해 유구에서는 반대로 남성이 권외圈外로 제외되고 여성이 신관으로 제의祭儀를 주관하는 점이 다르며 이 대륙형과 해양형의 중간형은 우리나라 남해안과 도서지방에서 발견된다고 하였다.

김용옥은 오키나와 씨름은 일본 본토의 스모와는 전혀 다른 것이며 현지어로 角力(카쿠료쿠, 시마)이라고 불리는 오키나와 씨름은 조선의 씨름과 거의 같은 것으로 단지 샅바를 허리에 매고 잡는 것이 다르다고 하였다. 1927년 '조선씨름협회'가 왼씨름·오른씨름·띠씨름을 '왼씨름 한가지로 통일하여 이를 장려하기로 결정하기 전까지만 해도 존재한 띠씨름은 바로 띠를 허리에 두어 번 돌려 감은 뒤 그것을 잡고 하는 씨름으로 '허리씨름', 또는 통씨름이라고 부르며(김점태, 200) 현재의 오키나와 씨름과 동일한 것으로 보인다. 그리고 '카쿠쿄쿠'는 각력을 일본어로 풀어서 쓴 것이다. 일본어에서는 모음 'ㅡ'와 'ㅓ'를 소리를 표기할 수단이 없기 때문에(강동민, 2010.09.02), 두 모음을 각각 'ㅜ'와 'ㅛ'로 대체해서 '카크려크'로 읽지 못하고 '카쿠료쿠'로 읽는 것이다. 각력은 고려와 조선에서 씨름으로 쓰이던 말로서, 형태를 통해서도 고려나 조선에서 전래한 것이 분명하다.

주강현은 오키나와에 가면 우리와 똑같이 짚으로 만든 금줄 문화가 있으니 비교문화사적으로 볼 때 우리의 금줄 문화는 오키나와, 일본 남부의 금줄과 더불어 바로 도작稻作문화의 소산으로서 단순히 짚으로 꼰 새끼줄을 활용한다는 공통점 말고도 왼새끼라는 또 하나의 결정적인 공통점과 오키나와에 널리 퍼져 있는 전통적인 줄다리기는 우리의 전통적인 줄다리기와 하나도 다를 바 없다고 한다. 그리고 남녀로 패를 갈라서 암줄이 이기면 풍년이 온다는 믿음에서부터, 짚으로 꼬아서 비녀목을 가로지른 형태에 이르기까지 똑같다고 하였다.

위에서 『오주연문장전산고五洲衍文長箋散稿』의 널뛰기에 관한 부분의 언급이 있었지만, 판무板舞가 널뛰기와 유사한데 이는 유득공柳得恭의 『경도잡지京都雜志』와 최남선崔南善의 『조선상식문답朝鮮常識問答』에 의하면 고려 말기부터 조선 중기까지 유구국琉球國과 빈번한 교류에 의한 것으로 추측되나 그 원류는 확실하지 않다(파란백과사전, 2010. 09. 12.)고 하였다. 이러한 오키나와의 문화가 일본문화와의 현저한 이질성을 지니기에 더 주목받게 되는 것이다.

1799년 유구국 중산왕中山王이 서거하고 세손世孫 상온尙溫이 습봉襲封을 청하는 표表를 중국황제에게 올리자 칙사에 심복이 동행하게 되어 유구국을 기행한 내용을 『부생육기浮生六記』에 기록으로 남겼다. 삼별초 제주도항전이 끝난 해가 1273년이니 5백여 년이 흐른 뒤의 유구 모습이지만 대략 200여 년 전의 문화와 습속을 엿볼 수 있다.

『부생육기』를 살펴보면 다음과 같다.

유구바둑은 판이 끝난 다음에 빈 눈이 얼마나 되는지 헤아릴 뿐 중국에서처럼 돌을 헤아리지는 않는데, 집계산은 마찬가지였다고 하니 1940년대 이전에 많이 두던 순장바둑91)의 계가와 닮은듯하다. 일 년에 고구마를

---

91) 순장바둑의 역사는 1544년 세상을 떠난 中宗祖의 문인 송석거사松石居士 최여신崔汝愼의 바둑 시에 배자청주착오착排子靑朱錯誤着(배자, 즉 순장점이 푸른색인지 붉은색인지를 잘못 보았네)이라는 구절이 있고, 또 서기730년경 일본의 성무제聖武帝가 애용했다는 일본에서 가장 오래된 바둑판 목화자단木畵紫檀이 현재 정창원正倉院(일본 고대왕실의 귀중품을 보관하는 곳)에 소장되어 있는데, 이 바둑판에는 한반도에서만 두어지던 순장바둑 17개의 점이 꽃무늬로 표시되어 있으며 역사가들은 이 바둑판이 한반도에서 들어온 물건

네 번이나 수확하는 아열대 기후임에도 아기를 낳으면 불을 가지고 뜸을 떠서 땀을 내는데,92) 중산中山에서는 그 풍속이 사라지고 없어졌으나 북산北山에서는 아직 다 없어지지 않았다고 하였다. 의복의 제도는 모두 너르고 옷섶을 엇갈리게 여미는 것이다. 깃(襟)에는 단추나 고름이 달려 있지 않고, 그냥 옷깃(衿)이라고만 부르며, 남자는 커다란 허리띠를 맨다. 띠를 허리에 너덧 번 돌려 감고 그 끝은 옆구리에 늘어뜨렸다. 짐을 등에 지는 법이 없이 장에 가거나 옷을 짓거나 나무를 하거나 물을 짓거나 모두 부인들이 주로 했는데, 짐은 모두 정수리에 이었다. 이 나라에는 널뛰기(踏跎戲)라는 놀이가 있다. 두 여자가 비단옷을 단단히 입고 수건 하나씩을 들고 맨발로 하는데, 나중에는 사나운 수리가 곧장 흰 구름 속으로 솟아오르는 것 같고 꿩이 춤을 추듯, 어느 것이 그림자고 어느 것이 모습인지 분간하기 어렵다고 하였다. 이 놀이가 끝나도록 한 치라도 헛딛는 법이 없으니 묘기도 이 정도면 절정이라 하였다.

주강현은 '상호 간에 교섭이 전혀 없이 독자적으로 발전한 문명 간에도 문화적 공통점이 얼마든지 나타날 수 있다' 하였지만, 우연이라기에는 너무나도 많은 부분이 중첩되고 있다. 다른 것도 마찬가지이겠지만, 우리나라의 씨름이나 널뛰기, 전통적인 줄다리기 같은 경우는 다른 나라에서 찾아보기 어렵다.

김태현은 현존하고 있는 민속놀이 중 씨름, 택견, 궁술, 널뛰기 등과 같이 순수고유의 민속놀이가 있는가 하면, 외래 놀이문화로부터 유래되어 우리 정서에 맞게 토착화된 그네뛰기, 줄타기, 격구, 장치기 등과 같은 놀이도 있다고 하였는데, 단순히 유구에 일시적인 표착민 유입 혹은 국가 간 사절단의 일시왕래에 의해 우리의 순수고유의 민속놀이가 유구에 전해져서 전통

이라고 말하다. 그렇다면 순장바둑의 역사는 통일신라시대 이전으로 거슬러 올라가야 하지 않을까. 생각을 해본다(권경언, 2010.09.12).
92) 이것은 위에서 언급한 아열대 해양성 기후의 나라에서 다다미가 아닌 구들장 방식의 주거 문화와 더불어 주목할 만하다.

문화로 이어져 온다는 것은 불가능에 가깝다.

유구가 우리나라와 통교를 맺게 된 것은 고려 창왕원년(1389) 유구琉球의 추우장왕(中山王) 삿도(察度)가 옷지(玉之)를 고려에 파견하면서 시작되었다는 것93)이 통설이나 1994년 오키나와의 우라소에구스쿠에서 발굴된 '계유년' 명와銘瓦로 미루어 볼 때 양국 간의 통교는 훨씬 더 거슬러 올라간다. 조선왕조와 교린국가였으며 조선의 문화를 적극적으로 수용해온 유구왕국이었던 현재의 오키나와는 지금도 문화나 습관에 있어서 우리와 유사한 점이 많다(홍종필, 1997)고 하였다.

상술한 다양한 문화와 습관의 유사성으로 볼 때 개별적으로 전이되기보다 집단적으로 일시에 전이되었으며 사회 지배계층까지 깊숙이 연관되었을 가능성이 높다. 집단적으로 동시에 고대유구왕국에 전달되어 문화와 습관으로 전승될 만큼의 인구유입이 가능한 시기는 역사적 기록이 확인되지 않는데, '계유년' 명와銘瓦와 더불어 가장 가능성이 높은 고려 삼별초 잔류군단의 대규모 유입 이외에는 달리 설명되기 어렵다.

전술했듯이 세키구치(關口廣次)는 1273년으로 추정되는 계유년 기와가 기술적으로 고도의 기술을 구사하고 있는 점에서 전문가 집단의 "국가적 수준의 교류"에 의하여 도입된 것이라고 추정(윤용혁, 2009)한 부분과 일맥상통하는 것이다.

아무리 오랜 기간 무역·조공관계에 있다 하더라도 남의 나라에 다양한 문화가 유입되어 전통으로 살아남는다는 것은 이해하기 어려운데, 그것은 우리와 중국 간의 오랜 무역·조공관계에 비춰서도 알 수 있는 것이다. 이러한 사실은 마치 우리가 문서를 편집할 때 일부 구간에 대해 '덮어쓰기'라는 표현과 대비될 수 있으며, 이후에 현지적응화 과정을 밟게 되는 것이다.

---

93) 『高麗史』 卷137 列傳 卷第50, 昌王 元年(1389년) 8월 2번째 기사
　　『高麗史節要』 卷34 恭讓王 元年(1389년) 琉球國中山王察度遣使來聘, 歸我被倭虜掠人口.

진영일은 성종 8년(1447)은 유구 상진왕尙眞王 1년에 해당하는 해로서 제주 표류민 김비의金非衣, 강무姜茂, 이정李正 등 3인이 유구국에 표착하였다가 성종10년(1449)에 귀환하여 15세기 후반, 당시의 상황을 유구국 관련 견문록을 남겼는데,94) 유구국역사 개설서인 『충승현沖繩縣의 역사歷史』(107-108)에는 이 자료에 따라「산업의 발달」당시 유구의 농업과 기술 수준을 서술하고 있다. 그 내용 가운데 "농구는 작은 가래 이외에도 낫이 있다고 하지만, 석초(石鍬, 돌가래)·목제의 鍬를 사용하고 있다고 생각하였으며 철제품은 利器에 지나지 않으며 농기구로서는 일반적으로 보급되지 않았을 것(新里惠二 外, 1989)"이라 하여 철기가 특정 상위계층 전유물임을 시사하였다.

반면에 『성종실록』에 당시 왕궁이 있는 주변에서 보고 경험한 일들을 기록한 가운데, 우리와 유사한 내용은 다음과 같다. "술은 청주와 탁주가 있는데, 맛은 우리나라와 같고, 피리는 우리나라의 작은 피리와 같고 북도 같다. 남녀가 상투를 이마의 가장자리에 틀어 올렸는데, 비단으로 싸고, 서인庶人은 모두 다 백저白苧 옷을 입었다. 부인은 머리 뒤에 머리카락을 쪽찌어 올렸고, 모두 다 백저포白苧布의 적삼과 백저포의 치마를 입었고, 혹은 백저포의 장옷을 입었으며, 그 귀한 자는 또한 채단을 입었다." 하여 흰옷을 즐겨 입던 우리 문화와의 일부 유사성을 가늠케 한다.95)

고려의 의복에 대해 남겨진 기록을 보면, 송휘종宋徽宗이 고려에 파견한 국신사國信使 일행으로 개경에 다녀간 뒤(1123, 고려 인종1) 사행보고서를 쓴 서긍(徐兢, 1091~1153)의 『선화봉사고려도경宣和奉使高麗圖經』96)에 "(고려의)농상을 업으로 하는 백성, 농민은 빈부의 차이 없이, 상인은 원근의 차이 없이 다 백

---
94) 成宗 105卷, 10年(1479 己亥 15年) 6月 10日(乙未) 1번째 기사
95) 5백여 년(성종 10년, 1479) 전의 기록과 현재 유구박물관에 보관된 유구왕조시대의 여자의 의복은 거의 한국 고유의 여성의복과 유사하다. 이 의복의 도입시기가 단정하기 어려우나 양국 간이 국교개시 이후라고 할 수는 없다. 이 옷은 첫째 백의라는 점, 둘째 그 형태가 같다는 점, 그리고 두 나라의 역사관계 및 문화교간의 관점에 비추어 한국여성의 의복이 전달된 것임이 틀림없다.(최재석, 1969)
96) 『선화봉사고려도경宣和奉使高麗圖經』 제19권/민서(民庶)/농상(農商)

저포白紵袍를 입고, 오건烏巾에 네 가닥 띠를 하는데, 다만 베의 곱고 거친 것으로 구별한다." 이러한 부분은 위에서 언급한 문화의 유사성과 더불어 유구 왕궁이나 주변의 생활상이 우리 문화의 한 단면을 연상케 하는 부분들이다.

우하에라 시즈카(上原 靜, 2001)는 '조와기술造瓦技術이라는 당시 중화학 공업적 기술의 타국(流球) 전파'가 일어날 수 있었는가의 의문에 대해 선행연구자들의 연구를 빌어 종교 및 정치적인 동기(伊東忠太 1937; 三島格 1980; 西谷正 1951; 他國榮史 1998)로 설명하고 있다. 그리고 단순히 조와기술만을 언급한다면 종교적 동기로 설명이 가능하지만, 다양한 문화와 습관은 종교적인 동기만으로 설명이 어려우며 대규모의 인구가 유입될 수밖에 없는 정치적인 동기 이외에는 설명하기 어렵다고 하였다.

이런 논리를 바탕으로 오키나와에서 전해지고 있던 당수(오키나와테)는 고려 삼별초에 의해 전해진 수박과 매우 긴밀한 관계에 놓일 수 있다는 가설이 성립하는 것이다.

5. 당수(가라테)의 명칭에 대한 재논의

당수唐手를 지칭하는 '唐'이 우리나라를 의미하며 '手' 역시 수박手搏이나 병수兵手에서 보이듯이 '手'를 공통으로 사용했다.

『해유록海游錄』97)에 당인唐人이 조선인을 지칭하는 것으로 나오며 일본 규슈, 사가현 북서부에 위치한 이 가라쓰(唐津)시 홈페이지에도 '당唐은 한국과 중국에 대한 호칭'이라 하였고, 일본 모로하시『대한화사전』에서도 "당(가라): 조선 동남 끝의 옛 나라. 의부가라(고령가야·대가야)가 처음 일본에 와서, 이것을 '가라'(唐)라 하여, 변하여 '세한'(三韓)을 일컫고, 또 변하여 중국, 여러 외국을 부르게 되었다"고 표기되어 있는 등 여러 곳에서 확인되는 우리나라를 지칭하는 당唐의 표현에 대해 김용운은 백강전투(삼국시대) 이후 당唐을 가라(から)라고 부르고 唐人을 가라비토(からびと)라고 부르게 되었다고 하였다. 이러한 점에 주목한다면 당수唐手는 당나라를 의미하는 당수唐手라기보다, 고려의 무술에서 연원한다는 가능성이 높은 것이다.

북 규슈에 있는 가라쓰는 예부터 가야(가라)로 가는 항구였고 본래 가라쓰는 '한진韓津'으로 썼다. 그러나 663년 백강전투 이후 한반도와의 왕래가 끊어진 망명 백제인들이 더 이상 가라에 갈 수 없게 되자 가라(韓)를 당으로 가는 항구로 여겨 가라(唐)으로 바꾸었다. 본래 唐은 일본어로 먼 곳이라는 의미의 '모로코시'였지만 '唐'으로 교체되어 '가라'가 되었다.

당수(唐手, 가라테)를 논할 때 빠지지 않고 등장하는 것으로 중국기원설과 결부하여 1392년 중국인들의 푸지엔(福建)으로부터 이주설(박귀순, 김태양, 2010)을 언급하는데, 당唐은 618년-907년에 걸쳐 존속했으며, 중국인들이 푸지엔에서 이주하였다는 1392년은 명왕조이므로 이들에게서 전래하였다는 중국기원설을 토대로 구메이 이름을 붙이자면 명수明手라고 이름을 붙여야 한다.

---

97) 조선 숙종조에 신유한申維翰이 제술관製述官으로 일본에 가서 기행紀行한 글

가령 이전왕조에서 전해져 왔다면 정복왕조인 요, 금, 원의 왕조명을 붙이거나 혹은 정복왕조라 하여 도외시하더라도 그 이전인 송수宋手라 해야 한다. 대략 500년 전 왕조의 이름을 새삼 붙일 리는 없으며, 당수唐手라고 표기한 것을 보면 당唐이 우리나라를 의미하는 것으로 볼 수 있으며 고려 삼별초 무인군단으로부터 전해진 '수박手搏 기원설'이 더 설득력이 있는 것이다.

1392년 푸지엔(福建)으로부터 이주설과 관련하여 『부생육기』에 '명나라 홍무(洪武, 1368-98) 초년에 복건성福建城사람으로 배를 잘 다루는 '삼십육성三十六姓98)에게 중국과 유구국을 왕래하면서 조공朝貢의 일을 맡아보게 했다. 명나라에서 보낸 나하(那覇)에 거주하는 삼십육성의 후예들은 상업하는 이가 대부분이었고 부자도 많다' 하였는데, 과연 무예를 전문적으로 하는 이들이 얼마나 포함되어 있었을까 하는 의문이 제기될 수 있다. 이들이 초기에 나하에 집단부락을 형성하고 살면서 상위계층에게 무예를 전수하였다면, 최재석이 1264년 유구(浦添城面) 최초의 불사佛寺인 극락사를 건립한 승려 선감은 한국인이었다고 보는 견해와 더불어 정식 사절교섭 이전에도 교통이 있었고, 그 이전에도 왜구에 납치된 포로99)나 표류민들도 유구에 거주했다는 점에서 충분히 고려의 무예를 전할 수 있다는 가정이 성립되는 것이다.100)

2010년 6월에 개최된 제6회 코리아오픈 국제 공수도선수권대회에 참가한 태국・일본 쇼토칸가라테협회 사무국장 Kazuhiko Nobukane과의 인터뷰에서 중국권법이 유입되기 이전 오키나와에 전통무술이 존재하였고, 이후 중국권법이 유입되었으며, 두 무술이 혼합되어 오키나와테가 형성되었다고 하였는데, 그 이유로 중국권법과 유사한 동작이 없고, 일부 공수도의 명칭이

---

98) 중국 민강(閩江) 하류의 주민의 호칭임. 실수實數를 가리키는 것이 아님. 민閩은 지금의 푸젠성 지역에 살던 민족의 하나 혹은 민족閩族이 살던 지방
99) "유구국琉球國의 중산왕中山王 찰도察度가 사신을 보내와서 빙문하고, 우리나라에서 왜적에게 사로잡혀 간 인구人口를 돌려보냈다. 琉球國, 中山王察度, 遣使來聘, 歸我被倭虜掠人口"(『고려사절요(高麗史節要)』제34권 공양왕 1, 1389)
100) 고려시대 수박을 한 사람 중에 출생지가 확인되는 사람들을 살펴보면 이의민은 경주, 두경승은 전주 만경, 임견미는 평택, 변안렬은 심양으로 알려져 있어서 전국적으로 퍼져 있었음을 알 수 있다(허인욱, 2002).

중국 권법 명칭과 같기 때문이라 하였다(박귀순·김태양, 2010). 이러한 내용은 중국 기원설보다 혼입설에 더 가깝다는 의미이다.

메이지(明治)시대(1868-1912)에 접어들면서 오키나와는 일본의 한 행정구역으로 편입되었으며 당시 오키나와에는 지역명을 붙여서 오키나와 테(手), 또는 당수(唐手: 가라테)로 불렸다. 여기서 당나라를 의미하는 당(唐)이라는 어두가 당수의 중국 전래설에도 한몫을 하게 되는데, 일본 사람들이 표기하는 唐이 단순히 중국을 의미하는 것이 아님을 수많은 사례에서도 알 수 있다.

조선 후기 때만 하더라도 조선 사람을 당인唐人이라고 부른 대목이 『해유록』에 나온다. 1719년 신유한(1681-1752)이 조선통신사의 일원으로 일본에 갔을 때 그의 안내와 통역을 맡은 아메노모리(雨森東) 라는 일본인과 당시의 대화 내용을 살펴보면 다음과 같다.

> 귀국 사람이 우리를 당인唐人이라 부르고 또 우리나라 사람의 필첩筆帖에 쓰기를 당인의 필첩이라 하는 것은 또한 무슨 뜻입니까?" 하니, 우삼동이 말하기를, "국가의 명령으로는 객인客人이라 칭하고 혹은 조선인이라 칭하도록 하였으나 민속民俗이 옛적부터 귀국의 문물이 중화中華와 같다고 한 때문에 당인이라 칭하니, 이것을 사모하는 것입니다.101)

우리나라를 당唐이라고 표현하기 시작한 시기에 대해 한일문화교류회 위원장인 김용운은 '탈아론과 통신사 외교의 교훈'을 살펴보면 다음과 같다.

> 가야를 韓이라 쓰고 가라(から)라고 불렀는데, 조선침략론을 '정조론征朝論'이라 하지 않고 '정한론征韓論'이라고 하는 이유가 여기 있다. 그런데 백강전투102) 이후 당唐을 가라(から)라고 부르고 唐人을 가라비토(からびと)라고 부르게

---

101) 『해유록海游錄』, 하, 부 문견잡록附聞見雜錄
102) 백강 전투(白江戰鬪, 일본어: 白村江の戦い 백촌강의 전투[*])는 663년 8월에 한반도의 백강

된 것이다. 그것은 마치 백강전투에서 패한 왜가 국호와 왕의 호칭을 각각 일본, 천황으로 바꾸어 독자의 일본주의 노선을 택한 것과 같은 맥락이다. 모토오리 노리나가(本居宣長, 1730-1801)는 본래 유학에서 출발하였으나 '가라 고코로'(唐心)보다는 '야마토 고코로'(大和心)를 내세웠다. 가라는 본래 가라국(가야국)을 지칭했으나 그것이 신라에 편입되자, 唐이라 쓰고 중국을 뜻하게 되었다. 즉 '唐心'은 모하慕夏 사상이자 곧 반조선反朝鮮 사상이다.

이러한 관점에서 김병모는 '가라'와 관련된 오류들이 실제로 나타나는데, "고대 일본인들은 '당唐'을 '가라'라고 발음하였으므로 한반도의 가라加羅, 즉 가야伽倻를 당으로 잘못 기록한 경우가 많다. 따라서 당으로 사람들이 왔다는 기록은 가야에서 왔다고 해석할 수도 있다고 하였으며 예를 들어 충청도 지명이기도 한 '당진唐津과 꼭 같은 이름의 지명이 규슈에 있는데 '가라쓰'라고 발음한다고 하였다.

일본 규슈, 사가현 북서부에 위치한 이 가라쓰(唐津)는 시 홈페이지(가라쓰(唐津)시, 2010.09.10)에도 확인되는데, '가라쓰(唐津)'라는 이름은 '당(唐, 한국과 중국에 대한 호칭)'으로 바다 건너가는데 아주 양호한 '나루터(津, 항구)'라는 뜻이라는 소개 글이 첨부되어 있다.

한말글연구회 정재도 회장은 한겨레 말글연구소에서는 다음과 같이 설명하고 있다.

'가라'를 '가야, 가락'이라고도 한다. '가라'의 'ㄹ'이 'ㅣ'로 바뀌면 '가야, '가락'의 받침 'ㄱ'이 빠지면 '가라'가 된다. 서기 42년부터 562년까지 있었던 우리나라의 일부다. 일본에서 "①금관가야 ②대가야 ③가야

(현재의 금강 부근)에서 벌어진 백제·왜의 연합군과 당·신라의 연합군 사이의 전투이다. 당·신라 연합군의 승리로 끝났다. 대륙에 당이 등장하여 동아시아의 세력 판도가 새롭게 바뀌는 가운데 일어났던 전쟁이며, 왜도 영토가 빼앗기지는 않았지만 국방체제·정치제의 변혁이 일어나는 등 큰 영향을 미쳤다(위키백과, 2011. 01.30). [*]한국이나 중국에서는 '백강'으로 표기하나, 일본 측에서는 '백촌강'으로 표기한다.

를 '임나'라 했다. "임의 나라"라고 풀이된다. 그래서 '韓'을 '가라'라고도 한다. 규슈의 '가라쿠니다케(韓國岳), 쓰시마의 '가라몬'(高麗門)들이 예이다. '당'(唐)은 서기 618년부터 907년까지 중국에 있었던 나라로 '가라'와 '唐'은 아무 관계도 없다. 그런데, 일본에서는 '唐'에 '가라'란 뜻을 덧붙여 쓴다. 일본 모로하시『대한화사전』을 보면, "당[가라]:조선 동남 끝의 옛나라. 의부가라(고령가야·대가야)가 처음 일본에 와서, 이것을 '가라'(唐)라 하여, 변하여 '세한'(三韓)을 일컫고, 또 변하여 중국, 여러 외국을 부르게 되었다"고 군색하게 돼 있다. 6세기에 '가라'에서 왔는데, '唐'에서 왔다고 한 것이다. 그리고 사할린을 일본인들이 '唐人'이라고 적고 '가라후토'라 읽는데, 그것은 '唐' 사람이 아니라 한국사람"이다.

역사학자 박병식도 '일본인 피 속엔 한국인의 피가 흐른다.'의 칼럼을 살펴보면 다음과 같다.

지금도 연해주의 '아무르강(흑룡강)' 하구지역에는 '계림'이란 조선족 마을이 있는데, '계림'이란 것은 '신라=사벌'의 별명이다. 먼 훗날, 왜인들이 섬이 되어 버린 사할린에 와서 이곳 이름을 '가라 하터'라고 지었다. 가라 하터란 것은 '가라=가야'의 '하터=가장자리=끝나는 터'라는 뜻인데, 일본사람들은 이것을 '가라후도'라고 표기하게 됐다. 어원이 무엇인지 모르게 된 현대 일본사람들은 '이 섬에 당나라 사람이 건너와서 장사를 하고 있었으므로, 가라(唐) 히도(人)라고 하였던 것이 변해 가라후도라고 하게 된 것이다'라고 설명하고 있다. 그러나 '가라히도=당인(唐人)'가 지명으로 둔갑했다는 설명은 웃음거리는 될망정 옳은 말일 수는 없지 않겠는가. 더구나 당나라를 '가라'라고 부르는 것은 일본사람들뿐이지, 중국 사람들 자신이 '가라'라고 한 일은 한 번도 없으니 '가라'는 '가라=가야'일 수밖에 없다.

그리고 강동민은 '우리말이 일본어 뿌리 우리민족 대회민주'이 칼럼을 살펴보면 다음과 같다.

우리말 〈먼 곳〉. 멀리 떨어져 있는 곳을 일컫는 낱말 〈먼 곳〉은 원래 〈멀은〉과 〈곳=장소〉라는 두 낱말이 결합되어 이루어진 〈멀은 곳〉이 그 원형原形이다. 그 〈멀은 곳〉이, 오늘날 〈먼 곳〉이 된 이유는, 〈멀은 곳→머른 곳〉으로 연음화連音化된 다음, 〈ㄹ〉소리가 소실消失됐기 때문이다. 이와 같이, 〈ㄹ〉소리는, 〈거닐다〉가 〈거니다〉가 되고, 〈깔다〉가 〈까다〉가 되는 예에서 보듯이, 자주 소실되는 습성이 있다. 그 〈머른 곳〉을, 일본말 고어古語로 〈모로고시=もろこし〉라고 한다. 일본어에서는 모음 〈ㅓ〉와 〈ㅡ〉 소리를 표기할 수단이 없기 때문에, 두 모음을 각각 〈ㅗ〉로 대체代替해서 〈모론 곳〉으로 만든 다음, 〈모론〉의 바침 〈ㄴ〉을 삭제했음을 알 수 있다. 그리고 〈곳〉의 바침 〈ㅅ〉에는, 모음 〈ㅣ〉를 합쳐서, 〈시〉 소리로 발음했기 때문에, 우리말 〈머른 곳〉이 일본말에서 〈모로고시〉로 발음되게 됐음을 알 수 있다. 그럼에도 불구하고, 일본말 사전에 〈모로고시〉는 당唐나라를 뜻한다. 〈모로고시〉의 〈모로〉는 전부모두를 뜻하는 한자漢字 〈諸〉의 훈독訓讀이고, 〈모로고시〉의 〈고시〉는 넘다越를 뜻한다. 그 두 낱말이 결합해서 합성된 〈모로고시〉는, 백월(百越=많이 넘어가다)와 뜻이 같다. 그런 이유로, 일본으로부터 바다 멀리 넘어간 곳에 있는 당(唐)나라의 이름으로 쓰이게 된 게 아닐까? 이러한 억지 논리(論理)가 지금도 당당하게 일본어 사전에 실려 있다.103)

우리 문헌에 수박手搏이 처음 등장하는 것은 12세기로 고려사에 처음 나타난다.

본래 수박手搏의 '박博'자字는 두 가지의 의미를 지니고 있다. 우선은 상대를 '붙잡는다(索持也)'는 뜻이고, 다른 하나는 '손으로 대적하기(手對戰也)' 혹은 '손으로 공격하기(以手擊之)'라는 의미이다(정연학, 1996). 따라서 수박手搏의 '수자

---

103) 17세기에 쓰여진 《부생육기》에 이 나라 사람들이 중국을 당산(唐山, 모로코시), 중국 사람을 당인唐人이라 『부생육기』 하는데, 강동민에 의하면 '모로코시'는 우리말의 '멀은 곳'의 어원으로서 이미 의미에 변용이 일어나고 있음을 알 수 있다.

手字'를 떼어 버려도 그 의미에는 차이가 없다 하겠다(신용수, 정재성, 2005).

수박에서 유희화, 경기화 된 수박희는 더러 박희博戱로도 쓰였는데, 박희라는 음절이 짧아지는 현상을 통해볼 때 수박手搏의 '수手'자字를 떼어 버려도 그 의미에는 차이가 없다는 점에서 '박자博字'를 떼어 버린다는 가설을 상정想定하면 가라테가 최초로 불리었던 테(手)는 주목할 만하다.

특히 고려사 예종조睿宗朝에 투화投化한 송나라 사람에게 시켰다는 '병수兵手'라는 용어에 대해 허인욱은 이 말을 '병사들이 하는 맨손기술' 또는 '병사들이 하는 전반적인 무예'로 해석하고 있으며, 병수가 유희라기보다도 군사무예의 성격이 강한 행위양식이었을 가능성을 언급하고 있다. 김광언은 병수에 대해 '군사들이 손을 써서 겨루는 기술'로 해석104)하고 있는데, 이러한 점들은 병사나 군사를 의미하는 '병兵'자字를 떼어내도 별문제가 없으므로 그럴 경우 오키나와 테(手)와 표현상에 있었어나 그 의미로도 차이가 없다.

통상 과거 동양 무술의 명칭에서 장掌, 권拳, 법法, 술術을 사용한 경우는 많으나 '손 수手'를 쓰는 경우가 흔치 않다. 오키나와 테(手)는 단순히 테(手)로 불리기도 했는데, 거의 무술의 명칭에서 쓰이지 않는 수手를 사용하게 된 계기가 고려 삼별초에서 전해진 수박手搏의 흔적으로 '잡다.' '치다.' '때리다.'라는 의미의 박搏을 떼고 우리나라를 지칭하는 당唐과 결합하여 당수唐手라는 표현으로 사용하게 된 것이 아닌가 하는 가설을 상정하게 한다.

수박과 병수는 맨손무예로서 '手'가 공통으로 포함되어 있다는 점도 주목할 만하다. 역설적으로 당수唐手가 공수空手로 바뀌었는데, 이 공수는 맨손을 강조하는 도수공권徒手空拳, 적수공권赤手空拳 혹은 적수赤手와 같다는 것은 전혀 다른 계기로 이루어졌지만, 결과적으로 원래의 의미를 되찾은 형국이다.105)

---

104) 이러한 표현에 내해 송인들이 하였던 병수가 다른 명칭이 있었는지 아니면 원래의 명칭이었는지는 모르나 일반명사로서의 성격이 강하여 송인이나 시간들에게 그대로 통용되었으리라는 생각이다.
105) 『조선왕조실록』이나 문집류나 일기 등에서 나타나는 도수박전徒手搏戰 혹은 적수박전

이러한 점에 주목한다면 당수唐手는 당나라를 의미하는 당수唐手라기보다, 엄밀히 보면 우리나라를 의미하는 한수韓手로 볼 수 있으며 고려 삼별초 무인 군단으로부터 전해진 '고려 수박手搏 기원설'이 더 설득력이 있는 것이다.

상술한 여러 부분과 관련해서 흥미로운 사실들은 당수가 일본보다도 우리나라에서 먼저 꽃을 피웠다는 점이다.

일본 본토에 처음으로 가라테를 소개한 후나고시 키친(船越義珍, 1868-1957)은 1911년에 교토의 무덕전(武德殿)에서 처음 가라테의 시범을 했고, 그 당시에는 유구당수술琉球唐手術이라는 명칭으로 소개되었는데, 일본사람들은 가라테를 일본전통무술로서 완전히 인정하지 않고 농부의 무술로 취급하였으나 이후, 1936년 일본무덕회日本武德會에서 일본무예로 공식인정을 받았다. 공식명칭이 모두 가라테(空手)로 통일된 것은 1936년의 일(전인배, 2006)이며, 후나코시에 의해 세계 최초의 가라테도장(현대적 개념)이 東京雜可ケ谷에 송도관松濤館을 설립한 것이 1939년의 일이다(김용옥, 1994).

이러한 당수(가라테)를 일본보다 더 뒤늦게 받아들인 우리나라 사람들은 전 세계에 폭발적으로 보급·확산시켰다. 관련 단체인 공수도 세계연합의 결성은 1970년에 이루어졌으며, 세계태권도연맹은 1973년에 만들어졌는데, 이전에 최홍희의 주도에 의해 국제태권도연맹(ITF)는 공수도 세계연합보다 앞선 1966년에 결성되었다. 당수가 미국대중(서양을 중심으로 한 전 세계)의 의식세계에 신기로서 자리하게 된 것은 50년대 '신의 손'이라는 격찬과 경이를 불러일으킨 오오야마 마스터즈(大山倍達 : 한국명 최영의)라는 개인의 카리스마덕택이었고(김용옥, 1994), 그 영향으로 일본보다 해외에서 더 빠르게 보급되었으며, 태권도를 세계화한 사람도 한국사범들로서 단순히 '태권도의 당수 유

赤手搏戰, 도수박투徒手搏鬪 등은 도수徒手와 박전搏戰으로 분리해서 해석하는데, 徒手(徒에는 무리를 의미하거나 보병의 의미가 있어서 兵手와도 상통한다)나 赤手의 음절을 줄여서 단순히 오키나와의 수(手)이 되었거나 우리나라를 지칭하는 唐을 붙여서 당수라고 불렀을 가능성을 지니며, 여기서 도수와 적수는 공수라는 의미와 같다.

입설'만으로 설명하기 어렵다.

즉 상술한 역학관계에 의해 우리 국민성에 잠재되어 있는 기질적 특성이 일본인들보다 더 당수에 친연성親緣性이 있음으로써 가능한 것이다. 이러한 친연성은 통상 역사적·혈연적 요인에서 비롯되는 것으로 삼별초 무인집단이 1273년 오키나와에 상륙하여 고려의 '수박'을 전했다는 가설을 반증하는 것이며, 현대에 이르러 꽃을 피우게 된 계기로 작용하게 된 것으로 해석된다.

6. 맺음말

당수의 중국 기원설에 대한 재논의에 대한 결론은 다음과 같다.

첫째, 고려 삼별초의 오키나와 유입이 이루어진 것으로 유추되며, 1392년 중국의 푸지엔(福建)주민들의 유구이주 시, 도수무예를 익혔던 이들 중의 일부가 오키나와테(당수)의 발달에 기여했다는 가설보다 앞서고 있다.

진도 용장성은 고려 삼별초가 대몽항쟁의 근거지로 오키나와 우라소에성(浦添城) 출토품인 연화문 수막새기와가 거의 똑같다는 사실이 확인되면서 삼별초와 우라소에성과의 관련성이 제기되었다. 가장 주목된 것은 우라소에성의 유물 가운데 특이하게도 제작연대인 연호가 표시되어 있지 않은 '계유년고려와장조癸酉年高麗瓦匠造'란 글씨가 새겨진 암키와로서, 고려시기 계유년은 삼별초의 마지막 제주항전시기와 맞물려 여러 가지 흥미를 불러일으켰다.

이 계유년의 제작연대는 연호를 사용하지 않은 배경, 유물의 연령측정결과, 신석기 시대를 막 벗어난 오키나와에 백여 개가 넘는 쿠스크(城)의 갑작스러운 출현, 제주도에서 유구까지 해로확보가 충분히 가능했던 정황, 이들과 관련되어 상시적 상황에서는 국가적 수준의 교류발생이 아니고서는 불가능하다는 점, 전란이라는 특별한 상황에서 중앙정부 세력이 이동하였던 삼별초의 성격 등을 고려하면 여러 정황증거로 1293년이 확실시되었다.

당수의 중국 전래설과 관련하여 일본의 견당사(630~894년)의 행로 과정에 문화가 자연스럽게 유입되었을 가능성을 제기하고 있는데, 당시 유구는 패총시대로서 문화를 수용할 수 있는 여건이 되지 못하였다.

1392년 중국의 푸지엔(福建)주민들의 유구이주 시, 도수무예를 익혔던 이들 중의 일부가 오키나와테(당수)의 발달에 기여했다는 가설보다 앞서고 있으며, 1756년 중국사신의 종자從子 공상군公相君에 의해 전해졌다는 사실보다는 훨씬 앞서는 것이다. 그리고 중국기원설과 관련해서는 중국권법과 유사한 동작이 없고, 일부 공수도의 명칭이 중국 권법 명칭과 같아서 중국기원설보다는 혼입설에 더 가깝다는 의미로 받아들여질 수 있다.

둘째, 고려 삼별초 무인군단의 오키나와 유입설은 일본에서 찾아볼 수 없는 다양한 우리나라 문화와 생활습속의 유사성이 오키나와에서 높게 나타났다.

이러한 다양한 측면에서의 유사성은 개별적으로 전이되기보다 집단적으로 일시에 전이되었을 가능성이 높을 뿐 아니라 주체세력이 깊이 연관되었을 가능성이 매우 높다. 이렇게 집단적으로 동시에 고대유구왕국에 전달되어 문화와 습속으로 전승될 만큼의 인구유입이 가능한 시기는 역사적 기록이 확인되지 않는데, 기록에 남지 않은 삼별초 무인집단의 유구유입에 의한 영향으로 볼 수 있다. 또한 1273년으로 추정되는 계유년 기와가 기술적으로 고도의 기술을 구사하고 있는 점에서 전란이라는 특별한 상황에서 중앙정부 세력이 이동하였던 삼별초의 성격을 고려하면 이것이 전문가 집단의 "국가적 수준의 교류"에 의하여 도입된 것으로 추정한 부분도 일맥상통한다.

셋째, 당唐은 우리나라를 의미하는 것으로 볼 수 있으며, 삼별초 무인군단으로부터 오키나와에 전해진 '수박手搏 기원설'이 더 긴밀한 관계가 있는 것으로 나타났다. 백강전투 이후 우리나라를 당唐으로 표기하였으며 중국기원설 보다는 고려 수박 기원설에 더 비중을 둘 수 있다. 이러한 근거 중의 하나는 중국기원설로서 제시되는 1392년 중국인들에 대한 푸지엔(福建)에서의 이주설은 연대 상 맞지 않다. 당唐은 618년-907년에 걸쳐 존속했으며, 1392년은 명왕조이므로 구태여 이름을 붙이자면 명수明手라고 이름을 붙여야 한다. 대략 500년 이전 왕조의 이름을 붙인다는 것은 납득하기 어렵다. 특히 과거서 동양무술의 명칭에 있어서 통상적으로 장掌, 권拳, 법法, 술術을 사용한 경우는 많으나 '손 수手'를 쓰는 경우가 흔치 않으며 고려사에 나타나는 수박이나 병수 등의 표기가 우리나라를 의미하는 당과 결합하면서 당수唐

手로 쓰였을 가능성이 농후하다.

넷째, 당수가 일본에 비해 우리 민족과 특별한 친연성親緣性있다. 당수를 오키나와에서 일본보다 늦게 받아들인 우리나라 사람들은 전 세계에 폭발적으로 보급, 확산시켰는데, 이 부분은 당수가 일본에 비해 우리민족과 특별한 친연성親緣性있다는 의미이다. 이러한 친연성은 통상 역사적·혈연적 요인에서 비롯되는 것으로 삼별초 무인집단이 1273년 오키나와에 상륙하여 고려의 '수박'을 전했다는 가능성을 뒷받침하며, 현대에 이르러 꽃을 피우게 된 계기가 된 것으로 해석된다. 일본보다 국외에서 더 빠르게 보급한 오오야마 마스터즈(大山倍達: 한국명 최영의)나 태권도를 세계화한 사람도 한국 사범들인데 이러한 사실들은 친연성이 아니고 단순히 '태권도의 당수 유입설'만으로 설명하기 어렵다.

즉 상술한 역학관계에 의해 우리 국민성에 잠재되어 있는 기질적 특성이 일본인들보다 더 당수에 친연성親緣性이 있음으로써 가능한 것이다.

이상의 내용을 통해 당수唐手의 기원설에 대하여 당수라는 원래의 의미를 되찾음으로써 중국 기원설보다 중국 혼입설이라는 표현이 합리적이며 기존의 중국 기원설은 고려의 '수박 기원설'로 대체되어야 할 것이다.

제4절 삼별초의 오키나와 가라테 기원설[106]

1. 들어가는 말

택견은 1983년 중요무형문화재 제76호로 등록되고 택견기능보유자에 송덕기(위대)와 신한승(아래대)이 지정되었다. 그리고 2011년 유네스코에 인류무형유산으로 유네스코에 등재되어 전통성과 역사성 그리고 정체성을 입증하는 근거가 마련되었다.

조선의 마지막 택견명인 송덕기 선생은 서울 종로구 사직동에서 태어나 6·25전쟁 때 잠깐 피난 시절 이외에는 평생 사직동을 떠난 적이 없다. 송덕기 선생이 살아생전 제자들을 가르치던 인왕산은 현재 택견인에게 유일하게 남아있는 성지나 마찬가지이다. 택견이라는 고유명사는 서울·경기지역에서 한정되어 부르던 맨손무예였다. 중국의 역사서『수서』에 고구려 시대에 석전이 성행하였다고 기록하고, 조선 시대를 거쳐 일제강점기까지 이어졌는데 서울과 경기 일원에서는 봄철에 씨앗을 뿌리기 전 동리 간에 상무적 민속놀이 석전石戰을 벌일 때도 택견인들이 앞장서서 판이 펼쳐졌다. 매일신보 (1921.01.31.)에 실린 녹동생이란 필명을 지닌「臥牛山下에서 石戰을 觀하고」1면 기사[107]에서 시골노인의 택견에 "고석古昔에 원래原來 편전便戰『편쌈』이라 하는 것이 양각법楊脚法『틱견』과 가치 사봉使棒ᄒᆞ는 일종一種의 무예武藝를 연습演習ᄒᆞ는 것…"이라 하여 석전과 택견의 원래 취지를 설명하고 있다.

---

[106] 다음 내용은 대한본국검예협회 임성묵 총재와의 합삭으로 식싱힌 내응이디.
[107] 필명 녹동생을 박경수(2010, 아동문학의 도전과 지역 맥락, 국학자료원)는 최호동으로 언급했다.

인왕산도(강희언) 서울역사편찬원

태껸의 본터 감투바위

택견에 나오는 '옛법'은 사실 고려 시대와 조선 초기까지 부르던 수박이었다. 고용우[108]는 옛법이 하늘에서 뚝 떨어진 것이 아니라 예로부터 전해오던 기법을 통틀어 옛법이라 한다고 하였다. 즉 옛법은 바로 택견으로 불리기 이전의 수박을 일컫는다.

『재물보』, 『조선무사영웅전』 등에도 택견과 수박을 동일한 것으로 이해하고 있다. 따라서 택견과 수박은 동일한 기예이며 수박으로 표기해오다가 기층문화에 오랫동안 내려오면서 탁견, 덕견, 태껸, 택견 등의 한글로 표기되기 시작했을 것이다.

송덕기는 택견의 이칭으로 '박양박수', '박양서각'이라 했는데 도치하면 '수박양박', 각서양박'이 되듯이 즉 수박이 택견과 다름 아니라는 의미이다.

이와 관련하여 조선조 22년 이만영이 편찬한 『재물보』(1798)의 「기희조」에 "卞 手搏爲卞 角力爲武 若今之 탁견"이라 한다. 즉 '변-수박은 변이고 각력은 무이다. 지금의 탁견과 같다'고, "수박이 택견"이라 해석한다. 그리고 정희준은 탁견(택견, 태껀) 용어를 "수박희手搏戲 유술柔術 같은 것. '권법拳法'이라고도 하나니 고려 중엽부터 나타남"[109]이라 기록하여 고려 중엽 몽고에 저항하던 삼별초와 수박과 택견의 연관성을 시사하고 있다.

고려의 수박이 서울의 택견으로 거듭나게 된 것은 "무신정변 직후인 1173년(명종3) 무렵 김보당金甫當의 난(癸巳의 난)과 서경류수 조위총西京留守 趙位

---

108) 고용우(1952.1.13일생, 미국 로스앤젤레스 거주)는 송덕기로부터 1969년 늦가을부터 1985년까지 택견의 실전기술을 사사받았으며, 특히 1983년부터 2년간 이준서(前, 송덕기의 윗대택견 국가전수장학생)와 함께 송덕기로부터 사사를 받았다(現 세계태껸연맹). 또한 김정윤은 『태견』(2002)에서 송덕기가 가장 태껸을 마음에 들게 한다고 표현하고 있다. 그리고 당시의 수련 내용 등을 노트에 기록하여 정리하였다.
109) "탁견【名】이조 중엽 이후에 있던 씨름과 비슷하던 유술(柔術)의 한 가지. 발길로 차는 동작이 많다 함. 조선 유술은 고려 숙송 때 싱새(羍4)의 힌 기기로서 나타나 뒤로, 무예(武藝)로서 발전하여 '수박 · 권법 · 권박 · 각저 · 각희 · 상박(手搏 · 拳法 · 拳搏 · 角觝 · 角戲 · 相搏) · 씨름' 따위 이름으로 불림"(정희준, 1948).

寵의 난이 발발하자 개경 부근 세 지역에 삼소三蘇를 두고 연기궁延基宮을 지어 순주케 하였다. 그 이듬해인 1174년(명종 4) 연기궁궐조성관延基宮闕造成官을 설치하였다. 그런데 최씨 정권은 몽골의 침입에 항쟁하고자 강화도를 국도로 삼아 천도하면서 개경의 비보裨補로 설정된 삼소제三蘇制는 파기하고 강화도에 개경과 유사한 국도를 건설하기에 이른다."110) 이후 조선 왕조는 개경으로부터 한양으로 수도를 천도하면서 고려의 수박이 개경에서 한양으로 이어지게 된다. 그 예로 고구려 고분벽화에 나타난 수박과 씨름이 조선 시대 백자도 등 고화古畵를 통해서 택견과 씨름까지 이어진 모습을 살펴볼 수 있다.

a: 『長天1號墳』111) 角抵와 手搏

b: 『百子圖』112) 씨름, 팔씨름 택견

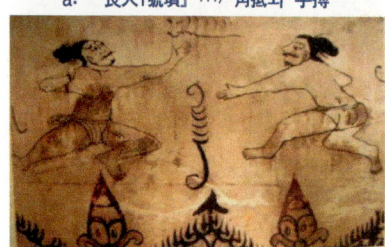
c: 『舞踊塚』 手搏戲

d: 宋德基 本勢(겨누기)113)

〈그림 1〉 a: 장천1호분, b: 백자도, c: 무용총, d: 송덕기 본세114)

---

110) 『고려사』 권77, 지31 백관2 三蘇造成都監, "明宗四年 制左蘇白岳山 右蘇白馬山 北蘇箕達山 置延基宮闕造成官 辛禑四年 議欲遷都 以國史有三蘇創建宮闕之文 置三蘇造成都監"
111) 고구려 고분벽화 장천 제1호 무덤 야유 사냥 5세기
112) 국립민속박물관,『민속유물이해 II 민화와 장식병풍』, 2005, 242-243쪽. "아들 많이 낳고 출세하기를 바라는 관념을 담은 '백자도 8폭 병풍'(20세기 전반, 국립민속박물관 소장). 씨름이며 팔씨름이며 택견으로 무예를 연마하는 아이들의 풍경이 생생하다."(부산일보, 2018년 11월 12일.)

고구려 고분벽화 『장전 1호분』의 각저희角抵戱에 그림 두 소년 중 좌측의 씨름과 우측의 수박하는 모습이 조선 시대 백자도의 좌측의 씨름과 우측의 택견하는 모습이 똑같이 수박과 택견 고화에서 우측 사람이 상대를 보면서 택견의 본세本勢를 취하는 모습은 송덕기 겨누기(자세) 중 가장 기본이 되는 자세이다.

『고려사』에서 수박은 단편적이지만 주로 어전 여흥행사로 행해졌으며 기록 당시 수박을 한 이들의 출생지를 살펴보면 여러 지역에 골고루 분포되어 널리 행해졌음을 알 수 있다.

『고려사』는 이후의 왕조인 조선에 이르러 쓰였는데 수박의 기록은 주로 무인의 난과 관련되어 집중되어 있으며 패륜 정치에 황음무도했던 충혜왕이 포함되어 있다. 『고려사』는 물론 여러 근거를 토대로 사실대로 쓰였겠지만, 이 시기 수박을 행한 기록들이 다량 포함된 것으로 미루어 아무래도 조선왕조의 정당성과 함께 이전 왕조를 폄하하려는 의도가 전혀 없지 않다.

역성혁명을 이룬 조선 초기는 무武에 대한 관심이 급증한 시기로 성행한 당시의 계층은 주로 사서를 살펴보면 시대는 달라도 신분의 귀천貴賤, 승속僧俗을 막론하고 수박이 성행하였다. 즉 역성혁명이 일어나 정권은 바뀌었지만, 백성들은 바뀐 게 아니었다는 의미이다. 특히 조선 초기에는 일반 백성들의 가장 손쉬운 신분상승의 방법으로 수박과 수박희를 무재武宰에서 선보임으로써 선군選軍으로 선발되었다. 이러한 동기부여는 당연히 민중화, 대중화에 기여하였다. 역성혁명으로 조선으로 나라는 바뀌었지만, 백성은 바뀌지 않았듯이 조선의 백성들은 여전히 수박으로 돈내기를 즐겨하였다.

---

113) 인왕산 감투바위 앞에서 송덕기 옹이 가장 잘 보여주는 본세의 자세이다.
114) a, c: 김용만 사학자 사진제공,
　　b: 국립민속박물관 소장, 『백자도』소장품번호: 민속29665, 2005,
　　d: 도기현, 『우리무예 택견의 이해』, 미간행, 1995, 13쪽.

양반 관료체제의 확립으로 한순간에 칼로 무를 자르듯이 기록문화에서 사라진 수박은 이미 오래전부터 행해져 온 기층문화로 완전히 스며들게 되었다.

점차 세월이 흐르면서 수박은 서민층으로 파고들게 되면서 후대에 이르러 서울·경기지역에서는 택견으로 불리게 되었고 북한지역에서 평양은 날파름, 함경도는 뭉구리로 불리게 되었다.115)

고려 시대에는 무신뿐 아니라 문신도 수박을 한 사례가 보인다. "한뢰는 무신武臣이 임금의 총寵을 입을까 두려워서 드디어 시기하는 마음을 품었았다.… 어느 한 무인과 수박을 하여 이기지 못하고 도망치므로 한뢰가 급히 앞으로 나아가 이소응의 뺨을 쳐서 계단 아래로 밀어제치니 왕과 여러 신하들이 손뼉을 치며 크게 웃었다."116) 여기서 한뢰는 문신이었다.

『고려사』에서는 수박과 수박희에 관한 기록이 11회 나온다. 『조선왕조실록』의 수박이나 수박희 관련 기록은 주로 조선 초기에 17차례나 인용되었으며 태종실록에서부터 세조실록에 나타나는데 주로 어전행사나 선군과목으로 혹은 장계내용에 포함되어 있다.

이 수박이 조선 시대의 관찬 사서에서 사라지게 된 것은 조선이 국가의 틀을 잡아가게 되면서 유교적 체계를 갖춘 관료국가로서 주자가례朱子家禮나 삼강오륜에 따르는 일상의 도덕률을 벗어나는 것으로써 주먹을 쓰는 거친 수박의 행태를 통한 신분 상승이 양반 관료들의 사고와 배치되기 어려운 점이었다. 이를 계기로 수박과 수박희는 사서에서는 완전히 사라졌으며 기층문화로 스며들게 되었다. 이렇게 민중 속에 깊숙이 스며들면서 자리 잡아 끈질긴 생명력을 이어오게 되었다. 가장 민중화의 지표라고 할 수 있는 부

---

115) 동아일보 1930년 2월 26일, '내 몸 내 운동으로 튼튼히 하자 陰正에 지음하야 우리 경기 몇가지'
116) 『고려사』 권128 열전 권41 반역 정중부조

분은 고려 시대부터 조선 말기까지 수박희나 택견 경기를 통한 돈내기가 성행되고 있었다는 사실이다.

이러한 수박이 국내 상황과는 별도로 해외 즉 오키나와로 전해져 왔다는 사실이다. 즉, 택견의 원조 격인 고려의 수박이 국내에서만 전승된 것이 아니라 해외까지 이식되었는데, 고려의 삼별초를 따라 유구로 이동하여 당수로 전해져 왔다는 사실에 대해 언급하고자 한다. 그간 오키나와와 우리 문화의 유사성은 여러 편의 논문을 통해 간접적인 증거로 제시되었지만, 결정적인 증거가 없어서 대개 가설로 치부되는 편이었다. 오키나와에 전해진 그 기법은 송덕기 옹이 남긴 사진을 통해 『유구무비지』로 전해오는 내용과 동일한 것임을 밝힌다.

삼별초는 좌별초左別抄・우별초右別抄・신의군神義軍을 합친 이름인데 그 출발은 고려 무신정권기의 집권자 최우崔瑀의 사병私兵이었다. 나라 안에 도둑이 들끓자 최우는 건장한 사내들을 모아 매일 밤 순찰을 돌게 했는데 이를 야별초夜別抄라 불렀다. 이후 도둑이 계속 늘자 야별초를 좌별초와 우별초로 나누었으며 몽골에 잡혀갔다가 탈출한 사람들로 구성된 신의군을 합쳐 삼별초가 되었다.

삼별초는 최우의 사병이었지만 당시 최씨의 집권기였으므로 단순한 사병의 성격을 넘어 전투와 경찰, 형옥까지 사법기관의 임무도 수행했다.

삼별초는 고려의 정규군대보다 훨씬 용감했던 측면이 있었다.

그간 오키나와와 우리 문화의 유사성은 여러 편의 논문을 통해 간접적인 증거로 제시되었지만, 결정적인 증거가 없어서 대개 가설로 치부되는 편이었다. 오키나와에 전해진 그 기법은 송덕기 옹이 남긴 사진을 통해 『유구무비지』로 전해오는 내용과 동일한 것임을 밝힌다.

논자는 오키나와 가라테의 기원에 관한 연구로 「당수의 중국기원설에 대한 재논의」(2011) 연구를 시작으로 「택견의 입장에서 바라본 문화적 속성으로써 태권도 현대사」 등 시기적으로 대략 10년 동안 연구해왔다. 이 결과물은 오키나와 우라소에성(浦添城)의 유물 중 '계유년고려와장조癸酉年高麗瓦匠造'란 글씨가 새겨진 암키와에 의해 촉발된 고려 삼별초의 오키나와유입에 대한 연구 등을 통해 제시된 가설이자 추론으로서 순수한 학문적인 호기심에서 주장되기보다는 태권도의 역사성(전통성)을 입증하기 위한 목적에서 제기된다는 의구심을 지우기 힘들다는 표현도 받았다.

그러나 당시는 중화학 공업적 기술인 조와造瓦기술의 전달과 수많은 문화의 동질성을 지니고 있음에도 불구하고 이러한 점은 고려되지 않았고 당초의 우려대로 단순히 민족주의 등으로 치부되었다. 그동안 국한된 연구에서 벗어나지 못했으나 『沖繩伝武備誌: 혹은 유구무비지(琉球武備誌)-여기서는 이 용어를 사용함』에 내재한 기록을 통해서 심도 있게 살펴보려 한다.

한국 고무예古武藝의 본질은 그간의 역사적 상황과 기록의 방편 상 중국의 『기효신서』, 『무비지』, 그리고 유교 이념과 사대주의 사관에 의해서 중국 중심의 논리로 설명되어 왔다. 또한 일제강점기의 동화정책과 민족문화말살정책에 의해서 자유롭지 못했던 우리 무예는 중국이나 일본의 무예사에 가탁하여 마치 우리의 무예가 중국과 일본의 것인 양 치부되어 왔다. 그 결과 현재 존재하고 있는 사실과 과거의 기록을 비정 하는 연역법적演繹法的 논리와 통시적 관점에 의해 증명될 수 있음에도 도외시되어 유구왕국의 무예가 백학권화白鶴拳化 되어 오키나와 가라테의 시원이 되어 있다.117)

우리의 무예가 택견 이외에 다른 경로로 1천여 년 전 중국과 일본 그리고 유구왕국에 이식되었다면 황당무계한 허구로 간주할 것이다. 그러나 이 연구에서 그 논리를 증명하는 단초를 마련하고자 한다.

---

117) 실제 『유구무비지』는 저자 이름도 첨부되지 않고 발행소도 없다. 따라서 출처에 대한 자세한 내용은 알 수 없다(高宮城繁,1977). 高宮城繁가 『沖繩伝武備誌』 이름을 쓴 이후 명칭이 널리 쓰였다.

무예사武藝史는 단순히 국한된 기록으로 결론을 내릴 것이 아니라 통시적으로 바라볼 필요가 있으며, 특히 문화사적 측면에서 접근이 필요하다.

문화사적 측면에서 일부 살펴보면, 유구의 널뛰기나 순장바둑, 그리고 일 년에 고구마를 네 번이나 수확하는 아열대 기후임에도 불구하고 아이를 낳으면 불을 때서 산후조리를 하는 것 등은 세계 어디서도 찾아보기 힘든 오직 우리 고유의 문화로서 단순히 일시적인 우리 문화의 유입만으로 받아들일 수만은 없고 역사적으로도 나라 간에 유래가 없는 문화의 복제화가 아니면 도저히 설명되지 않는 부분임에도 불구하고 간과되었다.

이 모든 부분들이 합리성을 띠고 있다 하더라도 결정적인 증거가 없다면 더 이상 논의의 대상이 되지 않고 적당한 문구로 유보될 수밖에 없다.

그러나 근래에 『유구무비지琉球武備誌』118)라는 책이 시중에 소개됨으로써 2011년의 논문에 힘을 싣게 되는 계기가 되었다. 『유구무비지』는 『충승전무비지』로도 불리는데 『충승전무비지』는 제목이 의미하듯 충승沖繩 즉 오키나와섬 중앙에 있는 도시이름으로, 이 도시에 전해오는 무비지武備誌란 의미이다. 원래 제명題名이 없었는데 일본인 高宮城繁가 『沖繩伝武備誌』란 이름을 붙여 쓴 후 『유구무비지』로도 불리게 되었다. 여러 이본이 있으며 특히 복건 백학권白鶴拳계系 것에 관한 기록이 일부 있어 중국과 관련이 있는 것으로 취급되었다. 이에 관한 연구는 沖繩県立芸術大学 대학원 예술문화학부 박사학위논문 盧姜威(2011)의 『충승전무비지 연구 - 오키나와 가라테와의 관계를 중심으로』에 소개되어 있다.

이 책은 스승에서 제자에 이어지는 '사자상전師子相傳'의 책으로, 1930년을 기점으로 유포하기 시작했다. 특히 백학권에 관한 내용이 첨부되어 있어서 해석이 어려운 부분은 복주의 방언을 취음한 것으로 소개되고 있다. 그

---

118) 琉球武備誌, 琉球武備誌, 逸文武術文化有限公司, 2016.

러나 한문의 문장은 순수 중국식 문장이 아니라 이두문이 들어있는 우리의 문장이어서 해석에 어려움이 따르고 그간 복주방언으로 추정했다.

그림에 나오는 인물 자체가 일본이나 중국풍과는 달라 예민한 부분이어서인지 『유구무비지』에 대한 연구는 거의 이루어지지 않고 있는 실정이다.

이 책 내용 중에 이두 문자로 기록하고, 고려의 수박手搏과 연관이 의외로 많다면 『당수의 중국 기원설에 대한 재논의』의 내용처럼 고려 삼별초에 의해 만들어진 택견 이전의 자료인 수박 관련 책자임이 분명하다.

이 책의 내용을 통해 단편적이나마 당수의 중국기원설에 대한 종지부를 찍게 될 것을 기대해 본다.

따라서 이는 삼별초의 오키나와 가라테 기원설에 관한 연구로 태권도 사관의 새로운 이론적 정립에 가일층하는 천착으로 우리나라 무예의 수박이 택견을 거쳐 오늘에 이르렀고 다른 한편으로는 유구를 거쳐 다시 태권도라는 이름으로 되돌아왔음에 대한 정체성 확립과 한·중·일 동양 3국의 무예의 시원이 한국이라는 새로운 이론적 단초를 마련하게 될 것이다.

다만 체육사나 무예사의 학자뿐 아니라 고대 의복이나 고어古語에 대한 전문지식인 세분화되고 파편화된 간학문의 경계를 넘어 범학문적으로 새롭게 학문 간의 통섭統攝과 융합을 통한 추후 면밀한 검토가 필요할 것이다.

2. 유구왕국에 이식한 삼별초의 무예

1) 『유구무비지琉球武備誌』의 탐구

몽골은 제4대 홀필열忽必烈 시대에 송宋나라를 정복하고 인도印度를 제외한 아시아 대부분과 동유럽에 걸친 대제국이 건설되기에 이른다. 동서의 사가들은 몽골제에 대해 전무후무한 대제국이라 칭해 왔다. 이런 대제국大帝國이 고려를 정복하려고 38년 동안 6차례나 침입했으나 정복하지 못했다.

고려가 능히 그 침략에 맞서고 강력하게 저항했던 것이다. 몽골과 강화가 되어도 삼별초군三別抄軍은 진도와 제주도로 이동하면서 투항하지 않고 항쟁을 계속했다. 몽골군을 맞아 싸운 고려군은 최우崔瑀 일가를 중심으로 한 무신武臣들이다. 그런데 그 무신들이 물러나고 문관들이 정권을 장악한 후에는 몽골에 화和를 청하니 홀필열忽必烈이 놀라면서 "천의天意"라고 말했다. 당시 몽골은 고려를 무력으로는 굴복할 수 없다고 생각해 몽골의 왕녀를 고려 충렬왕忠烈王에게 출가시키는 우호 정책을 취했다.

고려는 실제로 자주독립을 보전한 역사였다. 『신원사열전新元史列傳』(제146 고려高麗)을 보면 몽골 황제 홀필열忽必烈이 "천하에 군신君臣, 민중, 사직社稷을 그대로 보전한 나라는 오직 고려뿐이라"고 말했다.

몽골의 입장에서 고려는 경이적인 나라였다. 모든 면에서 몽골의 상대가 아니고 왕조까지 항복했는데도 30년 동안이나 끈질기게 저항했다.

역사적으로도 전쟁에 패한 나라가 공주를 시집보낸다거나 볼모를 보내지만 몽골은 이러한 사례가 뒤집힌 것이다.

항복의 조건도 몽골이 고려의 주권과 풍속을 고치도록 강요하지 않겠다는 이른바 불개토풍不改土風의 합의를 끌어낸 것이다.

이처럼 아시아 대부분과 동유럽에 걸친 대제국을 지배한 몽골이었지만 고려만큼은 30년 동안 어떻게 하지 못할 정도로 삼별초는 강력한 군사집단 이었다.

고려 삼별초는 주로 도서지역인 강화, 진도, 제주도를 거점으로 최소 3년간에 가까운 기간을 해상과 연안지역 활동을 하고 있었는데, 대몽항쟁의 근거지로 진도에서는 용장성, 제주도의 연안을 돌로 빙 둘러쌓았다는 이른바 '환해장성環海長城'의 존재가 그것이다.

삼별초가 이주한 것으로 보이는 13세기 1273년 이후 오키나와에는 갑자기 백여 개가 넘는 성들이 생기기 시작한다(安里 進 外, 2004). 삼별초가 거주하던 진도 용장성에서 출토된 연화문 수막새기와가 오키나와 우라소에성(浦添城) 출토품인 연화문 수막새기와가 거의 똑같다는 사실이 확인이 된 것이고 우라소에성의 '계유년고려와장조癸酉年高麗瓦匠造'가 쓰인 명문와의 연대로 미루어 오키나와 삼별초와의 관련성은 분명하다.

윤용혁은 여몽 연합군의 거친 풍랑을 석축의 방루에 의하여 저지한다는 '원구방루'의 아이디어가 제주도 삼별초와 관련이 있다는 의견을 제시하는데 해안가나 인접한 지역에 쌓는 이러한 성은 대규모 병력의 해전과 관련이 있음을 충분히 상상할 수 있다.

이러한 삼별초 군단은 대몽항쟁이 이미 30년간 경험이 있었고 도서 지역을 이동하면서도 최소 3년간의 치열한 항쟁이 있었으므로 군사력은 최고의 상태를 유지하였다고 볼 수 있다. 군사력 안에는 고려 무인武人들이 즐겨 하던 맨손무예인 수박도 포함되어 있었으며 이 수박은 삼별초군단과 함께 고스란히 유구로 넘어갔다. 그런데 이 수박이 간략한 도해와 함께 약 750년의 세월을 지나 마치 숨겨져 비전되던 무공비급처럼 유구琉球에서 갑자기 발견된 것이다.

이전까지는 세월이 오랫동안 흐르면서 은밀히 전수되면서 그 가치를 잊고 유래조차 잊혀졌던 것이다. 당연히 그 누구도 고려와 연관 지어 생각해 보기 어려웠는데 몇 가지 이전 연구 성과와 더불어 몇 가지 특징, 그리고 도해동작들이 송덕기 옹이 남긴 동작 사진들과 일치하면서 확증으로 굳어지게 되었다.

뜬금없이 평화롭던 오키나와에 갑자기 수많은 성을 축조한 까닭도 고려의 삼별초 이주 이외에 달리 설명할 이유가 없는 것이다. 우리나라 병력은 수성守城에 아주 뛰어나서 거처를 옮기는 곳마다 성을 쌓는 것이 특징적이다. 백강전투 이후 왜로 물러난 백제유민은 최전선이 될 대마도와 이키섬에 조선식 산성을 쌓고 내륙에서 전투하게 될 경우를 대비해 현재 후쿠오카[福岡]현에 있는 다자이후 시내에 나성羅城을 쌓고 주위 산에는 산성을 쌓았다. 여몽여합군의 침입을 받았을 때 삼별초가 진도, 제주도, 오키나와로 거점을 이동하면서 계속 성을 구축한 것도 같은 맥락이다.

고려의 삼별초가 오키나와로 이주한 또 다른 증거 중의 하나는 근래 국내에 소개된 『유구무비지琉球武備誌』이다. 그간 이 책은 국내에 잘 알려지지 않았거니와 이 책에 대한 연구도 미비했기 때문이며 고려 삼별초와 그 누구도 연관을 짓지 않았기 때문이다.

『유구무비지』는 제목이 의미하듯 유구에 전해오는 무비지武備誌란 의미이다. 이 무비지가 언제부터 전해져 오고 있는지 정확한 기록은 없지만, 문외불출門外不出의 무예로서 사제師弟 간에 은밀히 전해지는 소위 '사자상전師子相傳'으로 전해져오다가 1930년을 기점으로 세상에 알려지게 되었다.

이 책이 세상에 유포되고 나서도 많이 알려지지는 않은 듯하다. 그 이유는 몇 가지로 추측할 수 있는데, 오랫동안 전해오면서 관습적으로 생긴 기밀機密성도 있었고 나른하나는 충승神繩이라는 지명이 붙어 있음에도 불구하고 '충승'과 '오키나와'와는 괴리가 많은 등장인물과 해독이 어려운 복잡한 한문표기 때문이라 유추된다. 더욱이 기록 중에 본문 내용과 관련이 없는 무예(백학권)가 추가되어 혼란의 여지가 생길 가능성이 없지 않았다. 그래서 오키나와와 관계가 있는 복건성 푸저우(福州)와 연관성에 대해 접근을 하려한 듯하다.

실제로 1392년 복건福建성으로부터 이주설과 관련하여 『부생육기』에 "명나라 홍무(洪武, 1368~1398) 초년에 복건성福建城사람으로 배를 잘 다루는 '삼십육성三十六姓'119)에게 중국과 유구국을 왕래하면서 조공朝貢의 일을 맡아보게 했다. 명나라에서 보낸 나하那覇에 거주하는 삼십육성의 후예들은 상업하는 이가 대부분이었고 부자도 많다"고 하였다. 과연 무예를 전문적으로 하는 이들이 얼마나 포함되어 있었을까 하는 의문이 제기될 수 있다. 이들이 초기에 나하에 집단부락을 형성하고 살면서 상위계층에 무예를 전수했다는 가정이 모두 성립되어야 한다.

그리고 『기효신서』는 동작이 '세명勢名'으로 개념화되었지만 '수박手搏'의 문장은 대부분 시연자를 동물과 비유하고 동작을 설명하면서 마지막에 '수手'자로 개념화시켰다. 그리고 『유구무비지』는 무예를 시연하는 무인을 '용(龍)·사(獅)·어(魚)·마(馬)·저(猪)·호(虎)·후(猴)·원(猿)·묘(卯)·접(蝶)·우(牛)·선(蟬)·학(鶴)·봉(鳳)·귀(龜)·기린(麒麟)·표(豹)'처럼 동물을 비유하고 동작의 이름을 '수(手)'자로 개념화시켰다. 다른 무예서武藝書에 잘 사용되지 않은 동물들로 대부분 고구려 고분에 그려진 동물들이다.

---

119) 중국 민강閩江 하류의 주민의 호칭임. 실수實數를 가리키는 것이 아님. 민閩은 지금의 푸젠성 지역에 살던 민족의 하나 혹은 민족閩族이 살던 지방

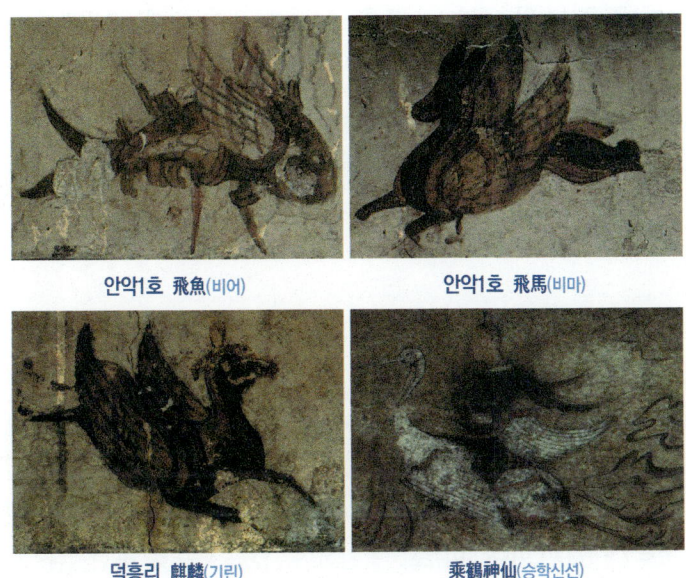

〈그림 2〉 고구려 고분에 나타난 동물 (김용만 사학자 사진제공)

　이 책의 기술에는 '수手'가 기법에 포함되고 있어 고려의 수박手搏과 깊은 연관성을 시사하고 있다. 물론 일본에서 오키나와를 통치하면서 일본문화를 강조하기 위해 '당수'를 강조, '수'의 개념화가 강조되었다는 논리도 없지 않으나 실제 『유구무비지』는 문외불출로서 1930년대 이전에는 공개되지 않은 것으로 알려져 있어서 일본의 영향과는 무관한 듯하다.

　이러한 연관성은 이 책의 본문 고화古畵에 등장한 인물의 옷차림새가 조선이나 고려인과 결부 지을 수 있음에도 불구하고 국내에는 거의 알려지지 않았으며 오히려 국내에 알려진 그림과 글씨는 원본과는 달리 변형되거나 다소 왜곡되어 알려졌다.

　오키나와에는 1756년 중국의 푸지엔(福建)주민들의 유구 이주 시, 도수무예를 익혔던 이들 중의 일부가 오키나와테(당수)의 발달에 이바지했다는 가설과 함께 중국사신의 종자從子 공상군公相君에 의해 전해졌으리라는 혼입설 등이 있다. 그리고 일본 본토에 처음으로 가라테를 소개한 후나고시 키친(船越義珍, 1868~1957)은 1911년에 교토의 무덕전武德殿에서 처음 가라테의 시범을 했고, 그 당시에는 유구당수술琉球唐手術이라는 명칭으로 소개되었는데, 이런 일련의 과정을 거치면서 어느 정도 변용과 재정립 과정을 거친 것으로 보인다.

2) 『유구무비지琉球武備誌』에 나타난 고려高麗의 이두문자吏讀文字

흔히 쓰이는 용어 중 우리말 중에 손질, 발질, 태질 등이 있다. '跌法(질법)'의 '法=氵+'去(거)'이다. 이두로 음차하여 '跌去(질거)'로 표현했다. 이러한 '질'이 다양하게도 '迭(질)' 또는 '疾(질)'로 음차한 경우는 이두표기이기 때문에 이러한 것이다. 손목이나 완골을 비틀어 짜는 것을 곤질로 표현하는데 우리말의 '꼰지른다'는 표현도 있지만 장인목에게 일본의 대동류유술을 배운 허일웅은 실제 일본에서 배워온 곤질이라는 이두식 표현을 썼다. 이때 질은 병 질(疾), 빠를 질(跌)을 쓰기도 하는데 당연히 뜻으로 해석하는 게 아니라 모두 이두문이어서 음차로 구분한다.

이두문은 한문과 달리 문장구조가 우리말과 같다. 이두문은 단어 상 이두표현이 있지만, 문장구조로 보아야 이해가 된다. 질법跌法라는 호신법은 택견에서 손질, 발질, 태질 등으로도 쓰이고 있다. 이두식 표기는 주어 다음 목적어 그리고 서술어로 이어지는 우리식 표현이지만 이두가 아닌 경우는 서술어와 목적어가 뒤바뀐다. 그래서 한문으로 표현되어 있어도 이두식 표기임을 확인하려면 유의해야 한다. 우리는 무심코 흘려버리는 한자음표기 내에는 이두표기가 살아 있어서 현재의 한자표기와는 확연히 구분되며 이는 우리나라에서 건너간 흔적들이다. 덧붙이자면 이두는 한문이 우리나라 식으로 고쳐진 것으로, 단어 배열이 국어 문장구조를 따르고 체언의 격이나 용언의 어미를 표기한 것이다(이기문, 1998).

『유구무비지』에서 백학권의 그림이 그려져 있는 부분은 극히 제한된 내용이고 나머지 부분 즉 복주의 방언으로 추측되는 부분은 복주의 방언이 아니라 오히려 고려 시대의 한자식 이두표기인 것으로 파악된다. 이두표기에 단 몇몇 사례를 들어 보면 다음과 같으며 지면상 일부만 소개한다.

첫째, 육기수(六機手) 조자수(爪子手)에서 만약에 세게 쳤으면 빠르게 약을 붙여 치료해야 한다. 보살피지 않으면 피를 토해 삼 개월에 죽을 수 있다(若打, 速着藥治之, 不醫吐血三个月, 而死矣)는 의미이다. 여기서 三個月(삼개월)의 '개(個)'를 같은 소리인 이두문을 취해 '개(个)'자로 기록하고 있다.

이 책의 「제4회」의 해아포련수패(孩兒抱蓮手敗)에서 '해아(孩兒)'는 12간지 '해(亥)+자(子)'의 결합이다. '해(亥)·자(子)'는 12간지의 시작으로 '2~3세의 어린아이'를 뜻하게 된다. '해아〉아해〉아이〉'로 변환된 이두문이다.

「제7회 」의 소귀발틈수승(小鬼拔闖手勝)에서 '발틈(拔闖)'은 '가려진 틈을 두 손으로 벌린다'이다. '발(拔)'은 '렴(簾)'의 의미를 내포한다. '요괴가 벽틈 열고 쑥 나온다'는 의미다. '틈(闖)'은 '문틈 사이'로 '틈'은 '이두문'이다.

둘째, 「제12회」의 접쌍비수패(蝶雙飛手敗)에서 '접(蝶)'은 나비의 날개이다. 양팔을 나비처럼 접어 뻗는 수법이다. '접(蝶)'은 '접는다'는 뜻 '접(摺)'의 이두문이다.

「제13회」의 단봉조양수(丹鳳朝陽手)에서 '단(丹)과 '단(單)'은 동일 음가로 대리 교차시켜 사용하는 이두문이다. 수법은 택견의 '턱걸이'이다.

셋째, 「제14회」의 신화변문용삼각전수승(身化辺門用三角戰手勝)에서 '삼각전수(二角戰手)'는 "상대이 팔을 양손으로 잡아 '산가(二角)'이 되도록 한다."이다. '전(戰)'은 '전(轉)'이 치환된 이두문이다. 좌수로 팔 관절 급소를 잡는 모습이 송덕기가 '관절關節'을 잡는 기법과 같다. '관절기關節技' 또는 '삼각전수三角戰手'를 송덕기는 '신주身主'라 한다. 마지막 처리 방법에 따라 택견의 '풍수風手'나 '과시誇示'가 된다.

넷째, 「제15회」의 쇄후한양수승(鎖喉寒陽手勝)/추발당뇌수패(扭髮撞腦手敗)에서 '쇄후(鎖喉)'는 택견의 '줄띠잽이'이다. '한양(寒陽)'의 '한(寒)'은 '얼다·오그라들다'의 뜻이고, '한'의 음가는 '하나'를 뜻하는 이두문이다. '양(陽)'은 '불알'이다. '한 손으로 목울대를 잡고 나머지 한 손으로 불알을 잡는다'이다. '뉴발(扭髮)'은 '상투를 잡다'이고, '당뇌(撞腦)'는 '머리를 치다'이다. 이는 송덕기의 '줄띠잽이' 또는 '상투잽이'의 기법이다.

다만 이 책에 수록된 내용을 유추컨대, 작성 초기의 그림이나 글씨는 대부분 남아 있으나 원본을 베긴 필사본으로서 이후에 백학권 등이 추가되고 제명題名도 첨부된 것으로 추정된다.

이러한 이두표기가 복주의 방언으로 단순히 치부되는 것은 적어도 논리적으로도 맞지 않을뿐더러 이두표기만을 두고 볼 때 이 책은 정황 상 고려시대의 기록이라 할 수 있다.

3) 『유구무비지琉球武備誌』에 나타난 고려高麗의 수박手搏

『유구무비지琉球武備誌』한문의 문장은 순수 중국식 문장이 아니라 이두문이 들어있는 우리의 문장이다. 또한 이 문장에는 조선세법의 검결劍訣과 권결拳訣들이 섞여 있다.

일본은 유구국(琉球國: 오키나와)에 전래 된 삼별초三別抄의 무예에 대한 자료를 일찍이 가지고 있었으면서도 자료가 삼별초와 관련된 것을 감추려 했던 것으로 보인다.

『일본무도전집日本武道全集』 후반부에 모원의茅元儀의 『무비지武備誌』를 설명하면서 삼별초의 맨손 무예를 삽입하고 그림의 순서도 뒤죽박죽 배치하고, 술기를 설명하는 한자도 잘 보이지 않도록 아주 작게 썼을 뿐만 아니라 원본을 사용하지 않고 삽화를 그림으로서 시연자를 알 수 없도록 애쓴 흔적이 역력히 보인다.

제목의 명칭도 대만본에서는 '천풍화원삼天風火院三'까지만 보이지만 필사본에서는 『구천풍화원삼전도원사九天風火院三田都元帥』120)이다. 수박편手搏篇「제1회」의 종고제鐘鼓齊 부분은 대만본에서는 찢어져 있어 그림도 원문도 없다. 그럼에도 『일본무도전집』과 중국 필사본에는 '종고제명수패鐘鼓齊鳴手敗'의 문장과 그림이 있고, 대만본의 '후(猴)'자가 '원(猿)'자로 기록되었다. 실제 일본 논문 『충승전무비지沖繩伝武備誌』の研究 ―沖繩空手との関わりを中心に―』에 의하면 4개121)의 계통이 존재한다.

조사결과 필사의 오류, 단어의 누락 등이 있고 활자본은 항목의 입체 등 구성에 수정이 이루어지는 등 문제가 있는 것으로 나타났다. 『유구무비지』는 스승에서 제자에게 전해는 '사자상전師子相傳'으로 전해지다가 1930년을 기점으로 유포되었다(盧姜威, 2011). 즉 문외비전門外祕傳으로 전해져 왔기에 공개 이전의 자료에서 일본이 이 책에 개입될 여지는 전혀 없다.

원래 제명題名이 없었는데 일본인 高宮城繁가 『沖繩伝武備誌』란 이름을 붙여 쓴 후 『유구무비지』로도 불리게 되었다. 그 후로 『유구무비지』에 '무비지武備誌'가 있다 보니, 모원의의 『무비지』와 관련성을 인식시키는 계기가 된다. 그래서 모원의茅元儀의 무비지와 다름을 비교하지 않을 수 없게 된다. 더 나아가 『유구무비지』에 사용된 일부 명칭이 백학권과 동일함을 들어 복건의

---

120) 武神「九天風火院三田都元帥」는 무신으로 도교신의 모양이다. 복권과 대만을 중심으로 믿는나. 복주시방에서는 이원계와 무술계에서 희락종사로 존칭되어 신앙의 대상이 되고 있다.
121) 『武備誌(誌)』(いわゆる)『沖繩伝武備誌』比嘉世幸本(1973年コピーする) 등.

백학권과 관련성을 발표했다(福建の白鶴コピ一拳には、沖繩空手と同一の型名称がみえる。このことから、福建の白鶴拳と沖繩空手とは何らかの形で関連している)."(盧姜威, 2011) 백학권122)의 일부분의 명칭이 같다고 전체가 백학권이 될 수 없기 때문에 '관련성'만 있다고 한 것이다. 실제 학鶴과 관련된 권결은 「제48회」의 '학관익수(鶴關翼手)' 하나뿐이다.

기법적 측면에서도, 『유구무비지』가 전시되어있는 香港大會堂(향항대회당)의 非物質文化遺産新媒體展覽(비물질문화유산신매체전람) 옆에 백학권의 동영상을 보면, 학의 날개짓을 양손으로 구현한 무술로 태극권처럼 부드럽다. 그러나 『유구무비지』의 그림은 두 사람이 공격과 방어를 하는 호신술의 낱기술로써 백학권의 동작과 전혀 다르다. 오히려 송덕기의 낱기술과 구성의 술기가 같다. 『유구무비지』와 백학권의 관련성을 보여주려고 애쓴 흔적이 역력하다.

또한 盧姜威(2011)의 논문에서 "단순한 중국어에 의해 쓰여진 것이 아니라 복주방언福州方言을 섞어 쓴 한문이라 하고, 백학권白鶴拳은 '비학권飛學拳·투학권鬪鶴拳·유학권遊鶴拳' 세 종류의 권술로 분류된다."는 것을 보면, 기록된 한문이 중국식 문장 구조와 어휘가 다르다는 것은 중국문서가 아니라는 것이다. 그렇지만 중국무술과 연결시키기 위해 복건방언을 끌어다 붙였다. 중국식 한자가 아닌 이유는 한자 속에 이두문이 있기 때문이다. 백학권의 세 종류의 권술로 분류된다는 주장은 견강부회이다. 주먹으로 범주를 나눈다면 모든 무술에서도 같은 분류로 나눌 수 있다. 이것은 『유구무비지』가 백학권의 영향이 있다는 전제하에 백학권의 권술에 맞춰 분류한 방식에 불과하다.

---

122) "백학권白鶴拳은 그 창시자가 방칠낭方七娘이란 방칠랑이라는 여자로 알려져 있는데, 어려서 소림 십팔나한권을 익히고, 백학의 형세를 취해 백학권을 창시했다고 한다. 여기에는 여러 전설이 있어 그 진위 여부는 확인하기 어렵다."(허인욱, 2005)

4) 『유구무비지』에 등장하는 인물의 용모

대만과 일본의 많은 논문과 출판물들은 『유구무비지』에 그려진 사람의 모습과 옷차림이 한민족(조선·고려인)이라는 것은 기술하지 않는다. 이로 인해 기존 삼별초 수박의 술기 기록 앞에 덧붙인 것이 『유구무비지』로 보이게 되었다. 특히 명나라의 모원의에 의해 집대성한 『무비지』는 시연자가 웃통을 드러낸 그림에서조차 머리에는 두건을 쓰고 두건은 끈으로 묶어 마무리하고 있다. 그리고 우리와 같은 행전이 아니라 이와 비슷한 형태이기는 하나 자체에 주름이 많이 가 있어서 우리와 같은 행전으로 보기 어렵다.

『기효신서』는 시연자가 역시 두건을 쓰고 있으며 『유구무비지』가 그려진 행전에는 주름이 전혀 없으나 『기효신서』에 그려진 행전의 유사한 형태는 주름이 훨씬 더 많다. 『유구무비지』의 시연자가 두건을 쓰지 않고 상투를 틀고 있다는 점과 행전은 다만 흑백으로 구분될 뿐 바지는 헐렁해서 주름이 보이나 행전의 주름은 보이지 않는다. 한복 바지도 심한 움직임에도 흘러내리지 않게 허리춤을 바지 끈 바깥으로 말아 마무리한 형태도 현재 한복을 수련복으로 채택하고 있는 택견복장의 모습과 똑같다. 즉, 무릎에 행전까지 두른 고려인이다.

후대에 삽입된 것으로 보이는 흑사인黑舍人과 백사인白舍人, 정이모鄭二母와 정이백鄭二佰의 머리 형태와 옷차림은 오히려 기존의 모습과 달리 『기효신서』에 나오는 등장인물을 닮았다. 원전과 그림에 차이가 있다는 의미이다.

대만과 일본의 많은 논문과 출판물은 『유구무비지』에 그려진 사람의 모습과 옷차림이 한민족(조선인·고려인)이라는 것은 기술하지 않는다. 살피건대, 삼별초 수박이 오랜 세월 전승되고 기록된 것이, 후대에 남방과 교류하면서 도교 신앙과 더불어 무술도 함께 교류했을 것이며 이로 인해 기존 삼별초 수박 앞에 덧붙인 것이 『유구무비지』로 유주된다.

a: 『기효신서』   b: 『기효신서』   c: 『무비지』   d: 『무비지』   e: 『유구무비지』

〈그림 2〉 각 권경에 수록된 시연자의 복장 비교[123]

이 그림들은 상투를 맨 마지막 그림은 완연히 상투가 드러나는데 비해 『무비지』나 『기효신서』의 상투는 여성들의 올림머리와 같이 빵처럼 둥글게 만들어 천으로 감싸고 있어서 완전히 다름을 보이고 있다.

위 그림은 『무비지』와 『기효신서』 그리고 『유구무비지』의 동작들인데 『유구무비지』의 동작만 빼고 머리에 모두 두건을 쓰고 머리를 묶고 있다. 그런데 『유구무비지』는 상투를 틀고 있어서 비슷한 것처럼 보이지만 확연히 구분된다. 그리고 허리춤을 갈무리한 모습을 보면 『기효신서』는 허리끈의 매듭이 보이고 더 이상 추스르지 않았는데 『무비지』와 『기효신서』는 허리띠 너머로 바지춤을 그냥 늘어드려 자연스레 주름이 잡혀 있는데, 반해 『유구무비지』는 허리춤을 흘러내리지 않도록 바깥으로 말아서 갈무리했다.

『유구무비지』에 등장인물은 상투를 틀고 한복을 착용한데다가 한복 바지도 심한 움직임에도 흘러내리지 않게 바지 끈 바깥으로 말아 마무리한 형태도 지금의 한복을 수련복으로 채택하고 있는 택견의 옷차림과 똑같다. 허리에는 띠를 두르고 심한 움직임에도 흘러내리지 않게 바깥으로 몇 번 감아 단단히 여미며 행전까지 두른 고려인이다.

---

123) a, b: 국립민속박물관, 『무예문헌자료집성』, "기효신서", 2004, 국립민속박물관, 409쪽.
　　c, d: 국립민속박물관, 같은 책, "무비지", 2004, 국립민속박물관, 872쪽.
　　e: 武備誌一些拳法招式圖, "散手篇, 六, 錦鯉朝天手敗對美女梳粧手勝"
　　　(https://maricimuz.pixnet.net/blog/post/314028539), 검색일: 2019년 07월 20일.)

  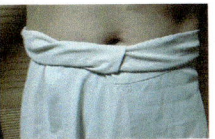

유구무비지　　　택견의 바지　　　택견 바지의 허리춤

　　반면에 『무비지』나 『기효신서』에 나오는 인물은 모두 하나 같이 두건을 두르고 머리를 묶고 있으며 허리띠는 우리네와 확연히 구분이 간다. 대충 볼 때는 유사한 형태의 그림 같지만 『유구무비지』에 등장인물은 사실적으로 그려 근육의 디테일이 살아있고 비슷한 형태를 모사한 것이 아니라 확연한 차이를 보여 전혀 다른 시기의 다른 화법임을 알 수 있다. 즉 분량으로 보아서 수박을 먼저 그린 그림이 전해져 오다가 후에 백학권이 삽입된 것으로 보인다. 반면에 『유구무비지』 앞쪽에 잠깐 수록된 흑사인과 백사인, 정이모와 정이백의 그림은 두발형태나 복장이 완전히 다르며 복장은 오히려 『기효신서』의 그림과 유사하다. 즉 후대에 삽입되었음을 반증하는 자료라 할 수 있으며 원래 제명題名이 없었는데 일본인 高宮城繁가 『沖縄伝武備誌』란 이름을 붙여 쓴 후 『유구무비지』로도 불리게 되었으므로 겉표지에는 다른 이름이 있었을 것으로 추정된다.

　　그 이유는 한문을 사용한 이두식 표기를 일부 기록하고, 본문의 자세姿勢에 유구에는 없는 '얼음'과 '호랑이' 등이 동작설명으로 나타나고 있다. 주지하다시피, 무예는 문화적 양식과 깊은 연관성을 지니는데 자세에 관한 기록은 적어도 겨울이면 차가운 날씨로 인해 눈이 내리고 얼음이 어는 기후와 호랑이가 사는 지역이라 볼 수 있는데 유구국은 아열대 기후의 지역이므로 무예의 배경이 결코 오키나와나 일본은 아니라는 중요한 단서이다. 설혹 복건의 영향을 받았다 손치더라도 무예의 원류가 복건은 아니라는 의미이다.

상투는 모두 우리 민족의 칠성신앙七星神仰과 관련된 것으로 상투는 머리에 북두칠성을 얹었다는 의미이다. 우리 조상들은 칠성이 하느님(삼신상제)이 있는 곳이라 믿었다. 상투는 하늘과 인간이 연결되기를 바라는 매개체이자 상징이었던 것이다.

여기서 옛 조선의 상투는 일명 북상투(魋結; 椎結)라고 불리며 짤막하고 단단한 몽둥이의 형태를 가지고 있었다. 이에 반해 지나(支那)의 상투는 여성의 올림머리와 같이 빵처럼 크고 둥글게 만들어 천으로 감싸는 형태였다.

우리 민족이 예로부터 상투를 한 기록이 『사기史記』 조선열전朝鮮列傳124)이나 『삼국지三國志』 「위서魏書」 동이전 한조韓條125)에서도 보이며 『정조실록』126)이나 『수산집修山集』 동사東史 『단군본기檀君本紀』127)에서도 보인다.

황하문명보다 1천년 앞선 홍산문화紅山文化 유적은 고조선 문명의 전단계로 해석된다. 고조선 문명은 신석기·청동기 병용시대에 속하는 홍산문화에서 이어진 것이기 때문이다.

---

124) 연(燕)나라 장수 위만(衛滿)이 고조선으로 망명할 때 상투와 조선 복장을 하였다고 기록되어 있다(BC 195년 경). 『사기史記』 조선열전朝鮮列傳 고조선古朝鮮 연왕燕王 노관盧綰이 [漢을] 배반하고 흉노匈奴로 들어가자 위만도 망명하여 무리 천여 명을 모아 상투를 틀고 만이(蠻夷)의 옷을 입고… "燕王盧綰反(연왕노관반), 入匈奴(입흉노), 滿亡命(만망명), 聚黨千餘人(취당천여인), 魋結蠻夷服而東走出塞(추결만이복이동주출새)"* 魋結(추결) : 상투. 魋結(椎髻)은 한 줌으로 묶은 상투의 모양이 망치(椎)와 같은 것이다.
125) 『삼국지三國志』 위서魏書 30 동이전(東夷傳) 한(韓) 그 풍속은 기강이 흐려서, 諸國의 도읍에… 관모를 쓰지 않고 날상투를 하였다는 기록이 있다.
126) 『정조실록正祖實錄』권22 정조 10년, 檀君 即我東首出之聖 史稱編髮蓋首之制 '단군은 우리 동방의 맨 먼저 나온 성인으로서 역사에 머리를 땋아(編髮) 머리에 얹는 법(蓋首)을 제정하였다고 일컫고 있다.'
127) '이에 단군(檀君)이 백성들에게 머리를 땋아(編髮) 머리에 얹는 법을(蓋首)을 가르치니 비로소 임금과 신하, 남자와 여자의 분별과 음식과 거처에 절도가 있게 되었다.'於是 檀君乃敎民編髮盖首 始有君臣男女之分 飮食居處之節

이 홍산문화(BC 4,700~BC 2,900년 경) 유적에서 상투머리를 고정하는 옥고 玉箍가 출토되었다. 즉 고조선의 상투가 훨씬 이전인 신석기 시대부터 형성된 것임을 말하고 있다.

상투를 고정하는 옥고玉箍는 지나支那의 내륙에서는 발견되지 않는다. 상투는 동이족의 고유한 머리 양식이었다.

이 상투 문화가 지나支那에도 영향을 미쳐 지배층의 머리 양식으로 받아들여졌지만, 우리 민족처럼 모든 남자가 이 상투를 하지 않았다. 홍산문화 유적지에서 발견된 수십 개의 옥고는 상투가 옛 조선의 고유한 문화임을 입증하고 있다.

[출처] 대한사랑 인류문화 사진전

혹여 일본인들이 복식이 이와 같지 않은가 하는 의구심이 있을 수도 있으나 1748년도의 조선통신사의 기록을 보면 "대개, 그들의 풍속이 꿇어앉기를 잘하는 것은 어린아이들까지도 그러한데, 이는 겉으로 꾸미는 것이 아니라, 그들 남녀가 다 속바지를 입지 않으므로 아랫도리가 드러나기 쉬우니, 꿇어앉아서 감추기 위한 것이다."128)하여 전혀 다른 복색임을 알 수 있고 통이 넓은 바지는 근대에 생겨난 것이다. 존 카터 코벨은 조선통신사의 기록에서 "사신들이 탄 가마를 운반하는 일본인 노역자는 단순히 허리를 두르는 헝겊(훈도시 차림)에 머리띠를 매고 있을 뿐이다.

하와이 대학 역사학과의 연구원 제이 루이스는 조선통신사 한 사람이 쓴 이때의 일기를 번역 중인데, 사절단들이 가마 앞에 서서 창을 들고 걷는 일본인의 맨 엉덩이를 '쳐다보기 민망하다'고 불평했다는 사실이다. 노역자나 사졸은 모두 훈도시 차림이었음을 알 수 있다. 이런 상황에 양국의 복색은 누가 봐도 그 차이를 알 수 있다고 본다. 복장에서는 일본과는 전혀 무관한 것임을 알 수 있다.

수박의 기법은 1~48회까지 순서에 맞춰 배열됐는데, 본문의 「제1회」 앞쪽에 흑사인黑舍人과 백사인白舍人, 정이모鄭二母와 정이백鄭二伯이 별도로 배치되어있고, 실연자도 본문과 상이하게 '조선사람'처럼 상투를 하지 않았다. 이것은 후대에 이 책의 본문 앞쪽(수박)에 4개의 동작을 첨부하여 만든 문서이다. 특히 백사인의 백학수를 가지고 백학권의 영향을 받았다(허인욱, 2005)고 주장하는 것으로 보인다. 삼별초의 수박을 기록한 문서 앞에 4개의 동작이 붙었다고 해서 수박이 백학권이 되는 게 아니다.

---

128) 『봉사일본시문견록奉使日本時聞見錄』영조 24년(1748)에 통신사通信使 종사관從事官 조명채(曹命采, 1700-1763)의 기록

5) 『유구무비지』의 동작 해석

본서의 본문에는 삼별초의 수박을 기록한 1~48회로 구분하여 설명하고 있다. 총 48회에 수법은 쌍으로 96수이다. 중국의 장권 32세보다도 훨씬 더 많으며 두 사람이 겨루는 형식으로 구성돼 있다. 대개의 기법은 상대가 공격해오는 손을 잡아 제압한 이후에 손이나 발로 공격한다. 오늘날 호신술 형식과 같다. 특이한 것은 권결拳訣만 다를 뿐 권경拳經의 배치와 같은 것이 있고, 기고세旗鼓勢의 경우는 권결과 동작이 같다. 이것은 동작은 같아도 기법을 설명하는 방식이 다양하게 존재했음을 알 수 있다.129)

이 자료를 통해 『기효신서』의 권경拳經과 삼별초三別抄의 수박手搏이 연결된 것을 알 수 있다. 특히 권경의 32세보다 더 많은 96세의 살수殺手가 기록되어 있을 뿐만 아니라 대부분 조선의 마지막 택견명인 송덕기 기능보유자가 남겨놓은 자료와 비교한 결과 동일한 술기임이 확인됨에 따라 고구려 벽화 이래 단절된 수박의 원형을 찾을 수 있는 계기가 되었다. 이로써 유구국琉球國의 가라수伽羅手에서 파생된 일본 공수도의 뿌리는 고려의 수박이었음이 밝힐 수 있는 또 하나의 전기를 마련했다.130)

---

129) 모원의는 1621년에 역대 군사관계 서적 2,000여 종을 모아 중국 고대의 전투장비에 관한 전문서적인 『무비지』를 완성했다. 조선세법을 우리나라에서 찾아 『무비지』에 채록함으로써 『무예도보통지』에 그 검보를 수록하게 되었듯이 당시에 권경이나 검보는 인접국가에 상당히 폭넓게 교류했던 것으로 보인다. 이것은 다음 각주에서도 나와 있듯이 『권경』에서도 보인다. 의외로 관심을 지니고 찾아보게 되면 중국이나 일본에 우리 무예의 흔적들이 상당히 많을 수 있다.

130) 임성묵(2022)은 "『권경拳經』의 첫 문장 '나찰의출문가자(懶扎衣出門架子: 서찰 읽고 문을 나서 가자하네)'의 가자를 우리말 이두표기로 '가자(架子)'는 시작을 알리는 '소리'며 금계독립金鷄獨立의 네 번째 문장 조저규약연천(遭着때若連天 : 연이어 하늘이 둘이 만나 기쁨에 울부짓네 - 나찰의를 취한 상대가 나타나면 소리를 지른다)에서 조저遭着는 추임새로 사용된 이두문이라 하였다. 즉 '나찰의懶扎依'를 취하며, '架子(가자)'로 말하자 '금계金鷄'는 '조저遭着'로 '크게 소리를 질러라'이다. 즉 '가자'와 '조저'는 추임새로 사용된 이두문이다. 즉 권경 싸움의 첫 시작은, 한 사람이 '가자'라고 소리치면 상대도 '조저>조지다'라고 추임새를 넣고 시작한다. '조저'는 우리나라 말에 싸움에서 지면 신세 '조진다'는 말 늑네 넘아있나. 틀이문화에시는 '(모지)(그지)홍티)홍지'긴 유임새를 어편히 기용히고 있다."고 언급했다. 풀어쓰면 현재 택견에서 경기 전에 '섰거라', '섰다'는 '가자', '조저'로 바뀌어야 한다는 것이다.

중국인 盧姜威(2011)의 논문 심사 요지에서 "본 논문에 대한 의문점은 그 하나가 『충승전무비지』의 성립에 덧붙여 수수께끼의 부분이 남아있는데, 즉, 만일 복주에서 성립했다면, 그것이 어떤 경로를 거쳐 오키나와에 소개되었는지, 어떻게 이 책이 현재까지 전해져 남아 왔는지 하는 두 가지 의문점이다."라는 심사평으로 보아, 아직 『유구무비지』에 대한 실상은 제대로 파악되어 있지 않은 듯하다. 그리고 백학권에 대해서는 어느 정도 상술되지만 그림의 상당 부분을 차지하는 부분은 복주 방언으로 단정 짓고 있어서 더 이상 접근을 하지 않고 있다. 그러나 이것이 복주의 방언이 아니고 전혀 다른 부분(이두문)이라면 전체에 대한 해석이 상당 부분 달라질 수 있다.

백학권의 세 종류의 권술로 분류된다는 주장은 견강부회이다. 주먹으로 범주를 나눈다면 모든 무술에서도 같은 분류로 나눌 수 있다. 이것은 『유구무비지』가 백학권의 영향이 있다는 전제하에 백학권의 권술에 맞춰 분류한 방식에 불과하다.

무예문헌자료집성(2004)에서는 무학武學에서 구결口訣은 해석에 필연적인 한계가 있다 하였으되 직역도 불가한 것이 관례라 하여 '가자(架子)'를 달리 해석하지 않고 그냥 쓰고 있다. 그러나 이두표기를 이해하면 오히려 쉽게 해석된다.

6) 『유구무비지琉球武備誌』와 택견의 동작 비교

택견의 옛법이나, 옛법겻치기, 옛법도끼발 등에 대해서 고용우의 인터뷰(2013.1.13., 로스앤젤레스 커피숍)를 빌어 '옛법은 예로부터 내려오는 기법으로서 수박 또한 택견과 다름 아니라'고 언급했다. 실제로 『유구무비지』의 예시 그림 맨 왼쪽 칼라본이 『유구무비지』에 실려 있는 원본이고 맨 오른쪽에 송덕기 옹의 실기사진은 김정윤의 『태견』(2002)에서 발췌한 것으로 기술의 동작은 거의 유사하거나 같다. 이 책에 수록된 송덕기의 동작은 2002년에 발간되었는데 1985년경에 촬영한 것으로 알려져 있다. 당시는 당연히 국내에 『유구무비지』가 알려지지 않아서 단순히 택견의 낱기술을 선보이는 형식으로 촬영되었는데도 불구하고 동작이 일치되는 부분이 대부분이다. 물론 사진의 질감이 다른 것은 훨씬 이전에 촬영한 것으로 역시 송덕기 옹과 제자들이 등장하고 있다.

이 책의 총 48회 가운데 몇 가지만 살펴보면, 여기서 첫 그림과 두 번째 그림은 필사본이지만 세 번째 사진은 김정윤(2002)의 『태견』에서 송덕기 옹의 유사한 시연사진을 발췌했는데 오랜 세월이 지나도록 수박의 술기는 택견에 그대로 남아 전해져 오고 있음을 알 수 있다. 이와 관련 기술을 비교해보면 다음과 같다.

□ 第一回(제1회)

| a. 유구무비지 | b. 유구무비지 | c. 눈재기 | d. 안경잽이 |

千斤墜地勝手(천근추지승수)/鐘皷齊鳴手敗(종고제명수패)

(해설) '千斤·鐘皷(천근·종고), 墜·齊(추·제), 地·鳴(지·명)'은 대칭이다. '千斤墜(천근추)'의 '墜(추)'는 '縱(종)'이다. '千斤墜(천근추)'는 '千斤錘(천근추)'로 환유하였다. '千斤(천근)'은 무거운 도끼이다. 원문은 '勝手(승수)'이지만 문장 전체를 보면 '手勝(수승)'을 잘못 쓴 것이다. '鐘皷(종고)'는 종과 북이다. 서로 대칭이다. 종 치는 '撞木(당목)'이 찌르는 손가락이다. 북 치듯 내려치는 손은 북채로 '搥(추)'이다. '墜(추)'는 縱(종)의 움직임이다. '更點(경점)'은 북이나 징을 쳐서 시간을 알려주는 시간으로 '點(점)'이 손가락이다. '墜(추)'와 '齊(제)'는 대칭으로 '墜(추)'는 나란히 내린 손이고 '齊(제)'는 나란히 뻗는 손이다. '千斤墜(천근추)'는 '鐘皷齊(종고제)'로 찔러오면 몸은 낮추고 고개를 돌려 피하는 기법이다. '千斤墜(천근추)'의 핵심은 내린 양 날개를 비틀어 내리면서 몸을 빠르게 돌리는 데 있다. 이 기법을 응용하면 약한 힘으로 큰 힘을 제압하는데 응용할 수 있다. '鷹刷翼(응쇄익)'과 손의 위치가 반대다. 좌하에 '弋(이)'자가 있다. 자세는 택견의 '눈재기'와 '안경잽이'이다. 武備門(무비문)의 抱腰記(포요기) 3131) 條(조) 중 하나가 '千斤墜(천근추)'132)이다. 기법도 세세히 설명되어 있다. 류구무비지와 무비문의 술기가 한 뿌리임을 알 수 있다.

---

131) 自馬卧欄(자마와란) 泰山壓頂(태산압정) 千斤墜(천근추)
132) 他雙手來拿住我腰我用左手抱左耳背右手抱住他右耳背進兩捥前望前一撇他卽仰面跌去

□ 第二回(제2회)

a. 유구무비지　b. 유구무비지　　　c. 송덕기의 태질
黑虎出欄手勝(흑호출란수승)/白猴盜菓手敗(백후도과수패)

(해설) '黑·白(흑·백)·虎·猴(호·후)·出·盜(출·도)·欄·菓(란·과)'의 대칭이다. '黑虎出(흑호출)'은 양손을 난간을 잡듯이 뻗었다. '出(출)'자를 보면 굽혔다 다시 편 동작임을 알 수 있다. '欄(란)'은 '欄干(난간)'이다. 난간을 잡듯이 허리춤을 잡듯이 밀고 들어간다. '白猴(백후)'133)는 '白猿(백원)'의 개념과 궤가 같다. 원숭이가 과일을 조심스럽게 도둑질하듯이 굽힌 손이 '盜菓手(도과수)'이다. '盜菓手(도과수)'가 펼쳐지기 전에 빠르게 出欄手(출란수)로 허리를 잡아 '각저 角觝'로 제압한다. 유구국琉球國은 섬나라이다. 이곳에는 호랑이가 없다. 북방 문화를 간직한 것이다. 黑虎(흑호)와 白猴(백후)의 대립이다. 이는 택견에서 상대의 양 손목을 잡아대고 맴돌기로 태질(태기질)하는 기술이다.

---

133) 『日本武道全集』. 昭和四一年一一月 人物往來社 八谷政行 p453. '원(猿)'자로 기록되어 있다.

□ 第三回(제3회)

a. 유구무비지　　b. 유구무비지　　c. 송덕기의 땅꺼풀

撥氷求魚手敗(발빙구어수패)/落地交剪手勝(낙지교전수승)

《해설》 '撥·落(발·낙)·氷·地(빙·지)·求·交(구·교)·魚·剪(어·전)'은 대칭이다. '求魚(구어)'의 '魚(어)'는 사람을 은유한다. '撥氷(발빙)'은 얼음 속에 빠진 사람을 구하기 위해 조심스럽게 나가는 동작이다. '유구국琉球國'은 눈이 내리지 않는 더운 지역이다. 북방에 살지 않았으면 얼음을 알 수 없다. '落地(낙지)'는 땅에 누운 것이고 '交剪(교전)'은 '가위다리'이다. 송덕기는 이 기법을 '땅꺼풀'이라 한다. 삼별초가 제주도에서 유구국으로 이동하며 전래한 것으로 보인다.

□ 第四回(제4회)

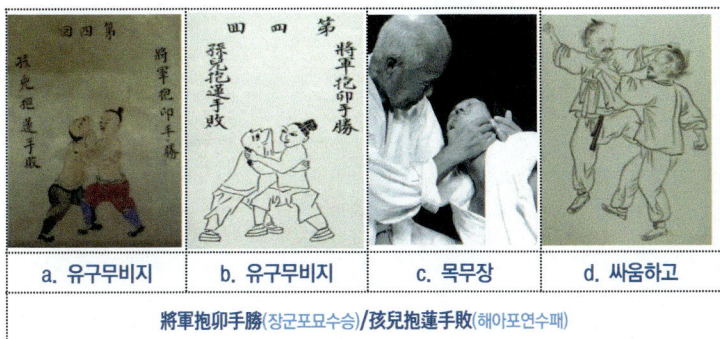

a. 유구무비지   b. 유구무비지   c. 목무장   d. 싸움하고

將軍抱卯手勝(장군포묘수승)/孩兒抱蓮手敗(해아포연수패)

(해설) 將軍·孩兒(장군·해아)·抱卯·抱蓮(포묘·포연)은 대칭이다. '抱卯手(포묘수)'는 '토끼의 귀를 잡는다'는 의미다. '상투'를 토끼의 귀로 비유했다. '拗鶯肘(요주)'의 '拿鷹捉兎(나응착토)'와 문화적으로 연결된다. 將軍勒馬(장군륵마)의 '將軍(장군)'에 대한 개념과 궤를 같이한다. '孩兒(해아)'는 '어린아이'를 뜻하는 '아해〉아이'의 이두문이다. '抱蓮手(연포수)'의 蓮(연)=++(초)+連(연)이다. '花(화)'는 '++(초)'가 의미을 '손'을 의미하는 것처럼 '蓮(연)'의 '++(초)'도 '손'을 나타낸다. '連(연)'은 '돌린다'로써 '손으로 감싸 돌린다'이다. '抱卯手(포묘수)'는 택견의 목무장134)과 같다. 상투가 있는 조선인들은 머리채를 잡고 싸움질135)하는 것은 다반사다. 이 수법은 대단히 중요한 의미가 있다. 싸움기법에 상투잽이를 넣는 나라는 동양 삼국에서 우리나라 밖에 없다. 이 수법은 고려에서 조선 시대로 이어져 조선의 마지막 택견인 송덕기 옹의 증언까지 있다. 고려의 수박이 유구로 넘어갔다는 결정적인 증거 중에 하나이다.

---

134) 씨름의 기술로 목무장은 상대의 목을 무릎 비틀 듯이 돌리는 기술로 기록하나 송덕기의 원형기술이다.

135) 길머를 역(G.W.Gilmore,1944)은 "떼떼고 베이는 김면을 보는데, 베이는 방법은 서로 머리채를 잡고 밀고 당기는 것이다. 조선 사람들은 상처를 입는 것을 매우 저어한다."라고 표현하였다.

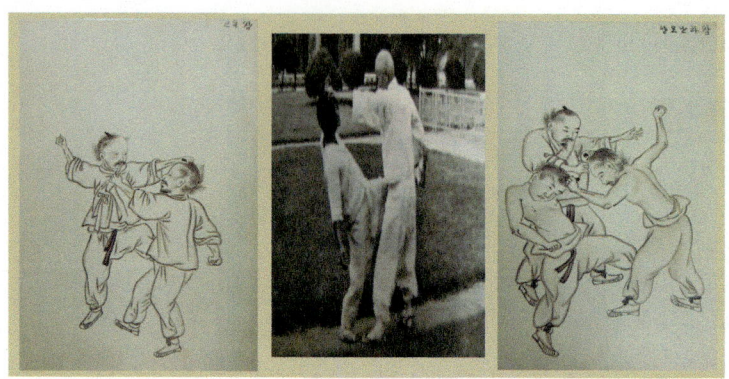

기산箕山 김준근의　　택견 송덕기 선생과　　'싸움하는 모양'
'싸움하고'　　　　　태권도 임창수 사범

□ 第五回(제5회)

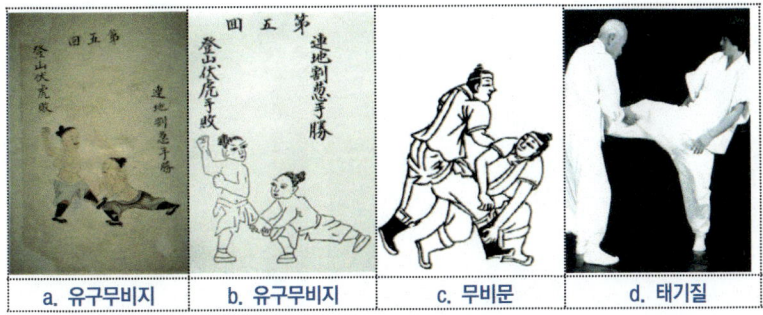

a. 유구무비지　b. 유구무비지　c. 무비문　d. 태기질

連地割葱手勝(연지할총수승)/登山伏虎手敗(등산복호수패)

(해설) '連·登(연·등), 地·山(지·산), 割葱·伏虎(할총·복호)'는 대칭이다. '連(연)'은 '잇다·돌다'이다. '連地(연지)'는 땅에 연결된 발이다. '割葱(할총)'의 '割(할)'은 '나누다·가르다'로써 '손으로 갈라서 찢다'이다. 連地割葱手(연지할총수)는 상대의 앞다리를 잡아끌어 찢어 넘어뜨리는 기법이다. '伏虎(복호)'는 '伏虎勢(복호세)'이다. 『무예도보통지』 拳法(권법)의 '伏虎勢(복호세)'는 엎드려 '앉아 뒤로 돌아 찬다'는 동작이지만, 登山伏虎手(등산복호수)에서는 ' 산으로 엎드려 기어 올라간다'라는 의미다.

무비문의 撚衣單鞭勢(연의단편세)에도 보법을 '脚用短連(각용단연)'으로 連(연)자를 쓰고 懶扎依勢(나찰의세)도 '脚用小蓮小打(각용소연소타)'로써 蓮(연)자를 사용하고 있으며, 登山伏虎(등산복호)는 猛虎靠山勢(맹호고산세)와 자세가 비슷하다. 이처럼 류구무비지는 동일문화권에서 전래된 것임을 알 수 있다. 『기효신서』의 권경보다 앞서 이러한 명칭이 있다는 것은 무엇을 말하는 것인가? 택견에서는 공격자 혼자 돌면서 차는 것을 '맴돌기'라 하고, '맴돌리기'는 상대방을 돌려서 공격하는 기술로 분류되어 있다. 또한 상대를 띄워서 공격하는 기술을 '공중걸이'라 하고, 테질(대기질)의 일종으로 오금을 잡아 넘어뜨리는 것을 '오금샙이'라 한다. 武備門(무비문)의 '上揪咽喉下揪腰袋(상추인후하추요열)'과 동류의 변용기법이다.

맴돌기   맴돌리기

(사진출처: 김정윤, 2002)

□ 第六回(제6회)

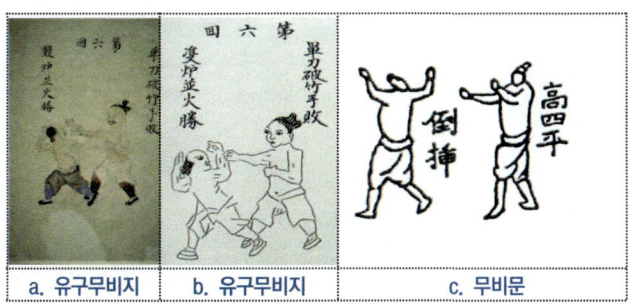

| a. 유구무비지 | b. 유구무비지 | c. 무비문 |

單刀破竹手敗(단도파죽수패)/雙炉並火(手)勝(쌍호병화(수)승)

〈해설〉 '單·雙(단쌍), 刀·炉(도·호), 破·並(파병), 竹·火(죽화)'는 대칭이다. '破竹(파죽)'은 '破竹之勢(파죽지세)'의 약자이다. '單刀(단도)'가 주먹이다. 이 공격을 피해 뒤로 돌면서 '山(산: 뫼산틀기)'로 막는 기법이다. 양손에 불을 치켜든 '雙炉並火(쌍로병화)'의 뒤에 '手(수)'가 빠졌다. 이것은 倒插勢(도삽세)'의 '谷聲相應(곡성상응)'과 '牛雙(우쌍)'의 기법이다. 拳法總圖(권법총도)의 倒插勢(도삽세)와 高四平(고사평)의 배치와 같다. '雙炉並火(쌍로병화)'의 대칭은 '日月足手(일월족수)'로써 拳經(권경)에서는 '倒騎龍(도기룡)'이다. 이는 택견의 본세의 흐름으로 상대 공격을 뒤돌아서 걷어내는 기법이다.

□ 第七回(제7회)

a. 유구무비지   b. 유구무비지   c. 팔짱끼기   d. 칼잡이

小鬼拔闖手勝(소귀발틈수승)/羅漢開門手敗(나한개문수패)

〈해설〉 '小鬼·羅漢(소귀·나한)·開·拔(개·발)·門·闖(문·틈)'은 대칭이다. '小鬼(소귀)'는 '아이·요괴·저승사자'로서 '羅漢(나한)'과 대칭됐다. '拔闖(발틈)'은 '가려진 틈을 두 손으로 벌린다'이다. '拔(발)'은 '簾(렴)'의 의미를 내포한다. '요괴가 벽틈 열고 쑥 나온다'는 의미다. '闖(틈)'은 '문 사이의 틈'으로 '틈'은 이두 문이다. '拔闖手(발틈수)'라 함은 '권법총도(拳法總圖)'의 '當頭抱勢(당두포세)'와 유사한 기법이다. 천부검의 '任闖蕩(임틈탕)'의 문장에도 '闖(틈)'자가 같은 의미로 사용됐다. '開門(개문)'의 '門(문)'은 주먹이다. '開(개)'는 '펴다·뻗다'이다. 문을 열듯이 주먹을 뻗친 것으로 '高四平(고사평)'이다. '拔闖手(발틈수)'는 격투 경기에서도 많이 나오는 방어법이다. '門闖(문틈)'의 일상어로 구성했다. 송덕기는 택견의 구결口訣로 '문을 열고 문을 닫아라'라고 했는데 즉 상대의 방어(주먹)를 걷어내고 공격하고 상대의 주먹 공격을 막는 것을 의미하는 것이다(고용우 인터뷰, 2013.10.10. 로스앤젤레스).

□ 第八回(제8회)

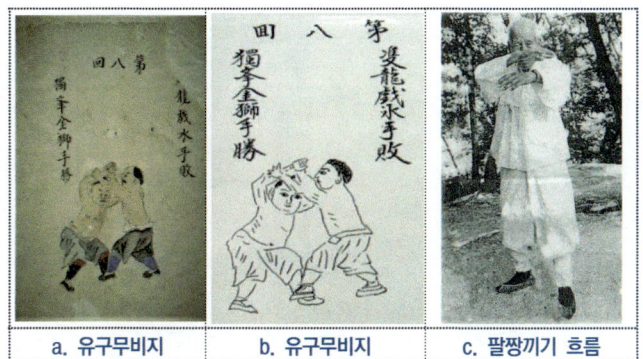

a. 유구무비지   b. 유구무비지   c. 팔짱끼기 흐름

雙龍戲水手敗(쌍용희수수패)/獨夆金獅手勝(독봉금사수승)

(해설) '雙獨·龍夆(쌍독·용봉), 戲水·金獅(허수·금사)'는 대칭이다. '雙龍(쌍용)'은 左手(좌수)와 右手(우수)이다. 手(수)를 水(수)로 치환했다. '獨夆(독봉)'은 '하나의 봉우리'이다. 맞잡아 올린 손의 모양이 '봉우리'이다. '金獅手(금사수)'의 '金(금)'자 형이 곧 '夆(봉)'이다. '雙龍(쌍용)'과 '金獅(금사)'의 대립이다. 송덕기의 택견기법에서 양다리의 움직임을 쌍용으로 표현하여 쌍용발길질 등이라 하고, 보법에서도 갈지자(之)밟기의 흐름을 쌍용과 표현한다. 양팔(손질)과 양다리(발길질)는 같은 흐름이다.

□ 第九回(제9회)

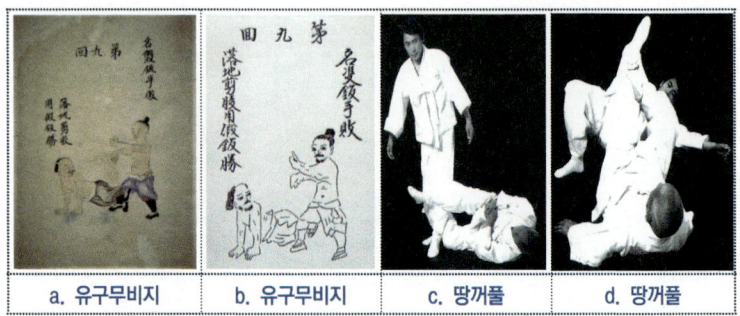

a. 유구무비지 b. 유구무비지 c. 땅꺼풀 d. 땅꺼풀

名雙鈑手敗(명쌍판수패)/**落地剪胶用假鈑勝**(낙지전교용가판승)

〔해설〕 '雙鈑·剪胶(쌍판·전교)'는 대칭이다. '雙鈑手(쌍판수)'는 '擒拿(금나)'類(류)의 변용이다. '雙鈑手(쌍판수)'는 두 손으로 금판을 잡고 벽에 끼워 넣는 동작이다. '落地剪胶(낙지전교)'는 발의 작용이기 때문이기에 '手(수)'가 없다. 第三回(제3회)의 '落地交剪(낙지교전)'과 기법상 다소 차이가 있다. '胶(교)'는 '정강이'로 양발로 정강이를 묶어 넘어뜨리는 기법이다. '用假鈑(용가판)'은 '落地剪胶(낙지전교)'를 취할 때 사용하는 수법이다. '雙鈑手(쌍판수)'는 손이 상하로 바뀌었지만 '假鈑(가판)'은 양손을 나란히 땅에 두었다. '雙鈑(쌍판)'과 손 모양이 다르기 때문에 '假鈑(가판)'이다. '雙鈑(쌍판)'의 손 모양은 '伽羅手(가라데)'의 '拳路(권로)'에서도 보인다. 이는 택견의 땅꺼풀의 일종이다. 땅꺼풀에서 용접법으로 연결할 수 있다.

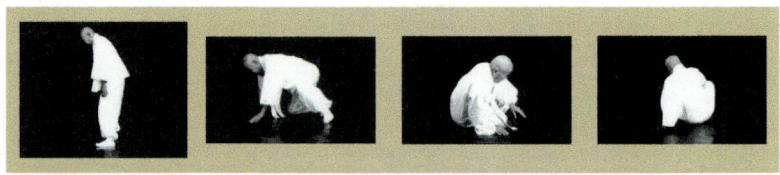

구르기 (사진출처: 김정윤, 2002)

□ 第十回(제10회)

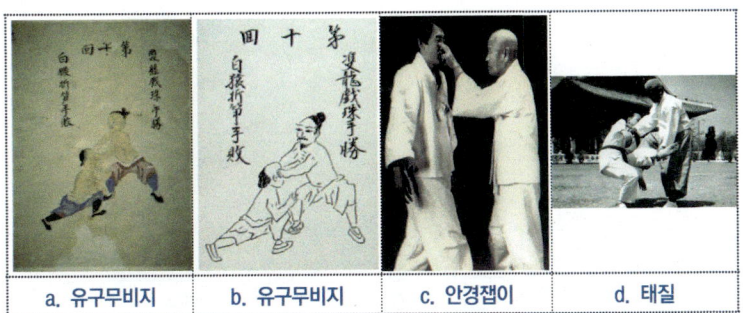

a. 유구무비지   b. 유구무비지   c. 안경잽이   d. 태질

雙龍戱珠手勝(쌍용희주수승)/白猴折爭手敗(백후절쟁수패)

〈해설〉 '雙龍·白猴(쌍용·백후), 戱珠·折爭(희주·절쟁)'은 대칭이다. '雙龍(쌍용)'은 '左手(좌수)와 右手(우수)'이다. '珠(주)'는 '눈동자'이다. 龍(용)과 '猴(후)'의 대립이다. '天符劍(천부검)'의 '靑獅戱球(청사희주)'와 문화적 궤가 상통됨을 알 수 있다. 원본 좌상에 순서를 표기한 十二(십이)의 숫자가 있다. 택견은 유술의 일종으로 상대를 넘기는 기법을 기본으로 한다.

□ 第十一回(제11회)

| a. 유구무비지 | b. 유구무비지 | c. 태질 |

虎陶猪手勝(호도저수승)/駟不象(手)敗(사불상패)

(해설) '虎·駟(호·사)', '陶·不(도·불)', '猪·象(저·상)'은 대칭이다. '虎陶猪(호도저)'의 '陶(도)'는 '질그릇'이다. '猪(저)'는 '돼지·웅덩이'의 뜻이다. '장독을 뒤집어 웅덩이에 넣는 동작'이다. '뒤집다'는 '倒(도)'를 '도'의 음가에 맞는 '陶(도)'자로 치환하고 '低(저)'를 '猪(저)'로 비유하고 다시 치환한 이두문이다. '虎(호)'가 '猪(저)'를 뒤집었다(倒). '駟(사)'는 '네 마리의 말'이다. '四肢(사지)'를 나타낸다. '象(상)'자 뒤에 '手(수)'가 빠졌다. '虎(호)'와 '馬(마)'의 대립이다. 원본에는 '第十一回(제11회)'의 'a. 그림'이 없다. 사본이 있는 것으로 보아 다른 원본 또는 사본이 존재했었음을 알 수 있다. 이는 상대를 태질로 넘기는 기술이다.

□ 第十二回(제12회)

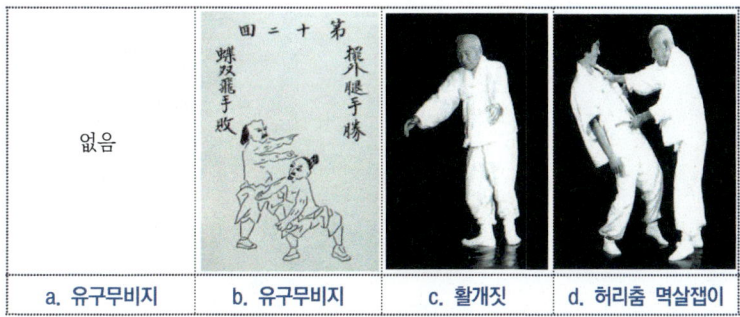

| a. 유구무비지 | b. 유구무비지 | c. 활개짓 | d. 허리춤 멱살잽이 |

擺外腿手勝(파외퇴수승)/蝶雙飛手敗(접쌍비수패)

〈해설〉 '擺·蝶(파·접), 外腿·雙飛(외퇴·쌍비)'는 대칭이다. '擺(파)'는 '벌려 놓다'이다. '擺外(파외)'는 '발을 잡아 밖으로 돌리는 수법'이다. '蝶雙飛手(접쌍비수)'는 '劍訣歌(검결가)'의 '蝴蝶雙飛(호접쌍비)'와 결이 같다. '蝶(접)'은 나비의 날개이다. 양팔을 나비처럼 접어 뻗는 수법이다. '蝶(접)'은 '접는다'는 뜻 '摺(접)'의 이두문이다. 원본에는 第十二回(제12회)의 'a. 그림'이 없다. 사본이 있는 것으로 보아 다른 원본 또는 사본이 존재했음을 알 수 있다. 이는 택견에서 상대의 발목을 잡아서 넘기는 태질의 기법이다.

□ 第十三回(제13회)

| a. 유구무비지 | b. 유구무비지 | c. 잡아대기 | d. 신주 |

「身化辺門用三角戰手勝(신화변문용삼각전수승)/進步單機手存要節(진보단기수존요절)」

《해설》 '化辺·進步(화변·진보), 門·單(문·단), 三角·機手(삼각·기수), 戰·節(전절)'은 대칭이다. '身化辺門(신화변문)'은 '辺(변)'은 '모퉁이·가장자리'이다. '門(문)'은 '팔'이다. 즉 '몸을 팔의 모퉁이로 피해 움직인다'이다. '三角戰手(삼각전수)'는 "상대의 팔을 양손으로 잡아 '三角(삼각)'이 되도록 한다."이다. '戰(전)'은 '轉(전)'이 치환된 이두문이다. 좌수로 팔관절 급소를 잡는 모습이 송덕기가 '關節(관절)'을 잡는 기법과 같다. '單機手(단기수)'는 '비틀린 한 손'이다. '要節(요절)'은 상대가 '三角戰手(삼각전수)'로 꺽으면 '손을 스스로 비틀어 관절을 굽히는 것'이 중요하다는 것이다. 그렇지 않으면 관절이 부러진다. 방어적 개념을 설명했다. 사본의 14번은 원본의 十三(십삼)이다. 순서를 바꿔 그렸다. '關節技(관절기)' '三角戰手(삼각전수)'를 송덕기는 '身主(신주)'라 한다. 마지막 처리 방법에 따라 '風手(풍수)'나 '誇示(과시)'가 된다.

잡아대기

□ 第十四回(제14회)

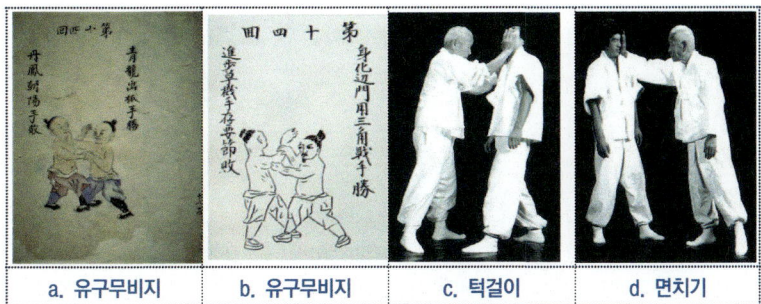

| a. 유구무비지 | b. 유구무비지 | c. 턱걸이 | d. 면치기 |

靑龍出抓手勝(청용출조수)/丹鳳朝陽手敗(단봉조양수)

〈해설〉 '靑·丹(청단), 龍·鳳(용·봉), 出抓·朝陽(출조·조양)'는 대칭이다. '靑龍出抓手(청룡출조수)'는 조선세법의 '蒼龍出水(창룡출수)'와 劍訣歌(검결가)의 '靑龍雙探爪(청룡쌍탐조)'와 문화적 결이 같고, '丹鳳朝陽手(단봉조양수)'도 劍訣歌(검결가)의 '單鳳獨朝陽(단봉독조양)'의 가결과 같다. 원본의 차례의 숫자가 보이지 않는다. 'b. 그림' 사본의 14번은 원본의 'a. 그림 第十三回(제13회)이다. 사본을 그리면서 순서가 바뀌었다. '丹(단)과 '單(단)'은 동일 음가로 대리 교차시켜 사용하는 이두문이다. 동일 문화권에서 만들어진 개념임을 알 수 있다. 수법은 택견의 '턱걸이'이다.

□ 第十五回(제15회)

a. 유구무비지　　b. 유구무비지　　c. 허리춤 멱살잽이　　d. 회목잽이 칼잽이

鎖喉寒陽手勝(쇄후한양수승)/扭髮撞腦手敗(유발당뇌수패)

〈해설〉 '鎖·扭(쇄·유), 喉·髮(후·발), 寒·撞(한·당), 陽·腦(양·뇌)'는 대칭이다. '鎖喉(쇄후)'는 택견의 '줄띠잽이'136)이다. '寒陽(한양)'의 '寒(한)'은 '얼다·오그라들다'의 뜻이고, '한'의 음가는 '하나'를 뜻하는 이두문이다. '陽(양)'은 '불알'이다. '한 손으로 목울대를 잡고 나머지 한 손으로 불알을 잡는다'이다. '扭髮(유발)'은 '상투를 잡다'이고, '撞腦(당뇌)'는 '머리를 치다'이다. 이는 택견의 기술에서 상대의 낭심과 줄띠잽이, 상투잽이 또는 한손으로 상대를 잡고 한손으로 머리를 공격하는 기법과 같다.

---

136) 상대의 목을 치기는 칼잽이에서 울대를 잡는 '줄때잽이'로 연결할 수 있다.

□ 第十六回(제16회)

a. 유구무비지   b. 유구무비지   c. 태껸춤   d. 장심지르기

弄草枝手敗(농초지수패)/醉羅漢手勝(취라한수승)

《해설》 '弄草枝·醉羅漢(농초지·취라한)'은 대칭이다. 弄草枝(농초지)는 '풀로 상대의 겨드랑이를 간지럽히듯이 친다'이다. 醉羅漢(취나한)은 술에 취해 양손을 들고 있는 阿羅漢(아라한)이다. 이는 택견에서 겨드랑이를 공격하는 第三十回(제30회)의 기술과 같은 흐름이다.

□ 第十七回(제17회)

| a. 유구무비지 | b. 유구무비지 | c. 턱걸이 | d. 목무장 |

美女梳粧手僧(미녀소장수승)/錦鯉朝天手敗(금리조천수패)

《해설》 '美錦·女鯉(미금·여리), 梳粧·朝天(소장·조천)'은 대칭이다. '梳(소)'는 '얼래 빗'이다. '미녀 머리를 빗질하듯 한다'이다. 將軍抱卯手(장군포연수)와 수법이 유사하다. 입이 하늘을 향해 열리는 것을 '鯉(리:잉어)'의 입이 하늘을 향한 것을 '朝天(조천)'에 비유했다. '朝天勢(조천세)'의 가결과 같고 하늘을 향한다 는 개념과도 일치한다. 太擊(태격)의 권결에 '魚躍于淵(어약우연), 太公釣魚(태공 조어), 魚翁出步(어옹출보), 魚翁內釣(어옹내조)'처럼 '魚(어)'로 비유한다. 이는 택 견의 '턱걸이'에서 '목무장'으로 변용되는 자세다.

□ 第十八回(제18회)

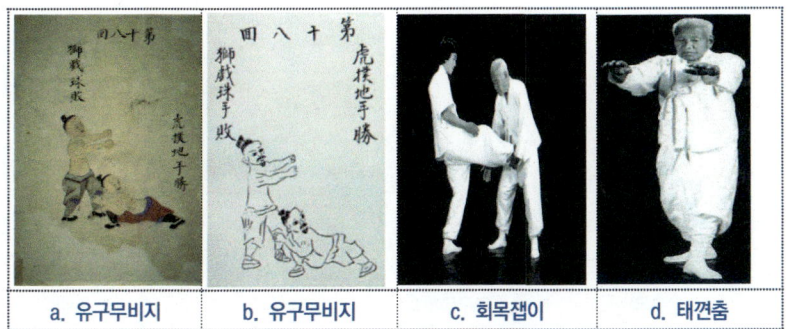

| a. 유구무비지 | b. 유구무비지 | c. 회목잽이 | d. 태껸춤 |

虎撲地手勝(호박지수승)/獅戲珠(手)敗(사희주패)

〈해설〉 '虎·獅(호·사), 撲·戲(박·희), 地·珠(지·주)'는 대칭이다. '虎撲地(호박지)'는 '호랑이가 땅에 엎드리는 자세다. '伏虎勢(복호세)'와 같은 개념으로 '虎撲地(호박지)'는 손을 사용하기 위해 엎드린 개념을 사용됐음을 알 수 있다. '雙龍戲珠(쌍용희주)'와 '獅戲珠(사희주)'는 양손을 뻗어 눈을 공격하는 기법은 같다. 그러나 '獅戲珠(사희주)'의 자세가 높다. '珠(주)'자 뒤에 '手(수)'가 생략됐다. 택견의 '오금잽이'로 변용될 수 있다.

□ 第十九回(제19회)

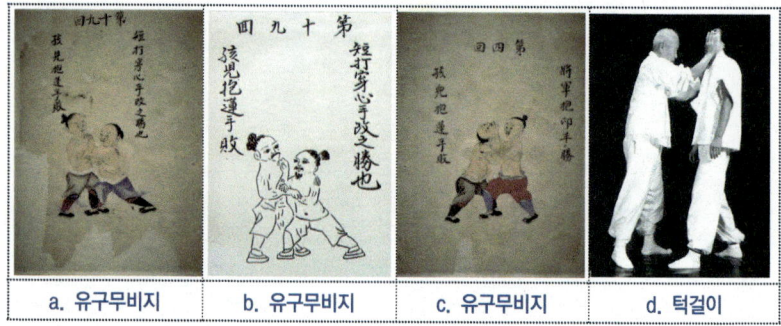

a. 유구무비지   b. 유구무비지   c. 유구무비지   d. 턱걸이

短打穿心手改之勝也(단차천심수래기승)/孩兒抱蓮手敗(해아포연수패)

《해설》 '穿心·抱蓮(천심·포연)'의 대칭이다. '穿心手(천심수)'는 몸 중심을 뚫고 올라가듯 공격하는 수법이다. '孩兒抱蓮手(아해포연수)'는 제4회에서 이미 나왔다. 힘없는 아이가 '抱擁(포옹)'했다. 택견의 공중걸이 기술로 상대의 몸통 또는 다리 등의 중심을 공중으로 띄워서 넘기는 기술이다. 공중걸이는 씨름의 기술로 구분되어 있듯이 과거 수박과 각희, 즉 택견과 씨름은 구분이 없는 하나 무예로 종합격투기의 형태로 근대로 내려오면서 세분화된 것이다.

□ 第二十回(제20회)

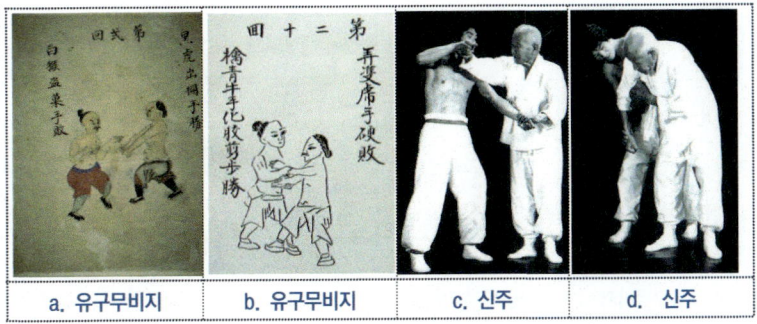

| a. 유구무비지 | b. 유구무비지 | c. 신주 | d. 신주 |

弄雙虎手硬(敗)(농쌍호수경패)/擒靑牛手化胶剪步勝(금청우수화교전보승)

(해설) '弄·擒(농·금), 雙虎·靑牛(쌍호·청우), 硬·化(경·화)'의 대칭이다. '胶剪步(교전보)'는 '落地剪胶(낙지전교)'와 연결된다. 硬(경)이 있을 자리에 '敗(패)'가 있어야 하는데, 사본을 보면 '敗(패)'자가 있는 것으로 보아, '硬(경)'은 '손에 힘이 들어가 있는 것'을 표현한 문장이다. 두 손이 실없이 들어오면 상대의 두 손을 잡아 비틀고 발을 차서 넘어트린다. 상대의 두 손을 잡고 '落地胶剪(낙지교전)'으로 변화한다. 택견의 '잡아대기'이다. 송덕기는 상대의 양팔을 잡고 발길질하는 기법이 많다. '虎(호)'와 '牛(우)'가 대립이다.

□ 第二一回(제21회)

a. 유구무비지   b. 유구무비지   c. 회목잽이   d. 공중걸이

四平採竹手勝(사평채죽수승)/小門計手敗(소문계수패)

《해설》 '四小·平門(사소·평문), 採·計(채·계), 竹·手(죽수)'는 대칭이다. '四平(사평)'은 '四'는 '다리'를 뜻한다. 拳勢(권세)의 '四品(사품)'에서 '四(사)'는 '다리'를 나타낸다. '四平採竹(사평채죽)'은 '다리'를 '대죽'으로 비유했다. '대죽을 캐듯이 한다'이다. '小門(소문)'은 '大門(대문)'의 반대이다. '計手(계수)'는 숫자를 헤아리는 손이다. 그림을 보면 별을 세듯 좌수를 들고 우수도 구부려 세아린다. 원본 좌하에 차례를 나타낸 숫자가 쓰여 있던 흔적이 있다. '門(문)'이 손을 나타낸다. '六路(육로)'에서 사용된 '斗門(두문)'의 개념이 전래됐다. 택견에서 대나무의 마디를 치는 형태라 하여 상대의 다리의 마디를 치는 것을 '대죽치기'라 한다.

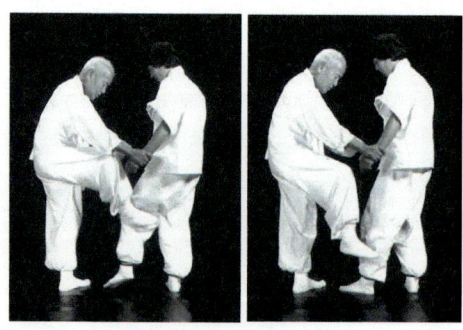

대죽치기 (출처: 김정윤, 2002)

□ 第二二回(제22회)

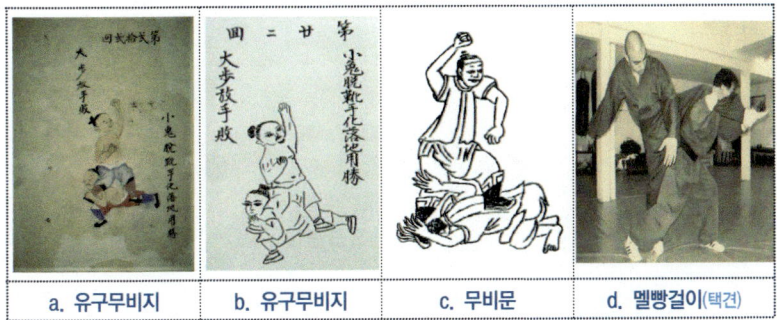

| a. 유구무비지 | b. 유구무비지 | c. 무비문 | d. 멜빵걸이(택견) |

小鬼脫靴手化落地用勝(소귀탈화수화락지용승)/大步放手敗(대보방수패)

(해설) '小大·鬼步(소대·귀보), 脫·放(탈·방)'은 대칭이다. '小鬼(소귀)'는 '小鬼拔闖手(소귀발틈수)'에서 사용됐다. 상대의 신발을 벗기듯 움직여 땅에 넘어뜨린다. 상대의 손은 '小門(소문)'이다. '大步(대보)'의 의미가 '虎撲地(호박지)'처럼 발이 넓게 펴진 것으로, 미루어 '大步勢(대보세)'의 보법을 알 수 있다. '放(방)'은 '널리 펴다'로 '상대의 발  을 벌린다'이다. 武備門(무비문)의 小鬼跌金剛法(소귀질금강법)에서 손을 들고 있는 모습이 같다. 서로 기법이 연결되어 있음을 알 수 있다. 또한 浪子脫靴跌法(낭자탈화질법)에서 보듯이 '신발을 벗긴다'는 '脫靴(탈화)'의 기법이 있다. 武備門(무비문)에는 單脫靴(단탈화)137)의 기법도 자세히 설명되어 있다. 하나의 기법은 변화하기 때문에 개념조합이 발생 된다. 무비문과 류구무비지가 하나로 연결되어 있음을 알 수 있다. 택견의 상대의 다리를 어깨에 걸쳐서 넘기는 멜빵걸이 기술이다. 위 무비문의 동작과 같이 상대를 넘겨서 완전히 제압한 기술을 과시(誇示)라 한다. 즉, 과시는 사전적으로 "자랑하거나 뽐내어 보임" 의미로 '자신의 힘을 과시한다.'라는 의미로 해석 할 수 있다.

---

137) 他右手來揪住我胸我用左手從他臂上下捺着右膝用右拿住他右脚跟一撤他卽仰面跌去

□ 第二三回(제23회)

a. 유구무비지　　b. 유구무비지　　c. 떼장치기　　d. 허리춤잽이

鯉魚猷肚手勝(이어유두수승)/鉄牛入石手敗(철우입석수패)

(해설) '鯉魚·鉄牛(이어·철우), 猷·入(유·입), 肚·石(두·석)'은 대칭이다. '鯉魚(이어)'는 잉어이다. '錦鯉朝天(이어조천)·鯉魚落井(이어낙정)·鯉魚反腮(이어반시)'에서 '錦鯉(금이)'와 '鯉魚(이어)'가 사용됐다. '擒靑牛手(금청우수)'의 靑牛(청우)에 이어 '鉄牛(철우)'가 사용됐다. 鎗法(창법)과 棍法(곤법)의 鉄牛耕地勢(철우경지세) '鉄牛(철우)'의 개념이 사용됐다. 手(수)를 鎗(창)으로 대체했다. '가래를 땅에 꽂는 동작'이다. 특히 '鉄牛入石(철우입석)138)'의 勢名(세명)과 기법은 『기효신서』에 기록되어 있다. 劍(검)·鎗(창)·棍(곤) 등의 기법과 手法(수법)의 원리가 같다. 손이 칼이고 창이며 곤이다. 맨손 무예와 무기술이 서로 다른 영역이 아니다. '鉄牛入石(철우입석)'은 '鉄(철)'과 '牛(우)'의 결합이다. '牛(우)'는 '蚩尤(치우)'의 상징 동물이고, 치우는 '鐵(철)'로 무기를 만들었다. '拳勢歌(권세가)' '兩具牛(양구우)'의 '牛(우)'도 주먹을 나타낸다.

원본 좌하에 숫자가 쓰여 있었던 흔적이 있다. 勢名(세명)이 삼별초 手搏(수박)에 있는 것으로 보아 그 역사적 맥락이 깊음을 알 수 있다. 한편, 武備門(무비문)의 祕傳解法(비전해법)에 鯉魚撞(이어당)139)에 세세한 기법의 설명이 있다.

---

138) 鉄牛入石. 我打去 他揭起 我將棍尾勿墜 就將棍尾倒株上一下. 即大剪他手 或即打他手. 他打來. 我揭起. 即入殺他小門. 極妙極妙 『기효신서』短兵長用說第十二

139) 他右手來揪住我頭髮我用右手覆住他右手用左脚腕住他雙脚用右手插入膿裏拿住他左脚穿我就把頭皆一打仰面跌去

□ 第二四回(제24회)

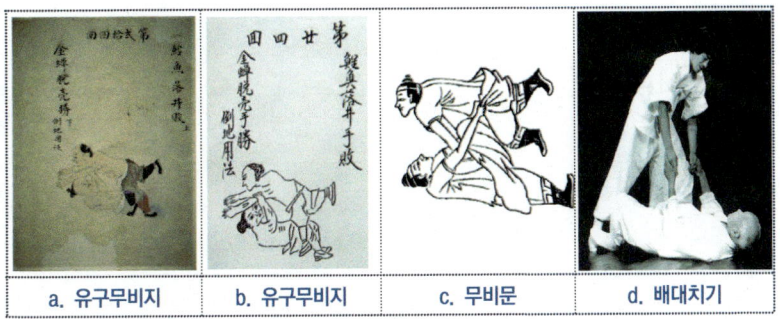

| a. 유구무비지 | b. 유구무비지 | c. 무비문 | d. 배대치기 |

鯉魚落井敗上(이어낙정패상)/金蟬脫殼勝下(금선탈각승하), 倒地用法(도지용법)

(해설) '鯉金·魚蟬(이금·어선), 落·脫(낙찰), 井·殼(정각)'은 대칭이다. '鯉魚落井手(이어낙정수)'는 '鯉魚(이어)'가 우물 속에 뛰어 들어가는 것으로 비유했다. '上(상)'자를 밑에 붙여 위치를 설명했다. '金蟬脫殼(금선탈각)'의 '殼(각)'은 '껍질각'이다. '매미가 껍질을 발로 밀어내는 것'으로 기법을 설명했다. 仙道(선도) 사상이 담겨있다. 『새보전서』에 '伏虎卽木魚(복호즉목어)'가 있다. '伏虎(복호)'를 '木魚(목어)'로 표현했다. '魚(어)'를 사람으로 비유했다. 문화의 동질성이 들어있다. 한편, 武備門(무비문)에 '獅子滾毬跌法(사자곤국질법)'과 같다. 이는 택견의 '배대치기' 기술로 상대의 어깨, 손목, 허리춤을 잡고 곧은발질로 복부를 차면서 넘기는 기술이다.

□ 第二五回(제25회)

a. 유규무비지   b. 유규무비지   c. 허리춤잽이 멱살잽이   d. 공격수

拿拔剪手勝(나발전수) 化边門用手送脚剪法(화변문용수송각전법)/穿心短手敗(천심단수)

《해설》 '拿·穿(나·천), 拔·心(발·심), 剪·短(전·단)'은 대칭이다. '拿拔剪手(나발전수)'의 '拿(나)'는 두 손을 합친 것'이고, '拔(발)'은 한 손을 뺀 것이다. '剪手(전수)'는 손이 가위처럼 교차 된 것을 나타낸다. '化边門用手送脚剪法(화변문용수송각전법)'은 '化边門(화변문)'은 '손 옆으로 움직인다'이다. 연이어 손을 하체의 다리를 보내고 脚剪(각전)의 기법으로 다리를 공격한다. '穿心(천심)'은 '短打穿心手(단타천심수)'에서 보듯이 한 손을 몸 중심위로 올린 손으로 그림과 같다. 이는 택견의 고대세에서 합장으로 상대를 쌍용형태로 공격하는 기술이다.

□ 第二六回(제26회)

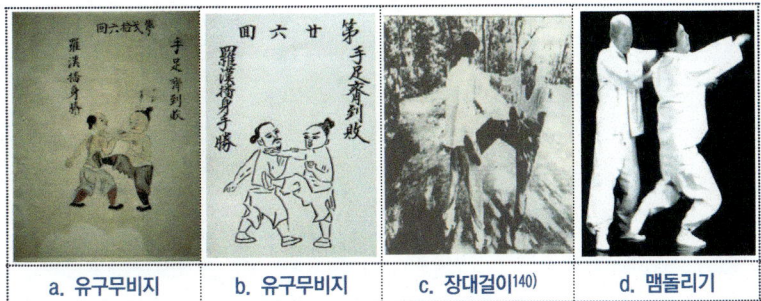

a. 유구무비지   b. 유구무비지   c. 장대걸이[140]   d. 맴돌리기

手足齊到敗(수족제도패)/羅漢播身(手)勝(나한파신수승)

(해설) '齊·播(제·파)'는 대칭이다. '手足齊(수족제)'는 '손발이 나란히 나간다'이다. '播(파)'는 '손으로 씨를 뿌린다'로써 '播身手(파신수)'는 '상대의 몸을 잡아 돌려서 뿌린다'이다. '番(번)'의 원자로서 '番(번)=播(파)'이다. 대동류의 술기에서도 많이 보인다. 송덕기의 '맴돌리기'가 '播(파)'의 기법이다. '羅漢(나한)'은 '阿羅漢(아라한)'을 뜻한다. '佛敎(불교)'의 영향이 담겨있다. 이는 택견의 손질과 장대걸이 기술에서 맴돌리기로 연결하는 기법이다.

---

140) 「주부생활」(1985년 9월호) 삼국시대에서 돌아온 사람 송덕기(右)와 고용우(左)

□ 第二七回(제27회)

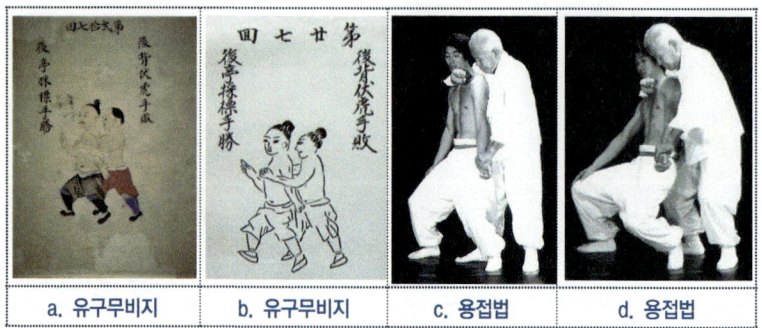

a. 유구무비지   b. 유구무비지   c. 용접법   d. 용접법

後背伏虎手敗(후배복호수패)/後亭採標手勝(후정채표수승)

《해설》 '背·亭(배·정), 伏·採(복·채)'는 대칭이다. '背伏虎手(배복호수)'는 뒤에서 사람을 덮쳐 앉은 자세가 땅에 엎드린 '伏虎(복호)'의 자세와 같다. 拳經(권경)의 '伏虎勢(복호세)'는 '坐腿法(좌퇴법)'으로 '足法(족법)'이다. '手法(수법)'에도 '伏虎手(복호수)'가 있었음을 알 수 있다. '採標手(채표수)'의 '標(표)'는 '남자의 성기'를 뜻한다. 이는 택견의 용접법의 기법으로 상대를 누워서 제압하는 기술이다.

□ 第二八回(제28회)

| a. 유구무비지 | b. 유구무비지 | c. 신주 | d. 신주 |

泰山壓卯手敗(태산압묘수패)/鯉魚反腮手勝(이어반새수승)

(해설) '泰山·鯉魚(태산·이어), 壓·反(압·반), 卯·腮(묘·시)'는 대칭이다. '泰山壓卯手(태산압묘수)'는 '朝鮮勢法(조선세법)'의 '泰山壓頂勢(태산압정세)'와 문화적 결이 같다. '上斗(상투)'를 '卯(묘: 토끼귀)'로 비유했다. '拗鸞肘(요란주)'를 '拿鷹捉兎(합응착토)'로 비유했듯이 '卯(묘)'는 토끼의 '귀'이다. '反腮手(반시수)'의 '腮(시)'자는 '顋(세)'가 원자이다. 자세의 모양이 들어있다. 즉 '思(사)'의 '田(전)'이 얼굴을 상징하고 '心(심)'이 얼굴이 붉어진 뺨을 나타내면서 '手(수)'를 상징한다. '反腮(반시)'는 '뺨 반대쪽으로 상대의 손을 꺾는다'이다. 상대가 머리를 잡으면 반대로 돌아 상대의 팔을 꺾는 관절 수법이다. 택견에서는 '風手(풍수)'141)라 한다.

---

141) '바람개비·풍차돌리기'라고도 한다.

□ 第二九回(제29회)

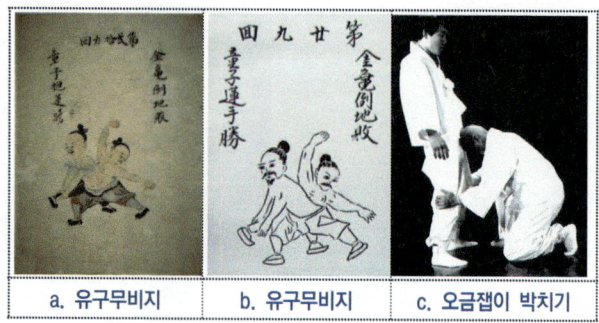

a. 유구무비지   b. 유구무비지   c. 오금잽이 박치기

金龜倒地敗(금귀도지패)/童子抱蓮勝(동자포연승)

〈해설〉 '金龜·童子(금귀·동자), 倒·抱(도·포), 地·蓮(지·연)'은 대칭이다. '龜(귀)'는 거북이다. 거북이처럼 사지를 벌리며 넘어진다. 『賽寶全書(새보전서)』의 '龜葉(귀엽)'과 결이 같다. '童子抱蓮(동자포연)'의 '童子(동자)'나 '孩兒抱蓮(해아포연)'의 '孩兒(해아)'는 같은 의미다. '孩兒(아해)'이 '아이(애)'의 이두문이다. 원본의 童子抱蓮(동자포연)을 사본에서 '童子蓮手(동자연수)'로 오기했다. 金龜(금귀)와 童子(동자)를 대립시켰지만, '金龜童子(금귀동자)'는 '金子童(금자동)'의 개념이 합치되었다. 金子童孩(금자동아) 銀子童孩(은자동아)이다. 이는 택견의 유술기법으로 상대의 발회목을 잡아채기 기술의 일종이다.

회목잽이

□ 第三十回(제30회)

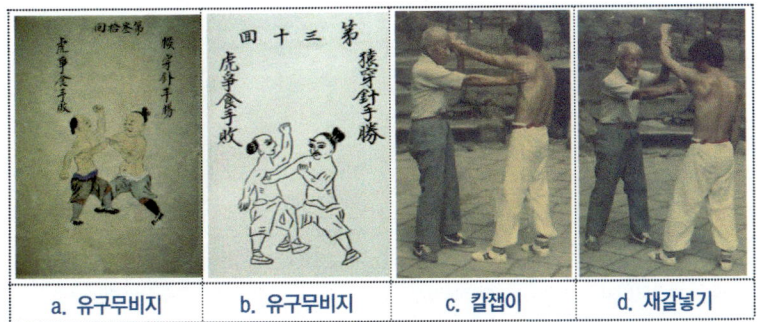

| a. 유구무비지 | b. 유구무비지 | c. 칼잽이 | d. 재갈넣기 |

猴**穿針手勝**(후천침수승)/虎**爭食手敗**(호쟁식수패)

(해설) '猴·虎(후·호), 穿·爭(천·쟁), 針·食(침·식)'은 대칭이다. '猴(후)'의 손 모양이 '白猿手(백원수)'이다. 한 손가락을 이용하여 침을 놓듯이 찌른다. 사본은 '猴(후)'자를 '猿(원)'자로 오기했다. '虎爭食手(호쟁식수)'의 '爭(쟁)=爪(조)+尹(윤)'으로 상하에 손이 있다. 全力疾走(전력질주)로 달릴 때 상하로 움직이는 '拳(권)'이다. '當頭抱勢(당두포세)'가 左脚右拳(좌각우권)처럼 손발이 엇갈리지만 '虎爭食手(호쟁식수)'는 '右脚右拳(우각우권)'으로 손발이 같다. '拳面(권면)'이 얼굴을 향한 상태에서 올려쳐야 아래에 있던 손이 뒤로 간다. '一指拳(일지권)'으로 혈도를 찍는 동작이다. 이는 택견에서 상대의 겨드랑이 등을 엄지 또는 주먹으로 상대의 급소를 찌르는 기법이다.

□ 第三一回(제31회)

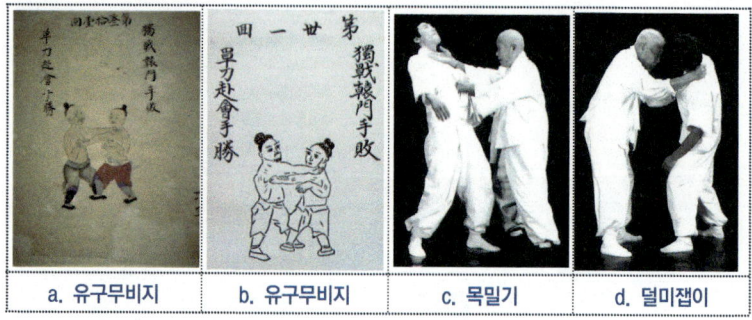

a. 유구무비지   b. 유구무비지   c. 목밀기   d. 덜미잽이

獨戰轅門手敗(독전원문수패)/單刀赴會手勝(단도부회수승)

《해설》 '獨戰·單刀(독전·단도)·轅門·赴會(원문·부회)'는 대칭이다. '獨戰(독전)'은 '한쪽 손'이다. '戰(전)=單(단)+戈(과)'이다. '戰(전)'에 '單(단)'자가 이미 들어있다. '轅(원)=車(위)+袁(원)'으로, '에워싸다·끌다'이다. 사본에서는 '韓'에서 좌측을 썼다. '門(문)'의 '손'이다. 한 손이 잡혀 끌려간다. '獨(독)=單(단)'이다. '單刀(단도)'도 '한 손'이다. '手(수)'를 '刀(도)'로 비유했다. 즉 '手刀(수도)'이다. '赴會手(부회수)'의 '赴(부)=走(주)+卜(점복)', '다가간다·들어간다'이다. 우수는 상대의 우수를 잡아끌고 좌수는 '掌心(장심)'이 하늘을 향하도록 뻗은 상태에서 돌린다. 이는 택견에서 상대의 목덜미는 밀거나 잡아서 끌어서 태질로 연결하는 기법이다.

□ 第三二回(제32회)

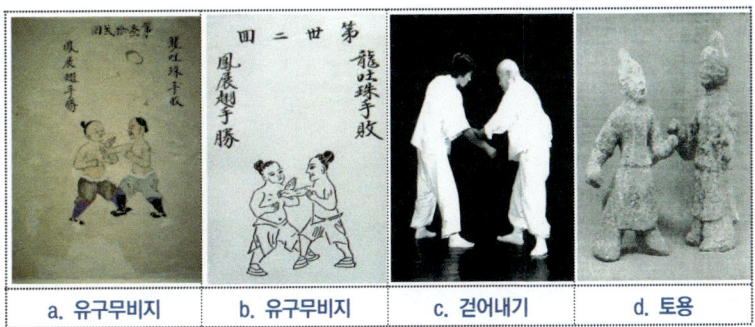

| a. 유구무비지 | b. 유구무비지 | c. 걷어내기 | d. 토용 |

龍吐珠手敗(용토주수패)/鳳展翅手勝(봉전혈수승)

〈해설〉 '龍·鳳(용·봉), 吐·展(토·전), 珠·翅(주·혈)'는 대칭이다. '吐珠(토주)'는 '龍(용)'이 토해내듯이 뻗은 '拳(권)'이 '珠(주)'이다. '展翅(전시)'는 조선세법의 '展翅勢(전시세)'와 棍法(곤법)의 鳳凰單展翅勢(봉왕단전시세)와 같다. '珠(주)'자 拳(권)이고 '翅(시)'는 새의 날개로 '手(수)'이다. 손(手)을 새의 날개(翼·翅)로 표현했다. '鳳頭勢(봉두세)'처럼 '鳳(봉)'을 상징으로 삼았다. 동일문화 코드이다. 자식을 '새끼(새의 자손)'라고 하는 말처럼 새의 토템으로 된 拳訣(권결)이다. 龍(용)과 鳳(봉)의 대칭이다. 이는 택견에서 메주먹 공격(용)을 걷어내리(봉, 활개짓)는 동작이다.

태껸하는 모습의 토용
(동아일보, 1986 7.30, 서영수 기자)

태껸의 자세를 고봉부友에게
지도하는 송덕기右(주부생활, 1985)

□ 第三三回(제33회)

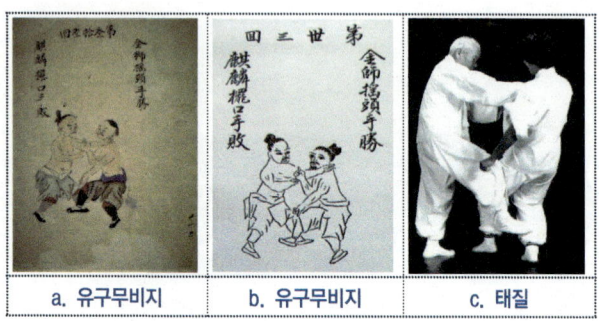

a. 유구무비지   b. 유구무비지   c. 태질

金獅搖頭手勝(금사요두수승)/麒麟擺口手敗(기린파구수패)

〈해설〉 '金獅·麒麟(금사·기린), 搖·擺(요·파), 頭·口(두·구)'는 대칭이다. '金獅搖頭(금사요두)'는 천부검에 '獅子搖頭(사자요두)'와 결이 같다. 劍歌(검가)에 '搖頭進步風雷響(요두진보풍뢰향)', 10단금에 '坐馬搖擺(좌마요파)'가 있다. 6로에 '搖擺(요파)'가 있다. 拳(권)의 동작을 설명하는 용어들이 단절되지 않고 전승돼왔음을 알 수 있다. '麒麟(기린)'은 목이 길다. 상대의 목을 벌려 넘어뜨리는 수법이다. 이는 택견에서 상대를 넘기는 태질 기법이다.

□ 第三四回(제34회)

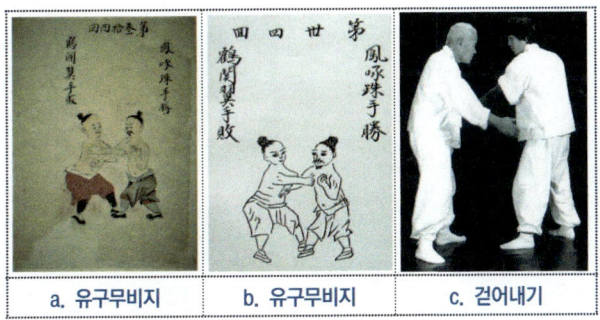

a. 유구무비지   b. 유구무비지   c. 걷어내기

鳳啄珠手勝(봉탁주수승)/鶴開翼手敗(학개익수패)

(해설) '鳳·鶴(봉·학), 啄·開(탁·개), 珠·翼(주·익)'의 대칭이다. '鳳啄珠(봉탁주)'의 '啄(탁)'은 '부리로 쪼다'이다. '龍吐珠(용토주)'는 곧게 주먹이 나가고, '鳳啄珠(봉탁주)' 주먹이 밑으로 향한다. '鶴開翼手(학개익수)'를 보면, 左手(좌수)로 '鳳啄珠(봉탁주)'를 잡고 右手(우수)를 공격했지만 '鳳啄珠(봉탁주)'의 右拳(우권)이 막음 역할을 하면서 변화가 생길 수 있고, '左拳(좌권)'의 공격을 받게 된다. '單刀赴會手(단도부회수)'와 비교하면 그 차이를 알 수 있다. 이는 택견에서 상대와 마주대기의 기법이다.

□ 第三五回(제35회)

a. 유구무비지   b. 유구무비지   c. 잡아대기   d. 맴돌리기

雷打樹手敗(뢰타수수패)/雨殘花手勝(우잔화수승)

《해설》 '雷·雨(뢰·우), 打·殘(타·잔), 樹·花(수·화)'의 대칭이다. '雷打樹(뢰타수)'의 '樹(수)'는 고사평처럼 '뻗은 주먹'이다. 雨殘花手(우잔화수)는 穿心(천심)처럼 세운 '左手(좌수)'이다. '雨殘花(우잔화)'는 '비를 맞고 떨어지는 꽃잎'이다. '花(화)'는 손을 올린 좌수다. '打樹(타수)'를 막는 손이 '殘花(잔화)'이다. '殘花手(잔화수)'의 손 모양은 '掌心(장심)'이 상대를 본다. '樹(수)'와 '花(화)'가 짝이고, '雨(우)'와 '雷(뢰)'가 짝이 된다. 『海東竹枝(해동죽지)』에 기록된 '托肩戱(탁견희)'가 詩(시)로 표현되었듯이 무예의 공방을 '詩(시)'의 형식으로 구성한 것은 한민족의 오랜 전통이었다. 이는 택견의 겨누기로 상대와 공방의 기법이다.

□ 第三六回(제36회)

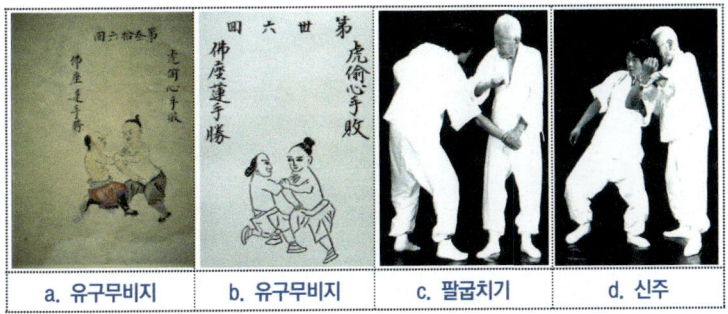

a. 유구무비지   b. 유구무비지   c. 팔굽치기   d. 신주

虎偸心手敗(호투심수패)/佛座蓮手勝(불좌연수승)

《해설》 '虎·佛(호·불), 偸·座(투·좌), 心·蓮(심·연)'의 대칭이다. '偸(투)'는 '훔치다'이다. '投(투)'를 음차하여 사용하는 이두식 기법이다. '右手(우수)'를 훔치듯 잡아 몸 중심으로 당기고 좌수로 상대의 심장을 치는 기법이다. 心(심)은 '中心(중심)'이다. '佛座(불좌)'는 앉은 부처이다. '蓮(연)'은 '손을 돌린다'로서 상대의 손을 꺾기 위한 수법이다. 그림의 손 모양을 보면 잡힌 '右手(우수)'가 상대의 손을 되잡기 위해 돌린 모습이다. 대동류의 '坐技法(좌기법)'과 같은 '流(류)'의 기법이다. '佛座蓮手勝(불좌연수승)'은 무비문에서는 '觀音倒坐船(관음도좌선)'으로 되어있다. '坐禪(좌선)'을 '坐船(좌선)'으로 음차했다. 이는 택견의 상대가 앙가슴치기 공격을 하면 걸어 내리면서 신주로 연결하는 기법이다.

□ 第三七回(제37회)

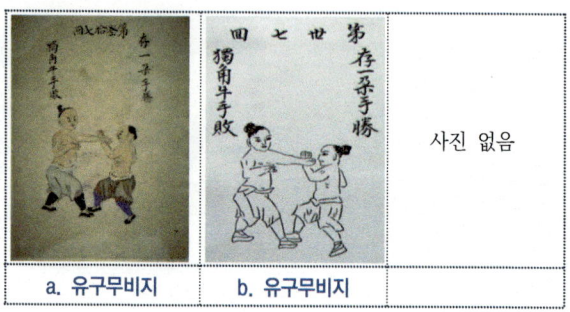

a. 유구무비지   b. 유구무비지

存一朶手勝(존일타수승)/獨角牛手敗(독각우수패)

〔해설〕 '一朶·角牛(일타·각우)'는 대칭이다. '一朶(일타)'의 '朶(타)'는 '늘어진 나뭇가지다' '一朶(일타)'는 한 손으로 염주세처럼 막는 기법이다. '拈肘勢(염주세)'의 손 모양은 '手(수)'이고 '一朶(일타)'의 손 모양은 '拳(권)'이다.

육로에서는 '紐拳(유권)'이다. '殘花手(잔화수)'의 기법과 비교하면 그 차이를 알 수 있다. '獨角牛(독각우)'은 中四平(중사평)이다. '獨角牛(독각우)'의 공격을 '一朶(일타)'로 막았다. '獨角牛(독각우)' '左手(좌수)'가 '伏乳(복유)'이다. '角牛(각우)' 소의 뿔 손이다. '牛雙(우쌍)'의 표현과 궤를 같이하고 拳勢歌(권세가)의 詩(시) '袖裏恒存兩具牛(수리항존양구우)'에서도 손을 '牛(우)'로 비유했다. 모두 동일문화이다. '伽羅手(가라데)'나 태권도의 '品勢(품세)'에서 주먹을 치는 모습이 『拳法(권법)』의 中四平(중사평)과 같다. 이는 맨손 무술의 타격기법의 기본으로 택견은 메주먹이라 한다.

□ 第三八回(제38회)

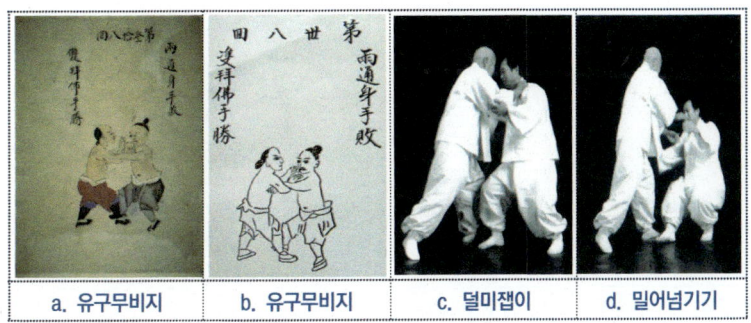

a. 유구무비지   b. 유구무비지   c. 덜미잽이   d. 밀어넘기기

兩通身手敗(양통신수패)/雙拜佛手勝(쌍배불수승)

(해설) '兩·雙(양·쌍), 通·拜(통··배), 身·佛(신·불)'의 대칭이다. '兩通身(양통신)'의 '兩(양)'은 '雙手(쌍수)'이다. '通(통)'은 좌우수가 똑같이 뻗친 것을 표현했다. '雙拜佛手(쌍배불수)'는 부처님께 합장하며 올려 절하는 손 모양을 비유했다. 이는 택견의 합장 기술로 양손을 합장하여 상대를 손질 또는 태질로 제압하고, 쌍용의 흐름으로 기법을 연결한다.

□ 第三九回(제39회)

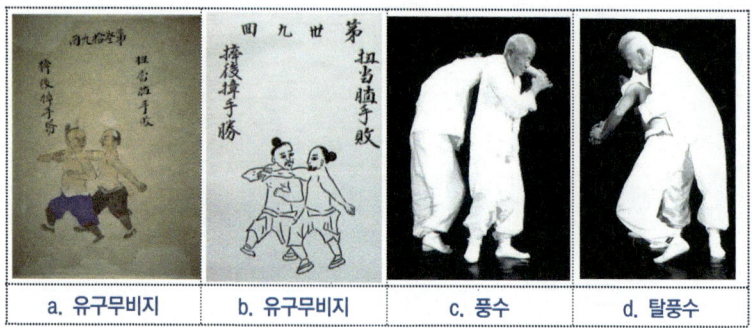

a. 유구무비지   b. 유구무비지   c. 풍수   d. 탈풍수

扭當胸手敗(유당흉수패)/揵後挣手勝(견후정수승)

《해설》 '扭·揵(유·견), 當·後(당·후), 胸·挣(흉·정)'는 대칭이다. '扭(유)'는 '붙잡다·수갑'이다. '紐拳(유권)'의 '紐(유)'도 '묶다·매다'로 의미가 상통한다. 當(당)은 '당했다'이다. '當(당)=前(전)'으로 '後(후)'와 대칭이다. 가슴(胸)을 잡으려 곧게 손을 뻗다가 상대에게 오히려 잡혔다. '揵(건)'은 '이끌다'이다. '挣(정)'은 '부딪히다·친다'이다. 원본과 사본의 '樟(장)'도 오기다. 이는 택견의 신주의 일종으로 풍수의 기법이다.

□ 第四十回(제40회)

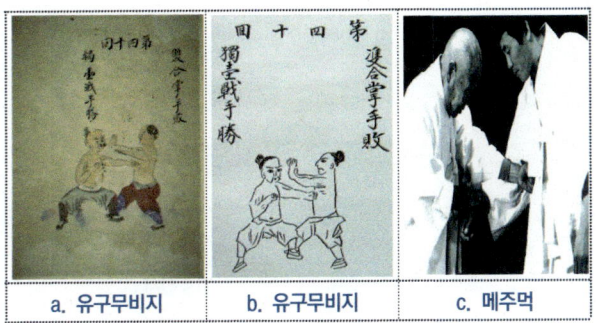

a. 유구무비지　　b. 유구무비지　　c. 메주먹

雙合掌手敗(쌍합장수패)/**獨壹戰手勝**(독일전수승)

(해설) '雙·獨(쌍·독), 合·壹(합·일), 掌·戰(장·전)'의 대칭이다. 『日本武道全集』에서는 '壹(일)'자를 '雲(운)'142)자로 오기했다. '雙合掌手(쌍합장수)'는 멱살을 잡거나 얼굴을 장으로 치기 위해 뻗은 손이다. '獨壹戰手(독일전수)'는 상대의 공격을 피해 한 손으로 급소를 찌른다. 택견에서 상대의 공격을 피하고 되받기 기법으로 메주먹 공격을 하는 기법이다.

---

142) 『日本武道全集』. 昭和四一年一一月 人物往來社 八谷政行 p470.

□ 第四十一回(제41회)

| a. 유구무비지 | b. 유구무비지 | c. 기효신서 | d. 겨누기 |

風雲拳手敗(풍운권수패)/日月足手勝(일월족수승)

《해설》 '風雲·日月(풍운·일월), 拳·足(권·족)'이 대칭이다. 특히 '拳(권)' 뒤에 '手(수)'자를 붙인 것이다. 즉 拳(권)과 手(수)가 다름을 구분하고 있었지만 '手(수)'를 중심 개념으로 사용하였다. '風雲拳(풍운권)'은 拳經(권경)의 '七星拳(칠성권)'이다. '拳(권)'자는 '手(수)' 3개를 결합한 글자이다. 대개 '주먹'만 생각하지만 원뜻은 '뻗은 손을 다시 오그라들 게 거두고 다시 뻗는다'는 의미로 '좌우 手(수)를 반복해서 움직인다'가 본의이다. '拳(권)'자가 있는 '七星拳(칠성권)'의 그림을 보면 주먹과 손이다. '좌수'와 '우수'를 번갈아 친다는 것이 '拳(권)'의 본의이다. 그래서 '風雲拳(풍운권)' 뒤에 다시 '手(수)'자가 붙은 것이다 '日月足手(일월족수)'의 日月(일월)은 '해가 지면 달이 뜨듯이 돈다'는 것을 나타낸다. 돌 때 발과 손이 동시에 움직이는 것을 강조하기 위해 足手(수족)을 동시에 섰다. 이것은 拳經(권경)의 '倒騎龍(도기룡)'이다. 배치 순서도 같다. 拳經(권경)과 연관성이 있음을 알 수 있다.

□ 第四十二回(제42회)

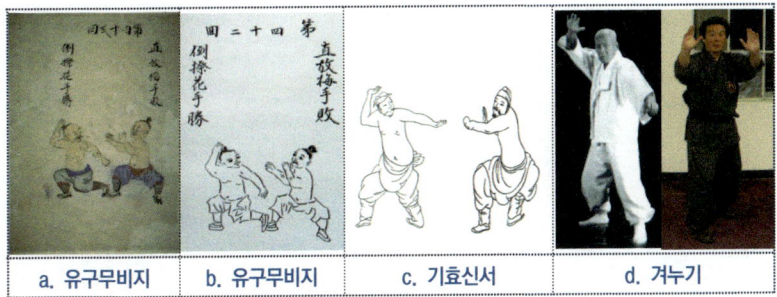

a. 유구무비지   b. 유구무비지   c. 기효신서   d. 겨누기

直放梅手敗(직방매수패)/倒擦花手勝(도체화수승)

〈해설〉 '直·倒(직·도), 放·擦(방·체), 梅·花(매·화)'는 대칭이다. '直放梅(직방매)'는 '곧게 매화나무를 놓는 것처럼 '손을 뻗는다'이다. '주먹'을 매화나무로 비유했다. '梅(매)'는 '매질한다'의 '매'의 음차이다. '直放梅(직방매)'는 '鴈翅側身勢(안시측신세)'와 자세는 같으나, 손발의 방향만 바뀌었다. '倒擦花(도체화)'의 '倒(도)'는 '돌다'이고 '擦(체)'은 '긁다'이다. '花(화)'는 '꽃이 피듯 손을 올린다'이다. '돌면서 등을 긁듯이 손은 바뀐다'이다. '倒擦花(도체화)'는 '跨虎勢(과호세)'의 기법과 같다. 이는 택견의 사면세와 본세의 겨누기이다.

□ 第四十三回(제43회)

| a. 유구무비지 | b. 유구무비지 | c. 기효신서 | d. 겨누기 |

刀牌法手敗(도패법수패)/旗鼓勢手勝(기고세수승)

〈해설〉 '刀·旗(도·기)·牌鼓(패·고)·法勢(법·세)'는 대칭이다. '刀牌法(도패법)'의 牌(패)는 符信(부신)으로 左右手(좌우수)가 서로 '짝'이라는 뜻으로 '順鸞肘(순란주)'이다. '旗鼓勢(기고세)'는 완벽한 '勢名(세명)'으로 기록됐다. '法(법)'과 '勢(세)'로 사용한 것은 무예 술기 개념의 폭을 알 수 있는 매우 중요한 문장이다. '拳經(권경)'은 '旗鼓勢(기고세)'와 '順鸞

肘(순란주)'가 짝이다. 이것은 '拳經(권경)'이나 '拳勢(권세)'의 기법과 연결되어 있다는 명확한 증거로, '刀牌法(도패법)'이 '順鸞肘(순란주)'라는 것을 선조는 이미 알았을 가능성이 매우 크다. 이처럼 '勢名(세명)'은 역사를 찾아가는 매우 중요한 단서이다. 한편 '旗鼓勢(기고세)'는 『拳法(권법)』에서 '七星拳(칠성권)'과 짝으로 두 번을 친다. '勢(세)'자 뒤에 '手(수)'자를 덧붙임으로서 칠성권처럼 '手(수)'의 개념 속에 반복해서 친다는 '拳(권)'의 의미가 들어있음을 알 수 있다. 택견의 본세와 팔짱끼기의 겨누기의 흐름이다.

□ 第四十四回(제44회)

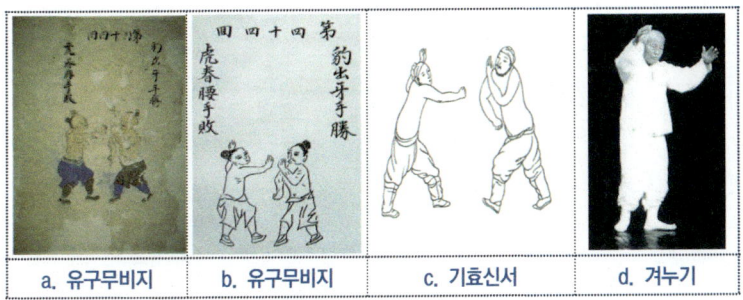

a. 유구무비지   b. 유구무비지   c. 기효신서   d. 겨누기

豹出牙手勝(표출아수승)/虎春腰手敗(호춘요수패)

〈해설〉 '豹·虎(표·호), 出春(출·춘), 牙腰(아·요)'는 대칭이다. '豹出(표출)'은 '좌각'이 나간 보법을 설명한다. '牙手(아수)'는 수법이다. '拗鸞肘(요란주)'이다. '虎春腰手(호춘요수)'는 '當頭抱勢(당두포세)'이다. '拳經(권경)'의 배치와 같다.

이는 택견의 본세와 팔짱끼기 겨누기의 흐름이다.

상대의 팔을 걷어내리면서 앙가슴지르기

□ 第四十五回(제45회)

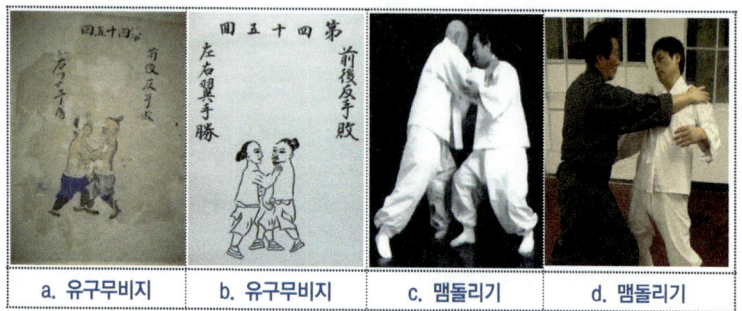

| a. 유구무비지 | b. 유구무비지 | c. 맴돌리기 | d. 맴돌리기 |

前後反手敗(전후반수패)/左右翼手勝(좌우익수승)

《해설》 '前後·左右(전후·좌우), 反·翼(반·익)'의 대칭이다. '前後反手(전후반수)'는 '앞에서 뒤로 꺾인 손이다'로써, '關節技(관절기)'이다. '左右翼手(좌우익수)'는 좌에서 우로 팔을 움직여 상대를 꺾는 동작이다. 상대에게 발을 걸어 넘어뜨리는 모습이 잘 그려져 있다. 이는 택견의 신주의 형태로 第二八回(제28회) 등의 기법과 같은 흐름이다.

□ 第四十六回(제46회)

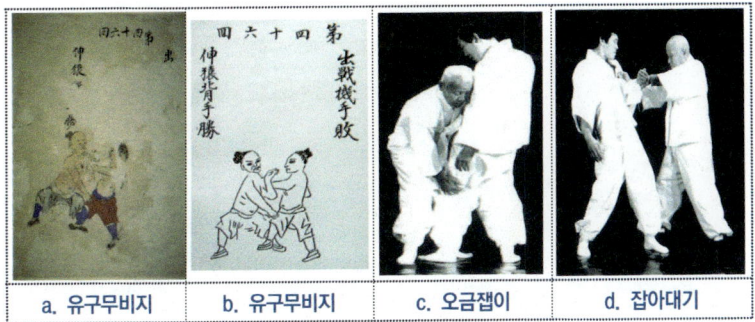

a. 유구무비지   b. 유구무비지   c. 오금잽이   d. 잡아대기

出戰機手敗(출전기수패)/伸猿背手勝(신원배수승)

(해설) '出戰·伸猿(출전·신원)', 機·背(기·배)'는 대칭이다. '出戰機(출전기)'의 '機(기)'는 '틀·베틀·허위·틀렸다'이다. 中四平(중사평)으로 친 주먹이 제대로 성공하지 못하고 비틀렸다. '伸猿背手(신원배수)'는 '穿心(천심)'으로 '機手(기수)'와 등을 진 '左手(좌수)'이다. 좌수를 뻗어 상대의 목 뒤를 잡아 돌리는 동시에 우수로 상대의 다리를 들어 올려 '태질'하는 기법이다.

□ 第四十七回(제47회)

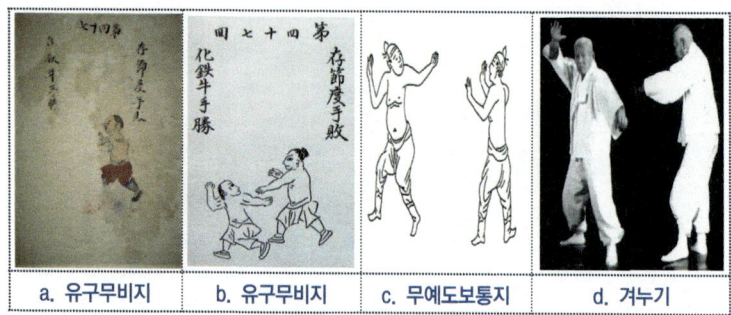

| a. 유구무비지 | b. 유구무비지 | c. 무예도보통지 | d. 겨누기 |

存節度手敗(존절도수패)/化鉄牛手勝(화철우수승)

《해설》 '存節·化(존절·화), 度·鉄(도·철), 手·牛(수·우)'는 대칭이다. 存節度手敗(존절도수)는 공격이 끊어진 상태의 손이다. 化鉄牛手(화철우수)는 위에서 나온 鉄牛八石手(철우팔석수)에 '鉄牛(철우)'가 있다. '鉄牛手(철우수)'로 변화시켜 공격하는 기법으로 六路(육로)에서는 '撒門(살문)'이다. 跨虎勢(과호세)와 鴈翅側身勢(안시측신세)이다. 무비문의 '鉄牛耕地(하보해법용철우경지)'와 연결되어 있음을 알 수 있다. 이는 택견의 사면세와 본세의 겨누기 기법이다.

□ 第四十八回(제48회)

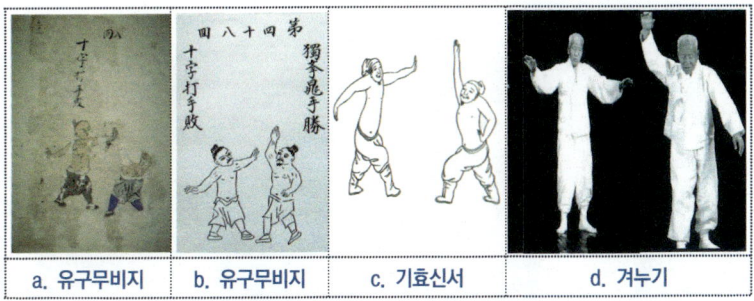

a. 유구무비지　b. 유구무비지　c. 기효신서　d. 겨누기

獨擧爪手勝(독거조수승)/十字打手敗(십자타수패)

《해설》 '獨擧·十字(독거·십자), 爪·打(조·타)'는 대칭이다. '獨擧爪手(독거조수)'의 '爪(조)'는 '부르다'이다. 한 손을 들어 사람을 부르는 동작으로 '高探馬勢(고탐마세)'이다. '十字打手(십자타수)'는 '拗單鞭勢(요단편세)'이다. 拳經(권경)의 배치와 같다. 拳經(권경)은 모든 자세에 대한 풀이를 시로 설명했지만 三別抄(삼별초)의 手搏(수박)은 勝敗(승패)를 기록함으로써 두 기법의 이해도를 더 높여 실전을 중시했다. 송덕기의 태껸무고춤은 단순한 춤이 아니라 拳法(권법)의 품세와 같은 '舞拳(무권)'이다. 마치 칼을 들고 행한 '武刀(무도)'를 '舞刀歌(무도가)'라 한 것과 같다. 이는 택견의 고대세와 본세의 흐름으로 수족상응(手足相應)의 기법이다.

택견의 겨누기(姿勢)

본세의 흐름

고대세의 흐름

팔짱끼기의 흐름

사면세의 흐름

택견의 자세 (출처: 김정윤, 2002; 도기현, 2007; 주부생활, 1985)

박치기

살잽이

유술

Corean Boys Wrestling

발신걸이

기산 김준근의 풍속도
태껸의 오금잽이

태견무고춤과 허재비춤

허재비춤 　　　　　 태껸舞

태껸舞 　　　　　 태껸舞

송덕기는 조선 시대 스승 임호로부터 전수한 '태견무고춤 12마당' 과 '허재비춤'을 고스란히 간직하여 그의 제자 고용우에게 전수하였다. 송덕기는 예능인으로 '시조창'과 '태껸', '활쏘기', '연날리기', '축국' 등 다양한 기능을 보유한 인물이다. 허재비춤은 허수아비를 앞에 두고 추는 춤, 태견무고춤은 북의 장단과 어우러지는 춤이다.

3. 맺는말

이 장은 고려의 수박이 조선으로 이어지고 후대에 택견으로 남게 되었고 다른 한편 고려의 삼별초를 통해 유구로 이식되어 후대에 당수라는 이름으로 다시 재발견하게 된 내용을 담았다. 이 과정을 통해 우리나라 무예의 정체성 확립과 한·중·일 동양 3국의 무예의 시원이 한국이라는 새로운 이론적 단초를 마련하고자 한다.

첫째, 『유구무비지』는 고려 삼별초의 수박手搏이 유구에 전해진 것으로 가장 강력한 증거는 내용 중에 나오는 이두문이다. 한자를 이두식으로 표기하는 시기나 민족은 한글 창제 이전이고 우리 민족임이 분명하다. 한글 창제 이전에 유구에 수박을 전하고 글과 그림으로 남길 무인집단은 고려의 삼별초 이외에는 없다. 실제로 중국인 盧姜威(2011)는 이를 해석하지 못하여 복주방언으로 추정했다.

둘째, 『유구무비지』에 등장인물은 상투를 틀고 한복을 입고 행전行纏을 다리에 두른 고려인이다. 한복 바지도 심한 움직임에도 흘러내리지 않게 바지 끈 바깥으로 말아 마무리한 형태도 지금의 택견모습과 꼭 같다. 『무비지』나 『기효신서』에 나오는 인물들은 모두 머리에 두건을 쓰거나 두건 끈으로 머리를 묶었으며(소위 찐빵머리) 끈으로 묶은 허리부분도 『유구무비지』와는 전혀 다른 모습이다. 특히 후대에 삽입된 것으로 보이는 백학권이나 앞부분에 잠깐 소개된 흑사인과 백사인, 정이모와 정이백의 그림은 두발형태나 복장이 완전히 다르며 복장은 오히려 『기효신서』의 그림과 유사하다.

셋째, 『유구무비지』는 원래 제명題名이 실전되었는데 일본인 高宮城繁가 모원의 『무비지』를 본떠 『충승전무비지沖繩伝武備誌』란 이름을 붙여 쓴 후 『유구무비지』로도 불리게 되었다. 즉, 이후에 지은 것이 분명하고 백학권도 후대에 삽입되었다. 이 사설이 맞는다면 이 책은 원본이 아니라 원본을 베

낀 후대의 필사본이다.

넷째, 『기효신서』는 동작이 '세명勢名'으로 개념화되었지만 『유구무비지』 '수박手搏'의 문장은 대부분 시연자를 동물과 비유하고 동작을 설명하면서 마지막에 '수手'자로 개념화시켰다. 여기에 사용된 동물은 '龍(용)·獅(사)·魚(어)·馬(마)·猪(저)·虎(호)·猴(후:猿)·卯(묘)·蝶(접)·牛(우)·蟬(선)·鶴(학)·鳳(봉)·龜(귀)·麒麟(기린)·豹(표)'로서 다른 무예서(武藝書)에 잘 사용되지 않은 동물들로서 대부분 고구려 고분에 그려진 동물들이다.

다섯째, 『유구무비지』의 자세에는 유구에는 없는 호랑이, 얼음 등이 동작설명으로 나타나고 있다. 적어도 겨울이면 차가운 날씨로 인해 눈이 내리고 얼음이 어는 기후와 호랑이가 사는 지역이라 할 수 있어서 무예의 배경이 결코 남방일 가능성은 낮고 더구나 오키나와나 호랑이가 없는 일본은 아니라는 중요한 단서이다. 즉 어디든 간에 무예의 시원이 남방은 아니며 최소한 두 조건이 충족되는 지역이어야 한다는 것이다.

특히 『유구무비지』는 문외불출門外不出의 무술로서 사자상전師子相傳으로 전승되는 비전성 때문에 다른 무예유입을 오키나와에 적극적으로 촉진한 계기 되었으리라 보여 진다. 따라서 『유구무비지』의 원형과 다소 다른 형태로 현재의 당수로 전해진 듯하다.

즉 오키나와의 당수는 고려 삼별초 군단의 유입으로 고려의 수박이 모체가 된 것으로 결론된다.

여섯째, 또 다른 중요한 증거 중의 하나는 소귀발틈수승(小鬼拔闖手勝) / 나한개문수패(羅漢開門手敗)에 나오는 두상잽이(상투잽이라고도 함)로 쌈수에 이러한 기법은 다른 나라에서 볼 수 없는 우리 민족만이 사용하는 수법이다.

일곱째, 동작 사례에 나와 있듯이 『유구무비지』의 그림과 송덕기 옹의 시연은 거의 같다. 즉 이는 고려의 수박이 거의 바뀌지 않고 전해져 내려왔음을 의미한다. 물론 이는 현대식으로 재체계화된 충주식 신한승 택견이 아니라 송덕기 기능보유자의 위대(우대)태껸을 의미한다.

아울러 『유구무비지』는 고려인의 작품으로써 재평가를 받아야 할 것이며 결국 당수는 삼별초에서 전해진 수박을 모체로 하고 있으며 오랜 세월이 흘렀음에도 불구하고 위대태껸으로 남아 전해지고 있다.

따라서 현재 신한승에 의해 재체계화되고 중요무형문화재 제76호로 등록된 택견은 주로 발기술을 사용하는 택견으로 잘못 알려져 있으나 송덕기 옹의 온몸을 다 사용하는 택견기법으로 환원되어야 한다.

제언으로 한정된 지면상 모든 내용을 실을 수는 없되 추후 후속연구는 관계자들의 몫으로 남겨둔다.

모원의가 만든 『무비지』에도 채록된 조선세법이 나오는 것과 같이 『권경拳經』에도 나오는데 『권경』의 첫 문장 '나찰의출문가자(懶扎衣出門架子: 서찰 읽고 문을 나서 가자 하네)'의 가자를 우리말 이두표기로 '가자(架子)'는 시작을 알리는 '소리'이듯이 역사적으로 우리나라의 무예는 중국과 일본에 많은 영향을 끼쳤다.

이런 사례는 『기효신서』에서도 볼 수 있는데 『유구무비지』의 동작 '41·42·43·44·47·48회'는 이름만 다를 뿐 『기효신서』의 「권경」 '장권32세'에 있는 자세나 배치가 모두 똑같다. 이것은 하나가 다른 하나에 영향을 미쳤다는 중요한 증거이다.

그간 무심코 지나쳐서 잘 인식하지 못하지만, 관심을 지니고 살펴보면 중국이나 일본의 자료에서 의외로 많은 부분에서 우리의 흔적들을 찾을 수 있다.

디민 국내 체육이나 스포츠계의 학자들이나 연구가에게는 고대 의복이나 고어古語에 대한 전문지식이 낮아 관련 연구가들과의 통섭統攝을 통해 추후 면밀한 검토가 필요할 것이다.

앞선 자료와 이 부분을 통한 자료를 정리해 보면 다음과 같다.

태평양으로 가로막힌 섬나라 일본으로서 고대의 일본의 모든 문화는 우리나라를 거쳐 일본으로 전해졌다. 일본에 난학蘭學이 들어옴으로써 이러한 경향은 변해갔지만, 세월이 흐른 지금도 일본 도처에 그 흔적들은 고스란히 남아있다.

우선 전연前燕의 부여 침입으로 인해 밀려난 일부는 포로가 되기도 했고 유민流民 일부는 남하해 백제와 가야를 거쳐 후에 기마병을 포함, 일본 정복으로 이어졌다. 이들 중에는 부여의 어린 왕녀가 포함되어 있었는데 그는 후에 일본으로 건너가 신공왕후가 된다. 현재 발굴된 가야 고분에서는 여전사들이 포함되어 있었는데 발견된 인골 중에는 여전사조차도 수박을 한 흔적들이 남아있다. 이들 흔적은 고구려의 고분 내 수박도에서도 확인되며 신라의 무인석상에서도 발견되듯이 당시로써 수박이 활성화되어 있은 듯하다.

아마도 일본에 전해져 오는 대동류유술은 이 때 일본에 전해져 사자상전師子相傳으로 은밀히 전해진 듯하다. 그 이유로는 근대까지 그 명칭이 전해지지 않았고 비전된 일부 수법은 은밀히 전해져 대부분의 제자들이 알고 있지 않은데다가 이후에 조선의 마지막 택견 전승자 송덕기 옹을 만남으로서 같은 무예임이 확인되었기 때문이다. 다른 하나는 대동류유술은 정기적으로 일본 천황 앞에서 그 시범을 보일 만큼 중요하게 취급되었기 때문에 천황가와 아주 밀접한 관계에 있었다고 볼 수 있다. 즉 이 무술은 신공왕후와 이들을 보좌한 이들에게서 전해져 왔기에 천황가 앞에서 시범을 보이고 일부를 전수했을 가능성이 높다.

신라대명신이나 신라삼랑은 비전되어 내려왔기에 적당한 이름이 없어서 후대에 연관 지어 붙여진 이름일 가능성이 높다.

즉 일본에 전해진 대동류유술은 수박으로 여겨진다.

다른 한편 고려 삼별초에 의해 유구로 건너간 수박은 역시 사자상전師子相傳으로 은밀히 전해져 후에 『유구무비지』라는 책으로 전해져 내려왔다. 이 책은 전해져 왔지만 모든 내용이 전해진 것이 아니라 일부만 전해져 현재와 같은 변용 과정을 거쳐 당수라는 명칭을 사용하게 되었다. 모든 전해진 것이 아니라는 의미는 이 책 내용에 있는 수법의 전모가 다 드러나 있지 않고 외적 형식 부분만 드러나 있기 때문이다. 단적인 예로 여기에 실린 육기수六機手만 해도 명칭만 있을 뿐 그 방법은 드러나 있지 않기 때문이다.

4. 수박의 발생시기와 주변국에 끼친 영향

앞선 자료를 정리해 보면 다음과 같다.

전연前燕의 부여 침입으로 인해 밀려난 일부는 포로가 되기도 했고 유민流民 일부는 남하해 백제와 가야를 거쳐 후에 기마병을 포함, 일본 정복으로 이어졌다. 코벨에 의하면 이들 중에는 부여의 어린 왕녀가 포함되어 있었는데 그는 후에 일본으로 건너가 신공왕후가 된다. 현재 발굴된 가야 고분에서는 여전사들이 포함되어 있었는데 발견된 인골 중에는 여전사조차도 수박을 한 흔적들이 남아있다. 이들 흔적은 고구려의 고분 내 수박도에서도 확인되며 신라의 무인석상에서도 발견되듯이 당시로써 수박이 활성화 되어 있은 듯하다.

태평양으로 가로막힌 섬나라 일본으로서 고대의 일본의 모든 문화는 우리나라를 거쳐 일본으로 전해졌다. 일본에 난학蘭學이 들어옴으로써 이러한 경향은 변해갔지만, 세월이 흐른 지금도 일본 도처에 그 흔적들은 고스란히 남아있다.

아마도 일본에 전해져 오는 대동류유술은 이 때 일본에 전해져 사자상전師子相傳으로 은밀히 전해진 듯하다. 그 이유로는 근대까지 그 명칭이 전해지지 않았고 비전된 일부 수법은 은밀히 전해져 대부분의 제자들이 알고 있지 않은데다가 이후에 조선의 마지막 택견 전승자 송덕기 옹을 만남으로서 같은 무예임이 확인되었기 때문이다. 다른 하나는 대동류유술은 정기적으로 일본 천황 앞에서 그 시범을 보일 만큼 중요하게 취급되었기 때문에 천황가와 아주 밀접한 관계에 있었다고 볼 수 있다. 즉 이 무술은 신공왕후와 이들을 보좌한 이들에게서 전해져 왔기에 천황가 앞에서 시범을 보이고 일부를 전수했을 가능성이 높다.

신라대명신이나 신라삼랑은 비전되어 내려왔기에 적당한 이름이 없어서 후대에 연관 지어 붙여진 이름일 가능성이 높다.

즉 일본에 전해진 대동류유술은 수박으로 여겨진다.

다른 한편 고려 삼별초에 의해 유구로 건너간 수박은 역시 사자상전師子相傳으로 은밀히 전해져 후에 『유구무비지』라는 책으로 전해져 내려왔다. 이 책은 전해져 왔지만 모든 내용이 전해진 것이 아니라 일부만 전해져 현재와 같은 변용 과정을 거쳐 당수라는 명칭을 사용하게 되었다. 모든 전해진 것이 아니라는 의미는 이 책 내용에 있는 수법의 전모가 다 드러나 있지 않고 외적 형식 부분만 드러나 있기 때문이다. 단적인 예로 여기에 실린 육기수六機手만 해도 명칭만 있을 뿐 그 방법은 드러나 있지 않기 때문이다.

한편 『유구무비지』의 '41·42·43·44·47·48회'는 이름만 다를 뿐 『기효신서』의 「권경」 '장권 32세'에 있는 자세나 배치가 모두 똑같다. 이것은 하나가 다른 하나에 영향을 미쳤다는 중요한 증거이다. 물론 장권에 비해 『유구무비지』의 수가 훨씬 많다.

뿐만 아니라 권법의 권결 안에는 '가자'라는 이두표기가 들어있다.

이외에도 조선세법이나 고구려의 마가창도 넘어간 흔적이 있다.

수박이 최초로 성행했던 것으로 추정되는 시기는 다음과 같다.

현재 발견된 두 곳의 고구려 고분벽화에 수박도가 나오며 백제는 백제의 금동대향로에 나타난 맨손무예의 조형이 보인다. 가야는 유골에서 심지어 여전사에게까지 수박을 익혔던 경골 근육조선의 흔적이 보인다. 여전사에게서 수박을 익혔던 흔적을 보이니 남자들은 더 말할 나위 없다. 신라 역시 부여에서 비롯되었으며 고분에서는 맨손무예를 하는 듯한 도용이 확인되었다. 이는 과거에 순장을 하던 흔적 중에 하나로 순장 풍습이 사라지면서 순장 시 묻던 특정 역할을 하던 사람 대신 넣은 것이다.

가야의 수박은 신공황후에 그들을 보좌하던 가야인들의 전사에 의해 일본에 전해졌을 가능성이 잠재하고 오키나와에는 고려 삼별초에 의해 전해져 현재 필사본 중의 하나인 『유구무비지』로 전해지고 있다.

이들 네 나라는 모두 북방 기마민족이었던 부여와 무척 관계에 있었다. 즉 수박의 시작은 이 부여로부터 시작되었으리라고 보는 견해가 타당하다.

신채호는 『조선상고사』에서 '선배'제도를 논하면서 해마다 3월과 10월 '신수두' 대제大祭에서 춤을 추고 활도 쏘며 혹은 택견도 하였다고 하였으며 송도의 수박이 곧 '선배'경기의 하나이며 '수박'이 지나로 들어가서 권법拳法이 되고 일본으로 건너가서 유도柔道가 되었다고 하였다.

또 '신라의 국선화랑은 고구려의 선배제도를 모방한 것으로 학문을 힘쓰고 수박·격검擊劍·사예射藝·기마騎馬·덕견이(택견)·깨끔질·씨름 등 여러 가지 기예를 익히고…'고 적고 있다.

『유구무비지』에는 삼별초의 수박을 기록한 1~48회로 구분하여 설명하고 있다. 총 48회에 수법은 쌍으로 96수이다. 중국의 장권 32세보다도 훨씬 더 많으며 두 사람이 겨루는 형식으로 구성돼 있다. 대개의 기법은 상대가 공격해오는 손을 잡아 제압한 이후에 손이나 발로 공격한다. 오늘날 호신술 형식과 같다. 특이한 것은 권결拳訣만 다를 뿐 권경拳經의 배치와 같은 것이 있고, 기고세旗鼓勢의 경우는 권결과 동작이 같다. 이러한 내용은 후대에 이르면서 분명히 한쪽에서 다른 한쪽으로 영향을 주었다는 사실을 의미하는 것이다.

모원의는 1621년에 역대 군사관계 서적 2,000여 종을 모아 중국 고대의 전투장비에 관한 전문서적인 『무비지』를 완성했다. 조선세법을 우리나라에서 찾아 『무비지』에 채록함으로써 『무예도보통지』에 그 검보를 수록하게 되었듯이 당시에 권경이나 검보는 인접국가에 상당히 폭넓게 교류했던 것으로 보인다. 이것은 의미로 모르고 권결로 사용되었는데 대표적인 용어가 '가자'이며 『권경』에서도 보인다. 의외로 관심을 지니고 찾아보게 되면 중국이나 일본에 우리 무예의 흔적들이 상당히 많을 수 있다.

즉 택견은 삼국 이전 부여의 수박으로 비롯되었으며 무예도 문화의 한 분야로서 중국과 일본에 많은 교류와 함께 직간접적으로 많은 영향을 주었다.

제4장 고무에 택견 기운의 비밀

1. 들어가는 말

기운氣運은 생물의 살아 움직이는 힘을 말하는데 눈에는 보이지 않으나 대개 느낌으로는 알 수 있다. 눈에 보이지 않는데 느낌으로 알 수 있다니! 이게 무슨 의미인가? 가령 어릴 때는 잘 못 느끼지만, 나이를 먹으면서 봄이 오게 되면 확연히 봄이 온 것을 느끼게 되는 것과 같다. 이러한 기운은 반복적인 느낌으로 알게 되는데 관심을 갖고 노력을 한다면 남들보다 더 빨리 더 많이 깨닫게 되는 것이 기운이다.

이렇듯이 모든 삼라만상에는 각기 고유의 기운이 있는데 깊이 들어가게 되면 복잡해지므로 이 정도로 해 두자.

인간도 개인마다 고유의 기운이 있는데 사실 그 누구도 보이지 않는 기운에 대해 잘 알지 못할뿐더러 그것을 사용한다는 것은 상상하기 어렵다. 쉽게 설명한다면 사람들은 끊임없는 노력으로 자신의 이미지를 만들어 가는데 대개 사람들은 그것이 자신의 기운일 수도 있다고 믿고 있다.

물론 그도 기운의 한 단면이므로 틀린다고 볼 수는 없지만, 극히 제한된 일부일 뿐이다.

기운에 대해 사람들이 막연히 쓰고 있지만, 기운이라는 것은 소위 무극無極에서 파생된 창조의 힘이자 빛이다. 개인들은 이 빛을 무심코 사용하고 있으나 그 진의眞意와 방법을 잘 모르기에 알려고도 노력하지 않고 그저 부귀영화나 무병장수에 도움이 될까 하는 정도의 생각을 지닌 게 전부이다.

그러나 이 창조의 빛에 다가가게 되면 자신의 근본 자리를 찾아가는 방법으로 인간이 수많은 삶을 거듭하면서 본래의 자리를 찾아가는 것이라 할 수 있다.

인간이 한 생을 살면 끝이라는 생각을 하기 마련이고 그렇기 때문에 더 악착같이 살아야 한다는 생각이지만 만약 이후의 삶이 보장된다면 바라보는 시각이 달라질 것이다. 이때 기운의 존재란 이 시각을 달리 보게 되는 매우 중요한 매개이다. 즉 인간의 존재 목적 자체가 달라지어 창조의 빛에 다가가면서 근본 자리에 지향점을 두게 되는 것이다.

여기서 기운을 쓰는 법이라 함도 궁극의 자리로 가는 방법 중의 하나인데 사람들은 흔히 남들보다 우위에 서고 영향력을 끼치는 방편으로 생각하는 경우가 대부분이다.

그러나 이러한 점을 먼저 알고 기운 쓰는 법에 접근하게 되면 훨씬 이해가 빠를 수 있다. 단 중요한 점은 스스로 노력은 하되 집착해서는 안 된다는 것이다. 설명이 어려울지 모르지만, 예를 들어 보면 처마의 낙수가 댓돌에 구멍을 낼 때 구멍을 내고자 떨어지려는 의도가 전혀 없으나 그런 결과를 보이듯 기운은 겉으로 보기에는 아무런 존재가 아닌 듯하지만 쌓이게 되면 그런 힘을 발휘하는 것과도 같다.

즉, 기운을 쓴다는 표현에는 먼저 기운의 진정한 의미를 알고 있어야 한다. 기운이 무엇인지도 모르면서 기운을 쓴다고 하는 것은 어불성설이다. 그러나 무심코 반복해서 수련하다 보면 기운이라는 것을 느끼기도 하고 효용 가치를 깨닫게 된다.

기운의 세계를 깨닫게 되면 우주의 삼라만상이 하나로 꿰어진 것을 실감하게 된다. 이러한 원리를 잘 모르고서도 기운을 쓰는 경우도 없지 않다. 그러나 남을 해하려 함부로 사용한 그 기운은 지속해서 쓰기도 어려울 뿐 아니라 그 기운이 언젠가는 되돌아와 자신을 해칠 수도 있다.

기운을 통상 특별한 무엇이냐고 생각할 수 있다. 기운은 천지간에 가장 흔한 공기이다. 이를 가장 효용성 있게 체내로 들이마셔 활용하는 것으로 바로 단전호흡을 의미한다.

단전호흡을 하여 공기를 들이키면 공空은 폐로 들어가고 기氣는 단전으로 들어가 쌓이게 된다.

흔히 소가 물을 마시면 우유가 되고 뱀이 마시면 독이 된다는 표현이 있는데 물 자체는 순수하듯이 기氣 또한 순수하다.

2. 기운을 모으는 법(縮氣)

여기서는 기운을 모으고 쓰는 법에 대해서 언급하고자 한다.

기운을 쓰자면 우선 기운을 모아야 한다. 기운을 모으기 위해서는 밥을 많이 먹는 것도 아니고 좋은 보약을 많이 먹는 것도 아니며 인간이 호흡하는 공기를 통해 기운을 모은다.

단전호흡을 하게 되면 아랫배가 움직이지만 공기空氣 중의 공空은 폐 속에 맴돌고 기운인 기氣만 단전에 모인다. 흔히 단전호흡이라 하지만 숨이 단전까지 내려오지는 않는다.

이러한 과정이 없이 기운을 쓰게 되면 몇 번으로 그칠 뿐 지속적으로 기운을 쓸 수가 없다.

대개 기운을 쓴다는 이들의 무술을 보게 되면 단편적으로 쓰게 될 뿐인데 그 이유는 제대로 된 기운을 모으는 법을 익히지 못했기 때문에 맛보기 정도로 그치는 경향이 없지 않다.

즉, 예전에 우리 선조들이 해왔던 정신수련처럼 단전호흡을 해야 한다. 흔히 단전丹田이라 함은 대부분 많이 들어봤지만 막연히 알고 있을 뿐이다. 정확한 위치도 잘 모르고 그 쓰임새도 뭔가 중요한 듯한데 구체적인 부분은 그 누구도 잘 모르고 있다.

다기茶器를 예로 들어 보자. 다기를 잘 모르는 이들은 이게 무엇에 쓰는 물건인지 모르고 사용하려 하는 것과도 같다. 간장을 담을 것인지? 혹은 술을 담을 것인지 아니면 물을 끓여 음식을 하는 것인지 용처를 모르니 자연 그리되는 것이다. 단전을 모르고 단전 자리를 모르니 그저 옛 고서古書에 쓰인 막연한 내용을 자신 나름대로 해석을 해서 이야기하는 경우가 대부분이다. 그래서 정확한 단전자리를 알고 그 쓰임새를 아는 것은 매우 중요한 출발점이 되는 것이다.

이러한 원리를 모르고 단전호흡을 논하니 생기生氣가 도는지, 허기虛氣가 도는지 의념疑念의 기가 도는지, 단전에 제대로 기운이 모이는지도 모르고 그저 운기 감에 따라 헛공부를 할 뿐이다. 그러다가 약간의 별다른 느낌이 있으면 특별한 능력인 양 내세우려고 하는데 공부를 하는 학인學人으로서 어리석음 일 뿐이다.

단전의 위치는 예전에 선조들이 하던 소위 정신수련의 근간을 이루고 있었다. 당시에는 다소 막연한 표현들이 없지 않았는데, 지금은 앞서간 선지자들이 길을 잘 닦아 놓아서 훨씬 수월케 갈 수 있다. 단전 자리를 정확히 아는 것은 중요한 두 가지 의미가 있다. 하나는 정확한 단전 자리를 잡아야 기운을 모을 수 있다는 것이다. 그리고 호흡을 통해 단전에 기운을 모음으로써 수승화강水昇火降이 이루어져 상기上氣를 방지할 수 있다.

기운을 모으는 방법은 다름 아닌 신경 쓰는 곳을 줄이는 것이 첫째이다.

인간의 신경은 한곳으로 모을 때 가장 강력하며 돌파력이 있는 것이다.

그런데 이렇게 한곳으로 모으는 것은 자신의 내부가 정리되었을 때 가능한 것이며 자신의 내부가 정리되지 않으면 불가한 것이다.

집중이 이루어지고 시간이 쌓이게 되면 집중력이 커지는데 그 근본에는 심법心法이 있다. 심법은 속으로 스스로 각인시키며 세 번 암송할 수도 있고 아래의 심인영각법心印影刻法으로도 할 수 있다. 심법은 집중하는 내내 거는 게 아니라 일단 세 번에 걸쳐 되뇌고 난 후에는 잊어버려야 한다. 결코 주문 수련처럼 해서는 효과가 없다.

특히 집중이 살되면 시간이 무척 빨리 흐른다.

그래서 우리 선조들은 의식 배분이라는 독특한 방법을 써서 집중하는 방법을 사용했다.

고종 때의 내시 이재우 낭청(1884-1963)의 왕실 양명술을 전해 받은 이원섭은 심인영각법心印影刻法이라는 궁중 풍습을 소개했다.

원조 친척이나 아는 사람 중 소문난 미인을 눈으로 직접 보고 머릿속에 뚜렷하게 기억하되 저녁 잠자기 약 30분 전에 배와 팔다리의 힘을 빼고 상상 속에 충분하게 붓으로 그리듯 그려보는 습관을 기르며 잠드는 것, 이것도 미인 되는 방법으로 활용되었다. 미인이 되고자 마음을 먹고, 미인 되는 꿈만 계속 천연색으로 꿀 수 있고, 그것이 초저녁이 아닌 새벽꿈을 연속으로 꾸면 신기하게도 얼굴이 매력적으로 된다는 것이다. 입방아를 계속 나쁜 방향으로 반복하면 결국 그런 비극이 개인이나 궁중에 찾아온다고 믿고 있다. 이것이 궁중풍습이다(이원섭, 1993).

비록 왕의 총애를 얻기 위한 처절한 궁내 여인들의 몸부림이기도 했지만 이렇듯 우리나라에서는 이미 오래전부터 심상화 훈련을 생활에 적용해왔다. 이 방법은 태교에도 이용이 되며 반듯한 아이를 낳는데도 효과가 있어서 우리 선조들이 그간 태교의 중요성에 대해 강조해 왔는지를 새삼 느끼게 된다.

이를 보면 임산부가 예쁜 여아를 낳기 위해 아예 원하는 형태의 여배우 사진을 집안 곳곳에 붙여두고 오가며 마음에 새기는 것도 좋은 방법 중에 하나라 여겨진다.

흔히 태교에 대해 신통치 않게 취급하는 경우가 적지 않은데 몸이나 마음이 불편한 아이를 낳는 경우는 부모의 역할이 적지 않다. 특히 깊은 속을 다 알 수 없는 남녀가 만나 결혼생활 중에 작은 트러블이 쌓이게 되면 임산부들은 드러내놓고 표현을 못 하는 경우가 있다. 이 경우에 심리적 스트레스는 많은 경우에 태아가 받으며 이를 방지하는 것이 두 부부의 몫이라 여겨 태교를 소중하게 생각하는 것이다.

이런 심상心想화 훈련이 반복되게 되면 쌓여서 하나의 큰 힘을 이루게 되는데 이것이 바로 심력心力이 되고 쌓일수록 점차 커진다.

우리가 흔히 태교하는 과정 중에 아름다운 여인 사진을 주변에 걸어놓고 아이의 용모에 관해 염원하는 것과 유사한 것이다.

기운을 모은다는 표현 중의 하나가 백일축기百日縮氣라는 표현이 있다. 누구나 백일축기를 한다고 해서 백일에 이루어지는 것이 아니라 근기가 있는 사람이 최대한 노력해야 이 과정이 끝나며 물론 백일축기를 한다 해서 바로 쓸 수는 없다. 원래 백일축기란 가장 기초적인 단계로서 일종의 단전 그릇을 만드는 과정이다.

석문 단전을 만들어 비로소 단전 그릇 안에 기운을 쌓는 것이다. 단전그릇을 만들게 되면 해부학적으로 보이지는 않으나 순전히 기감으로 단전에 대략 작은 찻종지 크기의 단전이 만들어진다. 물론 느끼지 못하면서 만들어지는 경우도 많다.

해부학적으로 단전은 드러나지 않지만 단전 그릇에 기운이 가득 차서 더 이상의 수용이 가능하지 않으면 단전이 미세하게 커지기 시작하는데 그 이전에 다양한 기감이 있지만 가장 큰 기감은 고통으로 단전이 찢어지는 듯 아프다.

과거에나 기운을 쓰기 위한 방편으로 기운을 모으고 했지만, 그 과정에서 사람들은 많은 부분을 깨닫게 되었다. 첫째는 남을 해하려 기운을 발출하게 되면 언젠가 그 기운이 자신에게 타격을 주는 것이다. 그래서 비인부전非人不傳이라 하여 함부로 전하지 아니하였으며 구전심수되었다.

기운을 모은다는 것은 아주 쉽다. 적절한 심법으로 금침, 금구혈인 석문혈을 중심으로 석문 단전에 모으면 되는 것이고 그 기운은 천지간에 가득 차 있기 때문이다. 심법은 몸과 마음을 최대한 이완시킨 후에 '천지간에 가득한 진기眞氣를 호흡을 통하여 석문 단전에 모은다'하는 심법을 속으로 자신에게 다짐하듯 세 번 되뇌고 그 이후는 오로지 단전에만 집중한다. 여기서 중요한 것은 얼마나 오랫동안 지속해서 꾸준히 모을 수 있냐는 것이다. '이게 될까? 맞나?' 하는 의구심을 버리고 마음이 앞서가는 것을 항시 경계하며 오래 앉아 집중하고 가급적이면 매일 정해진 시간에 꾸준히 집중을 해야 한다.

오래 쌓다 보면 초기에는 따뜻해지기도 하고 뭔가 미묘한 느낌으로 간질거리기도 하고 독특한 느낌이 단전 부위에 생겨나는데 이를 기감이라고 한다. 무시하고 계속 모으다 보면 단전 그릇을 초과해서 단전이 찢어지는 듯 고통스럽게 커지거나 일정한 경락을 따라 흐르기도 하고 그 이전에는 앞서 간 사람들의 도움을 받으면 된다. 일정한 경락이란 대맥이니 소주천, 대주천, 전신주천이니 하는 통로를 말하는데 미리 알게 되면 마음이 앞서가서 채 쌓이기도 전에 마음이 앞서서 생기生氣가 흘러가게 해서는 안 된다. 마음이 너무 앞서도 안 되고 그렇다고 완전히 비우면 되지 않는 게 호흡 수련이다. 그래서 심법을 세 번 걸고는 잊어버리는 게 포인트이다.

흔히 불가에서 하는 말로 같은 물도 소가 마시면 우유가 되는데 뱀이 마시면 독이 된다는 표현이 있듯 천지간에 가득한 기운을 들이마시고 단전에 쌓는다는 의식이 중요하다.

또 한 가지 부언할 점은 비가시적인 세계이므로 그럴싸한 감이언설로 끌어들이는 단체가 적지 않다는 사실이다.

그런 단체를 구별하는 특징은 첫째, 이런저런 빌미로 회비 이외의 돈을 무척 밝히는 것이고, 둘째, 수련단체인지 종교단체인지 구분이 잘 가지 않은

데다가 지도자의 성추문이 조금이라도 있는 곳은 사이비이기 십상이다. 지도자가 성추문이 있는 곳은 겉으로는 깨달은 체하지만 알고 보면 오히려 지도자가 영력靈力이 더 큰 무엇인가에 지배를 받거나 도중에 삿된 길로 빠진 경우가 많아 오히려 잘못된 길로 갈 수 있다. 셋째, 지도자가 아무리 뛰어난 능력을 지니고 있다 하더라도 그 단계를 밟고 있는 중간지도자가 별로 없으면 그 단체는 신뢰하기 어렵다. 정상적인 과정을 밟아 이루는 단계로 보기 어렵기 때문이다. 아울러 지도자가 마치 절대자처럼 우상화를 언 듯 비치는 단체는 피해야 한다. 지도자의 권위가 회원들에게서 자연스레 우러나는 것이지 누군가의 강요에 의해 생겨난다는 것은 사이비의 전형이기 때문이다.

1) 소주천 수련과정

호흡 수련 가운데 소주천 수련은 몸 중앙선을 따라 회음 다음 혈穴인 장강에서 뒤쪽으로 척추 중앙을 따라 올라가 머리 꼭대기에 위치한 백회를 통해서 윗 앞니 잇몸 앞면에 있는 은교까지의 독맥과 이후 전면의 임맥을 뚫는 것이다.

과거 소주천을 닦는 과정이 얼마나 어려웠으면 생사현관을 타통했다는 표현이 나오고 고래 선인仙人수업을 했다는 이들 가운데 이 소주천을 제대로 유통했다는 이가 손꼽을 정도였다.

임진왜란이 끝난 후 쇄환자를 데리러 일본에 가서 이적을 행한 사명대사의 이적을 행한 수련단계가 이에 해당한다는 이야기가 있을 정도이다. 그런데 정상적인 방법으로 뚫게 되어 독맥을 유통하게 되면 전생을 알게 되고 임맥을 유통하게 되면 미래를 알 수 있다.

일견 좋을 듯하지만, 수련 과정에 수많은 상이 시야를 어지럽히니 수련이 나아가기 어렵고 워낙에 수련에 매진하기 힘이 들어 수련을 거스르는 삿된 상들을 가로막는 것을 경계하기 위해 일부에서는 도법으로 막아 놓기도 하였다.

인산의 『구세신방求世神方』이라는 책에도 이와 유사한 문구가 있었다.

배후背後의 독맥에는 전생의 업적이 여명경如明鏡하니 고황膏肓 2혈은 전생의 안眼이요 임맥任脈은 내생來生이 여명경如明鏡하니 단전丹田으로 내생을 살핀다.

제법 그럴싸해 보이지만 이럴 진데 혈자리를 뚫을 때 얼마나 많은 상이 보일까. 한 번 상에 빠져 헤어나지 못하게 되면 수련은 허사가 된다.

그래서 불가에서는 부처를 만나면 부처를 죽이고 조사를 만나면 조사를 죽여라는 경구가 있다. 신기한 상을 보게 되면 들뜨게 되는데 호기심에 휩쓸리지 말고 혹은 심마心魔에 빠지지 말고 무시하고 거침없이 나아가야 하는 것이다.

사람들은 소주천에 대한 막연한 환상을 가지고 있지만, 그도 호흡 수련에 초기 수련의 한 단계일 뿐이다.

어느 정도 기운이 쌓이게 되면 장심을 지를 때 기운이 빠져나가는 통로는 경락과 무관하게 움직인다. 통상적으로 정규과정을 거쳐 기운을 쓸 수도 있지만, 수련을 하던 사람들이 화를 심하게 낸다거나 의식적으로 숨을 참거나 하면 내력이 커져서 강기剛氣가 발산된다. 차력에서는 들이쉰 숨을 유기하는 방법으로 내력을 키우고 강기를 발산시켰다. 차력은 순간적으로 기운을 쓰는 법이어서 쓰는 데 무리가 없으나 지속해서 기운을 쓰려면 충분한 축기가 되어 있어야 한다.

전통수련법 가운데 일갈법一喝法이란 것이 있다. 한 걸음 한 걸음 기합을 넣으면서 발을 내딛는 것이다. 이 수련을 오래 하게 되면 기합만으로 나는 새도 떨어뜨린다는 이야기가 있다. 그렇다고 아무 잘못도 없는 새에 위해를 가한다는 것도 말이 안 되는 소리지만 바로 숨을 들이쉰 다음 기합을 통해 발산시키면서 강기를 내뿜는 것이다. 그 외에 반복적으로 의식을 하고서 같은 동작을 하게 되면 또 기운이 뻗히는 것을 알게 된다. 이때 전신의 힘을 빼야 한다. 가장 중요한 것은 지속해서 호흡 수련을 통해 가운을 모으는 축기縮氣과정이다.

축기와 관련된 사례는 심성섭·김영만의 「택견의 능청동작과 유사 관련 동작과의 비교 분석 및 단전의 의미 고찰」에서 확인할 수 있다. 여기서 '반복되는 품밟기를 오래 하다 보면 언급된 아랫배 한 지점에 기운이 맺히는 듯한 느낌을 받기도 하는 단계를 넘어 동작이 끝난 후에도 묘한 기감氣感143)이 지속하는 현상을 경험할 수 있다. 이 기감은 중심점이 뭉친 듯한 느낌 혹은 열감 등 다양한 느낌을 갖게 된다. 드물지만 이러한 경험을 통해 현대인의 상식을 뛰어넘는 동작 체계에 대해 전승되지 않은 또 다른 독특한 의미가 있지 않은가 하는 의구심이 뒤따른다.'라는 표현을 썼다.

아울러 '단전의 운동 상태는 들숨을 일부러 밖으로 내보내면서 '익'하는 짧고 강한 지식 상태에 있을 때 단전에 힘이 가득 차면서 배가 앞으로 팽창하게 되고, '크'하는 순간 긴 날숨으로 바뀌면서 단전이 수축하게 된다. 그러므로 '익크'하는 순간 단전은 팽창과 수축에 의한 반복운동을 계속하게 된다. 이러한 원리는 단전운동법의 일종으로 볼 수 있으며 '역동적 단전운동법', '발성적 단전호흡법'이라고 할 수 있다. 이와 같은 호흡 원리에 따라 계속 운동하게 되면 단전에 강한 기운을 축적할 수 있다고 하였다(심성섭·김영만, 2008).

그래서 택견은 품밟기만으로도 단전에 축기가 어느 정도 이루어지는 것

---

143) 한자로 기감氣感으로 표현되는 그야말로 기운이 응집되어 생기는 독특한 감각을 사람마다 미양하게 주관적으로 느낄 수 있으나 택견에 있어서는 대체로 아랫배에 무언가 뭉친 느낌을 갖게 된다.

이다. 하지만 다른 무예들은 늘 단전을 언급하지만, 단전을 의식하기도 쉽지 않고 막연히 아랫배를 단전이라고 지칭하여 힘을 주라고 이야기한다.

이 과정에서 욕심을 내어 빨리 갈려고 하면 그야말로 욕속부달欲速不達이어서 그르치게 된다. 배고프다고 생쌀을 씹지 않듯이 그래서 늦더라도 소정의 수순을 밟아야 한다.

기운을 단전에 모은다는 것은 배꼽(신궐혈)에서 2치 아래에 있는 석문혈이다. 단전의 위치는 좀 더 상세히 설명하면 석문혈과 등 뒤의 명문혈 사이를 삼등분하여 복부 쪽으로 석문에서 1/3지점이다. 그렇다 하더라도 공간개념에서 단전을 찾기는 쉽지 않다.

그런데 택견을 한 이들은 비교적 찾기 쉬운데 그것은 택견의 몇몇 동작을 통해 더 쉽게 찾을 수 있다. 신한승 선생의 동작을 예로 들면 품밟기 시 비교적 능청을 크게 했을 때 아랫배에 모이는 한 점이 바로 그 위치이고 아니면 한 발로 지탱하고 다른 발을 앞으로 내미는 소위 '안우걸이(무릎걸이)'를 했을 때 아랫배에 힘이 모이는 부분의 한 점이 단전이다. 안우걸이(무릎걸이) 시 뻗어서 공격하는 반대 발은 몸의 균형을 위해 무릎을 굽힌 상태에서 지면과 수직을 이루고 상체는 뒤로 젖혀져 '허리재기(능청)' 상태에 있다. 이때 전체적인 몸의 균형을 이루기 위해 자연스레 힘이 맺히는 하복부의 한 지점이 있다. 이 하복부의 한 지점은 발을 바꿔 동작을 취해도 동일한 지점이며, 결과적으로 택견의 그 어떤 동작도 이 지점에 힘이 맺혀야 제대로 된 동작임을 깨닫게 된다.

장대걸이(째차기, 곁치기, 곁차기) 동작 등 여러 동작에서도 쉽게 인식할 수 있다. 이런 택견에서의 독특한 단전에 대해서 일부에서는 '두 다리의 원초점'이라는 표현을 쓰기도 했다.

이 지점에 주목해 보면 이 동작이 택견에서만이 볼 수 있는 유일한 동작이며, 택견의 어떠한 능청 동작을 취해도 아랫배 한 지점을 중심으로 전개된다는 사실이다.

아울러 발질 동작도 마찬가지로 아랫배 한 지점을 중심으로 힘이 들어가면서 몸의 평형이 이루어지는 동작 구조를 보인다. 이것은 품밟기 뿐 아니라 발길 짓에도 마찬가지로 좌우를 막론하고 힘이 맺힘을 알 수 있다. 물론 이런 동작을 통해 기운을 모을 수도 있지만, 정좌나 와식을 통해서 더 많이 모을 수 있다. 택견의 자연스러운 몸짓을 통해 기운을 모을 수 있다 하여 다른 한편 택견을 동공動功으로 부르는 것이다.

주의할 점은 축기 시에는 가급적 과음을 삼가야 한다. 과음過飮은 기운을 흩트리는 성질이 있기 때문이다. 아울러 육식을 자제해야 하는데 특히 닭고기는 풍기風氣가 있어서 기운을 흩트리는 특성이 있다.

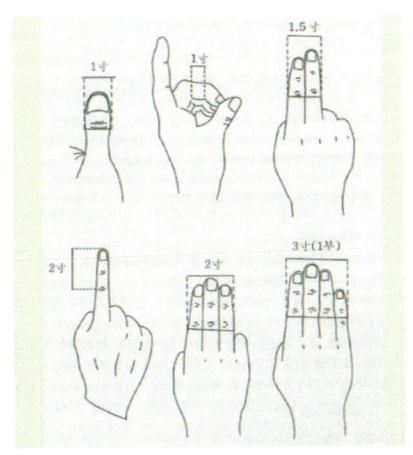

동신치법 측정기준(이병국)

동신치법同身寸法을 쓰는 이유는 사람마다 키와 몸길이가 달라 절대적인 수치를 적용할 수 없으므로 자신의 손가락 등의 길이를 기준으로 한다.

이 방법으로 석문혈을 취할 때에는 신궐에서 2치 아랫부분을 취한다.

2) 좌식坐息

앞서 언급한 소주천 수련과정 이전에 먼저 시도해야 하는 부분이 좌식축기이다. 택견은 동공動功과 더불어 동작을 하는 무예이므로 어느 정도 단전 자리가 잡히고 축기가 이루어지게 되면 시간을 내서 수시로 앉아서 하는 축기縮氣에 몰입해야 한다. 이것을 좌식축기라 한다.

만약 앉아서 하는 정공을 할 경우에는 반가부좌나 결가부좌를 하는 것이 아니라 평좌平坐를 해야 한다. 항간에는 반가부좌나 결가부좌가 폼이 있어서 따라하는 경우가 없지 않은데 이 자세는 일시적으로 편하기는 하지만 오래 앉아 있으면 골반이 틀어지거나 다리의 저림 정도가 심해져서 집중을 깨뜨리기도 한다.

평좌는 왼발이든 오른발이든 앞쪽에 두고(대개 불편한 자세가 장기적으로 자세교정에 도움이 된다) 무릎에 바닥에 붙도록 하고 양발 뒤꿈치의 연결선이 회음과 일직선이 되도록 해야 안정적인 자세가 된다.

물론 처음부터 이 자세가 편안하지는 않다. 그래도 이 자세를 유지하도록 하며 몸을 조금씩 적응하도록 해야 한다.

장시간 앉아 있게 되면 허리가 휘어져 상체가 앞으로 굽어지므로 명문 부위에 긴장을 높이는 자세를 취해야 한다. 오랫동안 바른 자세유지를 위해 바른 자세를 취한 다음 양손가락으로 바닥을 짚고 엉덩이를 뒤로 대략 5cm 정도 빼 허리를 꼿꼿하게 펴준다.

그 다음 자연스레 힘이 들어간 허리 부분을 제외한 나머지 부분에는 모든 힘을 뺀다. 특히 어깨에 힘이 들어가지 않도록 양어깨를 들었다가 동시에 힘을 빼며 축 늘어뜨린다. 실제로 해보면 다리나 허리에는 의도적으로 긴장을 하지 않아도 절로 힘이 들어가 꽉 짜인 감을 느낄 수 있으나 나머지 신체 부위는 이완된 상태가 유지된다.

이 자세를 취하더라도 마음이 앞서가게 되면 혀나 혹은 눈에 힘이 들어가는 경우가 있는데 가끔 몸 상태를 스스로 체크해 이완시켜 주어야 한다.

특히 초보자들은 무릎과 바닥 사이가 들떠 있는 경우가 많은데 처음부터 쉽지 않으나 너무 괘념치 말고 평시에 다리를 풀어 주든가 자연스레 내려가도록 유도해 주어야 한다. 다리가 저릴 경우에 조금씩 시간을 늘리면서 양다리를 바꿔 주는 습관을 늘려야 한다.

그리고 수련할 때 방석이나 쿠션이 있는 것을 깔고 하는 경우가 많은데 이렇게 오래 수련하다 보면 몸의 균형이 뒤틀린다. 쿠션이 일정하지 않기 때문이고 어떤 이들은 방석을 접어서 엉덩이 부분을 높이기도 한다. 특별한 사정이 없으면 바닥에서 수련하는 것이 제일 낫다.

손 모양인 결인結印도 초보자들은 폼을 우선 생각하는 경향이 있으나 축기 단계의 경우에는 왼손을 위로 오른손은 아래로 단전 앞에 모으는 것이 집중에 도움이 된다.

이 자세는 단전 축기와 대맥이나 소주천 운기에도 가장 이상적인 자세이므로 꾸준히 유지하도록 해야 한다.

음양론적 측면에서 바라본 결인은 다음과 같다.

사람에게 있어서 왼손은 음이고, 오른손은 양이다.

음陰은 가라앉는 성질이 있고,

양陽은 올라가는 성질이 있다.

그래서 왼손을 위로하고, 오른손을 아래로 하면 두 음양이 서로 만나 합일하게 된다.

주역의 괘로는 지천태괘다.

사람이 물구나무를 서는 곳도 지천태地天泰괘 형상이라서, 건강에 좋다고 한다.

그래서 결인 시에 왼손을 위로 한다.

실지 선도수련 시에 기를 스스로 체험해보면 선도수련과는 무관한 음양론이다.

그러므로 선도수련 시에 어느 손이 올라가는 것이 상관없지만,

지천태地天泰괘 형상으로 하는 게 낫다.

3) 수련자의 필히 참조사항

수련자가 필히 참조해야 할 사항이 있다.

그것은 수련 자체가 스트레스를 불러일으키면 안 된다는 것이다.

스트레스는 인체의 균형을 깨는 아주 나쁜 원인이다.

그러므로 스트레스를 받지 말아야 하는데…

도의 경지가 아주 높아버리면 받지 않겠지만, 그렇지 못한 수련자는 스트레스를 받기마련이다.

특히 수련 자체가 스트레스를 주는 경우는 초심자나 중급자보다는 고급

자로 올라갈수록 수련 자체가 스트레스를 줄 확률이 높다.

그 이유는 무엇일까?

그 이유는 바로 "너무 잘하려는 것"과 "빨리 이루려고 하는 조급한 마음"이 대표적이다.

너무 잘하려고 하다 보니 쉽게 만족하지 못하게 되고, 너무 잘하려고 하다 보니 정도가 지나친 것이다.

옛말에 "중도(중용 = 중정의 도)" 라는 말이 있다.

이 말은 지나치지도 않고 부족하지도 않으며 급하지도 느리지도 않는다는 뜻이다.

수련도 이와 같아야 한다.

수련을 지나치게 잘하려고 하지 말아야 하고, 수련 시간이나 열정이 부족하지도 않아야 하며, 급하면 자신의 성취도를 모르며 느리면 귀함을 모른다.

모름지기 수련은 즐겨야 한다.

즐기는 것에는 스트레스를 받지도 말아야 하고, 자연을 관조하듯, 연인과 시간을 보내듯 자유로움과 평화로움이 항상 함께해야 한다.

수련자가 수련으로 스트레스를 받으면 이미 수련자가 아니라 욕망에 물든 자가 때를 벗으려고 몸부림치는 것에 불과하다.

물론 선도가 욕망의 때를 벗으려고 하는 것이지만 경지에 맞게 놀아야 한다.

4) 운기

한 가지 더 덧붙일 것은 특히 운기 과정에 처음 보는 상이 어지럽게 나타난다는 것은 아주 경계해야 할 부분이다. 사람들은 특이한 현상에 대해 특별한 경험으로 생각하고 기대하게 되는데 사실은 수련을 방해하는 심각한 요소들이다. 그러한 상이 나타나더라도 그런가보다 하고는 지나치고 잊어야 한다. 상에 얽매이다 보면 정말 필요한 부분은 잊게 되고 더 이상 수련진전은 없으며 심마心魔에 빠져 헤어나지 못하게 된다.

항간에 특이공능을 얻기 위해 상단전을 함부로 열려는 시도가 있는데 이는 참으로 위험한 행위이다. 상단전을 먼저 열게 되면 보이지 않던 것이 보이게 되니 신천지가 열린 듯한 느낌을 받게 되는데 바로 심마로 작용하여 심신이 피폐해진다는 것을 깨달아야 한다. 영안靈眼이 열려서 새로운 것이 보이는 것이 일견 좋을 듯하지만 본인이 원하지 않는데도 나타나는 것은 나중에 괴롭기까지 하다. 아울러 접신이 되는 지름길이라 할 수 있다.

스스로 원할 때 볼 수 있는 도안道眼을 열려면 하단전부터 중단전 그리고 상단전을 여는 게 순서이다.

소주천 운기는 이미 알려진 바들이 있으니 여기서는 대맥帶脈운기에 대해서 간략히 언급한다.

대맥운기는 맨 먼저 무의식으로 기운을 석문단전에 쌓고 쌓이다 보면 차고 넘쳐 좌대거, 그리고 좌대맥, 명문, 우대맥, 우대거에서 석문으로 돌아온다. 이 한 바퀴가 2분운기가 되면 꾸준히 축기를 하면서 소주천 운기로 들어가면서 틈틈이 대맥운기를 반복, 복습한다. 나중에는 운기속도가 점점 빨라져 1분에 백 바퀴를 돌릴 수 있도록 연습한다.

이는 소주천 운기도 마찬가지이다.

대주천 운기는 역시 마찬가지로 하되 사지四肢와 백회百會를 동시에 운기하는 습관을 들여야 하는데 이는 처음에는 쉽지 않으나 단전에 의식을 30% 두고 나머지 부분에 의식을 배분하는 방법 즉 집중과 의식배분을 통해 이루어져야 한다.

빠르게 운기 하는 것도 능력이지만 몸 밖으로 배출할 때 어느 선까지 제어하는 능력을 기르는 것도 중요하다.

5) 집중의 의미

축기나 대맥운기, 소주천 수련은 모두 무의식 단계의 수련이다. 대주천부터는 의식을 사용해서 기운을 이끌게 되지만 이전의 수련은 모두 무의식을 이용한다. 앞에서 언급했듯이 기본적인 심법을 걸고 나머지는 잊고 단전호흡에만 열중하게 되는데 예전 수련의 경우에 숨을 들여 마시고 아랫배에 힘을 주는 수련을 의식적으로 하는 경우는 잘못된 수련이라 지적하였다. 무의식 수련을 해야 하는데 마음이 앞서 단전에 힘을 준다는 자체가 의식수련이 되기 때문이다.

호흡에는 자율신경이 깊숙이 간여하고 있기도 하다. 자율신경에 의해 원만한 호흡이 이루어지지 않을 경우에는 의식적인 호흡을 사용할 수도 있고 반대의 경우에도 마찬가지이다.

들숨은 교감신경의 영역이고 날숨은 부교감신경의 영역이기도 하지만 의식에 의해 의지로 조율이 가능하다. 이 두 영역을 아우를 만큼 호흡이 중요하다는 의미이기도 하다.

인간의 가장 원초적인 생명 유지에 있어서 그만큼 호흡의 중요성을 인식할 수 있는 부분인데, 의식과 무의식 상태를 불문하고 호흡은 거의 예외 없이 이루어지도록 인체가 설계되어 있는 것이다. 신체활동에 수반되는 근육의 사용 시 산소공급을 위해 호흡이 필수적이라는 것은 반대로 받아들이자면 그만큼 호흡이 중요한 것이고 그 중요한 호흡을 위한 안배가 모든 신체활동에 포함되어 있어서 새삼 호흡의 중요성을 깨달을 수 있다.

즉 호흡에 있어서 의식과 무의식을 넘나들 수 있도록 설계되었다는 것은 호흡 수련을 통해 무의식의 영역을 제어할 수 있는 힘을 길러줄 수 있다는 의미이기도 하다. 무의식의 영역은 의식으로서는 제어할 수 없는 영역으로 알고 있지만, 수많은 노력과 반복에 의해 앞 어디에선가 언급한 낙수천석落水穿石의 원리로 제어가 가능하다는 의미이다. 물론 쉽지 않지만 인간이 육신의 한계를 뛰어넘는 경지에 도달하려면 그러한 집중과 노력이 뒤따라야 한다는 의미이다. 물론 그렇다고 하더라도 이 과정을 통과함으로써 일종의 완성이라고는 볼 수 없다. 고작 첫 관문을 통과한데 불과하며 더 많은 난관이 기다리고 있지만 이러한 원리를 염두에 두게 되면 무의식의 세계에 씨앗을 뿌리게 되는 것이니 장차 수련에 효용성이 무척 큰 것이다.

끝이 모호한 이러한 이야기를 언급하는 것은 애써 회피하려는 것이 아니라 지금 알기에는 별반 도움이 되지 않기에 이런 식으로 매듭을 짓는 것이니 현재의 자신이 아니 업그레이드되어 거듭난 자신으로 환골탈태換骨奪胎하는 중요한 여정이라는 점을 잊지 말아야 한다.

6) 심마心魔

기운을 모으고 단전에 집중하다 보면 여러 현상들이 생겨난다. 여기서 여러 현상들은 거개가 수련에 방해가 되는 요소라 할 수 있다. 그러나 모든 일에 항상 감사하는 마음을 지녀야 한다. 이러한 것들은 깊이 알고 보면 수련이 잘되고 있다는 반증이기도 하고 돌아 볼 수 있는 계기가 되기도 한다.

그래서 소주천과 대주천 사이에는 온양이라는 단계가 있다.

이 단계에서는 수심을 닦고 넘어가는 것이 바람직하다.

대개 이 단계는 수심을 넘어야 하므로 다른 단계보다 시일이 좀 더 걸릴 수 있다. 특이한 점은 이 단계에서 몸에서 향기나 향내가 나는데 본인도 맡을 수 있지만, 주변 사람들이 더 빨리 알아차리고 오해를 하기도 한다. 뜬금없이 향수를 뿌린 듯한 느낌을 받기 때문이다.

수심에 대처하는 방법들을 살펴보면,

내게 이롭다고 당장에 기뻐할 것도 아니고,

내게 해롭다고 나쁜 일만은 아니라는 생각을 지녀야 한다.

앞에서 언급했지만 많은 나라들이 여러 어려운 환경들을 극복한 까닭에 지금의 위치에 와있는 것이고 어떤 나라들은 어려운 환경에 벗어나기 위해 수많은 과정을 겪고 있다.

일례를 들어 보자.

프랑스의 와인은 세계적으로도 유명하다. 물론 독일의 맥주도 그에 못지 않다. 유럽에 왜 맥주와 포도주가 발달하였을까? 퇴적암이 많이 분포되어 있을 뿐 아니라 일부 고화가 덜 된 지역을 통과한 물은 먹는 물로서 생수는 그리 적합하지 않기 때문이다. 심지어 석회암 지대의 일부 맑은 물은 마지막에 헹구는 설거지물로서도 적합하지 않아 칼크(kalk)나 스케일(scale) 등의 흰색얼룩이 남기에 설거지의 문화조차 다른 것이다. 우리는 설거지용 세제를 물로 깨끗이 헹궈내지만, 그들을 헹궈낸 수가 없어서 행주로 대충 닦아 내고 사용하는 것이다.

물 부족이나 기타 등의 이유로 유럽의 평균수도세가 우리나라보다 곱절 이상 하는데도 원인이 있을 것이다.

중국의 차 문화 역시 세계적으로 알려져 있다. 황토지대로서 퇴적물이 고화가 덜된 지역이 적지 않아서 식용수로 적합하지 않은 면이 있기 때문이다 황토지대를 흘러온 누런 물은 심지어 바다조차 누렇게 오염시켜 우리나라 서해를 황해黃海라고 부른다.

수많은 절경들은 보기에 아주 그럴싸해 보이지만 오래된 석회암들이 오래전에 침식되어 형성된 지역들이다. 석회암의 퇴적물들은 입자가 작아 물속에 부유물이 많은 원인이 되어 탁도가 낮은 원인이 되기도 한다.

간혹 중국에 뛰어난 절경을 이루는 험준한 지역에 맑은 물이 흐르는 일부 지역이 있지만, 사람들의 거주지로는 적합하지 않아서 과거에 소수민족들의 피난처로 사용되었을 뿐 아니라 급사면을 이루어 강우가 내려도 땅속으로 유입되는 것보다 유실율이 높아서 생활용수로는 한계가 있다.

중국은 그처럼 땅이 넓다고 하지만 예로부터 흐르는 물을 마음 놓고 마실 수 있는 곳은 오직 산동의 제남濟南 땅뿐이다.

우리나라는 산속으로 들어가게 되면 일급수들로 그냥 떠먹어도 되지만 열대나 아열대 지방에 가게 되면 모기들이 수원지만 있으면 알을 낳아 육안으로 보기에도 음료용으로 적합지 않다.

고산지대에는 오염원이 없어서 물이 깨끗한 듯싶지만 침식 사면의 경사가 급해 급류가 형성되어 혼탁류가 흐른다. 이런 여러 사항을 감안해 보면 우리 선조들이 얼마나 좋은 터에 나라를 잡았는지를 알 수 있다.

현대인들은 뷰(view)에 상당히 관심이 있어서 유럽풍의 도시에 대해 갈망하지만, 우리나라에서 살다가 막상 가서 살아보게 되면 불편한 것이 한두

개가 아님을 깨닫게 된다. 외견상 보는 것과 그 속에서 막상 사는 것에는 상당한 차이가 있다.

이것은 언급하는 이유는 우리나라의 금수강산을 내세우자는 의도가 아니라 그들이 불가분 그렇게 살 수밖에 없었던 척박한 환경을 극복하고 반면에 우뚝 선 문화를 이야기하려는 것이다.

조선 말기 외국인들의 기록을 보면 대부분 식후에 구수한 숭늉을 많이 먹었다. 실제 숭늉은 아직도 일부 식당에서 끓이지는 않아도 돌솥 밥에 남은 누룽지에 넣어 만들어 먹는다. 그렇다고 우리나라에서 차 문화가 없었던 게 아니고 삼국시대 기록에 보이고 그 차 문화는 일본으로 전파한 기록도 보인다. 다반사茶飯事라 하여 차를 상음한 문화가 생활문화 속에도 남아 있다.

우리나라에서 나름 차를 잘 아는 이들은 좋다는 중국차를 마셔 보고 그들이 진정 좋은 차를 마실 기회가 없었음을 쉽게 간파한다.

물론 이는 좋은 물과도 관련이 있어서 쉽게 비교되는지도 모른다.

그러나 그 지역 사람들은 그 악조건의 상황을 극복하고 훌륭한 문화를 만들어 내었다. 사람들이 위기를 만나게 되면 대체로 두 부류가 있다. 위기에 좌절하고 남 탓이나 환경 탓을 하는 이가 있는가 하면 그 위기를 정면으로 맞서 고통을 감내하며 극복하는 부류이다.

그들은 그러한 환경을 오랜 세월 노력으로 하나의 문화를 창조하고 삶을 영위할 수 있는 환경으로 바꾸어 놓았다.

즉 어려움은 나 자신을 단련시켜 더 나은 세계로 이끄는 원동력이 되는 것이다.

큰 인물일수록 다쳐오는 것은 고난에 사싸우며,

불만이 없는 상태는 그 자체로서 이미 발전 가능성을 상실한다.

가장 큰 불만은 가장 큰 깨달음으로 인도하는 것이며,

가장 큰 장애를 넘어섰을 때의 기쁨이 그만큼 큰 것이다.

수련에서 장애 없음을 바라는 것은 수련하지 않고자 하는 것과 같다.

수련은 극복하고 뛰어넘음으로써 자신을 키워나가는 과정이며,

넘지 못하면 계속 같은 과정을 반복하게 된다.

넘되 본인의 마음에서 극복해야 한다.

스스로 자체 내에서 극복하고자 하는 마음이 생겨 넘지 않고,

타인에 의해 넘어갈 수 있기를 기대하다가는 평생 못 넘고 만다.

수련의 주체는 나이다.

나만이 나를 채울 수 있다.

원래 깨달음은 번뇌 속에 있다.

번뇌의 한가운데 핵을 이루고 있는 것이 각覺이며,

이 각의 한가운데 명命이 있다.

명에 접근하기 위해서는 각을 통과하여야 하며, 접근이 허락되기 위해서는 각을 득得해야 한다.

각은 평소 꾸준한 번뇌의 정리로서 가닥을 잡아야 하며,

모든 것이 얽히고설킨 상태에서 가닥이 잡히면 내다보는 데 지장이 없다.

큰 가닥은 정리되었으나 아직 작은 가닥이 조금 남아 있어 어지러운 점이 있을 뿐이다.

생시에 득得해야 할 것과 실失해야 할 것은 수련과 무관하게 따로 있으나 자신의 마음이 정리되지 않은 상태에서는 어떠한 득도 실도 도움이 되지 않는 것이다.

득이 도움이 되는 경우와 실이 도움이 되는 경우는 본인의 기준이 아닌 하늘의 기준에 따른다.

어떤 일에도 항상 하늘을 의식하면 실수가 없을 것이다.

망각의 늪은 보통 좌법 때나 대맥 수련 시 많이 경험하게 된다.

수련이 높아질수록 또 다른 현상들을 경험하게 된다.

이처럼 수련은 어느 하나로 완성되는 것이 아니다.

단계별로 능력이 증대되면서 한걸음 한걸음 도를 향해 가까워지는 것이다.

늪에는 망각의 늪만 있는 것이 아니다.

늪은 세 가지가 있는데 망각의 늪 이외에도 수면의 늪과 잡념의 늪이 있다.

수면의 늪은 앉아서 수련만 하면 잠이 오게 되는 현상을 말한다.

이것은 수련 시 기氣가 고요하게 가라앉기 때문에 심파가 평정을 이루게 되고, 이때 내면에 깊게있는 아직 활동하고 있지 않은 의식들이 깨어나지 않은 상태로 있기 때문에 수면의 늪에 빠지게 되는 것이다.

또, 잡념의 늪이란 수련 시 과거에 묻혀서 기억되지 않고 있던 기억들, 전생의 기억이나 미래의 일들 등등이 수면 위로 떠오르듯 한꺼번에 밀려들어 수련이 불가능할 정도로 잡념이 늘어나는 것이다.

보통 수련 초기에 이런 현상들이 많이 나타난다.

그러나 세 가지 늪 모두 수련이 진척되면서 생겨나는 현상들이므로 걱정할 것은 없다.

수련자가 어차피 건너야 할 과정이다.

예를 들어 부산이 도道이고 서울이 단전이라면 중간에 있는 대전, 대구 등의 도시는 그 여정으로서 부산에 가기 위해 꼭 거쳐 가야 할 여정이듯이 세 가지 늪들도 도에 가까워지기 위해 건너가야 할 수련 과정의 일부인 것이다.

그러나 세 가지 늪이 오는 순서는 수련자에 따라 달라진다.

수련을 방해하는 이 세 가지 늪은 곧 마魔이다.(민경환, 1996)

이것을 잘 견뎌내야 한다.

여자아이가 엄마가 되기 위해서는 교육을 거쳐 자라나 결혼이라는 의식을 거쳐야 하듯이 마魔도 마찬가지이다.

수련자는 이러한 세 가지 마를 슬기롭게 잘 다스려 극복해야 한다.

처음에는 이완되면서 깊이 잠속에 빠지기도 하고 시간이 지나면 온갖 잡

생각이 든다. 가정사에서 회사일 혹은 애정사까지 별의별 잡념이 떠나지 않는다. 하지만 당연한 일이어서 그러려니 하고 이조차 덤덤히 바라보아야 한다.

모든 것들은 수련에 가장 이상적인 몸과 마음의 상태로 가기 위해 오는 것이다. 수련에 방해가 되는 것이라 해서 꼭 나쁜 것만은 아니다.

가장 나중에 오는 심마心魔는 열심히 수련했는데도 불구하고 내가 제대로 수련을 하고 있는지? 혹은 내가 지금 무슨 짓을 하고 있는지 수련 자체에 원초적인 회의懷疑가 오고 갈등이 생기는 것이다.

항상 심마心魔는 마음의 극히 작은 빈틈을 노리고 오는 것이어서 끊임없이 자신을 돌아보며 하심下心을 지니고 경계해야 한다.

수련을 정진하다 보면 비교적 낮지 않은 단계에서도 특이한 심마를 경험할 수 있다.

그중에 하나는 마음상태도 완벽하고 열심히 수련을 잘한다고 생각하고 있는데도 불구하고 소소한 일들이 주변에 생겨나 수련을 방해하는 일들이 생겨난다.

이런 일들은 수시로 생겨나 이상할 것이 없지만 무시하지 못할 상대로부터 터무니없는 오해를 받거나 말도 안 되는 상황이 벌어져 무척 곤혹스러운 경우가 발생한다. 대처하자니 끝없이 말려들어 귀중한 시간을 망칠 것 같고 버려두고 무시하자니 집요하게 따라붙는다. 이러한 경우에는 수련자의 성격을 건드리는 것으로서 당사자는 어찌할 줄 모르고 헤매게 된다. 만약 이를 아는 사람이 옆에서 충고한다 해도 수용하기도 어렵다.

물론 이 경우에 논리적으로는 수련자의 언행이 틀림이 없으나 수련이 나아감으로써 원천적으로 해소해야 할 부분이 남아 있음을 깨닫고 자신을 돌아보아야 한다.

이 경우에는 일반적인 논리로는 도저히 풀 수 없는 상황으로서 당장에 해결하려 하기보다 말도 안 되는 상황이라도 일단 수용한 후에 꾸준히 돌아보려는 자세가 필요하다. 터무니없는 상황에 부닥친 경우이므로 일상적인 논리로 결코 해결하려 해서는 안 된다. 와 닿지 않으나 무조건 당연한 듯 수용하면서 시간을 두고 꾸준히 염두에 두고 가다 보면 전체적인 맥락이 들어오면서 그 깊은 뜻을 이해하게 되고 스스로의 부족한 점을 깨달으면서 수련이 한 걸음 더 나아가게 된다.

또 다른 경우에 부닥뜨리는 경우가 있는데 이 역시 앞의 경우와 유사하나 조금 다른 점은 현실의 상황만 개입된 것만은 아니란 점이다. 이 부분은 조금 이해가 어려우므로 극단적인 예를 들어 설명해 보면,

사람이 사회생활을 하게 되면서 모든 이들과 좋은 유대관계를 좋게 지내기란 쉽지 않다. 특히 한창 피가 끓는 젊은 시절에는 부닥치기도 하면서 불협화음으로 인해 상사와의 사이가 매끄럽지 않을 수 있다. 이러한 갈등으로 인한 상처는 오래 남게 되는데 이러한 마음의 걸림은 수련에 있어서 언젠가는 풀어야 할 숙제이기도 하다. 이러한 불필요한 집착은 언젠가는 삶을 정리하는 데 아주 걸림돌로 나타나서 수련을 방해라는 지대한 요소로 작용한다. 그러나 그 집착을 내려놓기 위해 열심히 노력하다 보면 꿈을 통해서도 해소하는 경우가 있는데 소위 이전 오래전 생생에서 만들어진 집착과도 관련이 있는 것으로 상대방의 입장을 이해하는 역지사지易地思之를 꿰뚫게 됨으로써 풀리는 경우가 있다.

사람은 살아가면서 목표를 향해 나아가는 데 노력을 하게 되며 때로 이러한 노력은 집착執著으로 변하기 마련이다. 그러나 인간의 끝없는 집착은 마음공부에 지대한 영향을 미쳐 삶에 지대한 영향을 주게 되기도 하며 마음공부의 결정적인 마지막 관문으로 남아 수도자들을 괴롭히기도 한다.

이 집착이 얼마나 무서운 것인가 후의 세계에서도 집착은 사라지지 않는

다. 죽음 이후의 세계까지 지배하고 있는 집착이라면 좀 더 관심을 가지고 집착에 대해 생각해볼 필요가 있고 집착을 내려놓는 연습을 평시에 해주는 것이 필요하다. 어떤 의미에서 죽음은 또 다른 시작을 내포하고 있다고도 할 수 있는데 집착은 또 다른 시작을 훼손한다는 의미로 받아들여질 수 있다. 죽기 전까지 집착의 후유증에 시달리며 죽고 나아가 죽음 이후에도 온전한 죽음을 누릴 수 없다면 그야말로 불행한 삶이라 아니할 수 없다. 그래서 집착을 없애는 일이 얼마나 힘든지 옛사람들은 집착을 버리라고 하지 않고 '내려놓는다'는 조심스러운 표현까지 썼다. 그래서 어느 정도 수련이 된 이들은 마음공부 가운데 집착을 먼저 내려놓는 공부를 동시에 수반해야 한다. 집착을 쌓아온 만큼의 세월 이상을 비우는 데 사용해도 모자랄지 모른다.

먹고 살기 위해 집착을 쌓고 수련을 나아가기 위해 집착을 버린다는 것은 아이러니한 일이다.

그간 수련의 궁극에 다다르면 보림保任이라는 과정을 거쳐야 했다. 앞에서 언급한 집착을 내려놓는다는 문제도 이와 관련이 있다. 보림은 깨친 후에도 게을리 하지 않는 수행을 통해 세포 하나하나에 각인된 습을 버리고 완전히 자기 것으로 만드는 것을 말한다.

즉 깨달았다는 것은 정신적인 측면을 의미하지만, 육체를 지닌 인간은 육체까지 깨닫기란 쉽지 않다. 정신은 하늘에 있는데 육신의 욕망은 땅에 있는 것과 같아서 이 둘의 조화를 맞춰 주는 것이 보림일지도 모른다.

이 보림에 실패한 듯한 분들을 더러 주변에서도 찾아볼 수 있다. 깨달음을 얻었다는 이들 가운데 이 과정에 실패하여 재물을 밝히고 여자를 가까이 두려하고 남이 알아주기를 바라면서 권능을 함부로 사용하는 이들을 종종 볼 수 있다.

이들 가운데는 수련이 나아가면서 깨달았다는 방심이 마지막 관문으로 남아 시험에 드는 경우가 있는데 세상의 모든 만물과 인간이 새롭게 인식되어 다가오기 때문에 그것을 깨달음으로 착각하여 심마에 빠지는 경우가 없지 않다.

그래서 수련을 통해 본래의 자리에 가는 것도 매우 중요하지만, 사회생활을 하더라도 평시에 집착을 내려놓는 연습을 자주하고 보림을 항상 염두에 두는 마음공부를 게을리 하지 않는 생활습관을 길러야 한다는 생각이다.

이러한 상황은 말처럼 쉽지 않다. 그런데 우리 삶 가운데 방법이 있다. 흔히 도인무몽道人無夢이라는 말처럼 도인이 되어서 걸림이 없으면 꿈도 꾸지 않는다는 말이 있다.

도인이 되기 이전의 보통 사람들은 더러 꿈을 꾸게 된다. 꿈 안에서는 본인의 의지와는 상관없는 다양한 꿈을 꾸게 되는데 이 꿈 안에서조차 자신의 의지를 실현할 수 있다면 집착을 내려놓는 것과 보림을 실천하게 되는 좋은 공부 방법이 되는 것이다.

물론 쉽지 않다. 자신의 꿈이라도 전혀 통제되지 않는 것이 꿈이기 때문이다. 하지만 인간이 잠을 자면서도 수련을 할 수 있다는 점에서는 주목해 볼 필요가 있다.

우선 잠들기 전에 호흡하면서 몸을 최대한 이완시키면서 '집착을 내려놓는다'는 심법을 걸고 잠을 잔다. 만약에 꿈을 꾸게 되면 그 꿈이 의미하는 바가 무엇인지? 그것에 대한 대비책이 무엇인지? 피드백하면서 열심히 연구해야 한다.

수련할 때에는 대개 모든 것을 잊고 몰입하게 되는데 이 방법을 사용하게 되면 마음공부도 동시에 할 수 있다.

이러한 심마들은 일상적이고 일반적인 논리를 뛰어넘는 것으로서 인식의 전환이 없이는 어떤 경우에도 풀리지 않는다. 결코 일상적인 논리로는 해소책이 없으므로 스스로를 버리려는 과감한 선택을 꾸준히 해야 한다.

여러 경우의 심마와 접하다 보면 얼마나 인식의 전환이 중요한 것인가를 깨닫게 된다.

아울러 자기 자신과의 소통, 그리고 세상과의 소통 나아가 시공을 뛰어 넘는 소통이 얼마나 중요한지를 깨닫게 된다.

수련은 결코 편하게만 오지 않는다.

인간의 삶은 오행五行이 부조화되어 있어

그 부조화로 인하여 조화에 다가가려는 욕망으로 나타나게 되고,

그 나타남이 수련으로 되었을 때,

가장 긍정적인 변화를 이끌게 된다.

부족하면 부족한 대로 살아가는 것과

부족한 것을 다른 그 무엇으로 채우면서 살아가는 것은 근본적으로 다르다.

다른 그 무엇은 자신일 수 있고

다른 것일 수도 있으나

자신 이외의 부분으로는 절대 나의 부분을 채울 수 없다.

내게 부족한 부분 역시 내가 가지고 있는 것이다.

나는 그 자체가 완성체이나.

인간이므로 인하여 불완전하게 되어 다시금 완성에 이르려는 노력하게 되는바,

자신이 내부에서 부족한 부분을 찾으면 이미 있었다는 것을 발견하게 되는 것이다.

결코 멀리 있지 않다.

모두 손이 닿는 곳에 있는 것이다.

마음을 열고 나에게서 분리되어 있던 나의 부분들을 받아들이라.

받아들이는 방법 역시 〈호흡〉이다.

호흡은 시공을 초월한 참인간의 수련 방법인 것이다(한당어록집, 2009).

7) 내관반청법

기운을 모으고 집중하는데 "내관반청법內觀反聽法"이라는 선도용어가 있는데 물론 정좌를 통해서 하는 것이 바람직하다. 여기서 내관이란 관법觀法을 말하고, 반청이란 청법聽法을 말한다.

내관이란 수행자가 눈을 어디에 둘 것인가를 말하는 것이고, 반청은 귀를 어디에 둘 것인가를 말하는 것이다.

보통 "의수단전意守丹田"이라 하여 의식을 항상 단전에 두는 것을 말하는데, "내관반청"의 의미와 같은 맥락이지만 약간 다른 점이 있다.

가장 좋은 방법은 "의수단전"에 "내관반청법"을 가미하는 것이 가장 좋

다. 그리하면 집중도가 훨씬 좋아진다.

"내관"의 의미는 기의 조절에 있다.

눈을 위로 향하면 기도 약간 위로 올라가고, 눈을 옆으로 보면 기도 눈의 방향인 옆으로 이동한다.

그래서 눈을 아래로 향하여 단전에 두어 기가 단전에 머물게 해야 한다.

"반청"의 의미는 정신 집중에 있다.

귀(청각)를 몸 밖에 두면 의식도 몸 밖으로 움직이고, 귀를 몸 안에 두면 의식도 몸 안에 머문다. 그래서 귀를 기울이는 반청법을 모르면 정신집중을 제대로 못하여 완전한 "의수단전"이 안 된다.

그래서 선도에 있어서는 "내관반청법"이 참으로 중요하다.

그러나 "의수단전"과 "내관반청법"이 말처럼 쉬운 것은 아니다.

적어도 순간순간 미쳐 있어야 한다. 거저 생각날 때 잠시하면 된다는 생각으로 해서는 안 된다. 모든 일을 접어 두고 해서는 생활이 안 되겠지만 염두에 두고 있으면서 잠시 짬이 난다든가 혹은 잘될 때는 몰아서 해야 한다. 이는 마치 비온 뒤에 땅을 파면 잘 파지듯이 기회가 생긴다면 미친 듯이 해야 한다. 그렇다고 해서 집착이 되어서는 안 된다. 일례로 댓돌에 물방울이 구멍을 내는 적수천석滴水穿石은 불가능처럼 보이지만 실제 일어나는 일들이다. 이는 마치 하늘에 염원을 비는 것이 아니라 정성이 하늘을 움직이는 것과도 같은 이치이다.

흔히 사람들은 24시간 염두에 두고 행하게 되면 더 나은 효과가 있을 것을 생각하기 쉽지만 이렇게 되면 무의식적으로 수련 기체기 매너리즘에 빠지기 쉽다. 아이가 성장하는데 밥을 많이 먹고 잠을 많이 잔다고 해서 빨리 성인이 되는 것은 아니다. 즉 시간이 필요로 하다. 배고프다고 밥 짓는 과정을 생략하고 생쌀을 씹을 수는 없는 노릇이다. 과정이란 시간이 필요로 한 것이다. 깨닫는 것도 과정에서 깨우치는 것이지 결과에서 깨우치려 해서는 안 된다.

이것은 의식과 무의식을 모두 조절하는 원천적인 힘이므로 오랜 수련을 통해서 터득하게 되는데, 수련도 종류가 많다.

과연 그 많은 수련 중에 어느 것이 가장 우수할까?

그것은 호흡법이다.

호흡엔 도광영력이란 빛이 있고, 그 빛들 속에 무의식, 의식을 조절하는 힘, "의수단전"의 심력, "내관반청"의 묘법, 진리의 문, 지혜의 바다...등등으로 이루 말할 수 없는 극미한 것에서 극대에 이르는 것까지와 도계의 그 무엇까지도 갈 수 있고 알 수 있는 길이 있다.

그러므로 "정신일도 하사불성"이라 오직 "무념무상"인 상태에서 오직 한 생각만이 살아 있어야 하니 이는 명상도 아니요, 참선도 아니요, 기도도 아니요, 오직 "숨"이다.

8) 가늘고, 길고, 깊게

(1) 가늘고

"가늘게"라는 말은 호흡을 천천히 조심스럽게 하라는 말이며, 이 말은 호흡뿐만이 아니라 "욕심을 버리라"는 중요한 뜻이 있다.

"욕심을 버리라" 함은 빨리 이루려고 머리 굴려 계산하지 말란 뜻이며 천천히 조심스럽게 하라 함은 "욕속부달 = 욕심이 빠르면 이루지 못한다."

스스로의 욕심 때문에 어두운 길에 들어섬을 경계하라는 듯이 있다.

"가늘다"에서 이 중요한 참뜻을 알아두면 좋을 것이다.

(2) 길 게

"길게"의 뜻은 "집중하라"는 뜻이며 오래 인내하며 해야 한다는 뜻이다.

길게 할 때 집중이 잘 되며 짧게 할 때는 집중이 잘 안 된다.

이것도 참뜻이 있는데 길게 오래 하라는 뜻이 담겨있다.

천하의 도공부가 쉽다면 짧게도 가능하지만, 구한만큼 어려움이 따르는 것이 도 공부이므로 오래 인내하며 끈기를 가지고 수련하라는 뜻이다.

"길게"에서의 처음과 끝에는 빛이 있고, 그 빛 속에는 자신의 최초의 삶과 사후의 시간이 존재하므로 한 호흡을 하는 중에도 그 귀함을 인식하고 수련을 하면 수련에서 큰 힘을 얻을 것이다.

무조건 "길게" 하면 폐단이 있다. 혹자는 한 호흡을 2시간 3시간 하는 걸 목표로 하는데 이는 어리석은 짓이다.

죽으려고 하지 않을 바에는 송장처럼 숨 안 쉬는 훈련을 할 필요가 없다. 좋은 호흡 길이는 한 호흡에 1분 안팎이 낫다.

수련하다 보면 호흡 길이가 늘어나는데 1분 정도에서 하는 것을 권하고 싶다.

(3) 깊 게

"깊게"의 의미는 "의수단전"을 말하듯이 모든 의식을 단전에 두라는 뜻이다.

의식을 단전에 두려면 의식이 끊이지 않아야 한다.

그러려면 호흡을 깊이 해야 한다.

"깊게"의 참뜻은 생각을 단전에 두어 단전으로 생각하고, 단전으로 말하며, 단전으로 행동하는데 원동력이 된다는 뜻과 흔들리지 않는 발도심을 말한다.

"초발심(처음 먹은 마음)이 항상심(평상심 = 변하지 않는)이 되도록 …" 하라는 뜻이 있다.

뿌리 깊은 나무가 매선 비바람에 견디며 태풍에도 뽑히지 않듯이 수련자는 깊게의 의미처럼 발도심이 흔들리지 않아야 한다는 중요한 의미가 있다.

9) 심 법 心法

심법은 눈에 보이지 않는 기운을 모으고 운용하는 마음을 쓰는 법이다. 기운이 모여도 사용 방법을 모르면 흩어지게 마련인데 그때 필요한 것이 심법이다. 쓰임새를 알고 목적에 맞도록 써야 한다. 심법은 간단하지만, 마음에 각인 刻印이 되도록 세 번 되뇌는데, 예를 들어 '천지간에 가득한 진기를 호흡을 통하여 석문단전에 모은다.' 이런 식으로 모으는데 처음에는 단전자리가 잡히도록 누워서 하는 것이 좋고 위치를 잡을 수 있다면 손가락을 대고 하는 것이 좋다.

심법을 세 번 각인시킨 후 잊어버리라 함은 이 심법이 잘못 사용될 경우 집착으로 변해 집중이 제대로 이루어지지 않기 때문이다.

수련 내내 반복해서 수시로 심법을 되뇐다는 것은 심법에 대한 믿음이 없이 주문 수련처럼 어리석은 짓이다.

집착은 불필요한 심적 긴장을 가져오기 때문에 심법을 걸고 잊어먹으라는 것은 긴장에서 완전히 해방된 상태에 있어야 한다는 것이다. 이것은 마치 기운을 내쏘기 위해 팔에 완전히 힘을 빼고 치는 것과도 같다.

집착과 심법은 다르다. 집착은 생명력을 갉아먹는다.

불필요한 집착은 마음이 앞섬으로써 특히 혀에 힘이 들어가게 되는데, 이는 혀와 관련된 심장에 지속적인 긴장을 유발한다는 점을 명심해야 한다. 이는 또한 심신일여가 의미하는 것처럼 마음이 몸에 작용하는 중요한 사례이기도 하다.

집착은 원만하고 자연스러운 호흡을 저해한다. 무리하게 애를 쓰다 보면 상기의 원인이 되기도 한다.

심즉기행心卽氣行이라고 마음 가는 곳에 기氣도 간다는 의미인데, 이 의미는 기를 알아야 마음을 알 수 있다는 이야기도 된다.

심법을 꾸준히 활용하게 되면 자신감이 생기면서 자연스레 심력心力이 커지게 된다. 기력을 바다라 한다면, 심력은 그 물을 퍼내는 바가지에 비유될 수 있는데 심력을 키워야 하는 이유가 기력이 커도 바가지가 적으면 물을 적게 퍼낼 수밖에 없는 이치이다.

심법은 단숨에 이루어지는 것이 아니라 마치 적수천석滴水穿石처럼 쌓여야 그 진가가 드러난다.

부언하자면 기력이 커지면 심력이 커지고 심력이 커지다 보면 심법에 힘이 실린다.

이렇게 모은 기운은 부드럽게 남을 위해서 사용하게 되면 일종의 기氣치료가 된다. 예민한 사람은 기치료에 대한 반응을 즉각 느낀다. 그러나 기치료는 함부로 권할 것이 못 되는 것이 적응이 안 된 경우, 환자 체내에 환부에서 나오는 사기邪氣가 시술자에게 전이되면 심한 몸살을 앓는 수도 있다. 강력한 사기는 인후부를 붓게 하며 물조차 삼키기 못할 정도로 심각한 경우가 적지 않다. 기치료에 대한 방법이나 여러 효과는 기회가 되면 논하기로 한다.

10) 기운용

원래 기운을 발출하는 방법은 처음부터 타격을 위해 고안된 것은 아니다. 인간의 무한한 상상력에 의해 수 없는 반복 가운데 생겨난 것이다. 그러나 그 원리가 밝혀진 것은 기운용을 위한 운기 과정에서 파생된 것이라 할 수 있다. 이 과정은 주로 대주천 과정에서 이루어지는데 석문단전에서 회음을 통해 두 다리, 그리고 용천으로 다른 하나는 옥당에서 두 팔 그리고 노궁으로, 또 하나는 백회로 기운을 보내 이 세 지점을 뚫고 바깥으로 뽑아 하늘, 공간, 땅 즉, 천지인의 기운과 교류하는 연습을 하는 단계이다.

그런데 수련자가 이성을 잃을 정도로 화가 나면 하단 석문단전 내의 여의주가 제어되지 않고 내력이 무척 높아지면서 기운이 발출된다. 그렇게 되면 수습하기 어려울 만큼 주변을 해하기 때문에 수련자는 스스로를 제어하는 습관을 길들여야 한다.

11) 기공과 춤

내가권이나 기공들을 보면 천천히 움직인다. 이러한 동작들에 대해 여러 이야기들이 있지만 가장 중요한 것은 기운을 느끼고 타는 것이다. 흔히 태극권을 본 사람들은 느린 동작을 보고 '저게 무슨 무술이냐?' 하는 의구심을 가질 수 있다. 그러나 그런 동작을 통해 기운을 느끼고 기운을 탈 줄 알아야 한다. 기운을 동작의 흐름에 따라 유도하는 수련법이다.

이것이 기공수련법으로써 호흡법은 있으나 단전호흡에서 말하는 단전에 대한 개념은 다소 약하여 축기를 한다는 것보다는 의식을 사용하여 동작의 흐름대로 기를 운용하는데 그 주안점이 있다.

사실은 이 단계조차 뛰어 넘어야한다. 막연히 기운을 느끼고 탄다는 생각에 그쳐서는 안 된다. 내가 원하는 기운을 끌어와서 그 기운에 조응하는 내력을 발산시키는 경지에 이르러야 한다.

무슨 소리냐 하면 만약 특정한 백호白虎의 기운을 끌어왔다고 치자. 처음 그 특정한 백호의 기운을 끌어오게 되면 체내體內로 들어오지 않고 외부전신에 그 기운으로 덮이는 단계가 있을 것이다. 물론 한 번의 시도로는 어렵고 반복연습을 통해 하나하나 체득體得을 해야 한다. 이때 몸 밖에 형성된 그 기운으로 인해 체내에서 자연스레 조응하는 기운[內力]이 생겨나게 된다. 외부의 끌어들인 기운과 내부에 조응하는 내력이 미세한 밸런스가 형성되고 그 미세한 밸런스를 따라 몸의 움직임이 생겨나는데144) 이것이 바로 춤이다.

물론 전 과정이 밸런스를 따라 움직이지만은 않는다. 연결동작에 있어 매끄럽지 않은 부분이 있을 수도 있고 기운을 타다 보면 마음 뜻대로 몸이 따라주지 못하는 경우가 있기 때문이다. 특히 몸이 유연하지 않은 경우에는 미리 유연하도록 만드는 과정도 중요하다. 그래서 뛰어난 춤꾼은 기운을 끌고 타는 것도 중요하지만 수많은 연습도 중요하다. 또 이 춤은 할 때마다 조금씩 바뀌므로 정형화한 것이 춤과 기공氣功이다.

물론 같은 기운을 끌더라도 각자의 기질에 따라 동작은 조금씩 바뀔 수 있다. 아울러 자신의 성향에 따라 특정한 방향으로 표연表演될 수도 있다.

특히 기공은 강한 기운(예컨대 호랑이나 독수리 등)을 끌어 정형화한 것이다. 만약 특별한 사연을 지닌 기운을 끈다면 관객조차 그 기운에 휩싸여 울고 웃고 하게 될 것이다. 물론 그러한 춤에 집중해야 동조될 수 있다.

이해가 어렵겠지만 한 맺힌 여인의 기운을 끌어오게 되면 그 감정이 춤

---

144) 물론 내외內外기운의 밸런스에 조응하여 따르지만 자신 스스로가 주도적임은 분명하다. 하지만 각 단계를 밟아 가는데 비교적 적지 않은 시간이 소요된다.

에 고스란히 표현된다. 소통에 능한 관객은 그 춤을 통해 보는 것만으로도 본인이 의식하지 못하는 가운데 눈물을 줄줄 흘리게 될 것이다. 그러니 이러한 춤을 시도할 경우는 심력이나 기력이 바탕이 되어야 하므로 일반인들은 이러한 시도가 매우 위험하다. 춤이 끝나면 즉각 빠져나와야 하는데 헤어나지 못하고 일상생활에까지 영향을 받을 수도 있기 때문이다.

사람들이 마치 가슴에 무언가가 맺힌 느낌을 받을 때가 있는데 이도 그러한 가벼운 현상 중의 하나이다. 대부분의 춤은 익숙한 외형에 집중하게 되고 내가기공들도 크게 다를 바 없다. 하지만 반복해서 익히게 되면 효과는 낮아도 기운을 느끼고 운용할 수 있다.

시연자는 몰입해서 자신의 감성을 드러내 나름 최선의 동작 언어로 표현하고 관객 또한 그 감성을 자신만의 것으로 받아들여 공감하는 것이지만 오로지 기운으로 표현되고 기운으로 느끼는 단계는 한 차원 이상의 소통이라 할 수 있다. 즉 인간은 언어나 표정 혹은 감정으로 표현을 하고 소통하지만 뛰어난 이들은 이보다도 기교가 아닌 기운으로 압도하는 것이다.

잠시 부언하자면 각 나라의 언어 차이가 있듯 문화의 차이도 언어와 마찬가지이다. 문화도 제2의 언어로서 소통의 한 방편이다. 우리가 문화에서 차이를 언급하는 것 중에 일부는 이해하려는 마음이 앞서있기 때문이다. 어느 문화가 높고 낮음을 평가하는 것은 문화에 대한 편견이 있거나 몰이해 때문이다. 언어가 다르다고 상대를 무시하는 경우는 없듯이 문화도 마찬가지이다. 언어를 몰라도 소위 바디 랭귀지로 뜻을 통했을 때 좀 더 다가가게 되고 문화를 이해했을 때도 마찬가지이다. 문화적 역사와 배경을 무시하고 어느 문화가 좋고 나쁘다는 건 일종의 장벽으로서 분쟁만을 유발한다. 지구의 역사를 돌아보면 흥망성쇠가 한 곳에 집중하는 곳이 없다. 다만 기운을 논하는 것은 그런 문화도 있을 수 있다는 것이지 그것만이 옳다는 표현은 아니다. 언어는 비록 달라 직접적인 소통은 여의치 않지만 기운이라는 내개를 통해 문화를 이해하는 것은 고도의 소통방법 중의 하나이다.

12) 기운용과 심력心力

시중에 소위 '기체조'라는 것은 사실 기운을 타는 것처럼 흉내만 내는 것에 불과하지만 어느 정도 효과는 있다. 제대로 심법을 걸고 한다면 자신이 아픈 곳을 스스로 치료할 수도 있으며 심지어는 남들에게 어느 정도 영향력까지 가능한데 바로 언중도력言中道力으로 갈음할 수 있다.

이때 필요한 것이 심력心力이고 심력은 기력氣力과 비례한다. 기운을 모으고 모은 기운을 운용하는 기운용 단계에서도 반복연습 과정은 매우 중요하다. 과거에 방법이 단절된 시기에 길을 잘 모르던 어떤 분은 축기 5년 만에 무의식중에 대맥을 유통했다하니 길을 가르쳐 주는 이가 없이는 참으로 힘든 길이다.

그래서 기운용은 꼭 수련이 높은 단계에서만이 아니라 각 단계에서 조금씩 연습해 두는 것이 좋다.

기운용도 일종의 술수(일종의 도력)인데 나쁜 의미의 술수라기보다 심력을 키우는 한 방법이기도 하다. 술수를 연마하는 데 가장 중요한 마음가짐은 기초를 아주 튼튼히 한다는 생각이다.

기초라는 것이 알다시피 지루한 시간의 연속이지만 기초가 튼튼한 사람은 나중에 많은 응용을 할 수 있게 되는데 대부분의 사람들은 기초라는 것은 등한시하고 높은 것부터 찾기 시작하니 상념에 그치고 얻기 힘든 것이다.

이러한 과정을 심법心法이라고 하는데 상념想念과는 또 다른 것이다. 심법은 작은 기초적인 것부터 단계를 밟아 이루어 가는 것이고 상념은 마음이 앞서 이 과정을 건너뛰려 하다 보니 상념의 기, 즉 진기眞氣가 아닌 생기生氣의 흐름으로 이어지는 것이다.

도력을 연마하는 데 가장 중요한 것은 첫째, 도심道心이 있어야 한다.

도심이란 수련하는 목적인데 수도의 궁극적인 목적과 이치를 득함을 말함인데...

이것은 수련의 진도에 의해서 조금씩 얻게 된다.

이런 도심을 도력을 얻는다는 측면만으로 축소하면 좀 전에 말한 기초를 튼튼히 한다는 것이 되고 또한 명분에 맞게, 적시적소에 사용한다는 것도 된다.

둘째, 심력心力을 키워야 한다.

심력을 키우기 위해서는 여러 가지 방법이 있지만, 수련과 연관해서 가장 적당한 방법은 자신의 수련에 자신감을 갖는 것이다

자신의 수련에 자신감을 가지려면 어떻게 해야 하나 초기 단계부터 조금씩 기감과 수련방법에 익숙해 나가는 것이다.

이것이 나중에 모이면 자신도 모르게 잠재의식적으로 자신감을 갖게 한다.

본격적으로 심력을 강화하는 방법은 무엇이냐 하면 처음엔 축기의 초기 단계인 좌식이상이 되면 실에 가벼운 반지 같은 것을 달고 그곳에 기운을 주입하면서 의식을 사용해서 움직이는 연습을 하는 것이다.

물론 이것이 기초적인 심력강화 방법이지 근본적인 방법은 아니라는 것을 항상 염두에 두어야 한다.

이렇게 첫째의 도심의 부분을 통해서 도력을 배울 마음의 자세를 가시고 참 그 마음의 자세에는 설상 그것이 불가능하다고 해도 가능하다는 생각도

필요하다.

이것이 자신의 마음의 벽을 무너뜨려서 보다 강한 힘을 작용케도 한다.

이렇게 마음자세와 기초적인 심력을 갖추어지면 좌식이상부터는 기초적인 기운용법을 터득하기 시작한다.

여기서 매우 중요한 한 가지는 결코 남에게 해를 끼치는 방향으로 심력을 길러서는 안 된다. 뛰어난 고수는 심법 하나만으로도 사람을 죽일 수도 있다. 뿐만 아니라 그 후유증은 나중에 그 이상으로 자신에게 되돌아온다.

어떤 이는 대맥 파장을 뽑아 강 건너의 사람을 넘어뜨리는 기술을 선보이기도 하는데 이는 심법을 그리 바꾸면 되는 것이며 공부의 한 방편이라기보다 술수로 취급된다.

13) 기운용 요령

처음에는 기를 쏘고 받는 연습을 통해서 손의 모공을 열고 기감에 익숙해져 간다.

두 사람이 서로 함으로써 보다 빨리 익힐 수 있다는 장점이 있다.

여기에서 주의할 점은 기운을 한참 모아야 할 좌식 시에는 많은 시간의 기 소모는 되도록 삼가 하는 것이 좋다.

복구하는데 시간이 다소 걸리기 때문에 기초적인 기운은 일단 기를 쏘고 받는 연습을 하는데 그중에서 손바닥(장)과 수지로 하는 연습이 중요하다.

일단 그냥 두 사람이 나뉘어 쏘고 받는 것부터 시작한다.

일단 상당한 기감을 얻을 수 있는 경지에 이를 때까지는 일체의 다른 응용은 하지 않는 것이 중요하다. 거듭 말하지만, 기초가 가장 중요하다. 스스로 자신할 정도로 이 자신감이 또한 심력이 된다.

이 심력의 강화는 결국 심법의 강화를 가져와서 나중에 많은 응용과 변화의 묘미를 가지게 해준다.

기초적인 것이 터득되면 그 다음부터는 가벼운 응용으로 들어간다.

첫째, 의식의 절반은 기를 쏘고자 하는 곳에 둔다.

만약 그곳이 장(掌)이면 장에 수지(手指)면 수지에 둔다.

익숙해지면 가까이하던 것을 점점 멀리한다.

처음에는 주먹 하나 들어갈 거리에서 이제는 한 1m 정도 이것이 잘되면 2m 그다음 3m 이런 식으로 나중엔 이쪽에서 저쪽까지 멀리 떨어진 거리까지 해본다.

이것이 잘 느껴지면 이제 장을 통해서 단순히 기를 쏘는 것은 터득되었으므로 변화의 묘미를 느껴본다.

의식을 장 전체에 두어 기를 쏘는 것이다.

여기에서 세 번째 염두에 두어야 할 것이 있다.

바로 호흡이다. 물론 심법을 걸기를 장전체로 한다고 하고 의식을 장 전체에 다 두는 것이다.

그다음은 처음에는 평소의 호흡 길이보다는 조금 짧게 강한 호흡을 하다 그렇게 되면 기운이 장 전체로 묵직하게 천천히 빠져나간다.

그다음은 의식은 그대로 두고 심법만 바꾼다.

조금 빠르게 보낸다 생각하고, 이때는 호흡은 조금 더 강하게 하고 의식은 단전과 장에 절반의 비율에서 장 쪽으로 한 80% 이상 둔다.

그렇게 되면 좀 더 강한 기운이 좀 더 빨리 나간다.

물론 여기에서 때로는 호흡을 조금 가늘고 길게 한 평소보다 2~3초 정도 빨리해도 그와 유사한 변화가 생긴다.

이때의 차이점은 기운이 조금 가늘어진다는 것이다.

그다음은 이것이 조금 더 잘되면 이번에는 의식을 장 전체에서 조금씩 좁혀가면서 연습을 한다.

일단은 여기까지 연습하면서 터득하면 더 깊은 묘미를 살려 가는데 다음에 심법心法과 의식의 조화를 통하여서 수련이나 선도의 가장 큰 묘법이라는 언중도력의 방편이라는 것을 깨달아야 한다.

언급한 기운용법은 심력을 키우는 방법 중의 하나이다. 이 방법은 항상 축기와 더불어 이루어져야 한다. 단전자리를 잡는 법은 한참 상급자 단계의 지도를 수시로 받아야 한다. 마음이 앞서다 보면 단전자리가 틀어질 수도 있어서 제대로 수련이 이루어지지 않기 때문이다. 그러나 택견을 수련하는 이들은 어느 정도 우려를 하지 않아도 된다. 동작체계 자체가 자연스럽게 단전을 정점으로 이루어지기 때문이다.

14) 파장 운기

단전이 자리를 잡고 축기가 이루어지면 허리띠 부근의 대맥을 운기하고 대맥이 유통되면 반복적으로 돌려 1회 운기 속도가 2분 이내에 들어오도록 연습을 해야 한다. 물론 빠르게 운기하는 것도 하나의 능력이다. 이후에는 임독 양맥을 뚫는 소주천을 운기한다. 소주천 운기 역시 대맥과 마찬가지로 2분 운기를 할 수 있어야 하며 빠를수록 좋다. 대맥이나 소주천을 빠르게 운기하다 보면 그 기운의 파장이 몸 밖으로 빠져나와 파장이 형성되는 것을 깨닫는 경우도 있다.

가령 대맥을 아주 빠르게 운기하다 보면 얇은 내의만 입은 경우 허리띠 부위의 옷자락이 펄럭이다가 팽팽해진다. 아무도 없는 목욕탕에서 빠르게 운기를 해 보면 잔잔한 탕 속의 물이 운기방향으로 회전한다. 속옷을 입고 소주천을 운기하면 목 아래 부위의 옷자락이 운기되는 파장에 의해 들썩거리는데 이를 모르는 이들은 혼자 있는 방안에 귀신의 장난인가 하여 놀라는 일도 있는데 자신의 파장운기로 인해 벌어지는 것이다.

눈에 보이지 않는 기운이 운기하는 방향으로 옷자락에 영향을 미치더라도 놀랄 필요는 없다. 이들의 초기 운기 단계에서는 의식이 기운을 뒤따라야 한다. 즉 일종의 무의식 수련이다. 의식이 먼저가게 되면 마음이 앞서 진기가 아닌 생기로 이어지기 때문이다.

이후는 대주천 과정인데 대주천은 단전에서 기운을 모아 회음으로 보내고 여기서 양다리를 통해 발바닥 중앙의 용천湧泉을 뚫고 바깥으로 30cm가량 나갔다가 다시 단전으로 회수한다. 그리고 다시 단전에서 몸 중앙을 타고 올라가 전중膻中에서 1.6촌 되는 옥당玉堂에서 양팔 중앙을 거쳐 손바닥 중앙의 노궁勞宮으로 해서 외부로 30cm가량 나갔다가 다시 거슬러 단전으로 회수한다. 이후에는 이 기운을 끌어 올려 인당印堂으로 해서 상주내백을 2회

운기한 후 백회百會를 통해 역시 30cm가량 나갔다가 다시 단전으로 회수한다. 이 과정은 처음에는 두 다리나 두 팔을 동시에 하지 않고 하나하나 뚫고 익숙해지면 동시에 운기한다. 더 익숙해지면 두 다리와 두 팔 백회까지 동시에 운기할 수 있다. 이 과정은 자신의 기운이 천지인의 기운과 교류하는 과정이다.

경락을 따라 운기를 할 때는 몸을 사용할 필요가 없이 와식이나 좌식상태에서 심법으로 혹은 의식으로 진기를 끌어서 운행한다. 그러나 빠르게 몸 밖으로 내쏠 때는 발과 팔을 이용한다. 즉 수족상응手足相應을 이용하는 것이고 짧고 강한 호흡을 통해 빠르게 기운을 내쏘는 것이다. 한발을 지면에 내딛는 순간 그 반력을 이용해서 단전을 자극한다. 그리고 단전에서 임맥任脈을 거슬러 올라가는 것이 아니라 미세하게 임맥보다 다소 깊은 부분을 통과해 역소주천 방향으로 전중(단중)을 지나 옥당까지 올라간 다음 팔을 통해 쏘는 것이다. 대주천을 운기할 때에는 장심으로 내쏘지만 강한 기운을 빠르게 내쏠 때는 손바닥 전체를 사용하는 연습을 해야 한다. 앞에서 2분 운기를 언급하였지만, 수족상응으로 내쏘는 기운은 찰라 간에 이루어진다.

손바닥으로 기운을 쏠 때는 가급적 화를 내어서는 안 된다. 극도로 화가 난 상태에서는 제어가 되지 않을 정도로 극강한 기운이 뻗어 나오므로 상대편에게 기운을 발출하는 방법 중의 하나는 일단 충격이 비교적 적은 대상을 향해 손을 반복해서 치는 연습을 해야 한다. 택견하는 이들이 짚으로 수련을 했다 과거의 기록이나 현대에서는 천을 집어넣은 샌드백을 이용해도 된다. 예를 들어 철사장에서는 흑태와 녹두를 반반씩 섞어 천으로 만든 부대에 넣고 친다.

이 번거로운 과정을 익히자면 적지 않은 시일이 걸린다. 그러나 집중을 하다보면 의외로 시간이 단축된다. 이 번거로운 과정은 중요한 의미가 있다. 서론에서 수심修心을 언급했는데 이 과정에서 수심이 되고 마음이 커지고 그만큼 수양이 되어 도道와 세상에 대해 새롭게 눈을 뜨게 된다. 이 부분은 사실 기운용 이상의 가치가 있다. 어린이가 밥을 많이 먹는다고 성인이 되지 않고 거쳐야 할 과정이 있다. 사람들은 과정에서 깨우쳐야 하는데 결과에서 깨우치려 하는 것이다. 과정이란 시간이 필요한 것이다.

가령 소주천 2분 이내로 이루어지면 틈틈이 복습해 일초에 한 바퀴를 돌리고 나중에는 일초에 백 바퀴도 돌릴 수 있다. 그것이 기력이고 도력이다.

다만 여기서 너무 시시콜콜한 부분까지 밝혀 혹자는 자신이 수련을 만든 양 사람들을 현혹하는 일이 있을까 우려스럽다.

3. 택견의 기운을 쓰는 흔적

조광朝光 1941년 7권 4호 조선 무예와 경기를 말하는 좌담회에서

"택견을 짚으로 배우는 사람은 짚을 발길로 차면 짚이 뚝뚝 부러지고 나무를 차서 배운 사람은 사람을 못 죽여도, 짚으로 배운 사람은 사람을 죽인다고 하지요. 그것은 나무를 찬 사람은 늘 단단한 것을 차다가 힘에 한정이 있을 게고 짚을 차서 배운 사람은 가벼운 짚을 차 착착 부러뜨리니까 힘에 한정이 없단 말예요. 그래서 택견하는 사람들이 서로 만나서 너는 무엇으로 배웠느냐 나는 나무로 배웠다. 나는 짚으로 배웠다하면 나무로 배운 사람이 짚으로 배운 사람에게 선생님 한다는 계죠."

즉 짚으로 수련하게 되면 기운이 발출되기 때문에 이러한 현상이 생기는 것이다.

부드러운 대상을 상대로 툭 던지듯 손바닥을 치라는 이유는 손바닥이 닿는 충격으로 인해 치는 순간 방어를 위해 손이나 팔에 힘이 들어가서는 안 되기 때문이다. 손이나 팔에 데미지가 없다면 어느 것이든 사용할 수도 있지만 가급적 단전을 이용하기 위해서는 수족상응手足相應 하는 자세가 좋다. 이러한 단계 과정을 거치지 않고 마음이 앞서게 되면 기운이 뻗치면서 몸에 무리가 온다. 즉, 남에게 침을 뱉으려면 내 입안이 먼저 더러워진다는 의미이다.

택견의 기운 쓰는 법이 제대로 전해지지 않은 원인은 첫째 사람을 살상하는 기술이기 때문에 소정의 품성을 갖추지 않으면 전하지 않는다는 비인부전非人不傳의 원칙 때문이었고 둘째는 사람을 살상하게 되면 그 후유증이 컸기에 함부로 전하기도 어렵지만 전해도 쓰기가 어려웠기 때문이다. 셋째는 무기의 발달로 인해 근접전에서 맨손을 사용하기에는 한계가 있다는 점,

넷째는 충분히 축기가 이루어져 지속적으로 사용할 수 있어야 하는데 기운이 쉽게 고갈되는 등의 이유 때문인 것으로 보인다.

유구에 전해진 고려의 수박도 육기수 안에는 분명 기운을 쓰는 법이 포함되어 있다. 하지만 사자상전으로 은밀히 전해지면서 세월이 흐르는 동안 그 방법이 유실되었고 특히 일본 본토로 전해질 때 후나고시 키친(船越義珍, 1868-1957)에 의해 재정립되면서 의도한 바였는지는 알 수 없으나 많은 기술들은 사라졌다.

문화는 나라 간을 거치면서 혹은 여러 사람들을 통해 전해지면서 고스란히 전해지고 답습하기 어려운 점이 없지 않다. 사람들마다 받아들이는 의도가 다르고 특히 아주 중요한 부분은 말로 설명이 쉽지 않은데다가 비인부전 非人不傳이라는 관문이 남아 있었기 때문이다. 그래서 은밀히 전하는 기술은 전달되기가 쉽지 않았는데 그래서 전하는 이야기가 '좋은 스승은 만나기가 어렵지만 좋은 제자는 더 만나기 어렵다.'는 표현이 있는 것이다. 우리는 흔히 어떤 무예를 배웠네 하지만 같은 세월을 배웠다 하더라도 겉모습을 배운 것과 진수를 배운 것은 천양지차를 보이는 것이다.

흔히 '몇십 년 어떤 수련을 했네' 하는 이들 가운데 일부는 이 세계의 진수를 모르고 겉멋만 들은 사람도 없지 않다. 남이 추켜세워 주니 그런가 보다 하는데 제대로 배운 이들은 결코 이런 짓을 하지 않는다. 세상은 넓고 진정한 고수는 드러나지 않을 뿐이다.

택견에서는 수족상응이라는 말처럼 반보 잦은걸음과 손기술은 불가분의 관계이다. 통상적으로 품밟기를 왜 하는가? 에 대한 의구심을 제기하지만, 손의 빠른 스피드와 함께 풋워크도 함께 상관관계를 유지하지 않으면 손기술의 위력을 충분히 발휘할 수 없다. 체중이 가는 곳에 먼저 손발이 이동했을 때 강한 피워(기운)를 생성하는 것이다. 이는 축구의 슛과 복싱의 펀치에서 쉽게 찾아볼 수 있는 원리이다.

손발의 조화, 택견의 동작은 모두 힘을 빼고 이루어지면서도 단전을 정점으로 뻗어 나간다. 택견의 발질이 힘을 빼고 허리재기로 차는 이유는 발질에 힘을 실으려는 이유도 있지만 가장 중요한 이유는 기운을 싣기 위함이다. 허리재기를 위해서는 먼저 지면에 닿은 발이 지면의 반발력을 이용해서 상체가 위로 올라오면서 아랫배가 소위 능청하면서 살과 엉덩이 부위의 파워 존이 같이 움직인다. 발을 내딛으면서 그 반력을 단전에 모아 손바닥으로 내쏘는 것이다. 이때 몸 전체에 힘을 빼야하며 그야말로 수족상응手足相應을 통해 기운이 뻗치는 것이다.

김정윤의 『태견』(2002)에서 '월정'이라 표현한 기술은 그냥 손가락으로 가슴을 쥐어뜯는 것이 아니라 가슴살을 밀어 올리며 쥐어뜯는다. 이렇게 월정을 구사하게 되면 심한 고통과 함께 피멍이 맺히며 상대를 쉽게 무력화시킬 수 있다. 손가락 힘을 기르기 위해 손가락을 펴고 책상다리로 앉은 상태에서 손가락 힘만으로 체중을 실어 움직인다. 이것을 '앉은뱅이'라고 한다(고용우, 2020.04.11.). 손가락을 단련하는 방법 중에 대동류유술에서는 콩을 빠르게 잡는 방법이 있다. 많이 잡다 보면 손톱이 자랄 새가 없다고 한다. 콩을 잡는 방법이 익숙해지면 톱밥을 넣은 샌드백을 잡아 뜯는 방법이 있다고 한다. 이 방법이 번거로우면 큰 대야에 바가지를 엎어 띄우고 손가락으로 단숨에 잡아채는 연습을 반복한다.

수박의 살법은 기록으로 남겨진 것들을 소개하면 다음과 같다.

사람을 잡을 때 반드시 그 혈을 잡아야 하니, 훈혈, 아혈, 사혈이 있다. 적을 대하여 그 혈을 대하여 세거나 가볍게 치면 혹은 죽고 혹은 훈暈(혼미해짐)하고 혹은 아瘂(벙어리가 됨)한다.145)

근래 고려 삼별초에서 유구로 전해진 것으로 알려진 『유구무비지琉球武備

---

145) 安自山(1930.04.03). 奇絶壯絶하든 朝鮮古代의 體育, 동아일보 4면

誌』에 육기수六機手 철골수鉄骨手에서 사람을 칠 때 모름지기 이 손을 이용하면 어떤 경우에는 아침 식사 전에 맞는 사람은 입에서 피를 토하고, 식후에 맞은 사람은 혼비백산한다.146) 조자수爪子手에서 만약에 세게 쳤으면 빠르게 약을 붙여 치료해야 한다. 보살피지 않으면 피를 토해 삼 개월에 죽을 수 있다.147) 철사수鉄沙手에서 불로 단련시켜야 이룬다. 사람 앞쪽으로 찔러 들어가 뒤쪽은 鏡(경)을 이용한다. 만약 사람 몸에 들어가게 되면 즉 문지르고 빠르게 약으로 치료해라 치료하지 않으면 즉사한다.148) 이들은 모두 혈자리를 치거나 기운으로 치는 것이다.

기운을 쏘는 방법 중에 격지타隔紙打나 격타隔打는 전통수련 가운데 원근법遠近法의 고차원적인 형태로서 격지타는 목표물 앞에 종이 한 장을 끼우고 타격을 가해도 종이가 찢어지지 않고, 목표물에 심한 충격을 받으며 격타는 목표물에 직접 접촉하지 않고 타격을 주는 체술이다.

이성계가 태조가 되기 전 체술 훈련 중에 이 격타법을 수련한 지 100일 만에 터득하여 100보 이상 떨어진 마을의 한 점에서 나오는 베 짜는 등불 빛을 화살이 없는 맨몸으로 화살을 쏘는 형세만 취하여 활을 당겨 불을 껐다고 한다. 그 집에서 등불을 다시 켰으나 그때마다 자신의 심력心力으로 연거푸 꺼뜨렸다는 전설이 있다(권태훈, 1989).149) 이 역시 기운을 사용하는 방법으로서 우리 선조들이 행했던 수련법이다.

다음은 『태견』의 「원전 제작비화」에 수록된 내용이다.

활갯짓은 손과 팔의 기초가 되는 기술로서 곡선으로 이루어지며 기운으로 행해지는 데 직선운동이나 힘으로 하는 것보다 훨씬 빠른 속도를 낼 수

---
146) 打入「人君」, 須用此手, 或曰, 飯前打人君生吐血, 飯後打人君魄散魂飛
147) 若打, 速着藥治之, 不醫吐血三个月, 而死矣
148) 用火煉成, 打入 人前後鏡, 用之, 若打入肉則爛, 速着華治之, 不医則死
149) 이 기법은 탄현낙전(彈絃落箭)이라는 기법으로도 전해지고 있는데, 확옥 잘 쓰늘 동이인들에게는 활줄을 튕겨 능히 날아오는 화살을 떨어뜨리는 방법이다(박문기, 1991). 자세한 수련법은 143-145쪽 참조.

있다. 이것은 택견 기술을 자신의 한계까지 단련해 보면 누구나 이 원리를 스스로 깨닫게 된다.

벽치기는 택견의 모체기술이자 주체기술이다. 그리고 활갯짓과 일체형 體形의 기술이다. 주먹은 배우지 않고 단련하지 않아도 누구나 쉽게 쓰는 기술이다. 그러나 벽치기 손은 기술적으로 단련을 하지 않으면 손에서 강한 타력이 나오지 않으면 실제 송덕기 선생은 헛애비를 만들어서 단련하기도 하고 큰 나무에 짚이나 가마니를 두텁게 감아서 단련했다고 했다.

벽치기에서 손을 기운 원리로 단련하면 똑같이 단련한 주먹에 비해 두서너 배의 타력을 낸다. 벽치기를 단련하여 타력을 가지게 되면 그 타력과 비교도 되지 않는 더 큰 다른 것을 저절로 얻게 된다.

송덕기 선생이 시연한 주먹기술은 하나는 흔하게 쓰는 돌주먹이고 다른 하나는 메주먹이다. 메주먹은 주먹기술 가운데 가장 센 주먹기술이다. 메주먹도 기운의 원리로 단련을 해야 무서운 타력이 나온다. 그 타력은 몸 어디를 치든 몸뚱 전체가 무너져 내리는 심(힘)이다. 일본 데코이에서도 메주먹을 쓴다. 이것은 데코이의 뿌리가 택견이라는 것을 말해 주는 것이다.

택견 발차기의 원리는 기운이다. 그래서 택견 발차기의 유연한 동작은 춤을 연상케 한다. 힘을 원리로 하고 직선 동작을 쓰는 태권도나 가라테의 발차기와 근본 원리가 다르다. 택견 발차기 중에서 발장심내차기는 메주먹과 같이 택견에서만 오랜 세월 동안 이어온 기술이다. 일본 데코이에서도 발장심내차기가 비전되어 왔었다. 이 기술 또한 택견이 데코이의 뿌리임을 나타내는 증거이다.

송태희宋泰熙는 둘째 아들의 친구인 임호林虎의 스승이자 송덕기宋德基의 부친으로 대대로 택견의 일가를 이루고 있었는데 상대를 곁치기로 차면 들썩들썩하고 공중에 떠서 몇 미터 날아갔다고 한다. 임호는 한학자이면서 인격적으로 훌륭한 분이고 기술적으로 인왕산 호랑이라고 불리면서 장안팔장사 중 으뜸으로 돌절구를 한손으로 들고 표범과 같이 날쌘 분이며 비호처럼 숲속을 질주하고 짚단을 차고 담장을 뛰어넘고 소나무 사이를 제비처럼 빠져 나가는 것이 마치 나는 범과 같았으며 사방의 적을 양손으로 어르고 왼발 바른발로 차 넘기는 기술은 마치 번개치듯 했다고 한다. 그리고 송덕기도 돌절구를 들고 시조창에도 조예가 깊으시고, 개성편사 성문정(조선의 궁술 저자)의 보디가드로 참가했으며 태껸, 활쏘기, 격구를 했으며 근대체육으로 철봉, 뜀틀을 군대에서 지도하시고 불교축구단에서 축구 선수로더 활동하셨다.

그리고 송덕기 선생의 외조카 김성집150)은 기운 쓰는 법을 사랑방에서 배워 올림픽에서 역도로 메달을 획득하기도 했다.

임호 선생과 송덕기 선생은 태껸의 기술을 무도無道한 자들에게는 함부로 전수하지 않았으며, 오랫동안 됨됨이를 지켜보고 자질을 갖춘 사람에게 전승하였다. 태권도지(1973)에 "송 옹은 13세때 태껸수련을 시작한 이래 스승의 말씀을 좇아 몸과 마음을 소중히 지켜왔다고 회고 하고, 마음을 지키는 일이 태껸기술을 익히는 것보다 더욱 어려운 일이라고 했다. 또한 훌륭한 무도를 스승에게 배웠으며 그 기술을 간직하기를 부모섬기듯 하고, 잊거나 잃어서는 안되며 그 기술을 남용하는 것은 부량한 짓임을 강조했다."

장掌이나 메주먹, 발장심은 인체에서도 매우 부드러운 부분이다. 이 부드러운 부분으로 효과적인 공격을 발휘할 수 있다는 것은 기운을 제대로 쓰지 않고는 불가능하다.

이런 방법들을 쉽게 가르치고 배울 수 있다면 아주 심각한 문제들이 발

---

150) 김성집(1919년~2016년) 대한민국 최초의 메달을 1948년 올림픽과 1952년 올림픽에서 동메달을 획득하였다. 1919년 서울 종로구 필운동에서 아버지 김순정과 송석년의 2남중 차남으로 태어났으며 청운초등학교, 휘문고등보통학교, 보성전무학교를 졸업했다. 송덕기(외삼촌)으로부터 기운 쓰는 법을 배워서 역도를 시작한지 얼마 되지 않아 실력이 놀랄 만큼 향상하였다.

생할 수 있다. 흔히 강하면 된다는 생각을 지니고 있는데 제어하지 못하게 되면 바로 살상법이다. 살상의 끝은 어떤 변명으로도 용납이 되지 않는다. 그래서 제어가 필요한 것이다.

특히 극도로 화가 난 상태라든가 작정을 하고 뿌리는 기운은 스스로 제어가 불가능하다. 그리고 잘못 배운 것이다.

제어하는 방법은 틈날 때마다 꾸준히 연습을 통해 익혀 두지 않으면 안 된다.

4. 관념법觀念法

관념법은 일단 목표물을 정한 다음 언제든지 그 목표물의 선명한 이미지가 떠오를 수 있도록 계속 집중한다. 숙달되면 움직이는 이미지를 연습한다. 모두 선명한 이미지를 그릴 수 있으면 일단은 성공한 것이다. 이 방법은 앞에서 언급한 이 방법을 응시법凝視法이라고 불렀는데 관념법의 초기 과정이다. 응시법이 숙달되면 자신이 원하는 관념법으로 이어진다.

관념법은 일종의 이미지트레이닝이라고 할 수 있다.

예를 들어 국선도 초창기, 차력시범에서 가장 각광을 받은 철선녀鐵扇女로 불린 홍일점 김단화金丹和가 그의 남편 장수옥 총재에게 송판을 깨는 비법을 공개한 부분에서도 찾아볼 수 있다. "우선 기를 모으면 이미 눈앞에 쪼개진 송판이 보입니다. 미리 선견先見한 틈새를 향해 이마를 내리찍으면 송판이 두 조각이 납니다. 중요한 것은 송판의 정 중앙을 정확히 때리는 거예요. 한가운데를 정확하게 받으면 무조건 쪼개지게 되어 있어요"(박정진, 2010.06.02.). 앞서 언급한 심인영각법도 일종의 관념법이다.

우리 선조들이 행해 왔던 이 방법들은 고도의 자기최면의 일종들이다.

이러한 관념법은 맨 처음 물체를 뚜렷이 각인하는 응시법凝視法의 단계를 거쳐야 한다. 응시법은 특정 물체를 계속 주시함으로써 뇌리에 각인시키는 방법이다.

관념법 중에는 일명 관슬(貫虱, 이를 꿰뚫음) 공부라 해서 천 걸음 밖의 버들잎을 맞혔다는 이야기가 바로 이러한 것으로 이것은 원근법으로 불리는데, 이 법의 기본은 멀리 있는 목표물을 눈앞에 있는 것처럼 심안心眼으로 끌어다 보는 것이다(권태훈, 1989).

권태훈 옹은 자신이 실제 20살 전후에 겪은 일로 당시 검도 3단으로 강낙원이라는 친구가 있었는데 당시 조선 전래의 고유 체술 및 무예계의 거인인 산주 박양래 선생에게 원근법에 관해 묻자.

'눈을 감고 수건을 맨 후 3칸밖에 과녁을 만들어 그 위에 점을 찍어 놓는다. 그리고 눈을 떠 걸어 들어가 과녁을 확인한 후 다시 3칸 밖에서 눈을 감은 채로 칼을 갖고 들어가 찌르는 연습을 하여 한 번도 틀림없이 점을 찌르게 되면, 선생의 지금 검도 실력은 누구에게도 지지 않을 자신을 얻게 될 것이라 하였다. 실제로 매일 밤중에 두세 시간 씩란 넉 달을 연습하니 눈 감은 채로도 과녁의 점이 훤히 보이더라는 이야기였는데, 그는 일본으로 건너가 당시 일본 검도계의 명인 오까다(岡田) 8단과 시합하여 쾌승을 얻어 내었다 하였다.'

이런 표현이 어떤 의미이냐 하면 이렇게 오랫동안 다듬고 연마한 기세는 웬만큼 뛰어난 기술도 압도한다는 의미이다.

이렇듯 관념법은 일종의 이미지트레이닝으로서 축적된 기운이 빠르게 팔로 전달되어 장심을 거쳐 상대방의 공격 부위를 뚫고 나아가는 이미지를 그려야 한다.

흔히 하는 말 중에 백일도·천일창·만일검(百日刀 千日槍 萬日劍)이라는 말이 있다. 만일검이라는 표현은 검을 쓰는 법이 그만큼 까다롭기 때문이기도 하지만 검기(劍氣)라는 표현이 있듯 기운을 쓰는 법과 관련되어 있지 않은가 하는 생각이다. 실제로 무당들이 작두를 타거나 무구(巫具)로 칼을 쓰는 것은 칼에서 날카로운 기운이 나오기 때문에 귀신들이 칼을 싫어하기 때문이다.

앞에서 대맥, 소주천을 언급했는데, 물론 이 과정에서 기운용을 위해 사용하는 방법 중의 하나는 기운의 파장을 뽑아 운기(運氣) 하는 것이다. 이는 물론 충분히 축기가 되어 있고 빠른 시간 내에 운기가 이루어져야 한다. 대맥에서 파장을 뽑아 운기 하게 되면 가벼운 옷을 입은 경우에 옷자락이 들썩이고 새벽 일찍 대중목욕탕에서 파장을 뽑아 운기하면 잔잔하던 욕탕의 물이 회전하기 시작하면서 몸 주변에 회오리 물살이 인다. 가벼운 옷차림으로 집에서 소주천 파장을 뽑아 돌리면 파장의 힘이 바깥으로 뻗쳐서 마치 누가 뒤에서 목뒤 옷깃을 규칙적으로 슬쩍슬쩍 잡아당겨 섬뜩해져 귀신의 장난인가 하는 마음에 소름이 끼치기도 하는데 이는 외부에 형성된 기운의 파장으로 인해 생기는 현상이다.

파장은 대개 대맥이나 소주천을 한 바퀴 도는데 2분 정도 되면 더 빠른 속도로 연마를 하여 잘하는 이는 불과 수초 만에 한 바퀴를 운기하면서 파장을 뽑아 돌리게 되며 그 또한 하나의 능력이기도 하다. 마찬가지로 손에서 기운을 뽑는 것도 능력이어서 수많은 반복의 시도 끝에 이룰 수 있다. 물론 그 파워도 충분한 축기와 연습에 의해 당연히 키울 수 있다.

기운을 뽑아 내치는 법은 오히려 대주천 통로를 이용하면 가능하다. 대주천은 본시 석문에서 모은 기운을 회음, 다음에 허벅지 중간으로 해서 발바닥 용천을 뚫고 30cm 가량 뽑았다가 다시 회수해서 반대로 거슬러 올라 옥당까지 뽑아 여기서 팔 중앙으로 해서 노궁으로 약 30cm 가량 내보낸 다음 역으로 회수하는데 물론 더 남은 과정이 있다. 이 통로 가운데 단전에서 노궁까지 조금씩 늘려 반복해서 빠르게 이용하게 되면 기운이 쉽게 발출된다. 여기서 단전에서 옥당까지는 흔히 임맥을 거슬러 올라가는 것으로 오인하기 쉬우나 실제 운기를 해보면 임맥을 따라 거슬러 올라가는 게 아니라 임맥보다 약간 안쪽 부위를 통과한다. 아울러 대주천의 팔 부위 운기 시는 왼팔부터 운기하는 것이니 수련도 왼팔부터 아래에 언급되는 심인영각법心印影刻法이라는 궁중 풍습을 원용하는 게 좋다.

이러한 경락을 따라 움직이고 몸 밖으로 파장을 뽑아 움직이는 기운용에 비하면 장심에서 나오는 기운용은 좀 더 쉽다. 기운을 쌓고 반복적인 동작을 통해 쏟아내면 되기 때문이다. 대맥이나 소주천 운기 시 파장이 뻗어나가 옷자락을 팽팽하게 만들거나 목욕탕의 물을 돌릴 수 있다고 하였다. 단순히 운기 시 뻗어나간 파장이 미세하게나마 현상계에 영향을 미치는 사례 중의 하나이다. 하지만 운기가 아닌 강기剛氣를 한순간에 일시에 목표를 정해두고 뽑아내는 기운은 그 대상에 데미지를 준다.

특히 화가 날 때 일어나는 강기는 본인뿐 아니라 주변에까지 심각한 영향을 미쳐 수련하는 학인學人으로서는 그간에 쌓은 공을 수포로 돌아가게 하는 원인이 되어 금기사항이다. 하지만 무예를 닦는 사람들로서는 마음공부는 되지 않을지언정 공격수단으로서는 효과적일 수 있다. 발질에 기운을 싣는 일은 쉽지 않으나 화가 나서 발로 나무문을 걷어차면 문이 부서지기 전에 구멍이 뚫리기도 한다.

기운을 손바닥으로 내쏘는 연습을 할 때는 가급적 양팔을 번갈아 사용해야 한다. 그리고 기운이 팔로 뻗치는 통로는 중심으로 뻗어나간다. 특정한 경락을 따라 수태음폐경이나 수소음심경 혹은 수궐음심포경으로 뻗어나가지 않는다. 만약 타격할 대상이 여의치 않으면 허공에다 뿌려도 된다. 이 방법은 어느 정도 능숙하게 되었을 때 사용해보는 것이 좋다. 익숙해지면 우물에다가 기운을 뿌리면 그 반응을 볼 수 있다. 오래 수련을 한 이는 유리호롱 속의 불을 끌 수도 있다.

강기가 뻗히는 것은 소위 기차력(내공차력)에서 수반되는 것이다. 이 호흡법은 숨을 부드럽게 마시고 거의 같은 시간 유기하면서 다시 같은 시간 천천히 내쉬는데, 유기하면서 단전에 의식적으로 힘을 줘서 기운을 모은다는 일념을 갖는 것이다. 물론 이 과정에서 강기가 모이기는 하지만 부작용도 없지 않았다. 욕심을 부리다 보니 너무 힘을 줘서 탈장이 되기도 했고 이를 방지하기 위하여 항문에 힘을 잔뜩 주고 하기도 했다. 그러나 이러한 방법은 마음이 앞서가는 것이지 번잡한 수련이어서 한계가 있는 수련법이다. 모든 것을 다 내려놓고 완전히 이완된 상태에서 하는 호흡법이 가장 바람직하다. 그 어떤 현상이 나타나더라도 흔들리지 않고 오직 호흡과 단전에만 집중해야 한다.

강기로 치면 닿은 가슴부위에 손상이 오고 부드럽게 가슴을 치면 빠져나간 맞은편 등 뒷부분에 통증이 오래도록 온다.

5. 약 공藥功

앞에서 언급한 소정의 절차를 거치지 않고 막무가내로 수련하는 이들에게는 약공이 필요하다.

중국에서는 기운을 내보내는 수기手技를 음수공부陰手工夫로도 칭한다. 하지만 우리나라처럼 발로 기운을 내보내는 공부는 없다. 그리고 이러한 기법은 그동안 대부분 가려져 있었다. 적응이 덜 된 상태에서나 마음이 앞선 경우에 기운을 내보낼 때 나의 기운이 빠르게 나가거나 상대에게서 부닥뜨린 기운의 일부가 되돌아오면서 어혈이 쌓이게 되어 몸이 망가지는 경우가 있다. 그래서 묵은 술을 마셔 기혈순환을 돕거나 땀을 흘려 노폐물을 배출시키는 등 여러 해소책을 찾았다. 그런 경우에는 수련을 파하고 꼭 팔과 다리를 충분히 풀어 주어야 한다. 물론 약으로 다스리는 법도 없지는 않다.

반복되는 수련이 근골을 상하게 하고 이상 발육을 가져다주기 때문에 주먹이나 손바닥으로 칠 때도 관절을 완전히 펴서는 안 된다. 완전히 펴게 되면 충격이 관절에서 바로 받아 연골에 이상이 생기기 쉽다. 남에게 가래침을 뱉으려면 내 입이 먼저 더러워져야 한다는 논리와 같다. 남에게 충격을 주려면 정도의 차이는 있으나 내게도 충격이 오는 원리와 같다. 묵은 술을 마신다거나 기혈순환을 활발히 하도록 뜨거운 탕 속에서 몸을 담가 반신욕을 하거나 신 활동으로 땀을 많이 흘리도록 하는 이유가 여기에 있다. 그렇지 않다면 충분히 팔다리를 움직여 풀어 주어야 한다.

가볍게 비교하자면 실내 암벽등반을 할 때 집중적으로 부하를 받는 손가락을 수시로 풀어주는 원리와도 같은 것이다.

동양의학에서 말하는 경락의 작용에는 운수작용이 있다. 기혈영위를 운반 수송하는 작용으로 강기의 반복적인 사용은 운수기능을 저하시킨다. 기차력氣借力은 지식止息에 의해 생겨난 강기剛氣는 수련 후 오랜 시간에 걸쳐 풀어주지 않으면 어혈이 쌓여 육신의 기혈순환을 저해하기 때문에 방지하고자 장근제나 기혈을 보해주는 약을 상복하는 것이다. 무술 수련 시에 쓰이는 복용약은 국내에서 알려져 있지 않으나 중국 쪽의 먹고 바르는 약은 일부 알려져 있다.

묵은 술과 땀을 많이 흘려 기혈순환을 돕는 것으로도 어혈을 충분히 풀 수 있으나 약공을 소개하는 것은 이런 것도 있다는 참고사항이다.

수련 전후에 약물을 손바닥과 손등에 발라 열이 나게 비비는 것을 약공이라고 한다. 손가락도 고루 발라서 열이 나게 비빈 다음 수련을 한다.

약물은 일지선 무술指禪 武術의 손 씻는 약의 처방대로 하면 된다. 가장 간단한 약물은 지골피地骨皮와 볶은 소금을 반반 섞어 물로 진하게 달여 보관해 두고 연공할 때 덥게 하여 손을 씻고 비벼 열이 나게 한다. 약공을 아울러 해야 손에 어혈이 안 쌓이고 또 손에 힘이 생긴다. 즉 뜨거운 약물로 손을 씻고 비벼 어혈이 쌓이지 않도록 풀어주는 것이다.

약의 위험성이나 효능을 떠나 있는 그대로 소개해 보면, 일지선 같은 음공陰功의 주의사항은 수련과정에서 생기는 음독陰毒을 몸속에 생기게 해서는 안 된다. 음공을 쌓아가는 과정에서 몸이 시들고 노랗게 수척해지는 경우가 있는데, 음공수련이 낳은 피로가 안으로 스며들기 때문에 약물을 달여 먹었다. 그래서 음수공부陰手工夫에는 먹는 약과 손 씻는 약이 있다.

예를 들면 먹는 약은, 천오초 껍질 벗긴 것 3전, 창출 1전, 천궁 1전, 백지白芷 1전, 방풍防風 1전, 세신細辛 1전을 고운 가루로 해 두었다가 연습 중 팔다리가 아플 때 묵은 술로 3푼~5푼을 1회 양으로 해서 먹는다. 이외에도 다른 처방이 있으며 일지선指禪의 약대藥袋는 훨씬 복잡하여 여기서 생략한다. 철사장 수련에 같이 쓸 수 있으며 철사장 수련에 있어서 가장 간단한 약물은 지골피地骨皮와 소금을 진하게 달여 연공할 때 마다 데워 손을 씻고 비벼 열을 나게 한다. 약공을 아울러 해야 손에 어혈이 안 쌓이고 손에 힘이 생긴다(이한철, 모진우, 1979).

이것은 다른 무술도 마찬가지인데, 반복적인 힘든 수련 후 왕성히 순환하던 기혈이 갑자기 정체되면서 어혈이 쌓이기 때문이다.

이한철·모진우는 철사장 수련이 끝나면 항상 양손으로 무릎을 잘 풀어주고, 정신을 잠시 가다듬은 후, 천천히 산보하며 손을 흔들고 다리도 올렸다 내렸다 하는 동작으로 근골을 풀어주라고 하였다. 또 중국무술 격언에 이르기를 "권술을 수련한 후 산보를 충분히 하면 늙어서도 약방에 갈 필요가 없다(拳後走百步, 到老不用上藥鋪)"고 한다. 그리고 오행정지환五行定志丸의 방문과 장근제壯筋劑 혹은 대화환등도 도움이 된다.

6. 내력을 키우는 법

대개 격기종목의 경기시간은 3분 정도이다. 혼신을 다해 시합을 하다보면 3분 이상의 시합은 체력적으로 힘이 들기 때문에 공격자체의 효율도 훨씬 떨어질 뿐 아니라 선수의 건강을 생각해야 되기 때문이다.

그러나 한참 이전 과거에는 현재처럼 체급별 경기도 없었고 경기시간도 현재처럼 일정하게 정해져 있지 않았다. 더구나 전시에는 서로 죽이고 죽을 때까지 싸우기 때문에 다치지 않는 이상 싸워야 했다. 그래서 전투경험이 많고 살아남을수록 체력이 커지는 것은 당연하다. 그러나 오랜 전투에서 살아남는다는 보장도 없고 이긴 팀이 있으면 지는 팀도 있어서 평시에 이를 효과적으로 대처하기 위해서 군사훈련을 아주 심하게 하는 경우가 대부분이었다.

그러나 오랜 수련을 한 사람들은 이 과정을 동시에 넘을 수 있는 방법을 알고 있었다.

우리 선조들은 정신력과 체력을 키우는 방법으로 수많은 어려운 수행과 극복하는 과정에서 얻어지는 상승효과를 기대하며 스스로 어려운 과정을 통해 방법들을 찾았다. 그러한 과정 가운데 얻어낸 가장 효과적인 방법 중의 하나는 다릿심을 키우는 것이다. 다리에 힘이 생기면 정신력이 강화되기 때문이다.

속담에도 '사람은 다리, 나무는 뿌리', 뿌리가 깊어야 잎이 무성하다. 사람은 다리부터 늙는다. 즉 사람의 하지下肢는 나무의 뿌리와 같아서 인체의 기초가 튼튼해야 안전하고 구조가 오래 유지되듯이 사람도 하지가 튼튼해야 몸이 건강하다.

운동선수도 정신력 강화를 목적으로 달리기를 많이 하게 된다. 달리기도 다릿심 강화에 상당한 효과가 있는 것은 틀림없지만, 그보다도 더 좋은 방법은 소위 기마자세이다.

무술분야의 기마자세 또는 마보자세騎馬姿勢가 상당히 많이 수용되고 있다. 그 예로 태권도의 주춤서기, 해동검도의 마법 내가신장馬法 內家神掌, 본국검법의 과호세跨虎勢, 무예 24반의 마보세, 기천의 내가신장, 태극권, 당랑권 등 중국무술의 마보馬步 등이 있다. 특히 중국 무술에서 기마식 보법은 남북 각파에 따라 명칭이나 자세가 약간씩 다르며 기공분야를 포함해서 다양한 자세들을 도입하고 있다.

중국무술 격언에도 "무술을 수련하되 공功을 수련하지 않으면, 늙어 죽을 때까지 수련해도 허사일 뿐이다(練武不練功, 到老一場空)"라고 하여, 공功을 수련하는 가장 효과적인 방법을 참장站樁수련을 들고 있다.

흔히 참장공에 대한 수련을 생각하면 중국을 떠올린다. 용어 자체도 중국용어이지만 다른 이름으로 불리는 용어도 적지 않기 때문이다. 그러나 제대로 알려지지 않았으나 수련가운데 행공行功이라는 수련이 있다. 자세 안에는 역시 기마자세가 포함되어 있는데 이 자세를 오랫동안 취하면서 단전호흡을 하게 되면 내력이 커지면서 정신력과 함께 체력이 무척 강화된다. 가령 가급적 낮은 자세로 기마자세를 취하고 있으면 무척 힘들다. 그러나 이 자세로 수십 분을 유지하면서 단전호흡을 할 수 있다면 스스로도 놀랄 만큼 달라진 자신을 알 수 있다.

그러니 이 방법은 무척 힘이 들어서 단시간에 효과를 보기는 쉽지 않다. 수시로 행해야 하며 가급적 시간을 늘리면서 극한의 과정을 감내해야 그 효과를 볼 수 있다.

흔히 사람들은 근육이 많으면 그만큼 더 많은 힘을 쓸 수가 있다고 생각한다. 물론 근육량이 많으면 더 많은 힘을 쓸 수 있는 것은 사실이다. 그러나 꼭 그렇지만은 않다.

인터넷에 보면 성악가와 헬스 트레이너가 똑같이 피아노 아래에서 등힘만으로 피아노를 들어 올리는 모습을 볼 수 있는데 성악가는 성공한 반면 근육질이 많은 헬스 트레이너는 들어 올리지 못한다. 이 광경을 성량이 풍부한 성악가가 등힘이 상대적으로 좋다고 하는데 사실은 단전에 힘이 들어가는 뱃심이 좋은 것이다. 역도선수가 기량을 최대한 발휘하기 위해 리프트 벨트를 매고 효율적으로 힘을 쓰는 것과 같은 것이다.

행공을 오래한 사람들은 근육량이 많지 않은데도 힘을 효율적으로 쓰며 지구력도 뛰어나고 정신력도 높다. 물론 애써 쓸 일이 없지만, 그 힘은 모두 힘이 빠지고 힘에 겨울 때 드러난다. 물론 극한의 상황에서 더 분명히 드러난다.

그래서 그 어떤 운동보다도 지구력과 정신력을 키우기 위해서는 기마자세나 행공을 통해 단전호흡을 하는 습관을 길러야 한다.

이때 이 자세를 30분 이상 취하게 되면 버티는 다리 부분에만 힘이 들어가며 나머지 부분은 최대한 이완시킨 상태에 있으며 단전호흡이 부드럽게 이어져야 한다.

7. 맺음말

이상과 같이 택견의 기운 쓰는 법에 대해 알아보았다.

물론 장황스럽게 밝힌 것 같지만 내밀한 부분들은 너무 많아서 소상하게 밝히기는 어렵다. 가장 중요한 것은 기운을 쓰는 법이 아니라 그 기운을 운용하는 마음을 먼저 닦는 것이다.

혹은 마음을 제대로 닦지 않고 심각한 부작용을 감수하면서 마음이 앞서 가는 경우도 있을 수 있다. 그러나 기운용조차 극히 낮은 단계의 수준에서 행하는 것임을 깨달아야 한다.

거의 드러나지 않지만. 세상에는 수많은 고수들이 있음을 항상 명심하여야 한다.

허황된 꿈을 꾸게 되면 쉽게 쫓아갈 수 있으나 도중에 실체를 찾지 못하여 쉽게 포기할 수도 있다. 문화콘텐츠의 장점은 바로 쉽게 접근할 수 있으나 오히려 실체와의 갭 사이를 매우지 못하고 궁극에 도달하기 어렵다.

그간 기운 쓰는 법에 대한 기록들이 없었고 설혹 전해 내려 왔어도 도중에 실전되었다. 그러나 수련 가운데 자연 체득하게 되는 경우도 없지 않았다.

고용우는 송덕기 옹에게 들은 표현으로 '옛법'은 그 윗대로부터 들은 표현에 의하면 수박으로부터 기원을 잡고 있다. 고려 삼별초에서 유구로 전해진 것으로 알려진 『유구무비지』 육기수六機手에 나오는 수법은 모두 혈자리를 치거나 기운으로 치는 것이다. 택견은 짚으로 단련하기도 했는데 짚을 발길로 차면 짚이 뚝뚝 부러지고 짚으로 배운 사람은 사람을 죽인다고 했다 한다.

이런 내용은 송덕기 옹의 시연을 사진과 기록으로 남긴 『태견』「원전 제작비화」에서도 볼 수 있다. 활갯짓이나 벽치기, 메주먹, 발장심내차기 등은 겉보기에는 아주 부드러운 동작이고 상대를 공격하는 수이지만 상대방에게 과연 유효한 공격수인가 하는 의문을 들게 하는데 이것은 현대적인 무예의 시각에서 바라봤기 때문에 생긴 오류이다. 이것은 일본 무술인 데코이에서도 비전된 무예이자 택견이 데코이의 뿌리를 나타내는 증거이면서 힘을 넘어 기운을 쓰는 방법 등이다.

이런 과정을 상세히 알 수는 없으나 대개 추측되는 방법 중의 하나는 수련을 끝없이 반복하는 과정에 체득하였거나 아니면 호흡 수련을 통하거나 혹은 두 가지 복합적으로 깨닫게 되었으리라는 짐작이다. 이들과는 별도로 활을 기운으로 쏘는 기법도 있었다.

기운을 사용하기 위해서는 우선 기운을 모으는 법부터 배워야 한다. 기운은 심법으로 모으게 되는데 이 과정은 별반 아니듯 하지만 심력을 기르는 매우 중요한 단계이다.

심력은 단순히 심력을 길러야지 하는 생각만으로 길러지는 것이 아니 수련에 앞서 심법을 각인시키면서 오랜 세월 반복되면서 점점 커지게 되고 물론 기력에 비례하는 편이다.

때로 수련 내내 심법에 집착하는 경우 이는 마치 주문 수련으로서 수련의 효과를 보지 못한다. 때로 집착은 불필요한 심적 긴장을 가져오고 자연스러운 호흡을 저해한다.

기운용은 역시 반복을 통해서 조금씩 깨달아 가는 것이다. 사람들은 빨리 이루려는 마음이 있어 앞서가려는 경향 때문에 너무 먼 길을 가는 게 아니냐는 생각에 아예 포기하려 하는데 먼 길처럼 보이지만 막상 행동에 옮기게 되면 집중 하에서는 아주 빠르게 성취를 이루기도 한다.

내가권內家拳이나 기공氣功들을 보면 아주 천천히 움직인다. 이러한 동작들은 일종의 기운을 타는 것이다. 간혹 빠른 동작이 끼어 있는 것은 기운을 탄다기보다 리듬을 맞추거나 밸런스를 위해 삽입된 것이다. 동작마다 구결이 있는 것은 리듬을 타기 위한 일종의 심법으로 보아도 좋을 것이다. 그러나 그 이상의 단계는 특정 기운을 끌어 그 기운에 조응하는 내부의 기운과 밸런스가 이루어지면서 자연스럽게 이루어지는 동작이 바로 춤이다. 특정해 강한 기운을 끌게 되면 바로 기공이나 무술이 되는 것인데 할 때마다 달라질 수 있으므로 나름 최적화하고 이를 정형화한 것이라 할 수 있다. 그런데 대부분은 이러한 깊은 의미를 잘 모르고 사용하는 경우가 없지 않다. 이 기공은 사실 동작의 움직임만으로도 건강에는 상당한 도움을 준다. 그리고 실제 고수들이 기운을 끌어서 하는 경우에는 스스로 깨닫지 못하는 가운데 감정선이 흔들리는 경우가 많다.

기운용은 꼭 수련이 높은 단계가 아니라 각 단계에서 꾸준히 반복, 연습하여 기초를 튼튼히 하고 심력을 키우는 것이 좋다.

이러한 과정을 심법心法이라고 하는데 상념想念과는 또 다른 것이다. 심법은 작은 기초적인 것부터 단계를 밟아 이루어 가는 것이고 상념은 마음이 앞서 이 과정을 건너 뛰려하다 보니 상념의 기, 즉 진기眞氣가 아닌 생기生氣의 흐름으로 이어지는 것이다.

단전이 자리를 잡고 축기가 이루어지면 허리띠 부근의 대맥을 운기하고 대맥이 유통이 되면 반복적으로 돌려 1회 운기속도가 2분 이내에 들어오도록 연습을 해야 한다. 물론 빠르게 운기하는 것도 하나의 능력이다. 이후에는 임독 양맥을 뚫는 소주천을 운기한다. 소주천 운기 역시 대맥과 마찬가지로 2분 운기를 할 수 있어야 하며 빠를수록 좋다.

대맥이나 소주천을 빠르게 운기하다 보면 그 기운의 파장이 몸 밖으로 빠져나와 파장이 형성되는 것을 깨닫는 경우도 있다. 눈에 보이지 않는 기운이 운기하는 방향으로 옷자락에 영향을 미치더라도 놀랄 필요는 없다. 이들의 초기 운기 단계에서는 의식이 기운을 뒤따라야 한다. 즉 일종의 무의식 수련이다. 의식이 먼저가게 되면 마음이 앞서 진기가 아닌 생기로 이어지기 때문이다.

이후는 대주천 과정인데 단전에 기운을 모으고 회음을 통해 용천으로, 그리고 옥당을 거쳐 노궁으로, 마지막으로 인당을 거쳐 상주대맥을 두 바퀴 돈 후 백회로 보내는데 이 과정을 반복하다보면 2분 운기가 되고 점치 빨라진다. 호흡을 모아 짧은 순간에 장심 전체를 통해 내뽑는데 수족상응의 방법을 통해 뽑는 연습을 반복해야 한다. 다만 자신이 제어할 수 있어야 하며 결코 화를 낸 상태에서 발출해서는 안 된다.

이러한 과정을 무시하고 막무가내로 수련하게 되면 어혈이 쌓여 건강을 해치게 된다. 그래서 약공을 하거나 여러 방법으로 풀어 주어야 한다.

≪ 마무리의 글: 인류 미래에 대한 우려 ≫

항상 사람들은 자신을 기준으로 바로 눈앞의 이익만 바라보고 판단하고 좇는 경향이 있다.

역사학자란 과거를 돌아봐 어떻게 살 것인지 혹은 상상하는 미래를 그리기 위해 어떤 역할을 할 것인지를 늘 염두에 두어야 하는데도 당장 눈앞의 이득을 쫓는 이들이 적지 않다.

만약 남북통일이 된다면 식민사학자들의 행적은 낱낱이 드러나게 될 것이고 어쩌면 그들이 나중에 주요 통일 방해 세력으로 드러날지도 모른다.

우리네 분란은 이러한 역사적 배경을 통해 생겨난 어쩔 수 없는 소산이기도 하지만 여러 위기를 통해 모든 것을 통합하는 단결심도 배웠다.

수많은 외침 속에서 응당 사라졌어야 할 나라가 버티고 있는 것은 단지 천손민족으로서 실천해야 할 의무 때문이다.

원래 법은 모든 것을 지켜주지는 않는다. 날이 갈수록 법전은 두꺼워지지만 삶은 각박해지면서 범법자는 늘고 신앙인들의 수효는 늘지만, 오히려 분쟁의 골은 깊어져만 간다. 이것이 바로 음양상극의 극단적인 예라 볼 수 있다.

하늘은 이런 인간을 두고 정말 오랫동안 참을성 있게 기다려 주었다.

가끔 경종을 울려주었지만, 미련한 인간은 조금도 깨닫지 못하다가 근래에 와서 심각성을 조금씩이나마 깨치게 되었다.

그중에 하나가 코로나19이다. 이 질환은 흩어져 살면 전혀 문제가 없는 병이고 다른 하나는 『택견과 건강』에서 이미 밝혔다.

인간은 대개 자신의 입장만을 생각하고 행동한다. 인류는 80억을 돌파하고 그 이상 늘어나지 않을 거라는 이야기가 있었지만, 당대에 이렇게 빨리 다가올 줄은 상상하지도 못했다. 여러 계통을 통하여 또한 인간의 심리를 이용해서 인구수를 조절할 줄은 전혀 예측조차 못 했다.

인간의 수명은 필연적으로 늘어나 120세 시대로 점차 나아가고 있는데 이렇게 생산인구가 감소하게 되면 인간이 꿈꾸어 왔던 좀 더 나은 세상은 물 건너가게 되는 것일까?

사실 인구문제는 기후변화뿐 아니라 코로나19 같은 팬데믹을 불러오기도 하며 인류 종말의 위기에 또 어떤 심각한 문제를 불러올지 모르는 상황이다. 인류는 인류가 펜데믹에 대처한다고 하지만 바이러스 입장에서는 그러한 인류에 대처하려 한다는 사실을 잊어서는 안 될 것이다. 그러나 인류가 생겨난 이유가 있듯 인류의 종말은 없을 것이다.

인류는 살아남기 위해 힘을 모아 온갖 수단을 동원할 것이지만 이미 늦은 감이 없지 않다. 그간 많은 인류들은 식량난이나 나은 삶을 위해 당연한 권리인 양 자연에 대해 과도한 파괴를 일삼아 왔다. 미식美食을 위해 그리고 나은 삶을 평계로 수많은 생물의 생존을 위협하기도 하고 그것을 당연시하면서 인간을 제외한 나머지 부분들을 소홀히 취급하였다. 이제 자연은 그 대가를 인간에게 되돌려주지만, 그조차 인간이 저지른 결과이다. 대부분의 사람들은 자연의 자생능력에 의해 바뀐 패러다임을 인정하지 못하지만 이미 과거의 패러다임은 돌아올 수 없는 상태가 되었다. 사람들은 현재 자신이 처한 상황만을 생각하기에 걷잡을 수 없는 상황에 쉽게 빠져들었다. 하늘과 바다는 늘 맑음과 푸르름을 지니며 모든 것을 다 받아줄 줄 알았지만, 인간의 무모함은 그조차 파괴했다.

인간은 과거에 빗대 현재의 어려움을 토로하지만, 다시 회복될 가능성은 거의 없어 보인다. 이러한 패러다임의 변화는 걷잡을 수 없는 연쇄 변화를 가져와 인간이 추구해 왔던 대부분의 질서를 파괴할 것이며 거의 모든 영역에 걸쳐 변화를 불러올 것이다. 하지만 인간들은 아직 준비되지 않았다. 그간 얻은 것들을 놓치기에는 전혀 준비가 되지 않았을 뿐 더러 놓치고 싶지 않은 것이다.

기후 온난화로 인한 피해는 심각하다. 지구 곳곳에 홍수가 나고 태풍의 빈도는 많아지고 강도는 강해졌다. 강우강도도 과거에는 몇 십 년 만에 한 번 내릴 만한 강우가 이제는 수시로 내린다. 겨울 추위도 말할 것이 없고 곳곳에 대폭설이 빈번하지만, 북극의 빙하나 만년설은 녹아내린다. 부랴부랴 전 세계적으로 대처방안을 강구하고 시도하지만 이미 상당히 늦었다. 기후 온난화로 인한 해수면의 상승은 인구가 밀집한 저지대를 침수시키고 해저화산활동으로 인한 쓰나미는 대부분의 섬이나 해안가를 황폐화할 것이다.

실제는 모든 가축에 치명적인 바이러스들이 수시로 덮치고 있고 인간들에게 경종을 울리고 있다. 메르스, 사스, 신종플루에 이어 코로나 19의 위험성도 있지만, 앞으로도 이종 이상의 변종은 지속해서 이어질는지도 모른다. 코로나 19사태가 어느 정도 수습된다고 하더라도 현 상태라면 충분히 그 이상의 팬데믹이 뒤를 이을 수 있다. 인간이 백신을 찾아낸다 하더라도 바이러스는 변이를 통해 대항할 수 있고 아니면 아예 전혀 새로운 형태로 나타나 인간을 위협할 수도 있다.

미세먼지나 미세플라스틱도 모두 인간이 저지른 일이다.

앞으로 인구를 줄이기 위한 지구환경의 변화는 다양하면서도 더 심각해질 것이다. 이들 변화에 대한 우려가 얼마나 컸는지 어떤 단체에서는 지구 인구의 감소를 1/70까지도 예측하기도 했으니 두고 볼 일이다. 이 논리들은 지구의 자연치유 능력을 말하는 가이아 이론과 무관하다고 할 수 없다.

세계 인구가 60억 즈음 무렵부터 지구의 인구조절에 관한 이야기가 시작되었으니 80억인 즈음에 이르렀으니 전 지구적인 재난이 점점 가시화되는 듯하다.

이러한 것들은 급변을 통해 방향성을 예시하지만, 그 누구도 받아들이기에는 여유가 없고 또 받아들이기 쉽지 않은 것이기도 하다.

그러한 세계에 변화에 대해 인간은 많은 상상력을 동원해서 소설이나 영화로 그려내었지만 많은 부분은 틀렸고 또 많은 부분은 상상 이상의 변화를 가져올 것이다. 그러한 예측에도 불구하고 인간의 탐욕은 끝이 없어서 단지 호기심이나 목구멍을 통과하는 식탐을 위해 자신을 지켜주는 생물들을 멸종으로 이끌고 있다. 우주의 인과관계가 아무렇지도 않은 것처럼 느껴질지 모르지만, 우주로 던진 작은 돌멩이 하나도 언젠가는 우주를 한 바퀴 돌아 던진 사람의 뒤통수를 칠 것이다.

일찍이 이러한 위험에 대비해서 사람들은 상상의 나래를 펼쳐 다른 행상에 눈독을 들이는 체하고 있으나 전혀 실현성이 없는 계획들이다. 인구는 인류의 노력에도 불구하고 당분간 감소세를 벗어나지 않을 것이며 다른 행성 운운하는 것은 그야말로 위기를 빌어 장삿속을 드러내는 것 이외에는 아무런 의미가 없다. 다만 그 과정에 일부 기술들은 유효하게 사용될 것이다.

어느 나라, 어느 민족이건 간에 존재하는 동안은 수많은 역경을 통해 그 역경을 극복하는 과정을 배우게 되며 그 과정이 쌓일수록 민족의 기질 속에 잠재되게 되어 하나의 민족성을 이루게 된다.

즉 그 민족이나 국가가 나아가는 길은 험난한 과정과 결부되어 있다고 볼 수 있다. 그 민족이나 국가의 존속기간이 짧으면 짧은 대로 그에 합응合應하는 국민성이 잠재되게 되고 역사가 길수록 역시 마찬가지이다. 오랜 역사를 통해 수많은 분쟁과 역경을 지녀온 민족과 국가일수록 그만큼 더 의미

있는 민족성을 지녔을 가능성이 크다. 이 가운데 먹고 사는 문제가 걸려 있으므로 경제적인 측면은 물론 중요하다. 하지만 아무리 부유한 나라도 수백 년, 혹은 그 이상을 이어가기는 어렵다. 그래서 경제적인 여유도 중요하지만 가장 중요한 덕목이라고 할 수는 없다.

여기서 인간들이 간과한 것이 있다. 수많은 사람들이 이해관계에 얽혀 인간은 여러 문제점을 드러내고 있지만, 의외에도 잔잔한 감동을 주는 이야기들이 적지 않다. 극히 사소한 내용일지언정 인류가 존재해야 하는 이유로 비치기도 한다. 예를 들어 매스컴에서 소개되는 내용 가운데 위기에 처한 사람을 일반 시민이 위험을 무릅쓰고 구해내거나 불쌍한 이웃을 보고 자신 또한 가난한 사람들에게서 성금이 답지하는 것을 보고 감동에 휩싸인다. 때로는 가난한 이가 더 가난한 이를 위해 발 벗고 나서기도 하는데 본인과는 전혀 무관한 일이지만 감성을 자극하는 것이다. 이러한 인간의 작은 본성은 인류를 살아남게 하는 원동력으로 작용할 것이다. 남을 지극히 사랑하는 마음이 인간 간에 넘쳐 자연까지 사랑한다면 지구와 우주 그리고 인간을 만든 창조주조차도 인간세계에 더 이상 간섭할 수 없을 것이다. 인류가 의도적으로 하는 것은 아니지만 이도 인류의 반격이 시작된 것이라 할 수 있다.

이 가운데 유달리 감성이 뛰어난 대한민국 국민은 이를 밑바탕으로 의연히 대처해 다른 나라에 비해 모범이 될 것이다.

그렇다 하더라도 현재 개인 및 집단 또는 국가 이기주의는 인류를 파멸로 이끌고 있다.

근래에 우리나라도 인구 감소로 인한 출산 문제가 심각하게 대두되고 있다. 어찌 보면 앞에서 언급한 부분과 다소 밀접한 관계가 있다. 한 나라의 인구는 국력과 비례하는 경우가 많다. 인구절벽은 나라의 흥망과도 관계가 있다. 국민이 존재하지 않는 나라는 의미가 없는 것이다. 다행히도 우리에게는 북한이라는 여유가 있지만, 통일이라는 단계와 북한 주민을 수용해서 선진 시민으로 이끄는 단계가 남아 있다. 그간의 문제 해결을 위해 우리나라에서도 외국 노동자들의 적극 수용을 받아들이고 있다.

아이들의 임신, 출산, 육아는 그간 당연히 여성의 몫이었던 게 여성들이 지위가 높아지고 역할이 커지면서 굴레로 취급되던 결혼을 회피하게 할 뿐 아니라 결혼 후에도 출산조차 피하는 풍조가 일고 있다. 정부에서 출산에 대해서 아무리 장려를 하고 지원을 해준다고 하더라도 한 쌍의 부부에게서 1명도 되지 않는 출산율은 심한 우려를 낳게 하고 있다. 아이를 기르는 재미는 손도 덜 가고 돈도 덜 드는 반려동물을 키우는 것으로 대리만족하고 있다.

따라서 사회의 자연스러운 분위기가 조성되지 않고 인간의 마음이 동하지 않는 한 이 문제는 해결될 기미가 없을 것이다.

참고문헌

【고서】

『고금도서집성古今圖書集成』
『고려사高麗史』
『고려사절요高麗史節要』
『규원사화揆園史話』
『금사金史』
『기효신서紀效新書』
『동국통감東國通鑑』
『맹자孟子』
『무비문武備門』
『무비지武備誌』
『무예도보통지武藝圖譜通志』
『배달조선정사倍達朝鮮 正史』
『봉사일본시문견록奉使日本時聞見錄』
『사기史記』
『사기열전史記列傳』
『삼국사기三國史記』
『삼국지三國志』
『삼국유사三國遺事』
『선화봉사고려도경宣和奉使高麗圖經』
『성종실록成宗實錄』
『송막기문松漠紀聞』
『연원직지燕轅直指』
『오주연문장전산고五洲衍文長箋散稿』
『유구무비지琉球武備誌』
『일본서기日本書紀』
『조선열전朝鮮列傳』
『패관잡기稗官雜記』
『태백일사太白逸史』
『해사록海槎錄』

『해유록海游錄』
『흠정만주원류고欽定滿洲源流考』

【서적】

강창언(1991). 제주도의 환해장성 연구. 제주: 탐라문화.
국립민속박물관(2004). 무예문헌자료집성. 서울: 국립민속박물관.
국립민속박물관(2005). 민속유물이해 Ⅱ 민화와 장식병풍」. 서울: 국립민속박물관.
권태훈(1989). 백두산족에게 고함. 서울: 정신세계.
김광언(1994). 김광언의 민속지. 서울: 조선일보사.
김병모(1999). 김수로 왕비의 혼인길. 서울: 푸른숲.
김용옥(1994). 태권도철학의 구성원리. 서울: 통나무.
김용운(2010). 천황이 된 백제의 왕자들. 서울: 한얼사.
김영만(2020) 택견 근현대사, 서울: 도서출판 글샘.
김영만(2020). 한국전통무예에 깃든 정신과 철학. 서울: 도서출판 글샘.
김영만(2021). 실전태껸. 서울: 도서출판 글샘.
김영만(2022), 택견과 건강. 도서출판 글샘.
김용운(2000). 천황이 된 백제의 왕자들. 서울: 한얼사.
김의환(1985). 한국통신사의 발자취. 정음문화사.
김일훈(1992). 신약본초. 서울: 광제원.
김정윤 편저(2002). 한국의 옛 무예 태견〈위대편〉.〈아래대편〉. 서울: 밝터출판사.
김정윤(2010). 대동무. 서울: 밝터출판사.
김호림(2012). 고구려가 왜 북경에 있을까. 서울: 글누림.
류상채(1977). 산약신서. 서울: 계백.
민경환(1986). 한당선생의 석문호흡법. 서울: 서울문화사.
박경수(2010). 아동문학의 도전과 지역 맥락: 부산·경남지역 아동문학의 재인식. 서울: 국학자료원.
박문기(1987). 대동이 1. 서울: 정신세계사.
박문기(1987). 대동이 2. 서울: 정신세계사.
박문기(1991). 대동이 3. 서울: 정신세계사.
박문기(2001). 한자는 우리글이다. 서울: 도서출판 양문.
박상화(1981). 정역을 바탕한 영가와 평화유희. 서울: 우성문화사.
북애 지음, 고동영 옮김(1986). 揆園史話 태시기(太始記). 서울: 흔뿌리.
석문도문(2010). 석문사상. 서울: 석문출판사.
송형석(2008). 태권도사 신론. 서울: 이문출판사.

시미즈 기요시·박영미 지음(2004). 아나타는 한국인. 서울: 정신세계사.
신복룡 역주·W. E. 그리피스 지음(1985). 은자의 나라 한국, 서울: 평민사
신복룡 역주·G. W. 길모어 지음, 『서울 풍물지』, 집문당, 1999.
신복룡 역(1999). 서울풍물지. G. W. Gilmore(1892)의 Korea from it's Capital, Philadelphia. 서울: 집문당.
신태윤(1928). 배달조선정사
신채호(1998). 조선상고사. 서울: 일신서적출판.
심복 저, 지영재 역(1992). 부생육기. 서울: 을유문화사.
심우성(2008). 오키나와 역사와 문화. 서울: 동문선.
윤치도(1968). 민족정사. 서울 : 대성문화사.
이덕일(2000). 고구려 700년의 수수께끼. 서울: 대신출판사.
이덕일(2020). 한국통사. 서울: 다산초당.
이덕일(2020). 이덕일의 한국통사. 경기: 다산북스
이병국(2001). 경혈도. 서울: 한국의 침구.
이병선(1987). 임나국과 대마도. 서울: 아세아문화사.
이원섭(1993). 왕실 양명술. 서울: 초롱.
이중헌 구술, 서허봉 정리, 김태덕 번역(2007). 逝去的 武林, 서울: 두무곡출판사.
이한철, 모진우(1979). 비전 혈법·일지선 무술. 서울: 범진문화사.
일사(1999). 고대문명에서 종말론까지. 서울: 석문출판사.
임승국 번역주해(1986). 한단고기. 서울: 정신세계사.
임성묵(2022). 본국무예. 서울: 행복출판사, 미간행도서.
장군(2010). 대동무. 서울: 붉터.
장한철, 정병욱 역(1979). 표해록. 서울: 범우사.
정용석(1994). 고구려·백제·신라는 한반도에 없었다. 서울: 동신출판사
정진명(2018). 우리 침뜸 이야기. 서울: 학민사.
정희준(1948). 朝鮮古語辭典. 서울: 동방문화사.
존 카터 코벨 지음·김유경 편역(2006). 부여기마족과 왜(倭). 경기: 글을 읽다.
주강현(1996). 우리문화의 수수께끼. 서울: 한겨레신문사.
지영재 역·沈復 저(1992). 부생육기(浮生六記). 서울: 을유문화사.
최인호(2006). 제4의 제국3. 서울: (주)여백미디어.
콘라드 로렌츠(1996) 공격성에 관하여. 서울: 이화여자대학교출판부.
하동인(1992). 단학비전 조식법. 서울: 단원.
힌가람역사문화연구소 번역, 사마천 지음(2020). 신주사기 1. 서울: 한가람역사문화연구소
힌팅이곡집(2009) 한낭사상연구회. 미간행발간.

허인욱(2005). 우리무예 풍속사. 서울: 푸른역사.
KBS 역사스페셜제작팀(2011). 우리역사, 세계와 통하다. 서울: 가디언.
高宮城繁(1977).『精說 沖繩空手道―その歷史と技法, 第三編』, 上地流空手道協会.
金達寿(1985), 日本古代史と朝鮮. 東京: 講談社.
马力(2006), 中國古典武學祕籍錄 (上卷), 人民体育出版社发行部, 中国体育报业总社出版的图书,
武學書館 典藏 · 劉康毅 整理(2016).『琉球武備志』, 逸文武術文化有限公司.
名嘉正八郎(1979). 東アジアから見た沖繩の城 歷史讀本.
松田樣智(1980). 武道論, 東京: 中央公論社.
松田隆智(1986). 中國武術史略, 臺灣: 五洲出版社.
安里 進, 田名 真之, 豊見山 和行, 真栄平 房昭, 西里 喜行, 高良 倉吉(2004). 沖繩縣の 歷史, 東京:山川出版社.
安里 進(2006). 琉球の王權とグスク, 東京: 山川出版社
安里 進(2007). 유구왕국의 역사와 문화, 탐라와 유구왕국, 제주: 국립제주박물관.
琉球武備誌(2016). 琉球武備誌. 대만: 逸文武術文化有限公司
八谷政行(1966). 日本武道全集, 昭和四一年一一月, 東京: 人物往來社.

【논문】

강창언(1991). 제주도의 환해장성 연구. 제주: 탐라문화.
김두섭(2009). 傳統武藝 택견에 내재된 風流的 特性 硏究. 원광대학교 동양대학원 석사학위논문.
김영만(2014). 한국 전통 수련문화에 내재된 의식배분과 집중. 한국철학회지, 22(1). 97-117
김영만 · 김용범(2011), 당수의 중국 기원설에 대한 재논의, 국기원 태권도연구.1(1)
김영만 · 박태근(2011) 전통차력의 현대적 해석, 한국체육과학회지, 20(6), 283-296.
김영만 · 김창우(2016). 택견 원형복원을 위한 손질 분석. 한국사회체육학회지, 64.
김영만 · 심성섭(2013). 수박과 수박희를 통해본 택견과의 관계. 한국체육과학회지, 22(2).
김영만 · 심성섭(2018). 택견의 수련계층에 관한 연구. 한국체육과학회지, 27(1).
김영만 · 정명섭(2018). 전통무예 '탁견'용어에 관한 연구. 한국체육사학회지, 23(2).
김영만 · 전정우(2015). 한국전통무예의 다면성 - 조선 아동의 무예에 대한 인식과 경투기를 통한 내기를 중심으로. 한국체육과학회지, 24(3)
김재호(1996). 택견의 몸짓이 지닌 민중적 요소에 대한 고찰, 연세대학교 석사학위논문
김점태(2001). 현대씨름에 관한 연구. 미간행 석사학위논문. 동아대학교 대학원.
김태현(2001). 민속씨름의 변천과정에 관한연구. 미간행 석사학위논문. 용인대학교 대학원.
박귀순, 김태양(2010). 공수도(空手道)의 기원에 관한 연구. 한국체육사학회지, 15(3).
송형석(2004). 문명화과정과 스포츠, 그리고 동양무예. 한국체육학회지, 43(2).

신성원, 이재홍, 이은미(2003). 기마자세에 대한 고찰. 대한의료가공학회지, 7(1), 98-126.
신용수, 정재성(2005). 택견과 수박의 상관성. 한국체육학회지, 44(5).
심성섭·김영만(2008), 택견의 능청동작과 유사 관련 동작과의 비교 분석 및 단전의 의미고찰, 한국체육과학회지, 17(4)
안영희(1978), 태권도, 쿵후, 공수도 팔동작의 비교와 역사적 연구. 대전공업전문학교 논문집, 23.
연규현(1987). 한국 태권도와 일본 공수도의 경기에 관한 연구. 미간행 석사학위논문. 청주대학교 대학원.
우에하라 시즈카(2001). 오키나와(沖繩諸島) 출토 고려계(高麗系) 기와에 대하여. 서울대학교 비교문화연구, 7(1), 125-158.
윤용혁(1994). 三別抄 珍島政權의 성립과 그 展開. 한국사연구, 84, 1-21.
윤용혁(2009). 오키나와 출토의 고려 기와와 삼별초. 한국사연구, 147, 159-197.
이기문(1998). 이두의 성격과 개념. 구결연구, 27.
이무석(1999). 동물행동학적 관점에서 본 공격성. 정신분석, 10(1), 16-25.
이인숙(2004). 통일신라-조선전기 평기와 제자기법의 변천. 미간행 석사학위논문. 경북대학교 대학원.
이형구(2000). 오키나와(沖繩)의 朝鮮系 粉靑沙器, 역사와 실학, 14, 1021-1036.
임동권(1976). 韓琉交涉과 民俗. 중앙대학교 인문과학연구지, 1.3, 31-41.
전인배(2006). 空手道의 由來와 명칭 변경. 미간행 석사학위논문. 단국대학교 교육대학원.
전호태(1997). 고구려 고분벽화 연구-내세관 표현을 중심으로. 서울대학교 미간행박사학위논문
정경희(2020), 요동~요서 적석단총에 나타난 맥족(예맥족)의 이동 흐름, 동북아 고대역사2
정연학(1996). 출토문물을 통해 본 중국의 씨름과 수박. 비교민속학, 13, 647-680.
진영일(1997), 조선시대 제주와 오키나와 교류사. 인문학연구, 3, 457-479.
진파고지(1998). 조선왕조와 유구왕조의 역사와 문화 재조명 ; 충승(沖繩)의 문중과 가보-한국과의 비교를 위해서. 한국오키나와학회지,98-110.
최규성(1998). 고려기와 제작기술의 유구전래. 고문화, 52, 47-64.
최복규(2018). 전통주의 태권도사 서술의 문제점. 국기원 태권도연구, 9(1).
최재석(1969). 한국의 친족집단과 유구의 친족집단 - 주로 그 유사점과 전파를 중심으로. 고려대학교논문집, 15, 53-73.
최재석, 1969: 70-71, 한국의 친족집단과 유구의 친족집단 - 주로 그 유사점과 전파를 중심으로, 고려대학교논문집 Vol.15
한성례(2010). 일본의 고대 국가 형성과 만요슈(萬葉集), 세종대학교 정책과학 대학원 미간행석사학위논문
함희진(2009). 만보전서언해의 서지적 고착과 그 언어적 특징. 어문논집 59, 135-168.
허인욱(2002). 수박희에 대한 고찰. 한국체육사학회지, 10, 189-201.
홍종필(1997). 오키나와(沖繩)의 舊國寶였던 朝鮮鐘(興海大寺鐘)에 대하여. 명지대 인문과학연구논총, 16.
홍종필(1998). 조선인으로 유구왕국의 노조가 된 장헌공과 그의 일가에 대하여. 고문화, 52, 85-106.
홍종필(1999). 한국과 '오키나와(沖繩)'와의 관계에 대하여. 실학사상연구, 10-11, 251-272.

홍종필(1999). 한국의 역사학자가 본 오키나와(沖繩)에 대하여. 명지대 인문과학연구논총, 19.
황인규(2020). 태고 보우와 한양천도. 서울과 역사, 106.
盧姜威(2011). 「沖繩伝武備志 」の硏究 ―沖繩空手との関わりを中心に―. 博士 (芸術学), 沖縄県立芸術大学.

【기사 및 동영상】

가라쓰(唐津)시(2010.09.10). 가라쓰시에 오신 것을 환영합니다. 가라쓰(唐津)시 홈페이지,
    http:// www.city.karatsu.lg.jp/foreign/korean/overview.html에서 인출.
강동민(2010.09.10).우리말이 일본어 뿌리 우리민족 문화민족. 브레이크뉴스, 2010.09.02.,
    http://w ww.breaknews.com/sub_read.html?uid=144014에서 인출.
권경언(2010.09.12). 한국바둑사. 월간바둑, 1987.05,http://gobaduk.com.ne.kr/ch/ch_st1.html에서 인출.
김용운(2006). 탈아론과 통신사 외교의 교훈, 2006 한일문화교류 증진을 위한 정책보고서. 한일문화교류회
    의,2010.09.10http://www.ekjcec.or.kr/iss/view.php?&ss[fc]=8&bbs_id=doc&page=,
    2&doc_num=92에서 인출.
김정민(2016.09.02), 유라시아에 흩어져 있는 단군의 흔적 https://www.youtube.com/watch?v=I-FQknGkGJE
김영덕(2011.06.26.). 백제에서 건너간 오진 천황, https://www.breaknews.com/sub_read.html?uid=176483
김영덕(2011.07.09.), 이제까지 감춰진 한일 고대사 https://www.breaknews.com/sub_read.html?uid=177951
김영덕(2015.03.18.). 임나가라를 찾아서 https://www.youtube.com/watch?v=UpP34ngZo-8
김영복, 식생활문화연구가 "그리피스의 은자의 나라 조선" https://blog.naver.com/blisskim47/221166128462
김용운(2006). 탈아론과 통신사 외교의 교훈, 2006 한일문화교류 증진을 위한 정책보고서. 한일문화교류회의,
    2010.09.10, http://www.ekjcec.or.kr/iss/view.php?&ss[fc]=8&bbs_id=doc&page=2&doc_ num=92에서 인출.
김용운(2019.04.29.), 역사왜곡의 시작, 천황(天皇)의 어원, https://www.youtube.com/watch?v=jNhxYHaabMg
김용운(2019.04.26.), 천황은 산족의 우두머리? 천황의 '기마민족정복왕조설',
    https://www.youtube.com/watch?v=XLyi2WYAelc
노형석(2010.09.10). 삼별초는 오키나와로 갔는가, 한겨레21, 2007. 09.06, http://www.hani.co.kr/
    section-021015000/2007/09/021015000200709060676065.html에서 인출.
매림 역사문화TV(2021.04.06.) https://www.youtube.com/watch?v=SgHLtwwJLHI
매일신보(1921, 1월 31일). 臥牛山 아래에서 石戰을 보고, 녹동생. 1면.
문사(2020.03.24). 만주史는 우리 역사? 흠정만주원류고에 기록된 놀라운 역사.
    https://www.youtube.com/watch?v=uG45IPmP6_g
문사(2021.02.18). 남인의 거두 허목이 기록한 단군과 우리 역사 https://www.youtube.com/watch?v=1eG_ZNc5E-k
박병식(2010.09.12). 일본인 피 속엔 한국인의 피가 흐른다. 브레이크뉴스, 2005.07.14.,
    http://breaknews.com/sub_read.html?uid=21651&section=section4&section2=에서 인출.

박치문(1995.10.07.), 일본 最古 바둑판 백제서 선물한 것, https://news.joins.com/article/3140637
부산일보, "[문화 들춰보기] 〈42〉 부산박물관 '행복이 가득한 그림, 민화' 특별전"
   (http://www.busan.com/view/bstoday/view.php?code=20071124000150), 검색일: 2018년 11월 12일.
성헌식(2013.08.03.). 스카이데일리 http://www.skyedaily.com/news/news_view.html?ID=11826
세계태권도연맹(2010. 09.10). 역사. 세계태권도연맹,
   http://www.wtf.org/wtf_eng/site/about _wtf/history.html에서 인출.
송준희(2012.12.06.). 한국12연방1편 (환단고기, 규원사화) https://www.youtube.com/watch?v=yL89ofb
   Nb0c&list=PLH0cknw1Gi3Z8SjvorlWqCuZC8wDc0o9S&index=4
송준희(2014). 환국. https://www.youtube.com/watch?v=7BQlizvzv4g
송준희(2014.), 치우천황과 묘족 l 치우환웅으로부터 고구려 연개소문까지
   https://www.youtube.com/watch?v=yTSxTGuVTiw
신황기(神皇紀) https://blog.naver.com/kimds4918/221295874416
스카이데일리, "이을형의 '법과 정의'…한국의 사상사(4)-자주적 민족투쟁 역사"
   (http://www.skyedaily.com/news/news_view.html?ID=12467) 2013년 10월 12일 검색.
안자산(1930.04.03). 奇絶壯絶하든 朝鮮古代의 體育, 동아일보 4면
안창범(2007.01.06.) https://blog.daum.net/ahncb4906/8319046
오키나와 이야기(2010. 09.10). 오키나와의 역사, 재단법인 오키나와 관광 컨벤션뷰로,
   http://www. visitokinawa.jp/kr/?kind=guide&page_id=1309에서 인출.
오키나와 홈페이지(2010. 09.10). 오키나와 배경과 역사, 오키나와 홈페이지,
   http://okinawa.com/content/view/27/40/lang,en/에서 인출.
위키백과(2011. 01.30). 백강 전투. 위키백과, 2010.12.7, http://ko.wikipedia.org/wiki/%EB%B0%
   B1%EA%B0%95_%EC%A0%84%ED%88%AC에서 인출.
유석재(2004.10.14), 18~19세기 서양地圖도 "간도는 조선땅"
   https://www.chosun.com/site/data/html_dir/2004/10/14/2004101470440.html
은나래(2021.03.31.), 부여 의라왕자 세력의 3세기 일본 진출, 사실인가?
   https://www.youtube.com/watch?v=fdG312afg_k
이기환(2021.06.28.), [경향신문]'일본국보' 칠지도는 408년 백제 전지왕이 왜왕에 하사했다
   https://www.khan.co.kr/culture/culture-general/article/202106280900001
이덕일(2011.06.03)[이덕일의 古今通義 고금통의] 조선식 산성
   https://www.joongang.co.kr/article/5585843#home
이덕일(2020. 11. 27). https://www.youtube.com/watch?v=GuVkZEAtTT4
이덕일(2011.10.28.)의 古今通義 고금통의, 사대교린
이덕일(2020.04.10.) 한국통사 1 천년 역사 조작한 일본서기 북하학자 김석형이 분구설로 해석,
   https://www.youtube.com/watch?v=hjrlk1XounA&t=218s

이덕일(2020.06.03.), 한국통사, 삼국사기에서 갑자기 사라진 가야 미야자키현 배낭여행에서 발견한 충격적인 고분군, https://www.youtube.com/watch?v=uYDF-UmhxvY

이덕일(2020.09.23), [한국통사] 북경에서 활동한 백제 중국 사료에서 드러나
https://www.youtube.com/watch?v=PS8ISkBIa5I

이덕일(2020. 12. 13). 한국통사 중국 황제가 된 고구려인 '고운'ㅣ고구려 광개토대왕 장수왕때 이야기, https://www.youtube.com/watch?v=ZkMnhK1SUAU

이덕일(2021.02.16.)[한국통사] 일본 지배층의 성씨 158개는 백제계ㅣ한국사의 연장이자 일부인 일본사 연구 필요, https://www.youtube.com/watch?v=84zpxDY3zqg

이덕일(2020.02.11), 한국통사, 3세기 일본 천황가 발상지 사이토바루 고분군... 조선총독부에서 만든 임나일본부설 폐기돼야 #3 https://4the1.tistory.com/96

이덕일(2020.12.13.), 한국통사 중국 황제가 된 고구려인 '고운'
https://www.youtube.com/watch?v=ZkMnhK1SUAU

이덕일(2011.10.28.)의 古今通義 고금통의, 사대교린
https://www.joongang.co.kr/article/6528447#home

이덕일TV(2020.02.21), [이덕일의 한국통사] 중국이라는 나라,개념 탄생의 비밀 동이족에서 갈라져 나온 하화족이 생겨난 배경 중국 역사를 알기 쉽게 설명한 중국인도 모르는 중국 고대사 #6,
https://www.youtube.com/watch?v=w4guaRdV1JY

이덕일(2020.11.27), 종교인문학특강 https://www.youtube.com/watch?v=GuVkZEAtTT4

이을형(2012.10.07), ⑦일본의 날조된 역사를 본다-일본 천황은 백제 후손
http://www.skyedaily.com/news/news_view.html?ID=6136

이을형(2013.10.12.). 이을형의 '법과 정의'…한국의 사상사(4)-자주적 민족투쟁 역사
http://www.skyedaily.com/news/news_view.html?ID=12467

이 홍(1985.08.06.). 千의 祕術 태껸 마지막 脈 잇기. 조선일보 10면.
일본최고의 다카마츠 고분은 고구려시대의 화풍(2017.11.26.)
https://www.youtube.com/watch?v=N2iyOBkxKps

임성묵(2015.03.10.). 일본 합기도에 발차기가 없는 이유. 무예신문.

임영진(2020.03.25.)광주일보, 〈6〉 고고자료를 근거로 한 6세기설을 입증할 문헌자료는 없는가?
http://m.kwangju.co.kr/article.php?aid=1585062000692136310
https://www.youtube.com/watch?v=fdG312afg_k

정재도(2010.09.12). 말글찻집. 한겨레 말글연구소, 2006.06.27.,
http://www.hanmalgal.org/bbs/zboard.php?id=cafe&page=48&sn1=&divpage=1&sn=off&ss=on&sc=off&select_arrange=vote&desc=desc&no=219에서 인출.

진태하(2013), 문자학 강의 1, 2, 3https://cafe.daum.net/sooam11/hBS/33

파란백과사전(2010. 09.12). 널뛰기. 파란백과사전,
      http://dic.paran.com/dic_ency_view.php?kid=12043000&q=%B3%CE%B6%D9%B1%E2에서 인출.
팩튜브(2021.08.25.), 독일 생방송 뉴스 도중 갑자기 공개된 지도!!
      https://www.youtube.com/watch?v=s7_Jk4ZTkbM
하재봉(1985). 삼국시대에서 돌아온 사람 한국전통무술태껸보유자 송덕기, 주부생활 9월호.
한가람역사문화연구소포럼 https://cafe.daum.net/hangaram-forum
허성도(2010.6.17), 조선은 대단한 나라-허성도 서울대학교 중어중문학과 교수강연
      https://cafe.daum.net/sooam11/hBS/17
홍윤기(2007.12.21.). [홍윤기의 역사기행] 세계일보(57) 日 최초 백제神 사당 '미시마카모' 신사,
      https://m.segye.com/view/20071218001976
Anonyme, "BUBISHI"(http://www.freepdf.info/index.php?post/Bubishi),검색일 2019년 7월 20일..
Escabin(2010.0910). 산동인과 장사하기: 술을 마실 줄 알아여 한다. 중국 지역별 시장연구,
      2005.02.25,http://cafe.naver.com/escabin.cafe?iframe_url=/ArticleRead.nhn%3Farticleid=26&.에서 인출.
KBS 1 TV(2010.09.12). 제20회: 삼별초, 오키나와로 갔는가?. KBS 역사추적, 2009.04.20.,
      http://asx.kbs.co.kr/player_56ad.html?title=역사추적 &key=575&url=1tv$tracehistory
      $090420_01_00_00.asf&type=202&chkdate=20101223155527&kind=56에서 인출.
KBS 역사스페셜 - 추적! 환단고기 열풍 / KBS 1999.10.2 방송 https://www.youtube.com/watch?v=lCOY79X2_R0
KBS 역사스페셜 - 을지문덕의 살수대첩(2020.02.17.). https://www.youtube.com/watch?v=C0bexfXajkc
KBS 일요스페셜(1996.09.15.) https://www.youtube.com/watch?v=lgPeTovH1fI
KBS전주(2019.11.09.), 일왕은 왜 전투병 2만7천을 백제에 파병했는가 ㅣ 백제 역사발굴 4부작(2부) ㅣ
      2004.01.13(화) ㅣ https://www.youtube.com/watch?v=R2eZnwZnBSY
KBS전주(2019.11.23.)최초보고! 백제는 중국요서에 진출했는가 ㅣ 백제 역사발굴 4부작(4부) ㅣ 2004.01.15
      (목) ㅣ https://www.youtube.com/watch?v=hj0DPh6_r1MShorin-Ryu(2010.09.10). Okinawan
      History ,http:// www.okinawan-shorinryu.com/okinawa/history.html에서 인출.
津波高志(1995.05.23) 沖繩에서 본 일·한 관계, 명지대학교 사학과 초청강연.
武備誌의 一些拳法招式圖, "散手篇, 六, 錦鯉朝天手敗對美女梳粧手勝"
      https://maricimuz.pixnet.net/blog/post/314028539), 검색일: 2019년 07월 20일.

김영만 박사(무예연구가)

【저서목록】
- 택견겨루기 論(레인보우북스, 2009)
- 택견 겨루기의 이론과 실제(레인보우북스, 2009)
- 택견 겨루기 總書(상아기획, 2010)
- 택견 기술의 과학적 원리(한국학술정보, 2012)
- 스포츠 택견(애니빅, 2019)
- 한국전통무예에 깃든 정신과 철학(글샘, 2020)
- 택견 근현대사(글샘, 2020)
- 전통스포츠 택견(글샘, 2021)
- 실전태껸(글샘, 2021)
- 택견과 건강(글샘, 2022)

【저자약력】
- 숭실대학교 생활체육학과 졸업
- 숭실대학교 일반대학원 체육학 석사 졸업
- 숭실대학교 일반대학원 체육학 박사 졸업
- 서울대학교 스포츠과학연구소 Post-Doc 연구원
- 캘리포니아주립대학교 샌버나디노 Post-Doc 연구원
- 스포츠기억문화연구소 선임연구원
- 국기원 객원연구원
- 경희대학교 겸임교수
- 숭실대학교, 용인대학교, 을지대학교, 한국예술종합학교 외래교수

택견사

발행일 : 2022년 01월 21일 초판
발행인 : 이 기 철
발행처 : 도서출판 글 샘
주 소 : 서울시 관악구 호암로 582 B01호(신림동, 해동빌딩)
연락처 : 전화 : 02-6338-9423, 010-3771-9423, 팩 스 : 02-6280-9423
등록일 : 2017.08.30. 제2017-000052호
E-mail : gulsam2017@naver.com

파본은 바꿔드립니다. 본서의 무단전제·복제 행위를 금합니다.

저자와 협의하여 인지를 생략함

정가 : 25,000원   ISBN :979-11-88946-63-1(93690)

「이 도서의 국립중앙도서관 출판시도서목록(CIP)은 서지정보유통지원시스템 홈페이지(http://seoji.nl.go.kr)와 국가자료공동목록시스템(http://www.nl.go.kr/kolisnet)에서 이용하실 수 있습니다.